姓名學精說

당신의 이름과 運命

黃國書 著

明文堂

目 次

머리말

姓名은 人生의 豫言者이다 …………… 13

당신은 自己의 이름을 아십니까? ………… 13
나의 새로운 姓名判斷 ………………………… 15
획수의 정확한 算出法 ………………………… 21
동성동명인데 運命은 왜 다를까 …………… 24
특수한 職業運 ………………………………… 26

第一部 基礎編

一、「天」과 「地」에 대하여 ………………… 31
二、天格、人格、地格、外格、總格 ……… 32

三、社會運、家庭運、內格前運、內格後運에 대하여 …… 38

第二部 運命判斷의 鑑定法

同數同格의 數理運

一、天格과 地格의 同數同格 …… 51
二、人格과 總格의 同數同格 …… 55
三、人格과 外格의 同數同格 …… 56
四、社會運과 家庭運의 同數同格 …… 59
五、內運의 同格 …… 63
六、內格前運과 天格、內格後運과 地格과의 同數同格 …… 66

靈數가 操正하는 運命

劃數의 數理運 …… 72

〈劃數의 吉凶〉

第三部 實踐編

判斷의 實例

- 判斷에 必要한 要點 ············ 162
- 나는 왜 自殺을 해야만 했을까? ············ 163
- 왜 나는 椿姬의 運命이 되었을까? ············ 169
- 그 女子의 傷處는 再婚으로 아무러 들었을까? ············ 175
- 나의 悖倫兒의 氣質은 무엇때문일까요? ············ 179
- 왜 晩婚을 해야만 하나요 ············ 184
- 기나긴 世月에 하필 夭折이란 왠말입니까? ············ 188
- 지나친 放蕩이 나를 괴롭폈다 ············ 192
- 溢死란 運命의 작란일까요? ············ 196
- 나는 왜 學業에는 인연이 없을까? ············ 202
- 運命의 神은 왜 나를 白痴로 만들어 주었을까? ············ 206
- 神이여! 저희들에게도 귀여운 자식하나 주시옵소서 ············ 210
- 나는 왜 하필이면 남의 小室이란 말인가 ············ 215

5 姓名은 人生의 豫言者이다.

- 太陽을 등지고 살 運命이라니 그것이 정말인가요? ……218
- 精神病患者라니 그것이 사실인가요 ……221
- 우리도 남과 같이 잘살지 못하고 왜 敗家를 했을까 ……233
- 죽음으로 끝낸 師道 34年의 終末運 ……229
- 德成女大 메이킨 柳孃 强姦致死 事件 ……231
- 茶房서 카빈 亂射한 東大邱驛 人質亂動事件 ……235
- 專貰돈 是非끝에 拳銃殺人事件 ……237
- 家出한 아내의 원한으로 앙심먹은 殺人事件 ……240
- 非情의 두사나이 李鍾大, 文度錫의 카빈亂動事件 ……247
- 禾谷洞 三男妹 殺害事件 ……259
- 文世光 犯行 8·15狙擊事件 ……269
- 朝野의 많은 촉망과 欽慕를 받았던 淸廉剛直한 人士의 不意의 溢死事件 ……272
- 政界 財界 言論界에 큰 발자취를 남긴 仁俠의 省谷 金成坤 ……275
- 숱한 逆境에서 蘇生한 反共鬪士 俠客 金斗漢 ……277

第四部 易理學

易理學上의 姓名

易理學上의 姓名流年法 ································ 283
構成法 ··· 283
八卦의 陰陽爻 ·· 283
六爻의 名稱 ·· 284
六十四卦 卦爻辭 ·· 286
六十四卦 吉凶判斷 ·· 287
病名診斷法 ·· 336
腦髓四十二 心性機能 ····································· 341
腦髓七組心理機關 ·· 342
易理學의 原理 ·· 349
五 行 ·· 351
四柱法 ··· 356
（年柱、月柱、日柱、時柱）

7 姓名은 人生의 豫言者이다.

六神의 運性 ……………………………… 371
十二盛衰運星 …………………………… 367
干支 三合 六合 刑冲破害 ……………… 363

第五部 其他

漢字劃數 ………………………………… 377
姓別氏 이름짓는 法 …………………… 391
世界의 未來像 ………………………… 401
後 記 …………………………………… 429

머 리 말

「이름으로 운명(運命)을 판단(判斷)하다니, 그런 어리석은 소리는 말라!」고 흔히 이렇게 말하는 사람도 있거니와

「그런것을 믿는 당신도, 정말 미친 사람이지 뭐냐!」고 혀를 내차며 욕을하는 사람도 많습니다.」

허나 인간(人間)이란 누구나 잘살기 위하여 온갖 노력을 하지만 자기도 모르게 슬픔과 절망에 빠져서 헤여나지못하고 살아가는것이 인간의 운명인가 봅니다.

그러나 이같은 인생(人生)의 역경(逆境)속에서도 심한 고통을 겪어본 사람만은, 나의 성명판단(姓名判斷)은 잘맞는 다고 모두가 다같이 입을모아 말하고 있읍니다.

물론, 나자신도, 잘 맞는다고 생각하고 있읍니다.

또한 자신도 있읍니다. 그렇지만 아직도 많은 사람들은 인정(認定)보다도 이해(理解)마저 꺼리고 있읍니다.

一九六八년 가을의 일입니다. 그때만 해도 성명철학(姓名哲學)이란 인정조차 전연 못하던때라 정면으로 도전(挑戰)한 산 경험(經驗)이 있읍니다.

당시 서울시내 영세민(零細民)들이 집중되어 살고 있던, 가난한 판자촌 주민들을 상대로 운명감정(運命鑑定)을 해보았읍니다.

나는 그때 신통하게도 그 많은 사람들의 운명을 거의 적중(的中)하게 맞혔읍니다. 그랬더니, 그 사람들은 자기도 모르는 가운데 두려움과 놀란 얼굴의 표정을 짓는 것을 보고, 나는 더 한층 용기(勇氣)를 얻었던 것입니다.

비로소 나는 이들에게 성명학(姓名學)이라는 것은 「이상하게도 신기(神奇)하게 잘 맞는다!」는 신념(信念)과 인상을 뿌리깊게 박아 놓았읍니다 그후 일년이 지났을까, 할무렵에 여러 사람들은 나의 성명판단이 판에 박아 놓은 듯이, 정확(正確)하게 잘 맞는다는 소문이 자자하게 나기 시작하자, 하루에도 평균 수십명씩 저의 곳을 찾아오고 있었읍니다.

그때, 나는 「역시 그랬었구나! 나 자신도 그 신기함과 정확한 점에는 놀라지 않을 수 없었읍니다. 결국 성명판단이란 한 인간의 운세를 예언(豫言)할 수 있는, 과학적(科學的)인 수리(數理)의 통계학(統計學)이라고 확정 지을 수 있었읍니다.

그러나 세상 사람들은 성명학도 과거에 생각 했던 것처럼 사주추명(四柱推命)이나, 관상(觀相) 수상(手相)과 같이 미신(迷信)의 일종 이라고 믿고 있었으며 별로 신통하게 인정 하지도 않고 있었읍니다.

그것은 왜냐하면 성명판단의 확고(確固)한 「짜임새」가 완전치 못하였으므로 세상 사람들은 「그것은 엉터리가 아니냐!」고 도리어 의문마저 나오게 된것도 무리는 아닐 줄로 압니다.

10

나는 지금까지 약 二〇만명 정도의 이름을 감정(鑑定)해 보았읍니다마는, 九〇% 이상을 맞혔다고 봅니다. 그러나 개중에는 무서운 실수를 범한적도 있었읍니다. 그것은 처음 손을 대던 초라 무엇보다도 기술적(技術的)으로 미숙한 점이 많았고, 특히 경험(經驗)이 희박한 탓이었읍니다.

한때는 절망과 실의(失意)에 빠져 고민(苦悶)한 나머지 직업까지 원망하고 일체 포기할 생각을 하였읍니다마는 성명학의 신비(神秘)를 반듯이 풀지 않고서는 신념하에, 나의 쓸데없는 잡념(雜念)을 버리고, 군센 의지와 노력을 다하여, 이 성명학의 「짜임새」를 완성시켜 놓은 것입니다.

나도 어언 一〇년이 넘었읍니다. 이성명학의 완성을 보게된 나는 비로소 그간의 연마(研磨)한 비술(秘術)을 세상에 공개할 것을 결심했읍니다.

그것은 세상 사람들의 불안(不安)과 재난(災難)을 어느 정도라도 덜어 줄수 있는 힘이 될 수 있다면, 얼마나 다행한 일인가 하는 의도 밑에서 이 책을 세상에 내놓게 되었읍니다.

독자 여러분들은 이 새로운 성명판단을 많이 읽으시고 연구해 보시면 곧 이해가 갈 것입니다 실상 성명학의 진의(眞意)가 어디에 있는가를 잘 파악 하시기를 바랍니다. 그리고 가까운 가족이나 친지들의 성명도 감정 해 보시면 차차 아시게 되겠지만, 이 영적(靈的)인 수리의 통계학은 사실 미신(迷信)이 아니라.

「참말 신기하게도 이상하게 잘 맞아들어 간다!」고 한편 놀람과 기쁨에 섞인 감탄(感歎)을 아끼지 않으실줄로 믿읍니다.

11 머리말

인간의 생명은 일대(一代) 뿐이지만, 성명은 만대(萬代)에 빛나므로, 성명이란 사실상 문자(文字)의 신령(神靈)이, 많은 기적(奇蹟)을 염출할 정도로, 큰 위력(偉力)을 나타내는고로, 성명은 인생의 예언자(豫言者)라고 해도 과언은 아닐 것입니다.

문자의「수리의 힘」이란 것은 정말 놀랄 정도로 강한 힘을 가지고 있읍니다.

이름에, 흉수(凶數)의 수리가 있으면 그 운명은 반듯이 나쁜 방향으로 끌려가게 마련입니다. 그러나 반면에 선천적(先天的)으로 아무리 흉한 운명을 가지고 태어났다 하더라도, 다시금 좋은 방향으로 잘 활용(活用)해서 극복(克服)해 나가면 좋은 운을 맞이 할 수도 있는 것입니다. 그것은 오직, 성실(誠實)과 음덕(陰德)을 쌓는데 있읍니다.

공자(孔子)도 말하기를,

「생사(生死)는 명(命)에 있고, 부귀(富貴)는 재천(在天)에 있으니, 소인(小人)은 근면(勤勉)함에 있다」고 성인이 밝힌 바와 같이, 현대를 살아가자면 현명한 지혜(知慧)와 성실을 다하여 살아가야 할 것이며 조금이라도 권태와 좌절감(挫折感)에 사로 잡혀서는 않될 것입니다.

군센 신념과 용기를 가지고, 밝은 희망을 찾아 삶을 누려야 합니다. 그러한 의미에서 이책이 독자(讀者) 여러분 들에게, 조금이라도 삶에 옳은 지침(指針)이 될 수 있다면, 나는 이에 더한 고마움은 없을 줄로 아옵니다.

一九八〇年 一月

黃 國 書

姓名은 人生의 豫言者이다

당신은 自己의 이름을 아십니까?

「姓名은 人生의 豫言者」라고 볼수있읍니다. 인간이란 부모의 양방의 유전자(遺傳子)를 이어받아 가지고 이 세상에 탄생(誕生)합니다.

탄생한 자식은 이름을 명명(命名)받게 되면 이름의 효력(効力)은 명명한 그 순간부터 변해지며, 「姓名의 神靈」이 그 한 인간자체의 운명을 지배(支配)해 나갑니다.

성명은 누구나 없이 명명한뒤면 호적에 등록하게 되므로 특별한 사유가 없는한 일생동안은 변경할 수도 없게 됩니다. 이것은 성명을 하나의 부호(符號)로 인정하고, 정식 등록하는 것은 사회적인 혼란을 미연(未然)에 방비(防備)하는데, 그 의의(意義)가 있는 것입니다. 이와 같이 이름이란 구속력(拘束力)이 강한 것이기 때문에 부모들이 마음대로 지어놓은 이름이라도, 싫든 좋든간에 일생을 통해서 꼭 써야 합니다.

그러나 성명에는 이상하게도 신비적(神秘的)인 의미가 내포되어 있다는 것을 똑똑히 알아야 하겠읍니다.

그 신비(神秘)란? 이름을 형성(形成)하는데 있어, 문자의 한획 한획이 신기하게도 신령(神

靈)이 깃들어있으므로 그것이 인간을 지배하고 있답니다. 그래서 운이 나쁜 사람들은 일생에 실패와 재해(災害)를 입고 파산을 당하게 됩니다. 흔히 세상 사람들은 이것을 운명(運命)이나 숙명(宿命)으로만 돌릴려고 애를 쓰고 있으므로, 비운(悲運)을 하게 됩니다마는, 이름에 그와 같은 신령(神靈)이 있어 그 사람의 생활을 총지배하고 있다는 것을 미처 깨달치 못하고 있기 때문입니다.

이름 가운데 선천적(先天的)으로 조상대대 이어받는 성명에, 주어진 숙명(宿命)은 별문제로 삼더라도 후천적(後天的)인 운명은, 인위적(人爲的)으로 명명(命名)한 이름과의 관련에서 신령의 위력(偉力)을 발휘하게 되는 것입니다. 그래서 나쁜 이름을 작명해 놓고 나쁜 운명의 길을 걸어가야 한다는것은 참말 가슴 아픈 일이며 무심코 지어놓은 자기의 이름에 도리어 원망스럽고 귀찮은 정도로 실증이 날 것입니다.

나도 가끔 흉수(凶數)에 접하게되면 안타까운 심정에 젖어지고 맙니다마는, 이것은 이름에 맴도는 신령(神靈)의 사실을 알기 때문입니다.

세상 사람들은 이 신비적인 성명에 대한 인식이 너무나 부족한 탓으로, 인생행로에 성명의 유도력(誘導力)이 얼마 만큼이나, 큰 비준(比準)과 영향력(影響力)을 끼치게 한다는것을 까맣게 모르고 있읍니다. 따라서 인생의 운로(運路)를 좀더 밝은 방향으로 개척(開拓)해 나갈려는 노력은 없이, 단지 자기의 운명을 너무 체념(締念)하기 때문에, 수많은 사람들은 고경(苦境)과 비운(悲運)에 빠지고 마는 것입니다. 그러나 이와 같이 불운한 인간의 운명을 후천적이나마, 조절 변개(變改)할 수 있다는 것은 이 성명판단이 발굴(發掘)한 새로운 성명학의 혁신(革新)이라고 봐야 하겠읍니다.

인간은 영육(靈肉)의 소유자이고, 성명은 영육(靈肉)의 대표적인 상징(象徵)이기도 합니다.

요컨데 「姓名과 靈」「靈과 肉」은 다같이 연결의 구성체(構成體)입니다. 그러므로 역리학(易理學)은 인생운로의 지침(指針)이요, 만물의 원리(原理)이고, 성명학은 운로(運路)를 선도(善導)해 주는 과학적(科學的)인 수리의 유용성입니다.

인간은 누구나 없이 행복할 것을 희구(希求)하고 있읍니다. 하물며, 만물의 영장(靈長)인 인간은 지구의 주인으로 창조(創造)되었고, 개개인의 업적은 그 무엇과도 바꿀 수 없는 빛나는 불멸(不滅)의 생(生)을 갖고 있읍니다.

모든 자연은 오직 인간을 위하여 창조된 것이라고 본다면, 인간은 결코 모든 사물(事物)처럼 함부로 취급될 수 없는 위대한 존재입니다. 그러므로 인간은 항상 열망하는 정신적인 양식(良識)을 찾아서 전진하게 되면 반드시 그 목적을 이룰 것이지만, 분수(分數)를 모르고 함부로 덤비면 모든 것은 실패로 돌아간다는 것은 귀정적(歸定的)인 사실인 것입니다.

이제 이름의 심오(深奧)한 신비성(神秘性)에 관하여 다소나마 이해가 되는 점이 있으시면, 자기의 운로를 타개할 수 있는 길을 모색(模索)해 나가도록 적극(積極) 노력해야 하겠읍니다.

나의 새로운 姓名判斷

주역(周易)과 홍범구주(洪範九疇)의 근원이 되는 하도낙서(河圖洛書)는 우주(宇宙)와 인간(人

15 姓名은 人生의 豫言者이다

間) 관계를 탐지하는 도서로서, 미래의 길흉(吉凶)과 화복(禍福)을 점칠수 있는 근본적인 학술입니다. 그래서 주역은 운명철학의 진의(眞意)를 궁지(窮知)할 수가 있읍니다.

이 하도(河圖)의 설은 옛날 중국의 복회(伏羲)때의 황하(黃河)의 등에 쓰여져 있었다고 하는 그림이고, 낙수(洛書)는 중국의 하시대(夏時代)에서 나온 사천여년전(約四千餘年前)에 우왕(禹王)이 홍수를 다스릴 때, 낙수(洛水)에서 나온 신귀(神龜)의 등에 점(點)과 획(劃)으로 된 수(數)의 배열(配列)을 보고 조직 되었다고 전해지고 있읍니다.

하도(河圖)의 수가 一에서 十까지 있는데, 중앙에 五를 정하고 사방(四方)은 一에서 十까지의 수를 배치하였고 낙서(洛書)의 수는 一에서 九까지 있는데 중앙에 五를 배치 하였읍니다.

역학(易學)이란 우왕(禹王)으로부터 약 일천년 후에 문왕(文王)에 의하여 이 낙서(洛書)를 기초로 해서 음양(陰陽) 오행(五行)의 법칙(法則)을 완성한 것이 오늘날에 주역입니다.

이러므로 복회(伏羲)가 하도(河圖)에 의해서 팔괘(八卦)를 지었고, 우왕(禹王)은 낙서(洛書)에 의하여 홍범구주(洪範九疇)를 지었다고 전해지고 있읍니다.

결국 역학의 근본원리는 하도낙서에서 온 것인데, 역시 기본의 수리는 물론 一에서 九까지이며 十의 수는 이 기본수(基本數)의 연장에 불과 한것입니다. 그 나머지 수는 영(零)으로 칩니다.

따라서 성명학(姓名學)에 응용(應用)되는 八十一까지의 수도 이 기본수인 九까지의 수의 자승수(自乘數) 즉 9×9는 81란 수로 되였음으로, 우주만유(宇宙萬有)의 일체(一切)가 모두 이

수리속에 포함되어 있읍니다. 성명학은 물론이거니와 역리학(易理學)을 비롯하여 모든 운명학술(運命學術)도 이 수리에 의거한 것이기 때문에 결국 수의(數意) 그대로 운명에 지배(支配)되어 갑니다. 하도(河圖) 낙서(落書)의 원도(原圖)는 다음과 같습니다.

(第一図)

河図五行相生之図

(第二図)

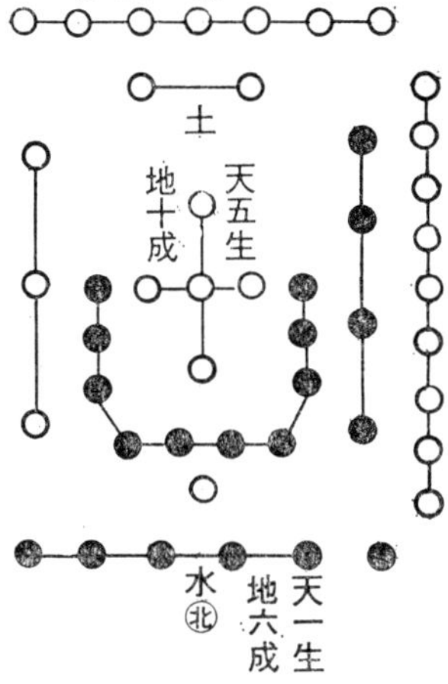

洛書五行 相剋之図

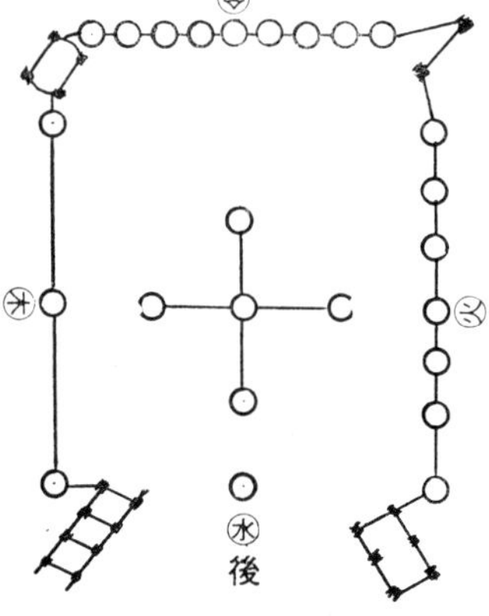

이로 인하여 운수(運數)와 간지 오행(干支五行)의 관계를 살펴보면, 주로 천격(天格) 인격(人格) 지격(地格) 외격(外格) 총격(總格) 등의 운수를 「木火土金水」의 五류로 나누어서, 서로가

17　姓名은 人生의 豫言者이다

```
      第四図                          第三図
    伏羲氏先天図                      文王後天図

         ㊗南                            ㊗南
   兌   乾    巽                    巽   離    坤
   ┌──┬──┬──┐                    ┌──┬──┬──┐
   │ 二│ 一│ 九│                   │ 四│ 九│ 二│
㊗東離├──┼──┼──┤坎㊗西         ㊗東震├──┼──┼──┤兌㊗西
   │ 三│ 五│ 六│                   │ 三│ 五│ 七│
   ├──┼──┼──┤                    ├──┼──┼──┤
   │ 四│ 八│ 七│                   │ 八│ 一│ 六│
   └──┴──┴──┘                    └──┴──┴──┘
   震   坤    艮                    艮   坎    乾
        ㊗北                            ㊗北
```

음양(陰陽)의 조화(調和)를 이루었느냐, 또는 부조화(不調和)냐 하는 것을 보고 운명의 길흉(吉凶)을 정합니다.

數理五類 {
 1・2 … 木性
 3・4 … 火性
 5・6 … 土性
 7・8 … 金性
 9・10 … 水性
}

▲ 調和된 五類(相生)

1・2(木性)→3、4(火性)→5、6(土性)→7、8(金性)→9・10(水性)의 수(數)는 순서(順序)대로 원형(圓形)을 그어서 상생(相生)이 됩니다.

▲ 不調和된 五類(相剋)

1・2(木性)→5・6(土性)→9・10(水性)→3・4(火性)→7・8(金性)의 수는 하나씩 건너 예각(銳角)을 그려서 상호간 그 선단(先端)에서 상대를 자격(刺激)주고 있읍니다.

오행(五行)의 상생(相生) 상극(相剋)의 관계는 다음과 같습니다.

18

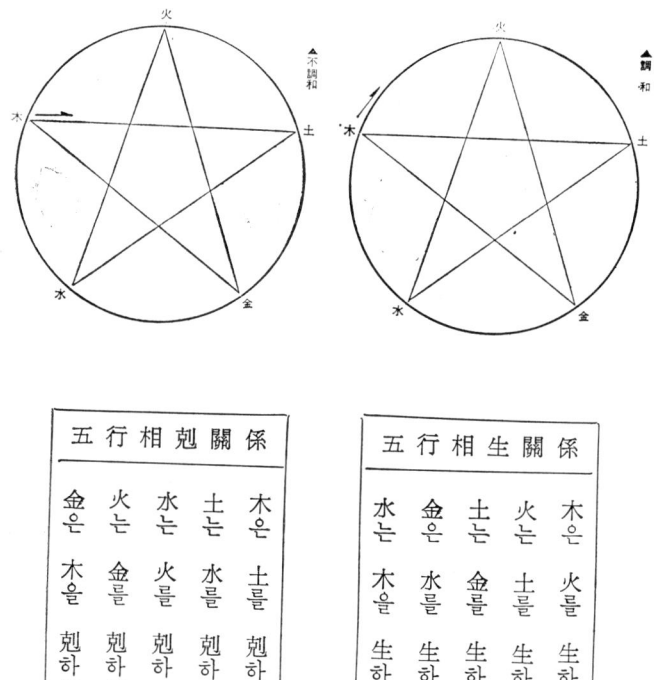

19　姓名은 人生의 豫言者이다

그러므로 복희(伏羲)의 선천(先天) 팔괘(八卦)는 천지(天地)의 고정된 자리로 정해져 있고, 문왕(文王)의 후천(後天) 방위(方位)는 자주 변천(變遷)되가는 조화성(造化性)을 이루고 있읍니다.

즉, 하나의 이(理)가 끊임없이 흐르므로 이기(二氣)와 오행(五行)과 사시(四時) 만물이 모두 여기에서부터 발생하는 원리(原理)인 때문에 성명학에 있어, 성명의 조직과 방법도 원형이정(元亨利貞)의 사대(四大) 운격(運格)으로 구분되어 그 운성(運性)이 발휘됩니다.

따라서 이 사덕(四德)인 「원형이정」은 모두 일원(一元)이 되는 것입니다. 수많은 역자(易者)들은 이 학술의 원리에 준하여, 선천적(先天的)인 사주(四柱)의 명리(命理)와 후천적(後天的)인 성명(姓名)의 수리운을 구명할 수는 있었으나, 오직 유묘(幽妙)한 영수(靈數)의 복수인 내운법(內運法)의 상대성(相對性) 원리만은 미처 탐지 못했던 것입니다. 이 내운법이란 무엇인가 하면 종전의 성명판단의 감정법을 더한층 진전(進展)시켜 놓은 것인데, 이것이 나의 새로운 성명판단의 특징입니다.

나의 새로운 성명판단은 입체적(立體的)으로 입증(立證)할 수 있는 내운(內運)과, 오대운격(五大運格)에 대한 상대성 원리를 발견한 것입니다. 그것은 오행(五行)의 상극성(相剋性)으로 인하여 유묘하게 연관된 천지재변(天地災變)의 수(數)를 말한 것인데, 과거에 선인(先人)들이 개척한 성명학은 이론상으로는 퍽 잘 조직이 되어 있으나, 사실상 그 감정법은 밖에서 본 길흉(吉凶)에 불과 하므로 종전의 감정법은 완벽을 기하지 못하고 있읍니다.

다시 말하면 완전한 「짜임새」가 못되므로 충분한 감정의 효과(效果)를 보지 못했던 것입니다.

예를 들면 한 개의 「수박」을 놓고서 말하면、그 수박을 겉으로만 보고 나쁘다 나쁘다고 감별(鑑別)하는 방법에 지나지 않았읍니다. 그러나 나의 감정법은 내운법(內運法)까지 파고 들어가서 그 사람의 속에 스며들고 있는 비결(秘訣)을 투시(透視)할 수 있을 정도로 그 사람의 능력(能力)이라든가 성격(性格)、혹은 가정에 있어서 아내인가 또는 충실한 어버이가 될 수도 있겠는가에 이루기까지、여러면에 걸쳐、구체적으로 치밀하게 감별한 수가 있읍니다.

우선 성명판단의 감정방법은、

1. 수리(數理)의 길흉(吉凶)은 무엇일까?
2. 같은 수(數)는 어디에 있는가。
3. 그 같은 수는 길(吉)한가 흉(凶)한가。
4. 내운법(內運法)에 천지재변(天地災變)의 **수(數)**가 있는가 없는가。

이상과 같이 네가지 점을 미리 머리속에 넣고 다음 편을 연구해 보면 많은 이해가 생길 것이며、그 절대적인 수리의 위력(偉力)과 문자(文字)의 미묘(微妙)한 영의(靈意)의 활동상을 신기(神奇)하게 인정할 것으로 믿습니다。

획수의 정확한 算出法

문자(文字)의 획수(劃數)를 산출하는 방법은 문자자체의 획수를 획수대로 영(永)은 五획으로

21 姓名은 人生의 豫言者이다

세야하고 수자의 획수는 문자와 같이 취급치 않고 수자의 수리대로 구(九)는 9획으로 계산해야 합니다.

한자(漢字)의 변을 찾는 방법은 성명학술에 의한 것인데, 자전(字典)의 부수(部首)에 따라서 문자를 산출 하므로, 즉 물수변(氵)은 수부(水部)에 속하여 四획이 됩니다. 항간에서는 이와 같은 기본적인 계산방법을 무시하고, 일본(日本)의 현대생활에 적용하고 있읍니다만、우리 한국에서는 아직 체취(體臭)에 맞지 않고 있는 현상(現象)입니다. 일찍 일본의 성명학계의 선 구자인 웅기건옹(熊崎健翁)의 한자(漢字)의 획수풀이를 보면, 역시 풀초변(艹)은 초부(艸部) 六획으로 산출 했었는데, 현일본(現日本)에서는 새로운 표현문자(表現文字)의 획 수를 많이 사용중에 있읍니다. 왜냐하면, 자전(字典)이나 신문 서적 지상등에 약자(略字)를 쓰 고 있으며 심지어 호적부에 이루기까지 약자를 쓰고 있기 때문에 그렇읍니다. 그래서 일본에서 는 한자(漢字) 하나를 가지고 성명학 풀이를 두가지 계통으로 약자로 호적

그것은 八·一五 전과 후로 나눠서 호적명을 구문자(舊文字)로 신고한 옛사람과, 약자로 호적 을 신고한 젊은 세대(世代)와의 두구분으로 나누어 있기 때문에 두가지 획수를 감정해 보지 않 고서는 정확률이 적다는 것입니다.

이와 같은 모순성(矛盾性)을 봐서라도 우리 한국에서는 절대 혼돈(混沌)이 되지 말아야 하겠 읍니다. 원래 한문(漢文)은 四千五百여년전 황제시대(黃帝時代)에 육의(六義)의 법칙(法則)에 준하여 통일된 것입니다. 이 육의 법칙은 실로 움직일 수 없는 엄연한 논리가 확립 되어 있읍 니다.

22

그 구성 자체는 천지법칙(天地法則)에 준하였기 때문에, 한점이나 한획이라도 잘못됨이 없이 완전히 구비되고 있는 것입니다. 서법(書法)이나 서체(書體)가 점차로 변화하여 전래(傳來)는 되고 있으나, 문자 그 자체의 의의(意義)나 정신은 창조이래 절대로 변할수 없으며, 특히 그 문자의 본질은 추호도 변함이 없는 것입니다. 그러므로 움직일수 없는 한자의 법칙을 끝까지 지켜나가야 하겠읍니다. 그렇지 않으면 성명학상에 많은 착오가 생기게 됩니다.

그러나 우리 나라에서도 차차 시대성(時代性)에 맞추어 약자를 사용하게 된다면은 그때는 호적상이나 교과에서서도 능히 쓸수 있을 정도로 보급될 단계에 이르므로 그때에 가서는 약자의 획수를 사용해도 무방하다고 보겠읍니다.

그러면 여기에 착각(錯覺) 하기쉬운 획수의 일람표(一覧表)를 다음과 같이 설명하여 제시하오니 많이 참작하세요.

▲ **錯覺 하기쉬운 劃數**

二劃部
칼도변(刂)은 刀部에 屬함

三劃部
내천변(巛)은 川部에 屬함
왕발굽을 변(兀)은 尤部에 屬함

四劃部
고슴도치 머리계변(⺕)은 크部에 屬함
마음심변(忄小)은 心部에 屬함
손수 변(扌)은 手部에 屬함
물수 변(氵)은 水部에 屬함

큰개견변(犭)은 犬部에 屬함
칠복 변(攴)은 文部에 屬함
불화 변(灬)은 火部에 屬함
톱조 변(爫)은 爪部에 屬함
소우 변(牛)은 牛部에 屬함

五劃部

임금왕변(王)은 玉部에 屬함
보일시변(礻)은 示部에 屬함

六劃部

살육 변(月)은 肉部에 屬함

풀초 변(艹)은 艸部에 屬함
옷이 변(衤)은 衣部에 屬함
그물망변(罒)은 网部에 屬함
신하신변(臣)은 臣部에 屬함

七劃部

골읍 변(阝)은 邑部에 屬함
뛸착 변(辶)은 辵部에 屬함

八劃部

언덕부변(阝)은 阜部에 屬함

同姓 同名인데 運命은 왜 다를까

「같은 이름인데 이 사람과 저사람의 운명(運命)은 왜 다른가?」고 흔히 묻는 사람도 많습니다마는 이름이란 사회적(社會的)인 생활속에서 부르는 이름은 한 개의 부호(符號)로 치고 있다고 봐도 과언은 아니겠지만, 실은 개인적인 생활속에서 볼 때에 그 사람의 생활과 성격(性格)또는 운명까지도 완전히 변해버릴 정도로 큰 위력(偉力)을 갖는 신비성(神秘性)이 있읍니다.

그러기 때문에 흉한 획수의 이름을 가진 사람은 일생동안 재난(災難)과 재해(災害)를 입고 나오는 실패와 손실의 연속(連續)으로서 조금도 노력의 대가를 받을 수가 없게 됩니다. 그러나 반면에 길한 획수의 이름을 가진 사람은 조금만 노력해도 비약적으로 진보되어서, 큰 부자가 된다든지 혹은 좋은 결혼의 혜택을 받아 유복(裕福)하게 살게 됩니다. 이 두가지를 놓고 볼 때 생활면에 나타나는 현상은, 두 이름 가운데 정반대의 길을 걷게 됩니다. 그런데 여기에 큰 의문이 생깁니다. 그것은 동성(同姓) 동명(同名)의 경우인데,

「같은 이름인데도 왜 운명(運命)이 다를까?」

이것을 정확히 말하자면, 각자의 출생한 생년월일(生年月日)이 완전히 틀리기 때문입니다. 가령 여기에 「黃銀成」이라는 이름의 사람이 五명이 있다면, 그 사람들 五명이 다같은 丁亥年 十二月十七日 午前三時에 출생하기 만무일것 입니다.

이것은 여기에 관건이 있는 것이므로, 제각기 운명이 달라진다는 결론이 나오게 됩니다 마는 즉 출생한 년월일에 따라서 그사람이 갖는 운명(運命)이 달라지므로, 개별적으로 차가 생기게 된다는 것입니다. 그러나 어쩌다가 같은 날 같은 시간에 출생한 사람을, 어떻게 분별(分別)하느냐고 질문을 받게된다면, 우선 그사람의 가정, 환경을 조사한 후에 분석해야 할 것입니다. 그 사람이 만일 기혼자(旣婚者)면 그의처(혹은남편)의 성명을 감정해보면 먼저 알 수 가있읍니다. 거기서 그부인이 갖고 있는 운명에서 판단 해나가면, 그의 남편(男便)의 표면 뿐만 아니라, 성명속의 실태를 충분히 파악할 수가 있게 됩니다.

만일 이것으로 불충분하다면 그의 양친의 이름과 형제 자매간(姉妹間)의 이름속에서도 감정

을 할 수가 있읍니다. 그리고 또한 신기한 것은 같은 날같은 시간에 탄생한 쌍동(雙童)이가 있다고 치며는, 그러니까 성은 같고 부르는 이름의 글자는 다르지만, 그 이름이 갖고 있는 획수는 같다고 한다면, 그때는 부르는 이름의 음(音)으로 운명의 감정을 할 수가 있읍니다. 물론 그 음에 따라 성격과 재능(才能) 적성(適性)까지도 알 수 있게 됩니다. 이러므로서 나는 이같은 여러가지 방법을 종합해서 성명을 판단하고 있읍니다.

特殊한 職業運

선명(善名)에는 나쁜 운이 없고, 악명(惡名)만은 좋은 운이 없다고는 하지만, 그러나 수리상 나쁜 이름을 가졌어도 특히 좋은 운을 맞을 수 있는 직업운(職業運)이 있읍니다. 그것은 군인(軍人)이나 공무원(公務員)에게 한해서는 나쁜 수리를 가졌어도 예상외로 출세한 사람들이 많습니다.

그 원인인즉 옛사람의 시(詩)에 「공(功)을 세워 제후(諸侯)에 봉해진 것은 말하지 말라, 한장수(將帥)가 공(功)을 이루기 까지에는 만사람의 뼉다귀가 마른다」고 하였으니 이같이 하자면 환난(患難)을 멀리하는 한편 역경(逆境) 속에서도 백난(百難)을 견디고 최후의 승리를 일으켜 놓았다고 봐야 하겠읍니다. 그러므로 하늘이 인간에게 큰 일을 맡길 때는 반드시 고난과 시련(試練)을 안겨줌으로 그 몸은 형극(荊棘)의 『길로 걸어야 하며、또한 사람이란 어즈러움을 겪지

않으면 지혜(智慧)가 밝아지지 않으므로 영웅이 곤궁(困窮)한 속에서 나온다는 것은 이같은 진리의 소치(所致)인가 봅니다.

그리고 과학자(科學者)나 철학가(哲學家) 또는 종교가(宗敎家)들이 수리학상(數理學上)으로 무관한 것은 많은 재난(災難)과 역경(逆境)이 인간을 무섭게 단련(鍛鍊)시키므로, 그들은 진리를 터득하고 끝에 가서는 자기들의 길을 관철해 나갔던 것입니다. 그러므로 위대한 인물은 세속(世俗)의 영달(榮達)이나 눈 앞에 보이는 재물과 공명(功名)보다는 인류에 공헌(貢獻)하기 위하여 노력하므로 범인(凡人)보다는 차원(次元)이 다른 것입니다.

고래(古來)로 성현(聖賢)들이 도(道)를 닦기 위하여 몸소 겪은 고난과 그 박해는 오직 했으려마는 그 고행이 크면 클수록 그들은 영세불멸(永世不滅)의 빛을 남긴 것이니, 그야말로 천리(天理)의 길은 참말 하늘과 같이 넓고 큰 것인즉, 이 진리의 이치를 통달한 사람이면 어둠속에서도 항상밝은 빛을 보게 되므로 천지의 참뜻과 자연의 참멋을 안다는 말입니다. 이들이 운명론(運命論)을 무시하고 오직 한가지 뜻을 위하여 스스로 힘쓰고 가다듬어 쉬지 않으므로(自彊不息), 드디어 인류사회에 크나큰 빛을 주고있읍니다.

이러므로써 성명학의 수리란 정말 놀라울 정도로 강한 힘을 가지고 있읍니다. 그 신비적(神秘的)인 문자(文字)의 신령(神靈)은 많은 기적(奇蹟)을 염출(捻出)할 정도로 큰 위력을 나타내고 있으므로, 이 성면은 사실상 인생의 예언자(豫言者)라고 해도 과언은 아닐 것입니다.

따라서 이 세상의 사물(事物)은 모두가 상대적(相對的)인 원리(原理)가 내포되고 있읍니다. 즉 밤이 있으면 낮이 있고, 선(善)하면 반드시 악(惡)이 있고 차면 이그러지듯이, 음양(陰陽)

애증(愛憎) 상하(上下) 동정(動靜) 장단(長短) 등 모든 사물(事物)에는 상대적인 것이 아닌 것이 없읍니다. 그래서 그것이 짝이 되고 원수가 되므로 즉 상생상극(相生相剋)은 자연히 이러한 원리(原理)에 입각하여, 이성명학도 이에 실증(實證)을 얻게 된것입니다.

第一部 基礎編

(數理의 靈數는 당신의 運命을 支配한다)

——著者——

一、「天」과 「地」에 대하여

성명판단(姓名判斷)의 가장 기초적인 명칭(名稱)은 천과 지 입니다.

（例1）
①(假成)
黃12…天
銀14…地
成 7
(一字姓 二字名)

（例2）
①(假成)
金 8…天
九 9…地
①(假成)
(一字姓 一字名)

（例3）
乙 1…天
支 4
文 4…地
德15
(二字住 二字名)

「天」이란 선조대대(先祖代代)로 전래된 성자(姓字)로서 그의 가계(家系)에 주어진 일가(一家)의 운명을 상징한 것이며,「地」는 그 집안의 일원(一員)으로서 자기가 타고난 인간의 운명을 이름으로 상증(象徵)한 것입니다.

31　第一部　基礎編

누구나 없이 「天」과 「地」의 균형(均衡)이 잘 짜여지면 그 사람은 불우한 운명에 속하지 않고 그 집안의 훌륭한 후계자(後繼者)로서 충분히 가풍을 이어나갈수 있읍니다. 반면에 이 균형이 잡히지 않고 무리를 하면 그 사람은 일생을 통하여 여러가지 일로 재해(災害)와 재난(災難)의 액운(厄運)에 빠지게 됩니다. 그러기 때문에 이 天과 地의 도수동격(同數同格)을 피하여야 합니다. 이동격은 획수(劃數)의 길흉(吉凶)을 불구하고 모든면이 실패로 돌아갑니다.

그리고 성(姓)이나, 이름 외에 가성(假成)①을 부치는 것은 실제적으로 별활동은 없으나 요는 보호자(保護者)없이 한 인간(人間)을 독립자(獨立者)로 보므로 가성(假成)①을 보충해서 보게 됩니다. 결국 한 성인자(成人者)로서 인정 받았다는 의미입니다.

그리고 모든 물체(物體)나 생물체에는 그 생년월일시(生年月日時)가 있듯이 이름에도 같은 원리(原理)가 따르게 되므로 가성(假成)을 부치게 되었읍니다.

二、 天格、人格、地格、外格、總格에 대하여

다음은 성명학(姓名學)의 골자(骨子)를 분석(分析)하기로 하겠읍니다. 종전의 성명판단은 주로 天格、人格、地格、外格、總格에 국한하여 감정(鑑定)을 하였읍니다. 이 방법은 한국(韓國)

32

중국(中國) 일본(日本)등 한자(漢字)를 사용하고있던 나라에서는 다같이 이 오대운격(五大運格)을 주로 사용하고 있었던 것입니다.

그러나 세상에는 아직까지 이 내운(內運)의 상대성원리(相對性原理)에 대한 풀이가 빛을 못보고 있음으로해서 특히 이번에 이 내운법에 관한 독특한 이론(理論)과 새 방법을 여기에 소개(紹介)하고 있읍니다. 이것은 다음편 동수동격(同數同格)의 수리운(數理運)에서 설명하겠읍니다.

그러면 우선 이 오대운격(五大運格)에 대한 각격(各格)의 명칭과 그 획수의 출산법(算出法)을 풀이하면 다음과 같습니다.

```
     ① 黃 … 13 … 天格
        …       
     12 國    23 … 人格
        …       
     11 書    21 … 地格
              10
     11 外格
     總格 33
```

天格(先天運)
人格(成功運)
地格(基礎運)
外格(社會運)
總格(末年運)

1. 가성(假成)①과 성자의 획수의 총화를 천격「天格」.
2. 성(姓)과 이름 첫자의 획수의 총화를 인격「人格」.
3. 이름 두자의 획수의 총화를 지격(地格)를 「人格」.
4. 가성(假成)①과 이름 끝자와의 획수의 총화를 외격「外格」.
5. 가성(假成)①의 수(數)를 뺀 성(姓)과 이름의 획수의 총화를 총격「總格」.

「天」과 「地」에서도 설명하다싶이 가성을 가산(加算)하여 감정(鑑定)하는 방법은 옛부터 전해온

第一部 基礎編

원리(原理)에 속한것입니다.

그것은 왜 그런고하니 미성년(未成年) 때의 운명은 그의 부모운을 그대로 이어받으므로 가성(假成)을 영(零)으로 치고 있고, 성년기(成年期)에는 만二十歲부터 그 효력을 발생하게 되므로 가성(假成)①을 붙이게 됩니다. 이것은 완전한 인간의 새로운 운명이 전개(展開) 되기 때문입니다.

전격(全格)의 운성(運性)을 분류하여 설명하면 다음과 같습니다.

▲ 天 格 (先天運)

천격(天格)은 그 집안에 속한 운명과 직업 그리고 유년(幼年)의 운세를 보는데 필요한 곳입니다.

이 天格運은 원래 선조대대(先祖代代)로 전래된 부자(父子)간의 관계를 통해서 이어받은 성명(姓名)인만큼, 꽤 강한 힘으로 각자의 인생에 큰 영향을 주고 있읍니다. 출생(出生)한 갓난 아이의 명명(命名)에도 이 성씨(姓氏)를 주로하여 이름을 짓기 때문에 유년운에 큰 역할을 하게 됩니다. 따라서 이 천격은 그 집안의 내력(來歷)도 잘 알 수가 있읍니다. 즉, 「실업가(實業家)의 집안이냐, 관리(官吏)의 집안이냐, 또한 예술가(藝術家)냐 종교가(宗敎家)냐 심지어 가계(家系)가 좋지 않은 집안이냐?」

이러한 정신적인 문제점도 풀수가 있읍니다.

이 천격의 해당된 연령기(年齡期)는 유년시인 一歲부터 十五歲까지를 주로 보고있으나 부운

(副運)으로서 一歲부터 二十歲까지의 유년운으로도 볼 수가 있읍니다. 그 이유인즉 부모슬하에 서 자라고 있는 미성년자(未成年者)이기 때문에 독립성이 없읍니다.

이 천격은 가성(假成)①과 성자(姓字)를 합수한 획수이며, 二자성(二字姓)에는 그냥 二字를 합한 획수면 됩니다.

▲ 人 格 (成功運)

인격(人格)은 성공운에 속하므로 한인간의 중년기(中年期)의 운세를 보는데 필요한 부분입니다.

그러기 때문에 이 人格은 타격(他格)보다 인간운명에 가장 중심적인 위치에 있으며 일생의 운명을 좌우(左右)하는 총지배적(總支配的)인 부서입니다.

人格의 획수가 흉수(凶數)이면 그 흉한 운이 일생을 따르게 되고 또한 겉으로 몸이 건강하다 해도 내면적(內面的)으로는 만성적질환(慢性的疾患)으로 인하여 고생하게 됩니다. 그러므로 이 人格은 자기의 명운을 주로보며 그 사람의 성격, 속병까지도 내다 볼 수가 있읍니다.

이 人格은 전격(全格)에 걸쳐 상하(上下) 또는 내외(內外)의 관련성을 초래하는 주동적인 운격(運格)입니다.

따라서 人格은 三十歲부터 四十五歲까지를 주로 보고있으나 부운(副運)으로는 三十六歲부터 五十五歲까지의 중년운(中年運)으로도 볼 수가 있읍니다.

그이유는 五十五歲가 지나면 사회적으로 정년퇴직(停年退職)을 당하는 율(率)이 많으며 모든 이름 첫자를 합수한 획수입니다. 이 人格은 성자(姓字)와 공직연한(公職年限)이 대개 이나이에서 끝을 맺고 있기 때문입니다.

▲ 地 格 (基礎運)

지격(地格)은 이름의 획수의 총화이며 기초운에 속 합니다.

연령기(年齡期)로는 소년부터 중년전의 그사람의 가정적(家庭的)인 문제와 건강상태(健康狀態)를 주로보고 있으므로 그 사람의 인생 전반의 운세를 보는데 필요한 것입니다.

이 地格이 흉수(凶數)인 경우에는 어렸을 때부터 병약(病弱)하며, 또한 가족과의 인연도 좋지 않아 별거하는 사람이 많습니다.

더구나 가정운까지 겹쳐서 凶數일때는 부모가 사망(死亡)한다든가 그렇지 않으면 가족과의 생이별수(生離別數)가 있게 됩니다. 하여간 그 사람의 일생의 전반(前半)의 운세를 보는데 절대 필요한 포인트입니다.

따라서 地格은 十六歲부터 三十歲까지운을 주로 보고 있으나 부운(副運)으로는 二十一歲부터 三十五歲까지의 연운(年運)도 볼 수가 있읍니다.

이 부운을 二十一歲부터 보는 이유는 天格의 유소년 시절에는 부모의 은덕밑에서 자라나오므로 어린시절의 운은 부모들에게 매여 있었으나 地格부터는 한 인간이 완전한 독립체(獨立體)로 변해가고 있음에 따라서 또한 법적(法的)으로도 성인(成人)으로 인정을 받을 수 있는 연령이기 때문에 이 地格부터 자기의 운세가 벌어지게 됩니다.

36

▲ 外 格 (社會運)

외격(外格)은 외교적인 수완 세간의 신용도, 외곽적(外廓的)인 거래관계 병세등을 주로 보는데 필요합니다.

가령 外格이 길수(吉數)인 때는 그 집안의 부부생활(夫婦生活)도 원만하다고 보며, 흉수(凶數)인 때는 부부간 별거수가 있게 됩니다. 여성(女性)으로서 凶數의 경우 거의가 밖에 나가서 돈벌이를 하게 됩니다. 그래서 항상 밖에 나가 벌이를 하고 싶은 의사(意思)를 가진 사람들이 많습니다.

外格이란 그 사람의 표면적(表面的)인 관찰(觀察)의 대상인데 결국 吉數면 좋게대우 받고 凶數이면 냉대(冷待)를 받게 됩니다. 따라서 이 外格은 주운과 같은 연령의 시기로 보므로 人格과 밀접한 관련성(關聯性)을 갖게 됩니다. 이 外格은 가성①과 이름의 끝자와 합산한 획수인데 만일 두자성(二字姓)인 경우에는 성자(姓字)의 첫번자와 이름의 끝에자와의 합한 획수를 外格이라고 합니다.

▲ 總 格 (合 計)

총격(總格)은 성(姓)과 이름을 합산한 총획수입니다.

즉 한 개인의 일생(一生)의 행(幸)과 불행이라든가, 성격, 건강상태 또는 직업의 적부(適否)

여성관계등 장래를 알아보는데 절대로 필요한 곳입니다.

이 總格이 吉數일 때는 결혼, 취직, 승진등이 있고, 凶數 인 때는 중병, 이혼, 가족과의 생 사별(生死別)등 여러가지로 좋지 못한 일들이 생기게 됩니다.

따라서 이 總格은 四十五歲부터 六十歲까지의 말년운(末年運)을 주로 보고 있으나 副運으로서 는 五十六歲부터 만년(晩年)에 이르기까지의 행운으로도 볼 수가 있읍니다.

그러나 일생중(一生中) 연운(年運)이라고 보는 역자(易者)도 있을 정도로 비중이 굉장이 크 므로 중요한 포인트라고 봐야 하며, 吉年과 凶年에는 반듯이 큰 변동이 생기게 됩니다.

三、 社會運 家庭運 內格前運 內格後運에 대하여

▲ 社會運

사회운(社會運)은 사회생활에 있어 어떻한 사람들과 교제하며 어느 정도로 출세(出世)를 할 수 있느냐를 주로 보고 있읍니다.

전기(前記)한 外格은 그 사람의 표면적(表面的)인 관찰의 대상인데 반하여 이 社會運은 출세와 범죄(犯罪) 등을 살필 수가 있읍니다. 社會運이 吉數인 때는 좋은 수리운의 사람들과 사귀게 되고 도리어 凶數면 범죄에 관계가 있는 불량한 사람들과 죽이 맞아 사귀게 되므로 함정(陷穽) 에 빠지기가 쉽습니다.

38

이와같이 社會運의 획수가 吉數냐 凶數냐로 인하여 사회생활의 점수(點數)가 메겨집니다. 이 社會運은 사회적 지위와 출세 불명예등을 알아보는데 필요한 것입니다.

그리고 이 社會運은 주로 가성(假成)①과 人格의 수를합친 획수입니다. 그리고 二字姓인 경우에는 성의 첫번자의 수와 人格의 수를 합산한 획수를 말하고 있읍니다.

▲ 家庭運

社會運이 그사람의 밖의세상의 운을 보는데 비해서 이 가정운(家庭運)은 그 사람의 가정에 대한 성실성(誠實性)과 내면적(內面的)인 심리상태를 파악(把握)하는데 필요합니다. 즉 그집안의 가족들이 원만하냐 혹은 내분(內紛)이 많으냐는 점등, 가정운의 획수에 吉과 凶을 구별하여보면 곧 알 수가 있읍니다.

그리고 여성으로서 凶數의 경우에는 주로 직업여성(職業女性)이 많은데 그것은 일찍 부모슬하에서부터 독립해서 홀로 살아가는 편이 많읍니다. 또한 男性이라 해도 凶數인 때는 이혼을 한다든가 가출(家出) 또는 먼 출장을 자주하게 되며, 매일같이 밤늦게 집에 돌아오는것도 이특징 때문입니다.

또한 사회생활에 있어서 회사나 상점등 직장의 부하들이 배신(背信)을 하느냐 그렇지않으면 복종(服從)을 잘 해서 일을 잘봐주느냐 하는문제도 이 家庭運의 吉凶에 따라서 완전히 달라집니다.

이 家庭運은 人格수와 이름의 맨밑자의 수를 합한 획수를 家庭運이라고 하는데 만일 두자성(二

字姓)인때는 總格과 家庭運이 완전히 딴수자로 나타납니다. 일자성(一字姓)인 경우에는 家庭運과 總格의 수가 같은경우가 많은 이점 착오(錯誤) 없기를 바랍니다.

▲ 內格의 前運

전기(前記)한 바와 같이 天格, 人格, 地格등을 통하여 본인(本人)의 운세를 밖에서 봐서도 잘 알 수가 있었읍니다마는 이 내격(內格)의 전운(前運)이란 인생의 전반(前半)의 행운(行運)을 내적 견지에서 감찰(監察)하는데 그 의의(意義)가 자못 큰것입니다.

이 운세는 一歲부터 三十五歲까지의(幼年과 中年運) 內運의 세계를 드려다봄에 있어서, 과연 자기의 사업과 생활이 가장 충실(充實)한가, 아닌가를 분석할 수 있는 것입니다.

이것은 성자와 이름의 끝자를 합산한 획수가 이 內格의 前運 수 입니다.

▲ 內格의 後運

이것도 內格의 前運과 마찬가지로 인생의 이면상(裏面像)을 뜯어 볼 수가 있읍니다.

이 내격(內格)의 후운(後運)은 三十六歲부터 五十五歲까지 만년(晩年)의 행복(幸福)됨을 보기 위함인데, 이內運의 획수가 吉數이면 행복하게 살고 있다고 보겠으나, 도리어 凶數의 경우에는 그 사람은 본의 아니면서도 할수없이 인생을 헛되게 보내므로 적막한 가운데 불만을 품고사는 사람이라고 단정을 질수 있읍니다.

이內運數는 人格의 수리운과 같아서 그기간의 본인의 마음을 짐작할 수 있읍니다. 이것은 가

① 성과 이름의 첫자를 합산한 획수이며 두자성(二字姓)인 때는 성자(姓字)의 첫자와 이름의 첫자를 합산한 획수를 內格의 後運이라 합니다.

1. 人格과 가성①과의 획수의 화
2. 人格과 이름의 끝자와의 획수의 화(社會運)
3. 가성①과 이름의 끝자와의 획수의 화(家庭運)
4. 성자(姓字)와 이름 끝자의 획수의 화(內格의 後運)
   성자①과 이름 첫자의 획수의 화(內格의 前運)

(但、姓名 三字標準)

```
         內        中        外
      ┌ 假成  ①────── 24 社會運
内格後運12│      13
      │   黃   (天格)
      │      12
      │   …   23        11
      │      (人格)     (外格)
      └   國  11
内格前運22    21
          書  (地格)
             10
家庭運 33
         総格 33(合計劃數)
```

이상으로 天格、人格、地格、外格、總格、社會運、家庭運、內格의 前運 內格의 後運에 걸쳐 그 성격별로 불류하면 다음과 같은 도시(圖示)가 됩니다.

「外」라 함은 그 사람의 외관(外觀)을 말하는 것인데、즉 물체(物體)를 외적으로 본 것입니다. 이외격이 吉數인 때는 그 사람은 제삼자로부터 참된 인간이라고 신뢰(信賴)를 받을 수 있는 사람이면 가치(價値)를 인정 받을 수 없는 빈약(貧弱)한 사람으로 취급되므로 이외격의 吉凶은 타인으

41 第一部 基礎編

로부터 신뢰감을 받느냐, 못받느냐는 것을 정하는 데 있읍니다.

「中」은 그사람의 내용을 말하고 있읍니다. 즉 외관상으로는 좋은 사람 같은데 실은 어떠하냐 할때에 中에 속한것을 보게됩니다.

그리고 「보기와는 딴 판이야!」고 말하는것은 겉은 吉祥인데 人格、地格이 凶數인고로 내용이 고루지 못하다는 것입니다.

「內」는 그사람의 속을 드려다 보는 것입니다. 그사람이 일도 잘해주고 하고있는가, 거짓인가!를 따져볼때 그사람의 마음속을 드려다 보는것 입니다

內格의 前運은 한인간의 인생을 두등분으로 갈라놓고 운세를 봅니다.

「社會運」은 사회적으로 대인관계(對人關係)의 출세운과 범죄(犯罪)등을 알아볼수 있읍니다. 특히 처자(妻子)에 대한 태도가 어떠한가를 보는것 입니다.

「家庭運」은 울타리안에 있으므로 남에게 보이지않는 부문입니다.

「總格」은 「中」에 있는 天格、人格、地格의 수리를 종합한 총계입니다.

이總格은 그사람의 운명은 어떻게 전개될 것인가, 하는 문제점을 보는데 있으므로 한인간을 대표한 간판격(看板格)이라고 봐도 과언은 아닐것입니다.

이와 같이 한사람의 성명을 겉에서부터 안으로 들어가면서 분석해보면 감정(鑑定)의 방법도 자연적으로 이해가 될 것으로 압니다.

42

第二部 運命判斷의 鑑定法

(人生은 努力이 半이요 運命이 半이다)

——마키아벨리——

▲ 同數同格의 數理運

지금까지는 성명의 기본적(基本的)인 명칭과 그 획수의 산출법을 설명 했읍니다마는 동수동격(同數同格)의 수리운은 결국 내운(內運)의 상대성원리(相對性原理)를 말한것입니다.

그것은 성명의 신령(神靈)이 한인간의 운명을 지배해 나가고 있기때문에, 이영수는 참말 신비적(神秘的)인 비결(秘訣)이 스며들고 있읍니다.

이同格의 성질을 분석해보면 성명에 같은수자가 두개이상(二個以上)있으면, 그수자와 수자끼리 마주 붙어서 반발(反撥)하든가 그렇지 않으면 서로 잡아끌어 들이는 역학적(力學的)인 수리의 연관성(連關性)으로 말미암아 성명을 구성(構成)하는 획수에 너무 강한 부분과 너무 약한 부분이 생기게 마련입니다.

이렇게 강약(強弱)의 부분이 그사람의 성격(性格)과 운명을 침해하므로 한인간의 운명은 묘한 곳으로 변해져 갑니다. 또한 병(病)이 생긴다거나 교통사고(交通事故) 형벌(刑罰) 천지재변(天地災變)등 사고(事故)가 나는것은 틀림없이 그부분의 획수가 凶數인고로 발생하는 것입니다.

획수의 힘이란것은 굉장히 강한힘을 가지고 있으므로, 획수에 나쁜 凶數의 수가 있으면 그 성격도 나쁜 방향으로 이끌어 가게됩니다. 즉 어릴때부터 모두 도벽성(盜癖性)이 있다든가 거짓말쟁이 난폭한짓을 잘하는 사람들 또는 신경질(神經質), 변태성(變態性), 쓸데없이 자주웃는 사람, 어지름병과 돈을 물쓰듯 하는사람, 여자라면 사죽을 못쓰는사람, 그리고 살찌지않는 사람들은 전부가 이 동격동상(同格現象)에 있으므로 수자의 힘이 크다고 봅니다.

인간의 운명을 결정적으로 지배하고 있는 同格現象의 위력은, 나자신도 이신비적인 힘앞에는 놀라지 않을수없읍니다.

그 원인은 「나의 새로운 성명판단」에서도 설명한바와같이 인간의 운수는 木、火、土、金、水의 五行의 음양(陰陽)이 서로간에 상생(相生)을 이루었느냐, 상극(相剋)이냐, 에 따라서 운명의 吉凶을 정하게 됩니다.

특히 五行의 상극관계를 엄밀히 분석해보면 이상극선을 두번이상 통과하게된 선상(線上)의 부문은, 큰 불상사(不祥事)와 천지재변(天地災變)의 흉한운을 꼭 당하게 됩니다.

위의 도표(圖表)와 같이 성좌(星座)의 내곽(內廓)으로 맴도는 상극적(相剋的)인 五行의 상대성 원리는 성명학상의 각격(各格)에 다음과같은 불운(不運)한 성격과 묘한원리를 짜아내고 있읍니다.

五行의相対性原理

1、天格과 地格의 同數同格은 상극관계(相剋關係)에 의거하여 火는 金을 剋하고 있으므로 凶運.

2、人格과 總格의 同數同格은 天格、人格、地格 세부분의 연장으로 상극관계의 火剋金에 속하고 있으므로 또한 凶運.

3、人格과 外格의 同數同格은 木은 土를 극하고

4、 土는 水를 극한 두선상의 相剋된 연장선(延長線)이므로 凶運。
社會運과 家庭運의 同數同格은 水는 火를 剋하고、 火는 金을 剋하므로 두선상의 相剋으로 凶運。 특히 이 同格은 본래 總格의 복수와、 內運의 복수(複數)로 구성되어있기 때문에 더욱 강한 凶運을 맞게 됩니다。

5、 內運의 同格

㉠ 天格과 內格의
 地格과 內格의 後運)의 同數同格
 水는 火를 剋하고 金은 木을 剋하므로 두 선상(線上)의 相剋은 凶運。

㉡ 外格과 內格의 後運)의 同數同格
 人格과 內格의 前運)의 同數同格
 木은 土를 剋하고 土는 水를 剋하므로 두 선상의 相剋은 凶運。

㉢ 外格과 內格의 前運)의 同數同格
 人格과 內格의 後運)의 同數同格
 土는 水를 剋하고 木은 土를 剋하므로 두 선상의 相剋은 凶運。

㉣ 內格後運과 天格)의 同數同格
 內格前運과 地格)의 同數同格
 金은 木을 剋하며、 또한 水는 火를 剋하고 土는 水를 剋하므로 두선 상의 相剋의 凶運이 내포되어 있읍니다。

특히 주의할 것은 이것을 五行相生 관계로、 金生水、 木生火로 보면 큰 착오(錯誤)를 이르킵니다。 왜냐하면 內運 전체와 바앝운을 대조한 것이므로 결국 상극의 대상이 된 것입

47 第二部 運命判斷의 鑑定法

이와같이 五行의 相剋관계로 맺어진 內運의 相對性原理를, 구체적으로 분석하여 설명하였읍니다마는, 同數와 同格의 종류는 다음과 같은 수자(數字)와 수자끼리의 결성체(結成體)로 구별(區別) 할 수 있읍니다.

▲ 正數의 同格

1—1。 3—3。 10—10。 15—15。

같은 수끼리 모은 것이며, 이 조직(組織)은 가장 강한 운명의 결과를 가져오게 됩니다.

▲ 基本數의 同格

2—11。 3—12。 7—25。 24—33。
20—29。 19—10。 15—24。 13—49。

다음과 같은 산출법(算出法)도 있읍니다. 복수(複數)를 분리하여 소수(素數)를 합산한 나머지수를 기본수(基本數)라고 합니다. 그리고 이 논법(論法)은 즉 20과 29는 20은 2+0=2, 29는 2+9=11。 11은 1+1=2 결국 같은 2의 기본수동격(基本數同格) 입니다.

▲ 平行數의 同格

이것은 일단위(一單位)의 수가 같이 계속된 연수(連數)와 영(零)과 같은 연수(連數)이거나, 또는 전부(全部)가 같은 수끼리 모인것도 평행수(平行數)의 동격(同格)이라고 합니다.

1―11。 11―21―31。 21―31―41―51。 41―51―61―71。 22―33―44―55―66―77―88。

▲ 原數의 同格

10―3。 10―13。 10―13―23。 10―13―23―33。(?)
20―3。 20―13。 20―13―23。
12―19。 12―19―23。 12―19―23―28。
21―19。 21―19―28。
10―12。 10―12―20―21。

이 원수(原數)의 同格은 수의 성질에서 본 同數의 관계를 말합니다.

즉, 예(例)를 들면, 이원리는 陰陽六九, 爲老之圖에 의한 것인데, 하늘은 원(圓)으로 양(陽)이 되고, 땅은 방(方)으로 음이 되었다 합니다. 그래서 **천원(天圓)**은 **직경(直徑)**이 一이면 주위(周圍)의 길이는 三배가 됩니다. 결국 三은 각기 일기(一奇)이므로 전부 이용하게 된 것입니다.

또한 어떤 역자(易者)는 이렇게도 풀이를 하고 있읍니다. 여기에 콩이 두 개가 있읍니다. 한 개는 흰콩이고, 또 다른 콩 하나는 까만콩 입니다. 이 두개의 콩은 형체(形體)는 같은데 다만 색(色)갈이 다를 뿐입니다. 헌데 까만콩의 껍질을 벗겨 보았드니 그속의 알맹이는 똑같은 흰콩 이라는 것입니다.

이 원수(原數)의 동격이란 이와 같은 현상(現象)을 말하고 있는 것 입니다.

그러니까 결국 보는 수의 가치형태(價値形態)는 틀리지만, 수(數)가 갖고 있는 성질(性質)은 똑같은 활동을 하고 있다는 것입니다. 즉 말하자면 타의 수로 둔갑해 있다는 뜻입니다.

同數同格의 早見表

1.	正數同格	1—1, 3—3, 10—10, 15—15.
2.	基本數同格	2—11, 3—12, 7—25, 24—33, 10—19, 20—19, 15—24, 13—49.
3.	平行數同格	1—11, 21—31, 41—51, 61—71, 10—20, 30—40 50—60, 70—80, 11—22 33—44, 55—66, 77—88.
4.	原數同格	10—3, 13, 23. —12, 21. 20—3, 13, 23. —12, 21. 12—13, 19, 20, 28. —23. (23의 1位의 數3 과 基本數同格) 21—10, 19, 20, 28.

50

이같은 수의 풀이는 이 성명판단(姓名判斷)에 있어서 특히 중요한 위력을 발휘하므로 위에 그 조견표(早見表)를 기재합니다.

그러면 다음과 같은 방법론(方法論)을 읽고, 실제 여러 사람들의 운명(運命)을 감정(鑑定)해 보세요.

정말로 同格의 현상(現象)이 갖고 있는 그 신기(神奇)한 힘을 확인할 수 있을 것입니다.

一, 天格과 地格의 同數同格

성명(姓名)에 가성(假成)①과 성씨를 합한것이 天格이고, 이름만 합한 것은 地格이라고 합니다.

天格은 즉 자기 집안의 전통(傳統)과 가풍(家風)을 표시하고 있으며, 선조대대(先祖代代)로 받아 이어 내려온 숙명적(宿命的)인 것입니다. 이에대하여 地格은 그집안의 전통적(傳統的)인 후계자(後繼者)의 숙명(宿命) 및 그릇의 대소등(大小等)을 보므로 성과 이름인 (天格)과 地格이 잘조화가 되면 그 이름은 이상적이며, 가풍(家風)과 전통(傳統)을 잘이어 받을 수 있는 적당한 사람이라고 봅니다.

그렇지만 이 天格과 地格이 同數同格인 때에는 이상하게도 상호간 끌어 잡아드리는 힘으로 인하여 긴장(緊張)과 이완(弛緩)이 엇갈려지는 현상이 생기게 됩니다. 그것이 인체(人體)에 비치는 영향은 다음과 같습니다.

▲ 吉數의 同格

1, 꼼꼼한 사람.
2, 한번 친하면 떨어질줄 모른다.
3, 친절하고 인정이 깊은 사람.
4, 입은 험해도 사람은 좋다.

▲ 凶數의 同格

1, 재난수(災難數)가 있음.
2, 교통사고(交通事故)를 당함.
3, 건강상태(健康狀態)가 좋지않음.
4, 자주 주거(住居)와 직업(職業)을 옮김.
5, 태만성(怠慢性)이 농후함.

이 同數同格은 주로 파란(破亂)과 건강상태(健康狀態) 교통사고, 조난(遭難)등 생각치 않았던 일들이 자주 발생하게 됩니다. 그러면 天格과 地格의 同數同格을 예(例)를 들어서 설명해 보겠읍니다.

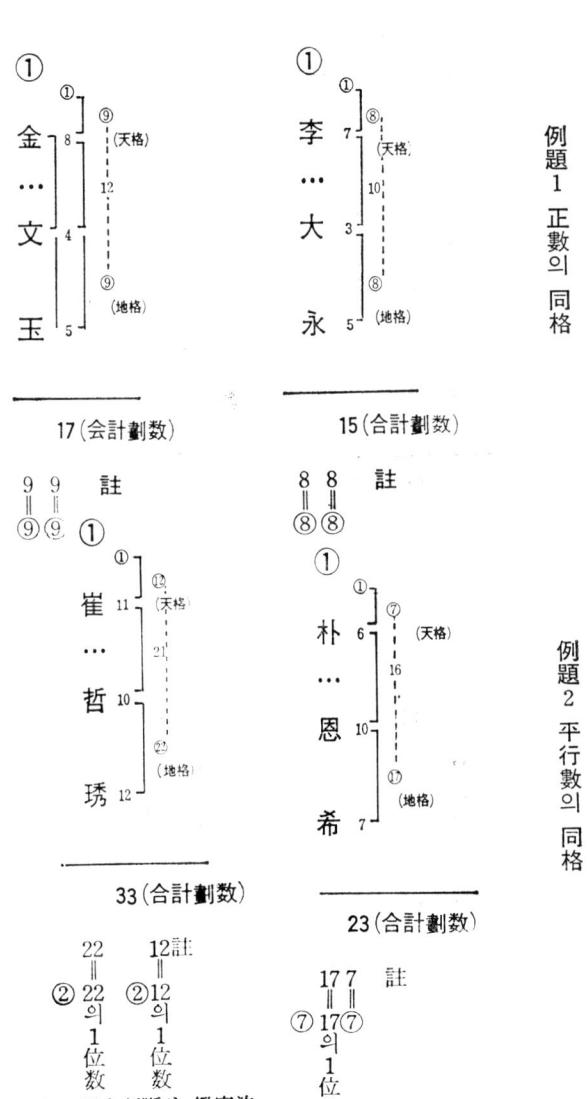

第二部　運命判斷의　鑑定法

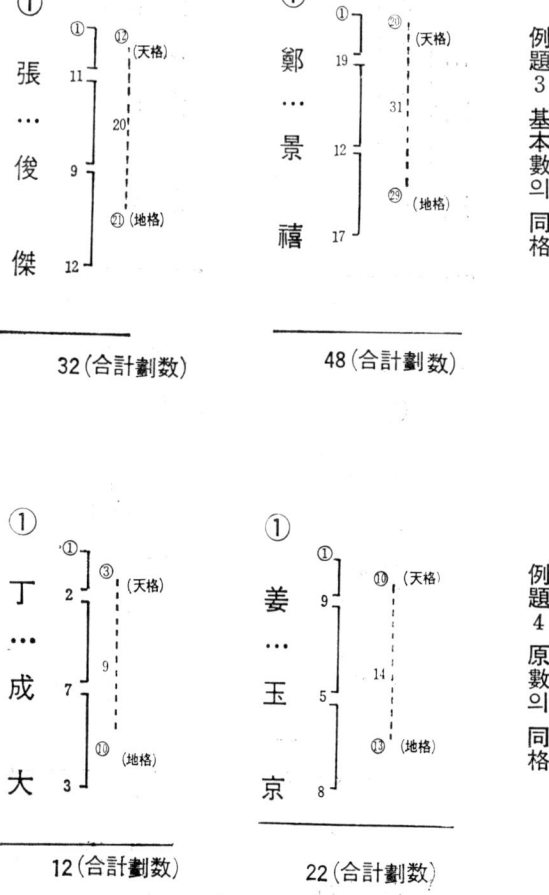

二 人格과 總格의 同數同格

人格은 성과 이름의 첫자를 합한것이 人格이요 성(姓)과 이름을 합한 것은 總格인데、이 同數同格도 天格과 地格의 同格과 같이 주로 사고와 재난이 따르게 됩니다. 이와 같은 현상은 앞에서 자세히 설명한 바와 여히 동일한 운수를 걷게 됩니다.

例題 1 正數의 同格

例題 2 平行數의 同格

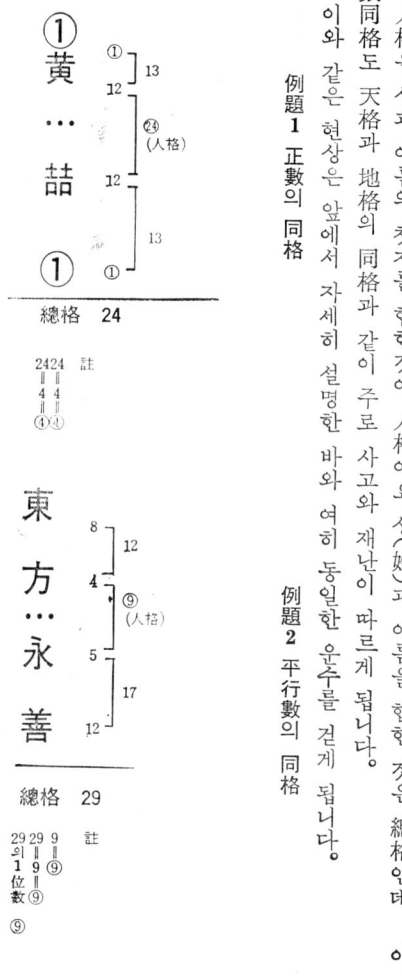

例題 3 基本數의 同格

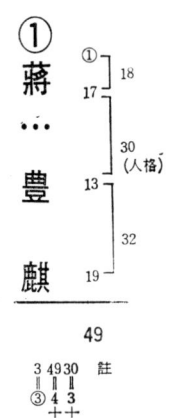

例題 4 原數의 同格

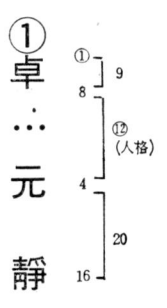

三、人格과 外格의 同數同格

이 人格과 外格의 同數同格은 일명 횡선동격(橫線同格)이라고 부르기도 합니다. 원래 (人格)의 운세는 연령 31歲부터 45歲(副運은 36歲—55歲)까지인데 이때는 인생의 가장 찬란한 전성기(全盛期)인 동시에 중년기에 일어나는 재난과 사고를 여러 갈래로 보는데 더욱 중요한 부문입니다. 그것은 남녀관계와 수명, 그리고 중년기의 연애의 실패와 병세, 또는 단명등을 암시(暗示)해주는 움직임이 끼어 있읍니다.

이 사람은 천재적인 외교수완과 사기성(詐欺性)이 농후하므로 변(變)을 당하기가 더욱 쉽습니다.

다. 특히 橫線의 同格은 항상 죽엄이 따르고 있읍니다. 더구나 社會運과 總格 혹은 內運의 同格

人格 / 外格	橫線 同格의 特徵
吉 / 吉	1, 허영심이 많고, 인색함. 2, 진실같은 기술적인 거짓말을 잘함. 3, 천재적인 외교수완(外交手腕)과 사기성(詐欺性)이 농후함. 4, 남의 일을 잘봐줌.
吉 / 凶	1, 父母兄弟, 친척들의 의래를 당함. 2, 돈을 남에게 잘 퍼줌. 3, 금전(金錢) 지출이 많음. 4, 신경질(神經質)이 있음.
凶 / 吉	1, 기분을 내서 돈을 물같이 씀. 2, 사람의 비위를 잘 마춤. 3, 가족일로 근심걱정을 하게 됨. 4, 사기성이 농후함. 5, 착실한 것같으면서 의외로 들떠있음.
凶 / 凶	1, 가출(家出)을 잘함. 2, 자살(自殺)과 사고 사(死)가 있음. 3, 사기성(詐欺性)이 있음. 4, 돈을 물쓰듯이 잘씀. 5, 밤늦게까지 돌아다니다. 집에도 잘 들어가지 아니함.

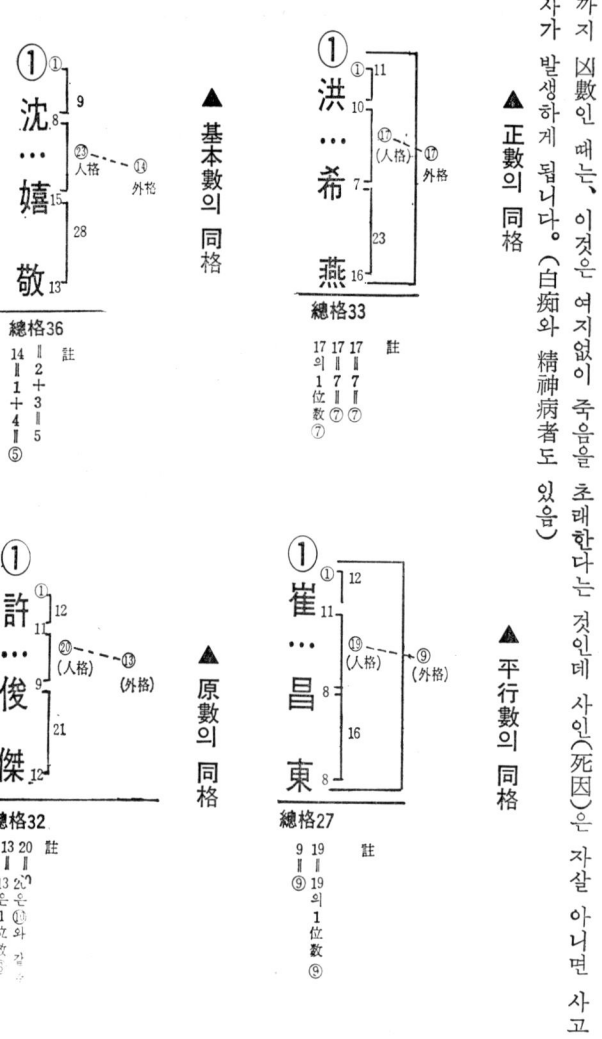

그 원인은 이 란(欄)을 위시하여 同數同格의 凶數가 한 성명안에 세개이상(三個以上)끼어 있으면 반듯이 무서운 변을 당하게 됩니다.

橫線同格의 吉凶을 감정(鑑定)해 보면 앞표와 같습니다.

四、社會運과 家庭運의 同數同格

社會運과 家庭運의 同數同格을 일명 斜線同格 이라고 합니다.

이것은 내계(內界)와 외계(外界)의 심리적인 갈등(葛藤)과 마찰로 인하여 일어나는 현상(現象)인데, 즉 말하자면 밖에 나가고 싶은데 집안에서 발이 묶였다든가, 집으로 들어가고 싶은데 밖에서 일이 생겼다든가 이러한 두가지의 교차선(交叉線)을 말하는 것입니다.

그러므로 天地의 同格은「집안」과「自己」를 상대로 한다면 이 斜線同格은 자기의 감정과 욕망(欲望)과 이성(理性)을 서로 견지하고 있는 셈 입니다. 다시 말해서 욕망과 감정의 폭발(爆發)을 억지로 참고 견디는 현상입니다.

이같은 많은 해독(害毒)으로 인하여 여러가지 나쁜 작용을 이르키므로,「노이로ー제」「히스테리」잘우는 것과, 쓸데없는 군소리를 잘하므로서 사고(事故)를 이르켜 재난(災難)을 당하고 전직(轉職), 재혼(再婚), 수술(手術), 자살(自殺)까지 심한 경우에는 하게 됩니다.

이 불행수는 자기에만 국한된 것이 아니라 부부간(夫婦間) 사이에도 이영향을 받습니다 마는 이 斜線同格도 橫線의 同格과 같이 무서운 작론 斜線의 同格을 면한 사람은 상관없읍니다

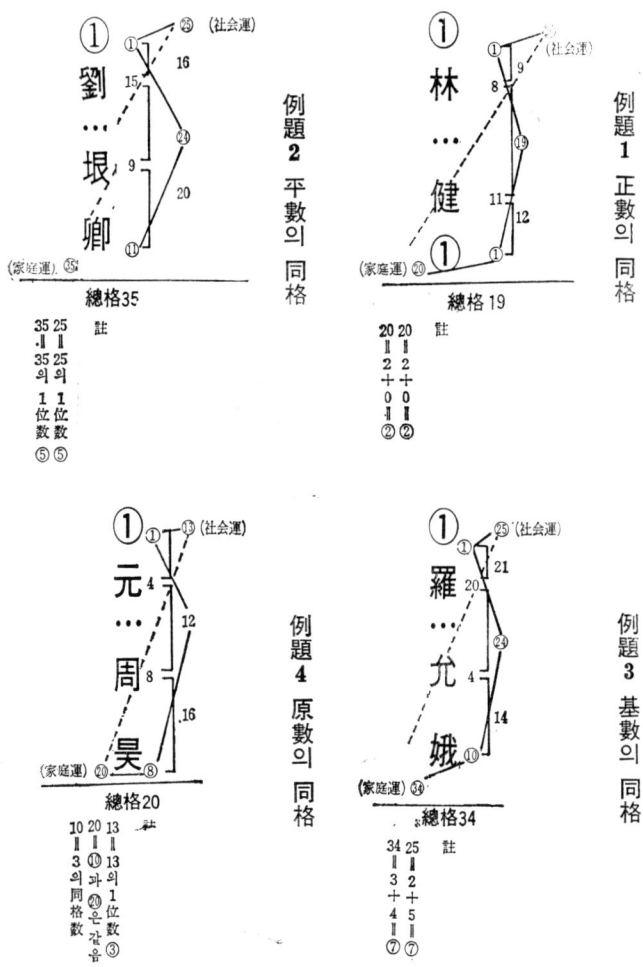

용을 하고 있읍니다.

이 斜線同格은 가성①과 人格의 수를 합한수 社會運과 人格數와 이름의 끝자를 합한수 家庭運을 斜線의 同格이라고 합니다.

이 斜線同格은 나의 감정(鑑定)한 통계학으로 보면 이 斜線同格을 갖인 사람은 대개 직감력 (直感力)이 풍부하고 천재와 수재가 이수에 많아서 교수 학자 예술인, 문필가 들은 상당한 성공을 하고 있지만 반면(反面)에 나쁜 방향으로 적중하는 율(率)이 더욱 높습니다. 그런 뜻에서 이 斜線同格을 주위해서 살펴봐야 하겠읍니다.

그리고 여성의 경우 인기있는 직업은 퍽 푸라스를 가저오게 되지만, 보통사람은 나쁜 현상이 오므로 결코 좋은 것은 못 됩니다.

▲ 斜線同格의 特徵

1、 주거(住居)와 직업을 자주 옮기며 내성적(內性的)이고 변태성(變態性)이 많음.
2、 재혼을 하는 사람이 많음.
3、 수술과 상처를 당함. 또한 신경질이고 자살(自殺)도 잘함.
4、 노이로-제, 히스테리가 많음.
5、 머리가 좋은 사람이 많고 몸에 살이 절대 찌지 않음.
6、 교통사고 및 높은데서 떨어져 상처를 잘입음.
7、 비밀성(秘密性)이 강하며 말을 잘 않음.

8, 여행을 즐겨, 자주 밖으로 나감.

9, 천재 및 수재로서 발명하는데 재능이 있음.

이상이 斜線同格을 갖은 사람들의 일어 나는 여러가지 현상의 특징 입니다. 이현상은 강한 영향력을 주기 때문에 연쇄적(連鎖的)인 반응을 일으킵니다. 가령 남성에게 斜線同格이 있는 경우 부인과 연인에게도 그 영향이 크며 또한 자기에게 이 斜線同格이 없다해 도 연인이나 부인에게 있으면 당본인에게도 그 피해(被害)를 끼친다는 예(例)는 많이 있읍니다.

가령 다음과 같은 경우를 보면,

㉠ 남편에게 斜線同格이 있을때 처(妻)가 반듯이 수술을 받거나 그렇지 않으면 가슴앓이나 부인병(婦人病)이 생기게 됩니다. 혹시 수술을 받지 않았다면 그 부부이 병약하다든가 병 으로 고뇌(苦惱)하고 있을 것입니다. 그리고 부인은 마른몸으로 신경질을 잘부리는 성격 (性格) 소유자가 되고 맙니다.

㉡ 처(妻)에게 斜線同格이 있을 때 남편은 무서운 신경질적인 환자(患者)가 되든가, 그렇지 않으면 가주(家主)로서 생활능력이 없어 풀이 죽어가는 페인이 됩니다. 또한 몸을 많이 다쳐서 움직일 수 없는 상태에 빠지게 되므로 특히 처가 이 斜線同格을 갖고 있으면 남편 의 목까지 일해, 종말에는 남편대신 일가를 먹여 살려야할 고닯은 운명의 소유자가 됩니 다.

㉢ 남녀 교제중 특히 여성측(女性側)에 斜線同格이 있으면 남성은 가정을 파괴하며 사회적으

로 지위와 명예도 잃는 케-스가 많은 것도 또한 큰 특징 입니다.

이 斜線同格을 가진 여성은 탈선하는 것을 잘알려 줘도 듣지 않고, 자기가 한번 마음 먹고 남성과 교제하면 뼈가 빠지고, 몸이 으스러질망정 그 사랑을 버리지 못하는 강한 기질을 갖고 있읍니다. 그러기 때문에 작난삼아 섣불리 교제했다가는 도리어 발목을 잡히게 됩니다. 만일 남자가 꽁무니를 빼게되면, 여성은 그럴수록 바싹 쫓아다니다 배신(背信)을 당하게 될 경우에는 결국 죽든가 사회적으로 물의를 일으켜 무서운 함정에 빠지게 됩니다.

그리고 이 斜線同格을 가진 사람 중에는 변질자(變質者)가 많이 발생합니다. 예(例)를 들면, 여성끼리 동서(同棲) 한다든가 남성끼리 동성연애(同性戀愛)를 하는 것도 이 同格에 속하며 남자이든 여자이든 간에 치한(痴漢)이나 연애(戀愛)에 깊이 빠지는 사람도 이 족속이라고 봐야 하겠읍니다.

五、 內運의 同格

內運이란 표면(表面)에는 나타나지 않았던 여러가지 정신적인 고생과 고뇌(苦惱)를 살펴보는 곳입니다.

그것은 본인만이 아는 인간의 내면상에 대하여 만족과 불만이라든가 고민과 희열감(喜悅感) 등을 제삼자로 하여금 감정(鑑定)해 볼 수 있으므로 內運은 이와 같은 명확한 것이 나타나고

例題 1 正數의 同格

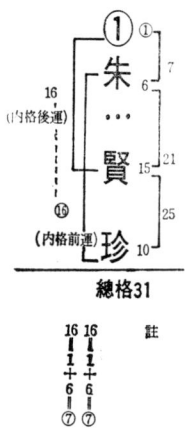

例題 2 平行數同格

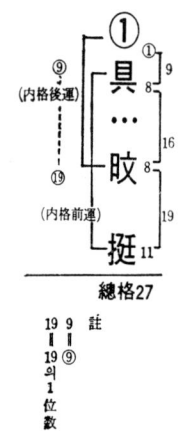

있읍니다.

거기에 內格前運과 內格後運이 同數同格인 경우에는 즉 도난(盜難) 금전적인 손해, 부양의 의무 재난 및 조난(遭難)등 內運이 갖는 그 의미가 퍽 많은 변화(變化)를 가져 오게 됩니다.

이 內運의 同數同格으로 말미암아 필연 어떠한 이유상, 그렇게 되는 것인가 하는 것은 타의 부분에 반듯이 나와 있읍니다. 이것을 완전히 해독(解讀)하게 되면 상대의 관계를 정확히 파악 할 수가 있게 됩니다.

例題 3 基本數의 同格

```
        ①     ①
        周 ── 9
    ⑧ ┤    ┐8
(內格後運) │    ├15
        亨 ─ 7
           ┐  ├16
(內格前運) ⑰  9
        奎
```
總格 24
註
1+8
7 8
⑧

例題 4 原數의 同格

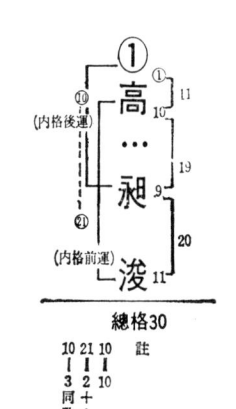

總格 30
註
10 21 10
─ ─ ─ 10
3 2 +
同 + 1
數 1 ③
格

內格의 前運은 성과 이름의 끝자의 획수의 和이며, 內格의 後運은 가성①과 이름의 첫자의 획수를 和한 것을 말하고 있읍니다. 이 內運의 총화(總和)는 성명의 표면의 총격수(總格數)보다 가성①까지 포함시킨 총화의 수리(數理)입니다.

그리고 한인간의 인생의 전운(前運)과 후운(後運)까지 통틀어 파악할 수 있으므로 이 부분의 비준(比準)도 굉장한 것입니다.

65 第二部 運命判斷의 鑑定法

六、 內格前運과 天格、 內格後運과 地格과의 同數同格에 대하여

內運은 전기에서 설명한 바와 같이 성명의 표면상으로 나타나지 않았던 본인의 여러가지 정신적인 고뇌(苦惱)를 내적으로 분석해 보는 부문입니다.

그러나 이것이 內運과 天格、人格、地格、外格에 걸쳐 어느 부문을 막론하고 同格에 해당하는 경우에는 어떠한 화(禍)가 미치느냐면, 이것은 일생에 꼭 한번 쯤은 천지 재변을 당하게 되므로 일생의 재난의 유무를 보는데 대단히 중요한 현상입니다.

결국 內運의 상대성원리(相對性原理)를 모색함에 있어, 성명의 겉에 있는 운명(運命)인 天格、人格、地格、外格과 속에 가려적있는 운명 즉、內格前運 內格後運이 상호간 우연히 결부되게 되면 이것은 굉장히 큰 이해관계가 일어난다는 것 입니다.

즉 그것은 재해(災害) 재난(災難)으로 인하여 전재산을 없앤다든가 쌓아 놓은 업적을 몽땅 잃는다든가, 그렇지 않으면 큰 사고에 부딪치게 된다는 것입니다.

이와 같은 변은 비단 자기뿐만 아니라 도리어 자기가 조난을 당하지 않았어도 집안에 누군가 대신당하게 된다는 강인한 영향력을 갖고 있기 때문에 화재(火災)나 수해(水害) 같은 천지재변과 생명에 관한 대사고가 발생하게 됩니다.

「나의 새로운 성명판단」에서도 밝힌바와 같이 內運의 상대성원리를 주로 말한 것입니다.

성명학(姓名學)에는 영적(靈的)인 수리의 역학적인 연관성으로 인하여 그 사람의 성격이 닦든가、 또는 운명에 무서운 변화를 가져오게 되는 것은 이성명의 신령이 인간의 운명을 지배해 나

가고 있기 때문입니다.

그것은 하도낙서(河圖洛書)의 五行의 相生과 相剋의 원리를 주로 하여 다시금 內運과 五大運格에 대한 상대적인 원리를 더욱더 입체적(立體的)으로 입증 한 것입니다.

이러므로서 종전의 감정법(鑑定法)을 한층더 발전시켜 놓았읍니다. 특히 감정법은 人格을 중심선으로 보고 교차상태(交叉狀態)로 전개해 나가는 성명의 겉부분의 운명과 이면(裏面)에 가려적있는 운명의 이해 관계를 모색한 것 입니다. 따라서 상대적인 관계를 정확히 알 수 있겠끔 되어 있읍니다. 이운세는 생명에 관해서 큰 사고가 발생하든가 그렇지 않으면 조난(遭難)과 파산(破產)의 현상은 참드려 있는 고로 天地災變을 당하게 됩니다.

이 同數同格의 凶運이 곁드려 있는 고로 天地災變을 당하게 됩니다.

이 同數同格의 현상은 참말로 신비적인 것이 내포되어 있음으로 일생의 한번은 재난과 조난을 당하게 된다는 內運法의 무서운 수리운 입니다.

이것이 나의 성명판단의 비결(秘訣)입니다.

그리고 이 天地災變의 凶運에는 사종류(四種類)가 있읍니다.

A 內格前運과 天格、內格後運과 地格 과의 同數同格의 境遇。
B 內格前運과 地格、內格後運과 天格 과의 同數同格의 境遇。
C 內格前運과 人格、內格後運과 外格 과의 同數同格의 境遇。
D 內格前運과 外格、內格後運과 人格 과의 同數同格의 境遇。

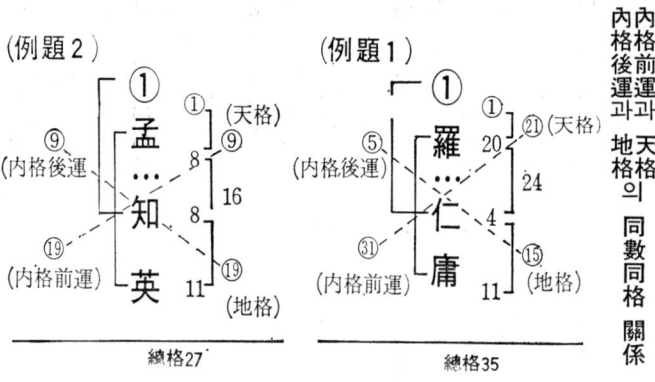

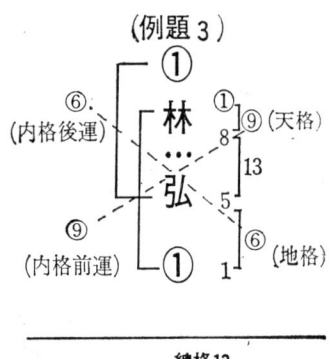

▲ 內格前運과 天格의 同數同格 關係
內格後運과 地格의 同數同格 關係

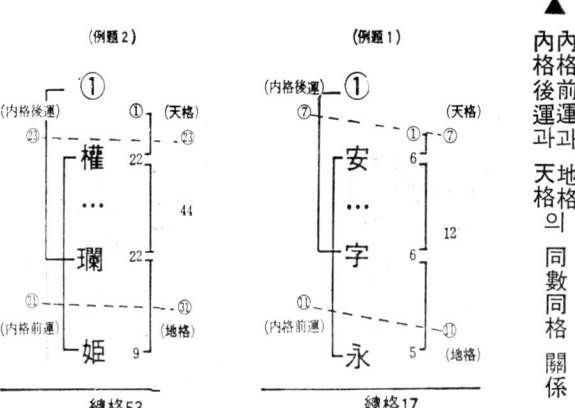

(例題 2)   (例題 1)
(內格後運) ①   (內格後運) ①
㉓──────㉓(天格)   ⑦──────①(天格)
   權   22   安   6
   ⋮   44   ⋮   12
   瓓   22   字   6
㉛──────㉛(地格)   ㉑──────㉑(地格)
(內格前運)   (內格前運)
   姬   9   永   5
   總格53   總格17

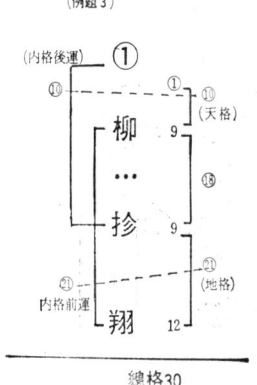

(例題 3)
(內格後運) ①
⑩──────①(天格)
   柳   9
   ⋮   ⑱
   抮   9
㉑──────㉑(地格)
內格前運
   翔   12
   總格30

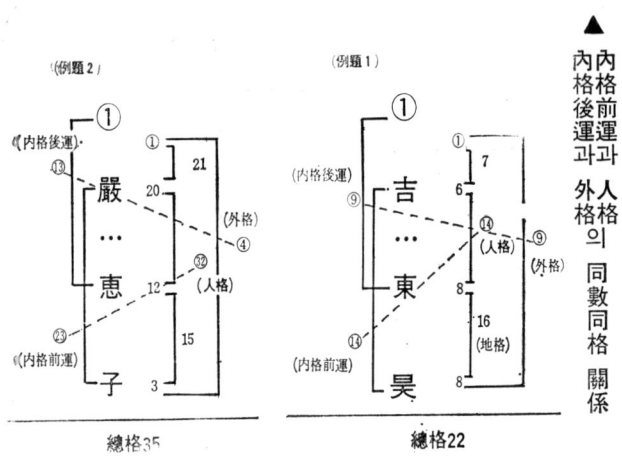

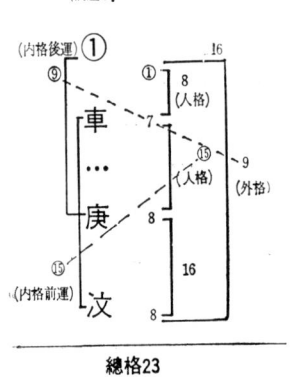

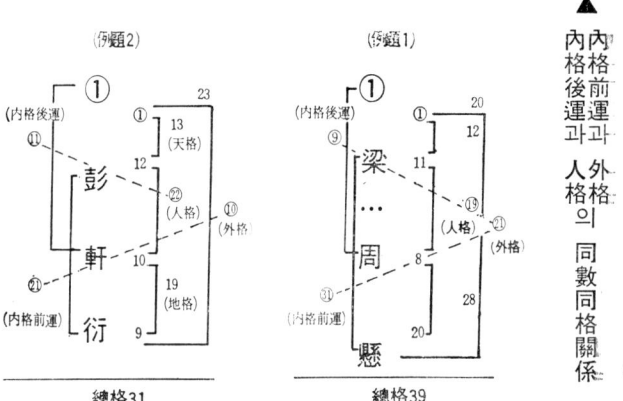

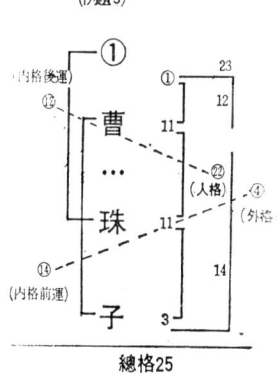

第二部 運命判斷의 鑑定法

靈數가 操正하는 運命

「인간의 행과 불행(不幸)을 분류하는 운은———」

행복한 인생과, 불안한 인생의 갈림 길에서 거기서 인간을 끌어드려 두길목에서 한쪽길로 가게 하는 것은 무엇일까요 그것은 운(運)입니다

운은 신비적(神秘的)이며 현실이기도 합니다. 오늘날 세상 사람들은 이 어려운 삶의 세계에서 자기에게 있는 지혜(智慧)와 있는 힘을 다하여가며 노력을 할뿐만 아니라, 옆에 사람들도 많은 도움을 주었것지만 그 결과는 보기에도 딱하게 실패로 끝냈다는 일들은 우리들 주변(周邊)에서 흔히 볼수 있는 현상입니다.

이러한 고비에서 당신들을 조정(操正)하는 것이 즉, 운(運)이라고 봐야 하겠읍니다. 이운은 인간으로부터 끓을 수 없는 수리에서 나오고 있읍니다. 우리들은 이수자를 정말 무의식적(無意識的)으로 이것을 간단한 기호(記號)로만 생각하고 있었던 것입니다.

겨우 안다는 것은 2는 1의 2배이고 3은 1의 3배라 하듯이 간단한 수량의 차이(差異)에만 치중하고 있었으나 수라는 것은 양적(量的)인 차이를 넘어서 질적(質的)으로나 성격의 차이 등 뜻의 방향이 심오(深奧)하고 회의적(懷疑的)인 내용이 포함되어 있읍니다.

인류(人類) 최초의 문자(文字)는 수자(數字)였다는 것입니다. 중국고대(中國古代)의 역경(易經)에 의하면 옛적에는 새끼를 꼬아서 수를기록 했으며 후세

72

(後世)의 성인(聖人)은 문자를 가지고 이것을 대체(代替)했다고 하니 수란것이 인간에 있어 옛부터 얼마나 중요한 것이었다는 것을 잘 입증(立證)해 주고 있읍니다.

그래서 원래수라고 하는 것은 천지개발(天地開發)의 최초의 창시이며 삼라만상(森羅萬象)이 모두 이수로써 이루어 졌다고 합니다.

그러므로 이수자는 생활(生活)과 사상(思想)에 밀착한 긴 역사를 가지고 있으며 이와 같은 배경하에 하나 하나의 수는 그저 수량을 표하는 의외에도 여러가지 뜻이있어, 그 역할을 하게 된 것입니다.

여기에 一부터 九까지 수의 풀이를 하면 다음과 같습니다.

▲ 一은 하나라는 수량을 말하지만 여기서부터 사물(事物)의 시작이라는 뜻이 생기며 동시에 사물의 극(極)이며 또한 전체(全體)란 뜻입니다.

▲ 二는 둘이란 수자를 말하고 있지만 다음의 물건을 말하며 음(陰)과 양(陽) 건(乾)과 곤(坤)과 같이 둘이 된다는 뜻도되며 또 둘은 하나가 아닌것의 최초의 단위이며, 짝수이기도 합니다.

▲ 三은 음양(陰陽)의 일대(一對)에 하나를 더 푸라스 한 것이고 만물(萬物)은 三에서부터 뜻이 생겼다고 합니다. 三은 정(鼎)이라는 문자를 표현했는데, 鼎이란 중국고대의 국가를 상징(象徵)한 보기(寶器)입니다. 그보기는 불전(佛前)에 향(香)불 담은 그릇으로써 다리는 세개(三本)입니다. 만일 다리가 네개(四本)이면 지면(地面)이 평탄치 못할 때에는 안정치 못하므로 세개다리라면 어떤 요철(凹凸)이라도 까딱없이 튼튼하게 뻗치고 서있다는

점에서 三이라는 수는 안정함을 뜻하고 있읍니다.

▲ 四는 어떠할까요. 서양(西洋)에는 신성한 四를 뜻하는 문자가 있고 창조신(創造神)도 세상을 창조할때 「四大原動力」을 명했다고 합니다.

▲ 五는 오행설에서도 알다싶이, 자연의 변화인 그 요소(要素)의 수라하여 중요하게 여기고 있읍니다. 五는 天地간에 음과양이 교차(交叉)하는 형태를 표현한 것입니다.

▲ 六은 天地, 생성지수(生成之數)에 의하면 생수(生數)중의 음수인 二와四를 합한 노음수(老陰數)가 六이며 천덕(天德), 지상지상(地祥之象)으로 내외단락(內外團樂)하고 가세가 융창(隆昌)한다는 암시(暗示)가 있읍니다.

▲ 七은 성수중(成數中) 음중(陰中)의 양(陽)으로서 一二四를 합친 七은 음수(陰數)가 많고 양수(陽數)가 적어서 소양(少陽)이라고 하여 독립과 권위지상(權威之象)으로 성공 영달의 암시(暗示)가 있읍니다.

▲ 八은 분열(分裂)과 화목(和睦)한다는 뜻인데 우(右)와 좌(左)로 헤여지는 상태를 표현했으며, 점점 벌어진다는 뜻과 화목을 뜻하기도 합니다.

▲ 九는 수적으로 양이 많은 것을 의미 하여 집합(集合)됨을 뜻하고 있읍니다.

수(數)라는 것은 이같이 복잡하고 십오(深奧)한 뜻을 가졌으며, 동시에 영험(靈驗)하고 있다. 결국 수령이 인간의 감정과 성격에 많은 영향을 주므로 비로소 운명을 지배(支配)하고 있는 것입니다. 따라서 획수에는 그 하나 하나에 뜻이 있기 때문에 수자의 내용은 인간의 운명을 결정하는 기초(基礎)가 되므로 획수의 吉凶을 잘 살펴 봐야 합니다.

劃數의 數理運

○ 吉
△ 半吉
× 凶

○ 一數

數意 : 太極首領數.

運勢 : 成功 富貴 幸福 健全像.

① 수는 만물 창시(創始)의 근원(根源)입니다. 이 수는 희망이 뻗없이 뻗쳐 목적한 것을 이루고 크게 성공한다는 수리(數理)입니다.

그리고 사회적(社會的)으로 신용도 있고 윗사람의 도움을 받아 출세도 하며, 장수(長壽)하는 건전한 대길수(大吉數)입니다.

「性格」은 강한 자신감(自信感)이 있는 사람입니다. 아무리 곤란을 당해도 거뜬히 이겨 나갈 수 있는 투철한 근성이 있으며 자기가 생각하는 일은 절대 옳다고 생각하기에 도리어 그렇게 되지 않는 까닭은없다고 굳은 신념(信念)을 가질 정도입니다. 「고루시카」섬의 일평민으로부터 몸을 이르켜서 구주전역(歐州全域)을 석권(席卷)한 프랑스의 황제 나폴레옹 영국(英國)으로부터 미국(美國)을 독립시킨 초대대통령(初代大統令) 죠-지 워싱톤, 등이 해당이 됩니다. 물론 이 같은 강한 성격(性格)은 반면에 적을 많이 만드므로 마이너스가 생기게 됩니다.

「愛情運」 남성(男性)은 여성(女性)을 대해주는 태도가 서툴어서 사랑의 표시(表示)에 오해를 받기가 쉽습니다. 그것은 너무나 일방적(一方的)인 애정에만 치우치기 때문에 상대방(相對方)은 무슨 영문인지 모르고 도리어 예의(禮儀)를 모르는 무뚝뚝한 사람이라고 평가(評價)를 받습니다.

섹스는 왕성한 힘으로 상대를 압도(壓倒)하는 타입은 있으나 실은 끄는 시간보다 회수를 자랑합니다. 그리고 사랑의 속삭임이란다든가 농후한 전희(前戱)같은 것은 서툰데가 많습니다. 이러한 점은 여성의 베이스와는 맞지 않아서 자기가 생각하고 있는 것과 같이 상대(相對)의 좋은 평가는 받지 못 합니다. 이런우리를 가진 사람은 때로는 상대에게 어느 정도의 주도권(主導權)을 주는 것도 해야 합니다. 새로운 국면(局面)을 타게 하겠읍니다. 결혼운은 초혼(初婚)은 어렵고 상대와 헤어져서는 재혼(再婚)하는 위험성이 따르게 됩니다. 그 원인은 물론 당신에게 책임이 있다는 것을 잊어서는 안 됩니다. 여성(女性)도 남성과 같이 성욕(性慾)은 강한 욕구의 타고조(高調)되면 하루밤중에 몇번이고 좋아하는 형입니다. 헌데 펫팅이나 양성적(陽性的)인 것은 좋아 하지만 도구(道具)나 약(藥) 같은 것을 사용하는 것은 퍽 싫어합니다.

이 수리운(數理運)은 대단히 매력적(魅力的)이고 개성이 강한 성격이므로 벌써 16, 17세때부터 여성으로써 남성에게 인기를 끕니다. 그러기 때문에 평범한 사람이라도 좋으니 곧 상대를 찾아 빨리 결혼(結婚)할 것을 마음 먹어야 합니다. 결혼 후에는 남편을 위하여 어떠한 곤경(困境)에 빠져도 꼭 참고 이겨내는 사람과 중년이후(中年以後) 또 바람기가 나서 남편과 가정도 돌보지 않는 사람으로 갈라져 있읍니다.

「病勢」손과 발에 注意 手足手術 關節炎 神經痛.

「職業」은 政治家 宗敎家 藝術家 思想家 學者 官職. 建築業 木材所 水產業 航海業 栽培業 農業. 辯護士 細菌學者 運命家. 觀光業 交通業 飲食業 化粧品店 洋裁店 악세사리점. 파이롯트 컴퓨터 關係와 新聞社 出版業關係 自由業은 無妨 스포츠 監督도 適任.

× 二數

② 數意∴分離 破壞數
 運勢: 不安 動搖 災厄. 破敗像.

②는 사람들로부터 멀어져가는 고독(孤獨)한 운이 있읍니다. 그리고 항상 정신적인 고통이 심하여 가정적으로도 화목치 못하고 심지어 부모 형제와도 떨어져 살아야 하는 운명입니다. 또한 몸도 약해서 불안한 생활을 하게 되므로 일생 동안 고독(孤獨)과 수심(愁心)으로 지내게 되고 대인 관계도 의견이 맞지않아 충돌(衝突)이 생기며 특히 남과의 동업(同業)은 큰 실패를 하게 됩니다. 결국 모든 일은 분리(分離) 파괴(破壞)되므로 역경과 조난(遭難)을 당하는 대흉수(大凶數)의 운(運)입니다.

「性格」은 이성적(理性的)이고 냉정한 판단력(判斷力)을 갖고 있읍니다. 행동적 이라고 하기보다는 사색적(思索的)인 것이 있고 직정형(直情型)보다 객관적(客觀的)으로 사물(事物)을 판단하는 타잎입니다. 이같은 신중한 성격은 때에 따라서 지나친 행동과 우유부단(優柔不斷)에 빠지기 쉽고 때로는 노이로―제에 걸려서 소위 「헤메기」 쉬운 성격이라고 봅니다. 그리고 타인의 일은 정확하게 빠른 판단을 내리지만. 자기의 일이되면 정반대 현상을 비져 놓습니다. 그러기 때문에 보수(報酬)보다는 봉사(奉仕)에 열이 강한 사람임으로 ②란 숫자는 이같은 숙명(宿命)을 가지고 있읍니다.

「愛情運」 남성(男性)은 여성에 대한 태도가 이지적인 신사의 기품이 판에 박혀 있읍니다. 누구를 대하든지 구별없이 잘하므로 친절하고 마음씨 착한 사람이라고 평가는 받으나, 내심(內心)만은 퍽 냉정하며 따라서 가정에 있어서도 필요 이상의 신경을 쓰기 때문에 잔소리가 많습니다. 섹스는 나이를 먹을수록 점점 성행해가는 남성운입니다. 여성은 남성운이 지나치게 많으로 도리어 복(福)을 받지 못할 운입니다. 그리고 너무 교만한 탓으로 이성(異性)에 손해를 많이 봅니다. 여성(女性)은 이지적인 타입의 아름다운 미인이라고 할 수 있지만 후처(後妻)로는 가지 않는 다면서 일생 독신으로 살고 있는 사람이 많습니다.

「病勢」 內臟系의 病으로 胃腸、盲腸、肝臟、腎臟、癌病.

「職業」은 샐러리맨으로서 企劃部 開發部는 天下의 一品이고, 銀行 金融關係 木材 高分子化學 鐵鋼關係의 會社가 適性임. 技術關係는 精密機械 컴퓨터關係 藥品 食品關係 新製品開發에 萬能을 發揮할 수 있으며 女性도 男性과 같으나 其他、秘書、保健關係 스튜어디스 仲介業 그리고 投機的인 돈벌이보다 確實한 利殖이 몸에 맞습니다. 主로 俸給者 研究家 發明家 辯護士 銀行員 飜譯士가 適任.

○ 三數

　　數意 :: 增進繁榮數
　　運勢 :: 成功 智達 榮進 名譽像.

③은 명랑 활달하며 남에게 미움을 받지않는 좋은 점이 있기 때문에 사회적으로 신용도 있고 도움도 많이 받습니다. 그리고 명성(名聲)과 자손이 번영(繁榮)하는 길한 수 입니다. 이 사람은 지혜(智慧)가 출중하고 처세(處世)에 탁월하므로 청운(靑雲)의 웅지(雄志)가 발휘되면 양명(揚名) 할 수 있는 사람입니다.

「性格」은 자기가 믿는 것은 충실하게 일심으로 뚫고 나가는 성격이 있읍니다. 그래서 항상 어떠한 목적을 세우고는 그 목적을 위하여 맹진(猛進)하기 때문에 개척정신(開拓精神)이 풍부한 사람입니다.

「愛情運」 남성(男性)에 있어서는 첫째가 일이고 여성은 제이(第二)이라고 할 만큼, 여성을 약간 가볍게 취급하는 경향(傾向)이 있읍니다. 남성의 이러한 점이 도리어 여성에게는 남성다운 매력(魅力)을 느끼게 하므로 인기를 얻기는 하지만 너무 자기 본위(本位)로만 흐르기 때문에 연애하기가 퍽 힘이 들것입니다. 결혼은 중매(中媒)로 三十전후에 하면은 좋은 연분이 생깁니다.

섹스는 강다짐의 형(型)이 아니고 피기교(技巧)있게 잘 다루므로 키스와 애무(愛撫)도 명수입니다. 심지어 도구를 써서라도 전희(前戱)를 길게 끌어가며 만족감을 느끼게 합니다. 이성관계(異性關係)의 체험도 상당히 빨라서 이미 20세 이전에 끝난 케이스가 많습니다. 한편 여성은 항상 마음이 들뜨고 있어서 이성간에 열정이 불같이 타다가 식어가는 것이 있읍니다. 그러므로 20세 전후에는 여러 남자에게 유혹 당하기 쉬우니 조심스럽게 몸가짐을 잘해야 합니다. 섹스는 남성과는 달라서 퍽 놀기 결혼후 중년기(中年期)에 들어서면 착실하게 잘해 나갑니다.

79 第二部 運命判斷의 鑑定法

좋아하는 편에 속하고는 있지만 퍽 담백(淡白)합니다。 또한 정력(精力)은 강한편이 못되어 곧 피곤해지는 체질입니다마는 그대신 훌륭한 명기(名器)를 가진 여주인공으로서 충분히 상대방을 만족시켜 주기도 합니다。四十대에는 별로 신통치 않는 남자에게 속아 넘어갈 위험성이 다분히 있읍니다。상대는 연하(年下)의 남성입니다。이때는 어딘지 자기자신도 모르게 상실(喪失)당하는 시기인 것이 원인인고로 남의 권고(勸苦)보다 가정에서 자신을 회복시키도록 힘써나가야 하겠읍니다。

✕ 四數

數意∷萬事休止數。
運勢∷辛苦 破滅 夭折 發狂 變死像

「病勢」손과 발의 병이며、打撲傷을 注意。頭痛 神經衰弱 言語장애 눈병。
「職業」은 政治家 教育家 技術者 藝術家 學者 宗教家 外交官 新聞記者 海員 銀行員。俸給者는 鐵道 輸送關係의 會社 非鐵金屬會社。事業은 創造的인 것으로 選擇。

④는 부모형제를 비롯하여 가정의 인연이 희박(稀薄)하므로 부부(夫婦)나 자녀지간에도 생별과 사별(死別) 수가 있읍니다。 이 수는 어렸을 때부터 일생 파란이 많고 항상 불안전한 생활을 보내야 할 흉(凶)한 운수입니다。 그러므로 이 영수(靈數)는 만물이 사멸(死滅)되고 일마다 이산(離散) 파피(破壞)하는 수리운 입니다。
「性格」은 자기주장이 퍽 강한 성격입니다。 심지어 의론(議論)을 좋아하며 고집(固執)이 센 사람들이 이 이수에 많이 있읍니다。 가령 남의 부인의 뱃속에 어린애가 남자이니 여자니 하면서

괜히 결론도 얻기힘드는 것을 가지고 싸움하는 사람입니다. 남이 보면 의지(意志)가 강하고 고집(固執)이 세므로 자신이 강한 사람이라고 보겠으나 실은 그렇지도 않습니다. 표면(表面)에 보이는 것과 내부적으로 생각하는 것은 모순(矛盾)이 많아서 쓸데없는 주장에 도리어 후회(後悔)하는 경향이 많습니다. 이런 경우는 예술이나 학문 사상가등 극기(克己)와 비약(飛躍)을 요구하는 분야에서는 크게 성공합니다. 이 수는 이상하게도 사업운(事業運)이 생기면 이성운(異性運)이 없고 돈이 붙으면 가정운이 약하다는 식으로, 전면적인 행운(幸運)을 갖기에는 곤란합니다. 여성의 경우에는 이남자의 품에서 저남자의 품으로 자주 도는 위험한 운명의 여성입니다. 결국 한 곳에서 머물지 못하는 성격 때문에 자주 가출(家出)하는 사람들이 많습니다. 이운은 남녀가 다같이 초년에 결혼한 사람은 상호간(相互間) 의견(意見)을 존중하는 것이 현명(賢明)한 것입니다.

「愛情運」 남성(男性)은 여성에 대한 지나친 생각으로 인하여 도리어 실패할 경우가 많습니다. 가령 음식을 먹으러 갔을 때에도 덮어놓고 혼자 청해 놓고는, 상대방의 식성이 맞지않아 다시 또 청한다는 행위(行爲)를 잘하는 사람입니다.

섹스에 있어서는 마음만은 기분파(氣分派)이긴하나 그렇게 세지 못하여 장시간 끌지 못합니다. 결국 몸으로 만족할수 없는 형이고 보니, 도리어 평범한 마음으로 베스를 서로 마음두 다소나마 성(性)에 행복한 포인트가 생길 것입니다. 젊어서는 조루(早漏)의 기미가 강하고 성(性)의 실패의 위험이 따르므로 경험이 풍부한 여자의 체험(體驗)을 갖는 것이 장래의 성생활에 좋은 영향을 받을 것입니다. 결혼은 26세전후가 최적(最適)이며 30세가넘어 독신(獨身)인 경우에는 35세까지 기다려야 합니다.

여성은 성에 대하여 상당히 강한 편인데 자기의 마음이 들지않으면 「당신은 둔감(鈍感)하다 든가」, 의외로 짧군요」라고 불평불만을 보통으로 말하기 때문에 자연히 전전(轉轉)하게 되며, 남성에 대한 운도 좋지 않아서 재취(再聚) 또는 노처녀의 상(相)이 많습니다. 섹스는 감도(感度) 도 성고 상대를 기쁘게 해 주는 천성(天性)의 기교(技巧)를 가지고 있으나, 마음속으로 끄는 것은 없읍니다. 곧 피곤해 지기쉽고 힘으로 오래 끌지 못하는 것은 남자와 같습니다.

「병세(病勢)」 癌系統의 病에 걸리기쉽고, 腦出血 骨髓炎 腰痛 腕神經痛.

「職業은」 農業 技術職 宗敎家 醫師飮食業 建築家. 디자이너 藝術方面 藝能系의 마네저―. 샐러리 맨은 企劃과 開發系統에 才能을 發揮할 수 있음. 新製品開發에는 萬能이며 또한 銀行 金融關係 木材 高分子化學 鐵鋼關係의 關係等. 技術者는 精密機械 컴퓨터關係. 藥品 食品 會社가 適任.

○ 五數

　數意 : 福德集門數.
　運勢 : 功名 財運 福祿 衣食豊富像.

⑤는 진실하고 매우 검손(謙遜)하므로 근본적으로 선(善)한 사람입니다. 이 수리운은 사고력 (思考力)과 협동심이 풍부하므로 사회적으로 신용이 크게 있읍니다. 따라서 가도(家道)가 창성 (昌盛)하며 자손도 번영합니다. 심지어 남들이 끌어서 출세시키는 운도 있는고로 견전한 가정 생활을 영위(營爲)할 수 있는 길한 운수입니다.

82

「性格」은 강한 성격과 강한 운세(運勢)가 서로 도와주고 있는 영수입니다. 따라서 남녀가 모두 일류의식(一流意識)을 강하게 가지고 있는 반면에 사실상 자질(資質)이 풍부하므로 그것을 실현 시키기 위한 기력(氣力)이 대단합니다. 이런 성격은 왕왕(往往) 유아독존격(唯我獨尊格)으로 남의 말을 듣든지 않으나 이 수리운만은 남의 말을 잘들어가며 판단하기 때문에 큰 사업과 조직계통(組織系統)에도 매우 유능합니다. 이러한 재능은 실리성(實利性) 생산성에 잘 부합됩니다. 그러나 자기 구상(構想)은 남에게 함부로 발설치 않는 성격이므로 남이 보면 저사람은 뱃속이 상당히 컴컴한 사람이라고 평을 듣기도 합니다.

「愛情運」 남녀가 모두 20대 미만에 러브레타가 몇통씩 들어 있고 체험에는 보통 자기 또래가 아니고 일류의 취미를 충족 시킬 수 있는 남성과 여성들입니다. 그래서 여난(女難)이나 남난(男難)에 많은 사람들이 이 영수에 많습니다. 그리고 여성은 다산계(多産系)로서 정액(精液)의 양도 많은 편이며 수태율(受胎率)도 높습니다.

그리고 자기가 중심이 아니면 기가 차지 않으므로 그녀의 주변에는 어느 때든지 종속형(從屬型)의 남자들의 졸졸 따르고 있읍니다. 결혼은 연애보다는 소개(紹介)로 의한 교제결혼이 바람직하며 조혼(早婚)만은 파탄의 우려성이 있으니 조심해야 합니다. 그리고 이 사람은 하체(下體)보다 상체(上體)쪽이 극단히 발달되어 키스때 혀로 펫딩만 해주어도 샘이 넘쳐서 정액(精液)을 많이 쏟습니다. 또한 음란(淫亂)한 성질이 있어 남녀간의 트러불이 자주 생긴다는 것을 알아둬야 하겠읍니다.

「病勢」心臟과 氣管支系를 注意. 低血壓 動脈硬化症 神經性心臟炎.

「職業」은 官職 政治家 學者 實業家 藝術家 土工業 仲介業 陶磁器業 農業 醫師 銀行員 辯護士. 샐러리맨의 境遇는 企劃本部 社長室 勤務가 適性. 福券 競馬 碁將棋의 運은 좋은편. 地位로 成功하는 職業運도 良好. 投資 投機에도 適性.

○ 六數

數意∴天德豊厚數.
運勢∴人望 成功 榮達 貴人得助像.

⑥은 마음이 착하고 남에게 무엇이던지 잘 해주므로 신망(信望)이 두터운 사람입니다. 특히 이수리는 꾸준히 노력하는 타잎이기 때문에 재산도 모이고 가정도 원만하여 자손이 번영하는 길한 운수입니다. 그리고 조업(祖業)과 사회적으로도 큰 일을 맡아 볼 수 있는 온후독실(溫厚篤實)한 기풍(氣風)이 있는 사람입니다.

「性格」은 속이굳고 착실한 성격이 있읍니다. 어떠한 작은 일이라도 결코 허술하게 취급치 않고 항상 성실한 마음으로 일을 처리 해 나가고 있읍니다. 가령 책상 서랍속을 보드라도 깨끗이 정돈(整頓)해 놓은 일면에 누가 그 일을 인계(引繼)받드라도 조금도 지장이없이 일할수 있게끔되어 있음으로 이 성실한 면에는 의리가 깊고 강자를 물리치고 약자를 구해주는 의협심(義俠心)이 대단합니다.

「愛情運」 남성(男性)은 여성에 대한 태도가 섹스에만 치중치않고 여유있는 사랑으로 끌고 나가기 때문에 여성에게 많은 신뢰(信賴)를 받읍니다. 그것은 퍽 연하(年下)의 여자로부터 마음을 끌게 됩니다. 섹스는 성격 그대로의 율의(律義)의 성욕자(性欲者)로서 매주(每週) 수요일이나 토요일 밤 같은 것으로 정해져 있으며 정력(精力)도 좋은 편이어서 여성이 바란다면은 몇 시간이라도 견디어 주므로, 상대에게 만족을 채워 즙니다. 여성(女性)도 강한 정력가로서 남성이 좋아하면 매일 밤이라도 견딜수 있는 타입입니다.

「病勢」이 ⑥의 수가 외격(外格)에 있는 사람은 內臟의 病이 생깁니다. 特히 胃潰瘍 腎臟。口內炎 胃痙攣 盲腸。

「職業」은 官職 技術職 印刷業 航海 土木 漁物商 稅理士 司法書士 理容師 美容師。機械 放送 醫療關係의 技術者 또한 企劃과 開發系統에 從事하면 適性。 쌀러리맨은 高分子化學 金融關係 木材 鐵鋼關係 銀行等 關係會社가 適任。技術者는 精密機械 컴퓨터 關係。

○ 七數

數意 : 剛健不屈數。

運勢 : 權威 獨善 成功 剛毅像。

⑦의 數는 의지(意志)와 신념이 굳은 사람입니다. 그래서 첫 인상은 매우 차게 뵈입니다. 때로는 남과 타합(打合)할 줄을 몰라서 가끔 큰 실패를 당하기도 작하지만 신념이 너무 강하기 때문에 그러한 장해(障害) 정도는 물리치고 대성할 수 이읍니다. 특히 이 사람은 독립심이 강하고 또한 자기의 소망을 성취시키려는 초지관철형(初志貫徹型)이기 때문에 강한 운을 맞게 됩니다. 그러나 주위(周圍)에 많은 적이 생기지 않토록 각별히 주의를 요해야 합니다.

「性格」은 마음이 넓고 포용력(包容力)이 큰 사람입니다. 작은 일로 성을 낸다든가 마음이 혼들리는 일은 별로 없으며 심지어 자기하고 뱃장이 맞지 않는 사람이라도 그의 장점(長點)을 인

정하고 들어가서 배우며 참아가는 아량(雅量)도 있읍니다. 그렇지만 마음속으로는 매우 이성적(理性的)으로 사물(事物)을 판단하는 습성이 있는데 그 것은 분석적(分析的)인 것과 정열적(情熱的)인 두갈래의 길이 병존(併存)해 있어서 성격이 복잡해 질때까 많습니다.

여성은 여성답게 충실한 가정을 지키는 내조형(內助型)이 있으나 때로는 반항 정신을 가지기도 합니다. 그것은 상대를 공격 하거나 반대하는 것이 아니고 상대방의 입장에 서는것 같으면서도 도리어 자기의 의견을 납득(納得) 시키는 솜씨가 보통이 아닙니다. 그래서 인정을 주면서도 그속에 빠져들지않는 몸가짐을 하는 여성입니다.

「愛情運」 남성(男性)은 여성에 대하여 성격적인 애매(曖昧)한데가 있어 여자에게 많은 괴로움을 주고 있읍니다. 그것은 너무 부드럽게 대해준 것이 여성으로써는 도리어 사랑의 표현(表現)인 줄로 착각하고 있었음으로 결과적으로는 많은 파란을 가져오게 됩니다. 교제하는 여성은 그렇게 많지는 않으나 한번 사귀게 되면 2년 정도는 교제할 수 있으며 그 이상의 지속성(持續性)은 없읍니다.

여성은 모든 것을 논리적(論理的)으로 생각해서 처리하기 때문에 자기가 납득(納得)할때까지 절대 승인을 하지않는 성격이 있읍니다. 그러나 일단 마음을 작정 했다하면 간단하게 넘어가기 쉬운것이 있어 한번 관계(關係)한 사람은 귀찮게 꼬치 꼬치 따져들지않고, 도리어 자기가 먼저 체념하고 헤여져가는 성격입니다. 시집은 타향으로 멀리가는 수가 있읍니다. 섹스의 첫 경험은 20세때이며 갑작이 친했다가 곧 사라져가는 여성에게 성적 경험을 얻게 됩니다. 섹스는 강하거나 약한쪽도 아닌 중간이며 자기 자신이 이것을 본능적으로 조정하고 있읍니다. 그리고 성병에 대한 경계심(警戒心)이 퍽 강한 사람입니다. 여성은 자궁(子宮)의 성감(性感)이 민감하므로 남자의 성기(性器)가 장대(長大)한 것과 관계하는 것을 좋아하며 밑은 깊고 빠듯해서 수축성(收縮性)있어 기분을 잘냅니다.

「病勢」 貧血 脚氣 淋巴線 糖尿病 胸部疾患 肝臟、氣管支系의 喘息病.

「職業」은 政治家 官職 敎育家 辯護士 銀行員 技術者 學者. 샐러리맨은 企劃本部 社長室 勤務가 適性이며 福券 競馬 等에도 運이 좋음.

○ 八數

數意 :: 勤勉發展數.

運勢 :: 忍耐 勤勉 安泰 成功像.

⑧의 수는 꾸준히 노력해서 초지관철(初志貫徹)하는 길한 운수입니다. 이 영수(靈數)는 마음이 착하고 남과 다투기를 싫어하는 성품이므로 남들에게 사랑도 많이 받습니다. 처음은 그렇게 빛이 나지도 않으며 또한 노력이 곧 그열매를 결실하는 것도 아니지만 원래 뿌리가 근면하고 착실하게 자라해 나가므로 만년은 안태하고 재산도 풍부해집니다.

이 ⑧의 수자(數字)를 외격(外格)으로 갖은 여성은 부인병에 걸리기가 쉽습니다.

「性格」은 고귀한 품격(品格)과 신비적(神秘的)인 사상의 소유자 입니다. 이 사람은 로맨틱한 정신성이 강하기 때문에 좋은 두뇌(頭腦)와 예민(銳敏)한 감각(感覺)을 가지고 있으며 따라서 인격적으로 훌륭한 사람도 많습니다. 그러나 현실성에는 너무나 약해서 사회생활에 적합치 않는 일면을 지져놓는 것이 흠입니다. 그래서 섬세한 운명을 가지고 있는 것이 이 數의 사람들입니다. 즉 현실의 세계를 삼차원(三次元)의 세계라고 보고 또한 영계(靈界)를 사차원(四次元)의 세계라고 한다면 이 사람은 삼차원의 세계와 사차원의 세계인 양쪽에 한발씩 들어놓고 있는 사람입니다. 표면의 성격은 바다와 같이 넓고 은은하며 깊이가 있으나, 내면은 자기와의 타협(妥協)없이 그냥 심리적으로만 엄하게 대결하고 있으므로 자연 노이로제에 민감하게 지적하여 개혁성이 행동과 결부(結付)될 때에는 현실 세계의 모순(矛盾)과 악(惡)을 예민하게 지적하여 개혁하지 않으면 안되겠다는 신념이 높은 사람입니다. 특히 이수리는 종교가(宗敎家)나 혁명가(革命家)에 많습니다.

그리고 일반인들도 거의 노력은 했어도 열매를 맺을 수 없다는 것이 이수의 숙명(宿命)입니다.

「愛情運」 남성(男性)은 친절한 신사형 입니다. 맑은 눈에 어딘지 모르게 그 무엇을 생각하고 있는 것 같은 이지적(理智的)인 은은한 표정이 여성들을 끌어 담깁니다. 이상하게도 한번 만나 보면 떨어질수 없는 그러한 매력(魅力)을 가지고 있읍니다.

남자는 화제(話題)가 많은 사교적인 여성을 존경하고 있으므로 이것이 애정으로 변화하는 도정(道程)을 걷게 됩니다.

그리고 이 사람은 특히 가정을 지키는 강한 본능(本能)이 있으므로 부인을 끔직이 사랑합니다. 섹스는 긴시간을 끌며 전희(前戱)가 명수입니다. 그리고 회복도 빨라서 하루밤 三회 정도는 거뜬히 다루는 솜씨가 있을 뿐만 아니라 성연령(性年齡) 五十세가 지나서도 주삼회(週三回)는 무난하다는 성욕자 입니다. 여성(女性)의 경우는 매력적인 미인형(美人型)이 많습니다. 그리고 피부색(皮膚色)은 연한 흙색에 단단한 몸집을 가진 여성으로서 손으로 살짝 눌러도 튀어 나올 정도로 건강한 몸집 입니다. 젊어서는 금전 낭비(浪費)가 심하고 잘놀줄아는 사람이지만 결혼해서 가정을 갖게 되면 一八○도 전환하여 가정을 견실(堅實)히 지켜나가는 타입입니다.

이 영수(靈數)의 여성은 자기가 믿고 있는 정도로 성적 감각(感覺)이 발달되어 있는 것은 아닙니다. 단지 남성에 의한 개발(開發)만을 기다리고 잠들고 있는 것이 많은편 입니다. 그러나 결혼후 중년기(中年期)에 들어서서 갑작이 격정적(激情的)인 연애로 가정을 파괴(破壞)할 승산이 크니 특히 주의 해야 합니다.

「병세」 男性은 腰病 痔疾病 性病.
女性은 婦人病 膀胱炎 呼吸器 眼病.

「職業」은 政治家 探驗家 宗敎家 實業家 農業 士建業 鐵工業 辯護士 醫師 銀行員 샐러리맨은 鐵鋼關係 木材關係 高分子化學 金融關係. 技術者는 컴퓨터 精密機械 藥品 食品關係. 新製品 開發은 萬能을 發揮함.

× 九數
　　數意:: 窮乏困苦數
　　運勢::災難 刑罰 殺傷 短命像

⑨는 직감력(直感力)이 예민한 사람입니다. 머리가 너무 좋아서 모든 일에 너무 지나치게 되면 사전과 재난(災難)에 말려들어 결국 파란많은 운명에 봉착하게 됩니다.

그리고 병약과、단명하며 부모형제와 처자에게도 무덕(無德)하여 고독해 집니다. 특히 머리

89　第二部　運命判斷의 鑛定法

가 비상하고 잔 피가 많아서 지능범(知能犯)으로 살상(殺傷) 형벌(刑罰)에 빠지게 되는 대흉수(大凶數)입니다. 여성은 특히 창기(娼妓)가 되기 쉽고 부부간에는 생이사별수(生離死別數)와 자식을 잃을 액운수(厄運數)도 겸하여 있읍니다. 외격(外格)에 九획이 있는 사람은 천재이든가 매우 재능이 있는 사람이지만 잘못 다루면 고소(告訴)를 당하거나 결과적으로 범죄를 초래하기 쉬운 일들이 생기므로 주의를 해야 합니다.

「性格」은 강한 내향적(內向的)인 성격의 소유자로 자기의 의지를 매우 격하게 표현(表現)하는 사람입니다. 그것은 작은 일에도 신경을 잘 쓰므로 내성적(內省的)인 성격이 강하기 때문에 사회 생활이나 집단생활 속에서도 남의 의견을 듣지 않고 강제로 끌고 나가려는 끈질긴 개성이 있읍니다. 이 수의 사람들은 동물적인 반사신경(反射神經)이 있는 동시에 명석한 판단력이 있는 사람입니다.

「愛情運」 남성(男性)은 여성을 대하는 태도가 부드럽고 친절미가 있읍니다. 연인이나 부인이 사회적 활동을 하는 것은 퍽 싫어하며 보물(實物)과 같이 꼭 감추어 두고싶은 심정을 가지고 있읍니다. 즉 독점욕(獨占欲)과 지배욕(支配欲)이 강한 편이어서 밖에서 늦게 놀다라도 외박(外泊)을 하지않고 꼭집으로 돌아온다는 것은 이 영수의 사람들 입니다. 반면(反面)에 여성은 남편 때문에 고생하는 운명이 있읍니다. 그것은 주인되는 남편이 경제력이 없어서 자기가 일가를 질머지고 부양(扶養)할 의무가 있기 때문입니다.

그러나 남성과 같이 육친(肉親)과 가정의 연분이 신통치 않아서 일생동안 바쁘게 날뛰었어도 가족과는 충돌(衝突)이 많이 생깁니다. 그리고 20대에는 서로 사랑싸움을 하면서도 이해(理解)

90

를 많이하고 살아 왔었지만 자연 성숙해지면서 부터 남편에 대한 성적불만이 높아 짐에 따라、 그것을 다른 방면에서 찾기 위하여 남편이외 다른 남자와 성의 교섭으로 만족을 채울려고 하는 사람도 있읍니다。 제일의 위기(危機)는 35세 전후인데 죄의식(罪意識)이 없어서 별거 이혼(離婚)가지 간단하게 끝고 갑니다。 제二의 위기는 45세대 입니다。 섹스는 남자의 성기는 경도(硬度)가 강한 것이 자랑인 동시에 표준형(標準型)입니다。 그리고 감촉(感觸)이 부드럽고 음모(陰毛)가 많은 면적을 차지하고 있다는 것이 여성에게 좋은 기쁨을 안겨다 줍니다。

여성의 섹스는 남성적이고 건강적인 강한면이 있으며 상대방의 기분에 맞춰 자기도 즐길줄아는 형(型)입니다。 여성으로서는 흥분 곡선(曲線)이 평탄치 않아서、 열정이 불같이 타다가 곧 식어가는 타입이므로 전희(前戱)나 후회(後戱)를 즐기는 남자와는 상성(相性)이 잘 맞지 않습니다。 그러나 체형(體型)은 미끈하고 성적이며 복 동체(胴體)발목등은 발군(拔群)한데가 있어서 훈련없이 자재로 조정(操正)할 수도 있읍니다。

「病勢」 목위의 病으로 中耳炎 腦溢血 貧血 眼病。 腎臟炎 下腹 胎病 神經衰弱。

「職業」은 政治家 宗敎家 土建業 發明家 醫師 銀行員。 其他 職業은 事務系統보다 文學이나 美術系統의 感情的인 방면에 성공률이 높음。 財運은 開拓보다 自然히 橫財數가 있게됨。 이것은 죽은 伯父의 遺産 또는 妻의 財産의 惠澤을 입을 재운가 있읍니다。

× 十數

數意：萬事終局數。

運勢：災難 破産 婚變 短命像。

⑩은 1과 0의 두개의 운명을 가지고 있는 극단수(極端數)입니다. 그러기 때문에 좋은 때나 언짢은 때의 명(明)과 암(暗)이 확실해 집니다. 말하자면 돈을모아 살만하면 횡액(橫厄)이 생겨 망(亡)하게 되고 망한 것을 또 복구하느라고 애쓴다는 것입니다. 한때 기분이 좋으면 잘 때들어 대지만 조금만 기분이 언짢으면 한마디 말도 말하하지 않는 성격입니다. 거기에 거주(居住)나 직업(職業)을 자주갈고 옮기므로 그 자리가 따뜻해질 새가 없게 됩니다. 그리고 이것 저것으로 마음이 허공(虛空)에 들떠 있어 성공하기가 곤난 합니다. 결국 침착성(沈着性)이 없고 결단력이 결핍(缺乏)된 사람이라고 봐야 하겠읍니다. 처자와는 별거 별리 하는 것이 많고 도박(賭博)도 즐기어서 나중에 신세를 망칠 경향이 농후(濃厚)합니다. 그리고 외격(外格)에 이 ⑩수가 있으면 높은 곳에서 잘 떨어져 부상(負傷)도 입습니다.

「性格」은 자기 고집(固執)이 강한 성격입니다. 자기의 의견이 통과 할 때까지 물러서지 않는다는 사람들이 이 영수(靈數)에 많습니다. 그래서 타인으로부터 매우 의지가 강하고 자신이 강한 사람이라고 내세우고 있으나 실은 그렇지도 못한 사람입니다. 표면(表面)에 보이는 것과 내부에 있는 것은 정반대이며 모순성(矛盾性)이 많은 것이 이 수의 기본입니다. 이수는 공무원(公務員)이나 학자(學者) 예술가(藝術家) 사상가(思想家)등 극기(克己)와 비약(飛躍)하는 분야(分野)에서는 성공율이 높습니다. 사업에는 매번 약하며 자주 흥했다가 망해버리는 수가 이 수리(數理) 운에 있읍니다.

또한 여성의 경우 한곳에 오래 머물지 못하는 성격이 있어 자주 가출하는 사람이 많고 작은 판단 때문에 결국 이혼과 재혼도하며 직장여성으로 활약해야 할 운명에 처해 있읍니다. 만일 이렇지 못할 때에는 병(病)으로 자주 신음(呻吟)하게 되므로 서로가 의견을 존중해서 삶을 영위(營爲)하는 것이 가장 현명합니다. 부부간에는 한쌍의 짝을 찾기보다는 도리어 짝이 되어주는데 그 의의(意義)가 크다는 것을 명심해야 합니다.

「愛情運」 남성(男性)은 조용한 신사형으로서 여성에 대한 태도가 매우 점잖은 사람입니다. 그런데 여자에 대한 것은 자기 나름대로의 생각이 지나쳐 의외로 실패할 때가 많습니다. 그러기 때문에 여성에 대한 의사를 존중해서 그 의견을 묻고 처리토록 하세요.

섹스는 기분파이건만 생각보다 그렇게 신통치 못합니다. 그것은 강하지 못하여 오래동안 끌지 못함으로 몸으로는 만족을 채울수 없읍니다. 반면(反面)에 여성도 즐기는 편인데 자기의 만족감이 부족하면 불평을 막털어 놓는 경향이 많습니다. 섹스는 감도(感度)도 좋고 천성(天性)의 테크닉을 가지고 있기는 하나 남자와 같이 힘으로 오래 끌지 못하므로 곧 피곤해집니다.

「病勢」는 눈과 발에 注意. 失明 足部 手術. 膀胱 尿道 陰部子宮 神經衰弱.

「職業」은 宗教家 文學 藝術家 運命家 政治家 外交官 新聞記者. 샐러리맨은 鐵道 輸送關係 特히 創造的인 事業은 適性.

○ 十一 數
　數意∴春陽成育數。
　運勢∴穩健 富貴 繁榮 隆昌像。

⑪은 얌전하고 착실하며, 남의 혜택과 등용운(登用運)도 있으며 굉장히 다복한 행운의 수입

이 사람은 항상 명랑하고 사람을 잘 따르므로 사랑도 받습니다. 또한 이수는 양자 장자형(長子型)이라고 하여 부모형제 가족들의 뒷바라지를 해주는 입장에 반드시 서게 됩니다. 그리고 이지적(理智的)인 사고력(思考力)과 진취적인 기상(氣象)을 갖고 있는 사람입니다.

「性格」은 군건한 자신감이 있는 사람으로서 곤난에 부디쳐도 능히 이겨 나갈수 있는 근성(根性)을 가지고 있읍니다. 그리고 굳은 신념과 굳은 의지로 이세파를 관철(貫徹)해 나가는 노—불한 솜씨도 있읍니다. 주위에는 많은 사람들이 따르게 되므로 자연 리—더실을 쥐게 마련이고 또한 센스가 빠른 사람입니다.

「愛情運」남성은 여성에 대한 의사표시(意思表示)가 아주 어색한 편입니다. 그것은 자기만이 간직한 애정을 품고 있어서 상대방에게는 도무지 전해지지 않고 있다는 것입니다. 때로는 호의를 갖고 있는 여자와 동반(同伴)했어도 쑥스러운 생각에서 그런지 별로 의사가 소통(疎通)되지 않아 도리어 예의(禮儀)를 모르는 냉정한 사람이라고 지탄 받기가 쉽습니다. 섹스는 강한 편이어서 상대를 압도(壓倒)할 수 있는 타잎입니다마는 시간보다 회수를 좋아하며 사랑의 속삭임과 멋있는 전희(前戲)같은 것은 서툽니다. 여성도 섹스는 왕성한 욕구(欲求)를 갖는 타잎입니다. 감정이 높아지면 매일밤에 몇번이고 관계한들 싫어하는 기색이 없는 여자입니다. 애무(愛撫)도 양성(陽性)인 것을 좋아하기 때문에 도구나 약을 사용하는 것은 싫어합니다. 특히 매력적(魅力的)이고 개성이 강한 성격이 있기 때문에 어려서 벌써 여성으로서 본인에게 있다는 것을 재인식해야 합니다. 결혼은 재혼하는 율이 많은데 그 원인은 본인의

94

로써 남성에게 인기가 높습니다. 또한 기(氣)가 강하고 정열적이어서 플레이보이 형(型)의 남자와 자주 놀아나게 됩니다. 이 영수의 여성은 30세가 지나면 독신으로 고독해지는 사람이 많이 있게 되므로 될 수 있으면 평범한 사람이라도 가리지 말고 빨리 상대를 찾아서 결혼하도록 힘써야 합니다.

「病勢」 手足 腸 腎臟 盲腸 痔疾 黃疸 脫肛。

「職業」은 政治家 官職 敎育家 技術者 藝術家 外交官 宗敎家 新聞記者。

셀러리맨은 鐵道 輸送關係 非 金屬關係가 適性.

× 十二數

數意::家庭寂寞數

運勢::破亂 挫折 災難 短命像.

⑫는 눈이 아주 고운것이 특징(特徵)이며 굉장히 모양도 잘내는 버릇이 있읍니다. 직업은 인기(人氣)있는 가업(稼業)이 맞으며 예능(藝能)에도 취미와 재능이 많습니다. 이수는 원래가 고독한 수에 속하고 있으므로 때로는 인기를 끌어서 시끄러운 정도로 출세도 하지만, 그 반면(反面)에 부모 형제 처자등 가족에게는 인연이 희박하여 일생(一生)에 파란이 많고, 모든 소망이 중도에서 좌절 되기쉬운 흉운이 있읍니다. 결국 단명과 파란많은 생활을 보내야 할 신세이고 또한 박약과 무력하기 때문에 대성하기가 곤란합니다. 그러나 반면에 이수는 굉장히 나쁜 운명에 처해 있으면서도 자기가 어떻게 해서도 버티고, 끌고 나갈려는 기적적(奇蹟的)인 강한 운도 가지고 있읍니다. 그래서 12, 22수는 특별히 기적수 라고도 합니다.

「性格」이 영수(靈數)를 가진 사람은 행동보다 사색적(思索的)인 면이 많고 객관적(客觀的)으로 사물(事物)을 다루는 습성이 있읍니다. 그리고 너무 신중한 성격탓으로 자주 탈선(脫線)하기 쉬운 것이 이수의 숙명(宿命)이라고 할 수도 있읍니다. 또한 감수성(感受性)과 표현력이 풍부하므로 봄보다 가을 철을 택해서 먼 여행을 즐기기도 합니다. 그래서 이 영수에 작가(作家)시인(詩人) 연예인(演藝人)들이 많은 것도 당연합니다. 특히 사회적으로 봉사(奉仕)하기를 좋아하는 성격과 운명에 처해 있읍으로 이 사람은 보수(報酬)보다 공헌(貢獻)하기를 좋아하기 때문에 사회활동에 많은 힘을 기울입니다. 여성의 경우는 특출한 미인이 많은 것이 특징이지만 모성애(母性愛)의 본능이 강한 것도 다른 수 보다 더 하며 이상하게도 이수는 남과 인연이 희박하다는 점이 주목할만 합니다.

「愛情運」한 사람의 이성(異性)에게 호의(好意)를 가져도 곧 데이트를 한다든지, 또한 적극적으로 상대를 끈다는 것은 없고 우선 자기 그룹에 끌어들여 비교한 다음에 진실한 사랑에 빠져듭니다. 여자를 위해서는 퍽 친절하지만 속은 굉장히 냉정(冷靜)한 사람입니다. 결혼생활은 순조롭게 지내기는 하나 필요 이상의 잔소리가 많아서 팬히 혼자 속태우는 현상입니다. 섹스는 건강하기 때문에 강하며 나이를 먹을수록 성행(盛行)해가는 것이 이수의 남성입니다. 반면에 여성의 애정운은 남성의 혜택이 너무 많아서 도리어 귀찮을 정도 입니다. 이영수의 여성은 이지적(理智的)인 용모의 미인으로서 자만심(自慢心)이 높습니다. 그것은 장래에 더 큰 재앙(災殃)을 장해(障害)가 많은 혼담을 밀고 나가는 것은 금물입니다. 그리고 결혼을 해도 남편에게 만족치 못하고 일생동안 불평 불만으로 지초래하기 때문입니다.

내게 되는데 이것은 남편에게 그 원인이 있는 것이 아니라 근본은 여성 자체의 물질욕(物質欲)으로 인한 욕구불만(欲求不滿)에서 오는 것입니다. 특히 이수는 독신과 후처상(後妻相)이 많은 수입니다. 그리고 성교(性交)의 회수는 보통표준인데 특별히 벳트에 향수(香水)를 뿌린다든가 침실(寢室)의 카-텐에 신경을 쓰면서 두 사람의 무드를 조성(造成)하는데까지 퍽 호감(好感)을 가지고 있읍니다.

「病勢」 手足의 負傷 腸、腎臟、肝臟 盲腸 膀胱炎 尿道炎 性노이로제.

「職業」은 文學家 藝術家 技術者 發明家、셀러리맨 企劃 開發部 總務 人事關係。技術者는 精密機械 컴퓨터 藥品 食品關係。女性도 男子와 같이 秘書 保健關係、스튜어디스。投機的인 돈벌이보다는 確實한 利殖이 몸에 맞음。

○ 十三數

數意∷ 智略成功數。
運勢∷ 富貴、繁榮、隆昌、博學多才像。

⑬은 항상 명랑하고 친절하여 아래 사람하고도 잘사귀며 남에게 존경을 받으므로 인기있는 사람입니다. 이 ⑬수도 ⑪수와 마찬가지로 양자와 장자의 역할을 다하는 수가 있어 처가집 뒤치닥거리를 잘하는 사람입니다. 특히 사회적으로 명성도 있고 가정도 융창(隆昌)하므로 부귀번영(富貴繁榮)하는 길한 운수입니다.

「性格」은 신념이 두텁고 특히 개척정신(開拓精神)이 풍부한 사람입니다. 이사람은 자기가 그 일을 하지 않으면 안된다는 사명감(使命感)에 불타 있기 때문에, 스스로 고난을 뚫고 나가는 사람입니다. 이 영수의 특징은 넓고 얕은것 보다, 좁고 깊으며 또한 높은면이 있읍니다. 그래서 마음이 부드럽고 인정이 많은 사람으로서 남의 일을 잘봐주다, 자기 일까지 실패를 보는 일들이 많습니다. 가령 물건을 점원이 거스름 돈이라도 떨어지게 나무리지만, 애써 사놓은 물건을 잊어 버리고 돌아 오는 기형상(畸型相)이 있읍니다. 그리고 직업에 불만이 있는 것도 아니며 또한 회사의 분위기가 좋은데도 불구하고 괜히 자기의 재능(才能)이 인정되지 않는다고 해서 직장을 옮기고 싶어하는 소극적인 사람들이 이수에 많습니다. 여성의 경우는 저혈압(低血壓) 빈혈(貧血)이 많고 임신(姙娠) 출산(出産)때 이외의 장해(障害)가 생겨서 고통을 받게 됩니다. 또한 신경통 류마치스등으로 오랫동안 고생하게 됩니다. 겉보기에는 건강하게 보이거니와 자주 의사의 진단과 음식에 주의를 해서 규칙적(規則的)인 생활을 해야 합니다.

「愛情運」이 영수의 남성은 여성보다 일을 더 중하게 취급하는 경향이 엿보이므로 여성들은 이 남성다운 성격에 도리혀 호감(好感)을 갖게 됩니다. 그러나 너무 자기 분위로만 굴면 진정한 연애와 결혼에까지 끌고 가기에는 퍽 힘들것 입니다. 중매결혼(仲媒結婚)이라도 해서 가정에 안전감을 얻게끔 노력해야 합니다. 그러나 섹스에 있어서는 피 여성을 잘다루는 솜씨가 있읍니다. 심지어 도구까지 쓰면서 여자를 미치게만드는 솜씨가 있어 상대를 잘울리게 하는 능숙(能熟)한 타임입니다.

여성들은 섹스의 가치(價値)가 결코 장대(長大)한 물리적(物理的)인 곳에 있는 것이 아니라 정령 몸으로 감흥(感興)을 일으켜주는데 있다고 봅니다. 여성의 경우는 항상 허공속에 들떠 있으로 중심이 서지않는 여성이 많습니다. 애정은 정열(情熱)에 불타다가 곧 식어가는 경향이 있기 때문에 실패가 많습니다. 그러나 중년기에 들어서면 가정적인 주부로서, 아이들의 옷까지도 자기손으로 만드는 강한 의식이 있읍니다. 허나 또 사십대 초반에 연하의 남자와 위험선에 빠지기가 쉬운고로 가정속의 자기라는 것을 발견하고 자신을 회복시켜야 합니다. 섹스는 스테미너가 약해서 곧 피곤하기 쉬운 체질인데도 불구하고 명기(名器)를 잘 쓸줄아는 여성으로서 상대를 충분히 만족시켜 줍니다. 또한 게임중 피곤해서 울려오는 고민의 표정이 상대에게 가학적(加虐的)인 기쁨을 안겨주는 야릇한 정사(情事)의 면도 있읍니다.

「病勢」手足 胃腸 胃潰瘍 胃下垂 胃癌.

「職業」은 學者 敎育家 藝術家 技術者 商業 稅理士 司法書士의 自由業 理容師 美容師 印刷業 技術者는 機械 放送 醫療關係. 샐러리맨은 開發系統의 企劃、總務 人事系統. 金融 鐵鋼 化學 藥品 食品關係.

× 十四數

數意∴失意煩悶數.

運勢∴災難 破壞 桃花 短命像.

⑭는 ④의 수와 같이 활기(活氣)가 있고 집에 들어오면 시무룩하게 침울한 타잎입니다. 이 영수는 밖에 나가면 번민(煩悶)하며 가족들과 별로 인연이 없읍니다. 그리고 불의(不意)에 파란이 많아서 병(病)으로 신음(呻吟)하며 항상 정신적으로나 경제적으로 불안전한 생활을 하지 않으면 안되는 흉한 운수입니다.

「性格」은 자기 주장이 강한 사람으로서 토론(討論)을 좋아하며 고집(固執)이 센 사람들이 이 영수에 많습니다. 즉 남의 부인의 뱃속에서부터 심리학 인상학(人相學)에 이르기까지 자기가 그동안 배운 지식을 털어놓고 논쟁(論爭)하기를 좋아하므로 겉으로는 강정한 것같으면서도 실은 그렇지 못한 성격입니다. 또한 누구와도 말을 잘하는 반면에 친한 사람 사이에도 냉정(冷情)히 비판도 잘 하기 때문에 분열과 모순(矛盾)을 자주 이르킵니다. 그것은 한곳에 오래 머무르지 못하는 성격이 있어서 통계학상(統計學上)가출하는 사람이 많은 것도 이 영수(靈數)에 많습니다.

「愛情運」 남성은 조용한 신사형 입니다. 간혹 오ー바센스로 인하여 실패를 볼때가 있읍니다. 그러나 조용한 호수(湖水)와 같은 차분한 뒷면에는 누구에게도 뒤지지않는 강한 욕망이 도사리고 있읍니다. 섹스는 기분파 이건만 그렇게 까지 강하지는 못합니다. 그러므로 몸으로는 만족할수 없는 형(型) 때문에 에네루기가 가므로 오래 끌지 못합니다. 그러므로 몸으로는 만족할수 없는 형(型) 입니다. 여성의 애정운은 강정(強情)과 감정적이어서 자기의 리즘에 맞지않으면 불평 불만을 막 털어놓는 성미가 있읍니다. 섹스는 감도(感度)도 좋고 상대를 기쁘게 해주는 천성적(天性的)인 기교(技巧)를 가지고는 있으나 속으로 불태우는 심정은 없읍니다. 곧 피곤 해지며 스태미너가 계속 지탱(支撑)치 못하는 것은 남성과 같읍니다.

「病勢」 胃腸系, 心臟系 특히 胃下垂 胃潰瘍 胃癌 狹心症 心臟瓣膜症을 注意.

「職業」은 藝術家 倉庫業 宗敎家 外交官 政治家 醫師 新聞記者 銀行員 鑛業 證券業. 샐러리맨은 센스를 要求하는 職業은 適性임. 또한 計劃과 創造的인 事業. 建築家 디자이너. 其他, 自動車會社 寢具關係 食品加工 通信機工業의 業種도 無難함.

○ 十五數

數意∷立身興家數。
運勢∷富貴 繁榮 福祿 成功像。

⑮는 온화(溫和)하고 원만한 성격입니다. 남과는 절대 다투지 않고 자기가 꾸준히 노력하여 기초를 닦은 다음 지위를 확보해 나갑니다. 남을 조금도 해(害)치려는 마음이 없기 때문에 상하(上下)의 신망이 두터우며, 반드시 대성할 수 있는 길한 운수입니다. 특히 가정운이 좋을 뿐만 아니라 자식들에게 복(福)받을 운이 있으며, 또한 여성들도 온후하여 시부모(媤父母)를 잘 공경하면서도 내조(內助)의 공(功)이 대단한 양처(良妻)입니다.

「性格」은 아주 강한 성격과 강한 운세를 가지고 있어 타인의 말을 잘 듣는지않는 것같이 보이지만, 이 영수(靈數)의 사람들은 남의 말도 잘 듣고난 후 그것을 자기의 비료(肥料)로 삼아가지고 더욱더 자기를 크게 키워 가고 있는 사람입니다. 그래서 조직자(組織者)로서 매우 유능합니다. 이 재능(才能)이 생산성, 실리성(實利性)에 결부되어 있기 때문에 이 영수에는 실업가 지도자들이 많이 실증(實證)되고 있읍니다.

「愛情運」남녀가 모두 상당한 요복가(饒福家)입니다. 25세 전후에 아직 익숙하지 않은 연애로 경험을 얻고 난후 성(性)에 눈뜨게 되면서부터 연애를 본격적으로 하게 됩니다. 에네루기는 충만되어 있으므로 유부녀(有夫女)아니면 미혼이면서도 성(性)의 베테란들입니다. 그 상대는 오래동안 끌고나가는 기교(技巧)가 대단하며 일류(一流)들도 울릴수 있는 지속력(持續力)이 있읍니다. 결혼은 27세때 청수(淸純)한 형(型)의 처녀와 결혼하게 됩니다. 그러나 성적인 버릇은 결혼 후에도 못 고쳐지므로 여난상(女難相)이 따르게 됩니다. 여성은 그상대가 쓴맛 단맛을 다 아는 40대가량의 남성에게 노리개로 봉사(奉仕)하는 기쁨과 자기 스스로 사랑의 깊이를 알게 됩니다. 여성으로서는 연애보다는 교제결혼(交際結婚)이 흠당하며 조혼(早婚)은 파국(破局)의 운이 있으므로 좀 시기를 늦추는 것이 좋겠습니다. 그리고 일생에 직업을 가질수 있는 운도 있읍니다.

「病勢」氣管支系 特히 肺結核 肋膜 心臟 喘息。

「職業」은 實業家 政治家 學者 醫師 辯護士 藝術家。投資 投機도 適性。財運은 恒常있게 됨。

○ 十六數

數意 : 貴人得助數

運勢 : 福祿 富貴 瑞祥 大業成就像。

⑯은 작거나 크거나 소위 한단체의 지도자(指導者)로서 높은 지위에 오를 수 있는 수령급(首領級)의 운이 있읍니다. 이 사람은 자기의 소망이 성취되어 그 명성이 천하(天下)에 날리게되는 대길한 운이 있기 때문에 동료(同僚)간에 비난의 말도 듣건만 그래도 그만큼 실력이 있는 사람입니다. 특징(特徵)은 노력형이고 특히 실력있는 웃사람과 반드시 교제한다는 것은 철저합니다. 그렇지 못한 사람하고는 상대를 하지 않으므로 냉철(冷徹)한 면이 많이 있읍니다. 여성도 남편을 의지(依支)하지 않고 무엇인가 직업을 가져 보겠다는 신념이 강하기 때문에 정신적으로 고생이 많게 됩니다. 그리고 남편이 건강상 시원치 않아서 직업여성(職業女性)으로 활약하고 있는 사람도 많습니다. 이 영수는 후취(後娶) 재혼 또는 일가를 부양해야 할 고닲은 운명

도끼어 있읍니다.

「性格」은 마음이 굳고 착실한 성격이 기부입니다. 그래서 어떠한 작은 일이라도 허술하게 취급치않고 항상 성실성(誠實性)있게 일하고 있읍니다. 이성실성은 비단 일에만 치우쳐서 하는 것이 아니라 인생만단(人生萬端)에 걸쳐서도 신경을 잘쓰므로 정치면이나 신문을 보고서도 격정(激情)하는 나머지 희노애락(喜怒哀樂)을 곧잘 표현하는 사람입니다. 그래도 남에게 중상과 미움을 받지 않는 것은 그동기가 순수(純粹)한에 있기 때문이며 결국 동정심과 의협심(義俠心) 이 많은 사람입니다. 여성도 남성과 같은데가 많으나 때로는 돈을 막써 가면서 사치성(奢侈性) 있는 고급 물건을 사오기도 잘 하지만 극단(極端)히 인색(吝嗇)할 때는 단 10원내지 5원까지 애석하게 생각하는 사람입니다.

「愛情運」이 영수(靈數)의 남성은 여성에 대한 태도가 융통성(融通性)있는 여유(餘裕)만만한 사람으로써 여성들에게 크게 신뢰(信賴)를 받습니다. 섹스는 성격 그대로의 절제(節制)있고 율의(律義)있는 성생활(性生活)을 합니다마는, 스태미너가 좋아서 여성이 요구하는 한 언제까지라도 상대를 기쁘게 해주면서도 조금도 피로한 기색(氣色)없이 만족감을 안겨 줍니다. 여성의 경우도 정력(精力)이 강합니다. 특히 남성과는 달라서 상대의 남성이 좋아하면 매일밤이라도 좋다는 타잎입니다. 그것은 성적(性的) 흥분곡선(興奮曲線)이 너무 도취(陶醉)되어서 그것을 여러번 되풀이 하고 싶어하는 격정(激情)이 불타고 있는 사람입니다.

「病勢」는 腎臟 腸 盲腸 內臟關係 腦部의 氣管支系의 病.

「職業」은 宗敎家 外交官 政治家 實業家 官職 新聞記者 銀行員 샐러리맨은 鐵道 輸送關係 非

金屬關係。

○ 十七數
數意∷突破萬難數。
運勢∷剛情 權威 固執 暢達像。

⑰은 ⑦의 수와 같이 강직자(強直者)가 많고 냉철(冷徹)하며 주위(周圍)와는 동화력(同化力)이 부족한 탓으로 자주 실패를 당하는 일이 많읍니다. 이수는 활동적이고 의지가 강한 것이 특성인데 남과 화목(和睦)하고 잘 의논해 나가면 끝내 대성할 수 있는 길한 운수입니다.

「性格」은 포용력(包容力)이 크고 마음이 넓은 사람입니다. 사소한 일에는 신경을 잘쓰지 않으나 항상 마음속으로는 이성적(理性的)으로 사물(事物)을 판단하는 분석적(分析的)인 것과 또한편으로는 정열적으로 격정(激情)하는 것도 있어서 이 사람의 성격은 상당히 깊고 복잡한데가 많습니다. 그리고 남성은 사업열이 대단합니다. 무엇이든지 혼자서 처리하는 성격이 있으므로 자기가 끝까지 한 일이 아니면 도무지 신용을 하지 않으려는 강정(剛情)한 형(型)입니다.
여성은 끝까지 여자답게 충실히 가정을 지키는 내조형(內助型)입니다. 그렇다고 의지상실형(意志喪失型)도 아니며 내부에는 남성 못지 않게 똑똑한 의견과 의지를 지니고 있는 여성입니다.

「愛情運」 남성의 경우 이성(異性)에 대한 성격 묘사가 애매하므로 도리어 여성을 참혹하게 만듭니다. 첫 체험은 20세경에 있게되며 섹스는 그렇게 강하다고 할 수도 없지만 결코 약(弱)하지도 않읍니다. 이 사람은 한정된 에네루기를 자기 자신에 본능적(本能的)으로 지배하고 있으므로 급격(急激)한 충동(衝動)도 없는 대신에 급속한 쇠약도 없는 사람입니다. 그리고 성병

○ 十八數

數意 : 內外有運數

運數 : 權力　發展　批難　自我心强像.

「病勢」 心臟系의 病, 特히 狹心症 辨膜症 心臟肥大 不姙症 不感症 腰部의 病.

「職業」은 實業家 政治家 敎育家 官職 技術職 銀行員 金融關係 化學關係 鐵鋼關係 木材關係 藥品, 食品關係 保健關係. 技術職은 精密機械 컴퓨터關係 샐러리맨은 企劃 開發 總務 人事 秘書 스튜어디스 等.

⑱은 의지가 강한 한편 만난(萬難)을 물리치고 명리(名利)를 얻을 수 있는 운수입니다. 그러나 도량(度量)이 부족하여 고립될 우려성이 농후(濃厚)한 것이 결점입니다. 그러나 두뇌(頭腦)

(性病)에 대한 경계심(警戒心)도 대단합니다. 여성은 그 세련(洗練)된 멋이 남성을 알게 되면 떼어 놓지를 않습니다. 연령의 차는 자기보다 10년 정도의 웃사람과 교제를 합니다. 이 영수(靈數)의 여성은 사물을 논리적(論理的)으로 생각하는 일면에 일에 납득(納得)이 가지 않으면 승낙(承諾)치않는 고집(固執)도 있읍니다. 그러나 한번 인정하게 되면 쉽게 떨어지는 타잎도 있으며 도리어 상대가 냉정(冷情)한 태도를 취하면 깨끗이 단념(斷念)하는 아량(雅量)도 가지고 있읍니다. 이 수의 여성은 성감(性感)이 꽤 민감하므로 기분을 평장히 잘별 줄압니다. 따라서 써비스도 매우 좋으므로 남성으로서는 충분한 만족감을 느끼게 됩니다. 가정운은 퍽 행복한 가정을 영위하는 편인데, 혹시 중간에 걷달기가 있는 남성과 부딪치게 되면 매우 위험한 경지에 빠질 우려성이 있으므로 주위를 기울여야 합니다.

가 명석(明晳)하고 인망(人望)과 덕망이 몸에 구비되어 있어 많은 사람의 존경과 신용을 얻을 수 있는 사람입니다. 이 영수는 특히 가정적으로나 사회적으로 융화성(融和性)이 결핍되어 있는 것이 약점인데 좀더 온유(溫柔)하게 힘써야 하겠읍니다.

「性格」은 종교가나 혁명가의 기질(氣質)이 있으므로 고귀한 품격(品格)의 인기자 입니다. 그러나 현실에는 결핍(缺乏)된 점들이 많아서 사회생활에 접합치 못한 일면을 가지고 있읍니다. 사실상 인물(人物)은 훌륭한데 너무나 섬세한 운명을 갖고 있는 것이 이 영수의 사람입니다. 표면(表面)에 나타나 있는 성격은 바다와 같이 넓고 잔잔하고 깊이가 있으나 내면(內面)에는 사색(思索)이 깊어 가끔 노이로—제에 걸리기 쉽습니다.

반면에 이성격이 현실세계의 모순(矛盾)과 악(惡)을 너무 예민(銳敏)하게 지적(指摘)한 나머지 개혁(開革)하지 않고 서는 못견디는 신념이 높은 사람이기 때문에 무던히 노력해도 그 열매의 빛을 못보고 비참(悲慘)해지는 숙명(宿命)을 안고 있는 사람이 허다 합니다.

「愛情運」 남성은 퍽 조용한 신사형 입니다. 내면적(內面的)으로는 퍽 강한 정열감이 내포되어 있어 한 사람을 마음먹고 점을 찍어 놓으면 간단하게 그 불을 끄지 못합니다. 그러나 행동과 표현이 서툰데가 많아서 중간소개(中間紹介)가 필요 합니다. 이 사람은 이지적(理智的)인 여성을 존경하므로 행동으로 상대를 다루고 있읍니다. 특히 가정을 지키는 본능(本能)이 강하며 부인을 끔찍이 사랑합니다. 섹스는 전희(前戱)와 키스로서 상대를 녹입니다. 여성은 특히 매력적(魅力的)인 지속시간(持續時間)도 오래 끌지만 많은 회수도 자랑할 수 있읍니다. 젊어서는 금전 낭비(浪費)가 심하고 폐 놀기 좋아하는 사람이 건만, 미인이 많습니다.

결혼해서 가정에 들어가면 충실한 가정 부인이 되는 타입입니다. 적(激情的)인 연애에 빠져 가정을 파괴(破壞)할 흉운이 있으니 퍽 조심해야 합니다. 그러나 결혼후 중년기에 격정

「病勢」神經衰弱 腰部의 病 婦人病.

「職業」은 實業家 政治家 外交官 宗敎家 印刷業 機械 放送 醫療關係의 技術者 創造的인 事業에 從事하면 適性.

× 十九數

運勢∷刑罰、不和、不具、被殺像。

數意∷辛苦重來數。

⑲는 머리가 좋고 지혜(智慧)가 많아서 뜻을 성취(成就)시키는 하지만 웬일인지 매사에 수포화(水抱化)되기 쉽습니다. 이 사람은 신경이 아주 예민하여 작은 일에나 쓸데없는 일에도 성을 잘 내므로 주택과 직장도 자주 옮기기를 좋아 합니다. 또한 지능범(知能犯)같은 형벌(刑罰)에 관한 사건이 일어나기 쉽고 윤친간에도 무덕하고 부부간에 인연이 희박하여 종래 횡액(橫厄) 무자(無子) 실상(失傷) 불구 피살을 당할 흉한 수입니다. 여자는 특히 지격(地格)이나 총격(總格)에 이수가 있게 되면 창부(娼婦)의 성격이 됩니다.

「性格」은 자기의 의사를 꽤 빠르게 밖으로 내뿜는 사람입니다. 그리고 작은 일에도 신경을 잘쓰므로 민감하고 섬세(纖細)한 사람인데, 이신경은 내적으로 끝나는 것이 아니라 외부에 대해 반응(反應)이 강하게 오므로 이 사람은 각분야(各分野)에 걸쳐 아주 개성적인 존재입니다. 그리고 집단생활 속에서도 평범치 않게 두각(頭角)을 잘 나타내는 강한 개성과 행동력이 있음

니다. 이 사람은 동물적인 반사신경(反射神經)이 있는 사람으로서 욕망도 깊고 야심도 불타고 있으므로 무엇이든지 자기가 탐내는 것은 꼭 손에 넣고마는 강한 운세를 가지고 있읍니다. 또한 요령(要領)도 좋고 세상사도 잘 이끌고 나가는 사람이건만, 개성적으로 남의 의견을 잘 듣지 않으므로 갑작이 배신(背信)을 당하고 손해를 많이 보게 됩니다.

여성의 경우는 여자다운것 보다는, 남성적이고 시원스런 매력을 가지고 있는 이론파(理論派) 입니다. 또한 일에 있어서도 남성에게 지기 싫어하는 현실파 입니다. 정신력도 강하지만 신체도 건강한편 입니다.

「愛情運」 남성은 일에 대해서는 퍽 냉정(冷情)하지만 여성에 대해서는 매우 다정다감한 사람 입니다. 그래서 부인을 보물(寶物)다루듯하며, 심지어 외박(外泊)을 모르고 반드시 집으로 돌아오는 사람들이 이 영수(靈數)에 많습니다. 여성은 가정운이 희박하므로 손수 자기가 일가를 짊어지고 생계를 꾸며 나가야 할 고달픈 운세입니다. 헌데 20대의 연애는 싸움을 곧잘 하면서도 이해로 사랑을 주고 받으나 성숙(性熟)해지면서부터 남편에 대한 성적(性的)불만이 높아지는 경향이 있어서 이로 인하여 이혼이나 별거까지 진행해 나갑니다.

남성의 섹스는 일이나 대인(對人)관계보다는 상상조차 할 수 없는 정도로 상대에 대한 써비스가 아주 좋습니다. 그것은 상대가 어떠한 애무(愛撫)를 좋아하는 가를 먼저 통찰(洞察)할 수 있는 능력도 가지고 있읍니다. 여성의 섹스는 남성적이고 건강적인 강도가 있읍니다. 그리고 체형(體型)도 미끈하고 매력적 이어서 상대를 흥분 시켜줄 수 있는 성적(性的) 기교(技巧)가 능숙하므로 많은 호감을 받을 수 있읍니다.

「病勢」 목위에 屬하며 특히 腦溢血 耳目口鼻(얼굴의 部面). 足傷 神經痛.
「業短」 藝術家 建築家 政治家 金融關係 化學關係 鐵鋼關係. 그리고 센스가 빠른 職業은 適性

○ 二十數

數意∷破滅衰亡數.

運勢∷病弱 破財 災難 短命像.

⑳은 머리가 예민(銳敏)하고 지략(智略)도 있으나 꾸준함이 없어서 곧 파멸(破滅)하기 쉽고 처자에게도 많은 고생을 시키게 됩니다. 또한 여성은 윤락(淪落)에 음성적으로 빠져 창기(娼妓)가 되기 쉽습니다. 결국 만년(晚年)에는 고독과 병약 파재 단명의 대흉수가 있게 됩니다.

「性格」은 퍽 자기의 고집(固執)이 영수(靈數)에 많았습니다. 그리고 토론(討論)을 좋아하기 때문에 자기의 의견과 주장을 잘 내세우기는 하지만 실(實)은 겉과 속은 정반대(正反對)이 결핍되고 결단력이 약한 사람들이 이 영수(靈數)에 많이 모였습니다. 그러므로 침착성(沈着性)이 결핍되고 모순성(矛盾性)이 많은 사람입니다. 이 사람은 항상 마음이 들떠있어서 차분한 마음을 제대로 가지지 못하고 허공(虛空)에서 맴돌고 있읍니다. 이수리는 사업가로서는 부당하므로 공무원이나 예술가 연구직(研究職)에는 비약적인 성공운이 있읍니다. 그리고 여성도 매마찬 가지 입니다. 한 곳에 꾸준히 정착(定着)치 못한 성격이 있어 자주 가출하는 사람들이 많습니다. 따라서 직장여성(職場女性)은 이혼 재혼등 불미스런 일들이 뒤를 따르게 되므로 정신적인 고뇌(苦惱)로 말미암아 자주 병을 얻게 됩니다.

「愛情運」 남성은 외적으로 퍽 조용한 신사형 입니다. 그러나 너무 내성적(內省的) 이어서 상대의 의사의 반응(反應)도 없이 일면도(一面倒)로 흐르기 때문에 연애에 실패가 많습니다. 상호간 잘 타합을 해서 타개해 나가야 합니다. 섹스는 그렇게 강한 형(型)이 아니고 기분과 이므로 몸으로는 만족감을 느낄수는 없으나 결혼생활은 순조롭게 진행됩니다. 허나 중년후부터는 탈선(脫線)하지 않도록 적극 노력해야 합니다.

여성의 경우는 이지적(理智的)인 미인이 많습니다. 자존심(自尊心)도 강하고 거만도 하지만 자기에게 부디쳐오는 남성들은 어딘지 모르게 못마땅한 감(感)이들고 실증이 납니다마는 자기가 호의(好意)를 갖고 있는 사람은 대개가 처자가 있다는 타잎입니다. 당신이 교제하는 사람은 결코 적지는 않으나 그반면에 인기가 있다고 해서 너무 많은 사람들과 교제하는 것도 권하고 싶지 않읍니다. 특히 자기를 보호하는 분은(本能)에서 온화(溫和)한 가정을 꾸며 나가도록 힘써야 합니다.

「病勢」 肝臟 腎臟 胃腸 內臟系統의 病.
「職業」은 宗敎家 運命家 政治家 外交官 新聞記者 金融關係 化學關係 特히 創造的인 職業을 適性.

○ 二一 數

數意∴ 質實剛健數。
運勢∴ 權威 富貴 繁榮 達成願望像。

㉑의 남성은 의지(意志)가 강하고 확고한 신념이 있어 내외(內外)로부터 신용이 두텁고 성실한 사람입니다. 특히 지략(智略)이 출중(出衆)하고 자립으로 큰 일을 일으켜도 성공할 수 있는

지모(智謀)와 덕망(德望)이 있기 때문에 지도적인 인물입니다. 그리고 이 영수(靈數)는 이성문제(異性問題)로 고민이 많은 수입니다. 여성은 부부운에 인연이 약해서 파부운(破夫運)과 생사별수(生死別數)가 있고 또는 자기의 단명한 불행수도 가지고 있읍니다. 직업을 갖고 있는 부인은 남성의 덕(德)은 없으나 그대신 재운만은 특히 많아서 전집안 식구들을 부양하지않으면 안될 두령운(頭領運)을 작용(作用)받고 있읍니다.

「性格」은 어떠한 난관(難關)과 곤란이 닥치드라도 강한 자신감으로 이겨나가는 근성(根性)이 있기 때문에 자기가 생각하는 것은 절대 정당하다고 주장하는 굳은 신념을 갖고있는 사람입니다. 그러므로 늠늠하고 기품(氣品)이 높으며 체면도 고상(高尙)한 감을 줍니다.

여성은 꽤 센스가 빠른 사람들이 많습니다. 그 주위에는 많은 사람들이 모이게 되므로 스스로 자기의 의도(意圖)를 표시안해도 자연 그 사람들을 이끌어 갈수있는 입장에 서게 됩니다. 그리고 남의 지배받는 것은 극단(極端)히 싫어하며 또 자유를 속박(束縛)받는 것은 더욱더 반발(反發)합니다. 물론이 같은 사람들은 반면에 적(敵)을 많이 만듭니다.

「愛情運」은 솔직이 말해서 남성은 애정의 표현이 아주 서툽니다. 그것은 자기만이 깊은 애정을 품고 있으므로 홀로 애태우고 있는 심정입니다. 그러나 당신은 남성적이고 신뢰감(信賴感)이 두터워서 여성들에게 꽤 인기가 높습니다. 여성들은 서로가 잘알고 있으면서도 칭찬(稱讚)받거나 사랑해 준다는 말을 듣기를 퍽 좋아합니다.

섹스는 아주 왕성(旺盛)하므로 힘으로 상대를 압도 할수있는 타잎입니다. 이 사람은 사랑의 속삭임과 농후한 전희(前戲)같은 것은 염두(念頭)에도 없고 다만 돌진형(突進型)입니다. 그러기 때문에 지속 시간보다 회수를 자랑합니다. 헌데 결혼은 초혼에 그치지 않고 재혼하는 위험성이 뒤따르고 있읍니다.

여성의 경우에도 남성과 같이 섹스에 강한 형(型)입니다. 애무(愛撫)도 양성적(陽性的)인 것을 좋아하며 침실(寢室)도 너무 어두운것 보다는 도리어 밝은 것 여성은 매력적이고 개성이 강한 성격입니다마는, 이 영수에는 결혼후 남편에게애 정을 바쳐서 어떠한 난관(難關)이나 고경(苦境)에 빠져도 웃음을 잃지않고 노력하는 여성과 중년이후 또 다시 놀아나다 남편과 가정을 돌보지않는 사람으로 나누어져 있읍니다.

「病勢」 手足의 病 神經衰弱、發作症 脚氣 打撲傷.

「職業」은 實業家 政治家 官職 敎育家 藝術家 技術者學者 思想家 交通業 飮食業 觀光業. 샐러리맨은 新聞社 出版社 아나운서 파이롯트 컴퓨터 關係 計理士 航海士 스포츠맨.

× 二二數

數意∷志節 中析數。
運勢∷病弱 挫折 危難 色難像。

㉒는 손재주가 좋아서 무엇을 시켜도 다잘하는 사람입니다. 특히 예능(藝能)에 있어서는 별한 재능 才(能)을 보입니다. 표면(表面)에는 이러한 특징이 있으나 본질적으로는 무엇을 하든가 생각하는 것과 같이 잘되지 않는 실패수가 있읍니다. 그 것은 중도까지는 잘되어 나갔으는데 누군가의 방해(妨害)로 갑자기 좌절(挫折)되는 일들이 많이 생기게 됩니다. 초년에는 유복(裕福)하게 지내지만 중년후에는 차차 쇠운(衰運)에 빠지게 됩니다. 최초부터 병신 무기력

(無氣力)한 사람도 있으나 결국 말년에 가서는 불행한 일생을 마치게 됩니다. 그리고 육친과 형제간에도 덕(德)이 없고 가정과의 인연이 없어서 고독하며 병약 빈곤한 수 입니다. 이수는 일시적인 성공은 기할 수 있으나 매사가 중도에서 좌절되는 운이 있읍니다.

「性格」은 사색적(思索的)이고 이지적(理智的)인 냉정한 판단력을 가지고 있는 사람입니다. 그리고 감수성(感受性)과 표현력이 풍부하기 때문에 여행도 즐길수 있는 성격이며, 너무 자상하고 섬세한데가 있어 작가나 연예인(演藝人) 연구직(研究職)이 이 영수에 많이 있으며 퍽 사회적으로 공헌(貢獻)함을 즐겨 합니다.

「愛情運」 남성은 아주 이지적(理智的)인 신사의 태도가 판에 박히져 있읍니다. 그리고 미인이건 미인아니건 누구를 막론하고 퍽 친절하고 부드러운 면을 잘 보입니다. 그렇지만 내심은 퍽 냉정해서 속단을 잘 내립니다. 그것은 성격적으로 결단심이 약하기 때문에 난로(暖爐)와 도 같이 확달았다가 곧 식어가는 성격이 있읍니다. 섹스는 강하고 건강한편입니다. 여성은 이지적(理智的) 용모의 미인입니다. 그러기 때문에 남성들에게 너무나 인기가 있으므로 도리어 귀찮게 생각하는 정도입니다. 그리고 사치성(奢侈性)과 교만성(驕慢性) 때문에 일생동안 불평불만을 잘 하므로 이수의 여성은 모성(母性)본래의 도덕관(道德感)과 굳은 신념을 가지고 따뜻한 가정을 꾸며 나가야 하겠읍니다. 성적(性的) 분위기는 원만하여 두 사람의 달콤한 무드를 조성하는 것을 특히 좋아하는 여성입니다.

「病勢」 胃腸病 胃癌 急性胃癌 胃潰瘍 肝技能障碍。

「職業」은 文學家 藝術家 發明家 技術者 官職 金融關係 化學關係 鐵鋼關係 創造的인 事業外交

官 新聞記者 宗敎家 政治家 藥品 食品關係 新製品關發 洋裁師 調理士 디자이너 飮食業。

○ 二三數

數意∷發育茂盛數。

運勢∷富貴 功名 發展 榮華像。

㉓은 일대(一代)로서 지위(地位)와 재산을 쌓아 올리는 길한 운수입니다. 원래 빈곤으로부터 몸을 일으켜 성공하는 노력감투형(努力敢鬪型)이 있읍니다. 즉 무(無)에서 유(有)를 생할수 있는 비약(飛躍)과 발전의 수입니다. 남자는 희망이 크고 주태백(酒太白)이가 많으며, 또한 여자를 퍽 좋아하는 한편 출세가 빠른 것도 특징 입니다. 결국 이수는 명철(明哲)한 두뇌와 탁월(卓越)한 덕량(德量)을 갖추고 있기 때문에 비천(卑賤)한 속에서도 일약 출세를 하여 권위(權威)가 왕성하고 공명영달할 수리운 입니다.

그러나 여성으로서는 후처(後妻)나 재혼하는 사람들이 많습니다. 그리고 부부간 어느 쪽인가 불치(不治)의 병에 걸리기 쉬우며 또한 부상 수술을 당하여 병(病)을 얻게 됩니다. 이러므로 고과부(孤寡婦) 생사별(生死別)수의 강한 운세를 가지고 있읍니다.

「性格」은 개척정신(開拓精神)이 풍부하고 충실과 사명감(使命感)에 불타는 성격이 있어 힘차게 곤란을 뚫고 나가는 신념이 강한 사람입니다. 그래서 남보다 자기손으로 손수하지 않으면 속이 안풀린다는 군센 성품(性品)이 있읍니다. 그러나 이 사람은 속단을 잘하는 수재형(秀才型)이지만 단순한 직감(直感)으로 끝내는 타잎은 아니고 연구심도 왕성하기 때문에 건성(乾性)으로는 만족치 않고 깊이 추구하는 것이 있읍니다. 이수는 사람도 좋고 인정에 넘쳐서 남의 어려 운 사정도 잘 봐주는 편이나 기성(氣性)이 곧 아서 남에게 오해를 받기가 쉽습니다.

「愛情運」 남성은 여성문제 보다도 너무 일에 치우치기 때문에 도리어 여성들에게 오해를 받습니다. 그러나 시간이 흐름에 따라 그러한 점이 매력이어서 꽤 여성들은 당신이 그어논 장벽에 부딪쳐서 좀 더 정답고 가깝게 지내지를 못하고 있읍니다. 결혼은 30세 전후에는 좋은 여분이 생기며 가정도 안정감을 얻게 되는데 그것은 연애보다는 중매결혼(仲媒結婚)이 더욱 좋겠읍니다.

섹스는 퍽 익숙한 테크닉으로 여성을 울릴 형(型)입니다. 결국 물리적(物理的)인것보다 기술적인면에 능숙한 사람입니다. 여성의 경우는 허영심에 들떠 마음이 항상 차분치 못한것이 있읍니다. 애정에 있어서도 남성의 세계를 다아는 것같이 계산하는 결점이 있읍니다. 결혼해서 중년기에는 인간이 변하여 가정적인 주부가 되므로 상당히 소심한 신경을 쓰게 됩니다. 섹스에 있어서는 담백(淡白)하며 스태미너가 약해서 피곤해하는 체질이긴 하지만 그대신 좋은 명기(名器)를 가지고 있으므로 상대를 충분히 만족시켜 줄수 있읍니다.

「病勢」 氣管支系의 病, 負傷手術 喘息 胸痛.

「職業」은 實業家 官職 敎育家 藝術家 學者 辯護士 技術者 政治家 思想家 宗敎家 交通業 觀光業 洋裁店 化粧品店 外交官 新聞記者 出版關係의 自由業 飮食業 家具店 藥房. 創造的인 事業.

○ 二四數

數意 ː 家門餘慶數.

運勢 ː 繁榮 富貴 才智 自手成家像.

㉔는 성품(性品)이 온화하고 재지(才智)가 있어 남과 인화성(仁和性)이 두텁고 문학과 문예(四海)에 탁월한 것이 특징입니다. 특히 불굴(不屈)의 노력으로 전진 발전하여 공명(公明)이 사해(四海)에 떨치게 되므로, 부귀영달(富貴榮達)과 수복강령(壽福康寧)의 수가 있는 유수입니다.

「性格」은 퍽 유순(柔順)하고 덕망이 있어 인간 그 자체는 풍부한 감정이 선 사람입니다. 그러나 한편 자기 주장을 강하게 부르짖고 있읍니다. 때에 따라서는 타인에게 대할때는 그 사람의 단점보다는 장점을 보살피는 태도가 있읍니다. 그리고 분열(分裂)과 모순(矛盾)을 자기가 뒤우치고, 그것을 극복(克服)해 나갈줄아는 아량(雅量)도 또한 갖추고 있읍니다.

「愛情運」이 영수(靈數)의 남성은 여성에 대한 태도가 아주 점잖고 신사적입니다. 어떤때는 너무 지나친 아량으로 인하여 오바센스를 부릴때가 있읍니다. 도리어 손해를 보게 됩니다. 그리고 섹스는 감성(感性)보다 그렇게 센편은 못됩니다. 결혼은 26세 전후가 최적이며, 30세가 넘으면 자연 35세까지 참았다가 만혼(晩婚)을 해야 합니다. 여성의 경우는 상대에 대하여 아주 강정(强情)합니다. 그리고 노골적(露骨的)으로 감정을 표시하기 때문에 불평을 막 털어 놓기도 잘합니다. 물론, 상대의 기분은 알바없이 성격을 묘사합니다. 섹스는 감도(感度)도 좋고 즐겁게 해주는 천성적(天性的)인 기교(技巧)를 가지고 있읍니다.

「病勢」 胃腸病 月經困難 冷症 膽石症・노이로제 冷症.

「職業」은 文學家 藝術家 教育家 學者 技術者 銀行員 金融關係 醫師 建築家. 計劃性과 센스빠른 職業은 適性.

○ 二五數

數意∷資性英敏數.

運勢∷財祿 安康 英敏 剛情像.

㉕는 권위도 있고 재물의 혜택(惠澤)도 많아서 안락한 생활을 영위(營爲)할 수 있읍니다. 그러나 능숙(能熟)한 수완으로 매사에 너무 지나친 행동을 하면 도리어 경원(敬遠)을 당할 승산이 크니 될 수 있으면 강건을 억제(抑制)하고 인화(人和)에 힘을 기우려야 길합니다. 특히 금전관계로 친척간에 큰 트러불이 생기는 사람들이 많으니 조심해야 합니다.

「性格」은 괴팍하여서 간혹 사회 생활에 조화를 이루지 못하는 경향도 있으나 감정이 예민한 탓으로 기묘한 재간이 있읍니다. 이수는 남녀가 다같이 기품(氣品)이 고상하며 규모(規模)가 크기 때문에 고집이 세고 속박(束縛)을 싫어하는 사람으로서 자유분방(自由奔放)한 행동을 좋아합니다. 그리고 이 수의 남성은 여난(女難)의 상이 있읍니다. 그것은 지나친 정도로 친절미를 베풀므로 상대는 도리어 짝사랑을 하게됩니다. 그래서 여성은 혼기(婚氣)도 잃게 되고 집안끼리 충돌이 생겨서 여성이 죽느냐 사느냐는 말까지 나돌아 자기입장이 난처(難處)하게 되는 경우가 있게 됩니다. 또한 여성도 남자와 마찬가지로 좋은 일들이 많이 생겨도 거절(拒絶)을 못하는 성질이 있어 억울한 일을 당하게 됩니다. 그리고 또 하나의 결점은 시간을 직히지 않는 관념이 있읍니다. 남을 기달리게 하는 것은 보통이지만 남에게 기달림을 당하게는 퍽싫어 합니다. 결국 인생의 행복을 정확하게 잡을려면 시간과 약속을 충실히 잘 지킬줄 알아야 할 것입니다.

「愛情運」은 남녀가 다같이 요염한데가 많습니다. 따라서 여난(女難)이나 남난(男難)을 당할 수가 있게 됩니다. 성기(性器)는 웅대하며 기교(技巧)는 일방적 이어서 자기 홀로 섹스를 강다 집으로 이끌어 가기도 합니다. 또한 에네루기는 충만해 있어 끈질기게 계속하는 것을 좋아 합니다. 결혼은 27세때가 표준이고 여난(女難)은 결혼후에도 따르게 됩니다. 여성은 퍽 미남자 (美男子)를 좋아 합니다. 자기 중심이 아니면 기(氣)가 차지않으므로 주위에는 많은 종속형(從 屬型)의 남자들이 따르게 됩니다. 그래서 더욱 자아의식(自我意識)이 강해져서 놀기를 즐겁니 다. 특히 중년기에 이성관계(異性關係)를 조심하지 않으면 남녀간에 충돌(衝突)이 많이 생기는 운세인 것을 알아둬야 하겠읍니다.

「病勢」氣管支系 心臟病。

「職業」은 實業家 政治家 官職 敎育家 學者 技術者 宗敎家 思想家 醫師 銀行員 洋裁店 化粧品店 飮食店 샐러리맨 新聞社 出版係의 自由業 컴퓨터 파이롯트。

× 二六數

數意: 波瀾重疊數。

㉖은 지사(志士)나 괴걸(怪傑)들이 이수의 이름에 많습니다. 대개 자기의 실력과 재능을 과신하고 독단적으로 처리하기를 좋아하므로 역경(逆境)과 비운(悲運)에서 헤메기 쉽습니다. 맹목자(盲目者) 도벽성(盜亂性) 음란자(淫亂者) 단명 생사이별 수가 있는 반면에 불출(不出) 괴걸(怪傑)로서 열사 위인 효자 효부들이 많이나오고 있읍니다. 이 영수는 얌전하고 착실해서 구준히 노력하며 성공하는 사람도 많습니다. 가족과는 인연이 없어 홀로 고난의 길을 걸어야

하는 흉한 운수입니다.

「性格」은 진실성(眞實性)이 있고 너무 고지식하기 때문에 어떠한 작은 일에도 경솔히 행동하지 않습니다. 때에 따라서는 격정가(激情家)로서 희노애락(喜怒哀樂)을 잘 맞춰 표현도 잘합니다. 그 동기는 다만 마음의 순수성(純粹性)에 연유(緣由)가 있읍니다. 그러기 때문에 약자를 도와주고 강자를 대항(對抗)하는 의협심(義俠心)이 강한 사람입니다. 이 영수는 외유내강(外柔內剛)한데가 있으며, 집안일도 처에게 혼자 맡겨두고 도무지 관심을 두지않으므로 부인이 생생하고 있는 것을 깨닫지 못하고 있는 사람입니다. 여성도 남성과 마찬가지의 기질을 가지고 있읍니다. 그리고 특히 히스테리를 잘 부리기 때문에 때로는 심장(心臟)과 눈병에 발작을 일으킬염려가 많이 있으니 주의를 해야 합니다.

「愛情運」 남성은 여성에대한 태도가 섹스에만 치우치는 것이 아니라 너그럽고 융통성(融通性)이 있는 사람으로써 여성들의 신뢰를 받을 수 있읍니다. 성생활(性生活)은 절제있게 주기적(週期的)으로 정하고 있으나 율의(律義)있는 사람입니다. 여성의 경우도 남성과 마찬가지로 강한 스태미너함을 모르는 스태미너가 넘치므로 여성이 요구하는 한 얼마든지 응해줘도 피곤함을 모르는 율의(律義)있는 사람입니다. 여성의 경우도 남성과 마찬가지로 강한 스태미너가 있어 상대가 좋아하면 매일밤이라도 싫어하지 않는 타잎입니다. 그러기 때문에 여성이라기 보다도 남성적인 격정감(激情感)에 끌려서 애정행각(愛情行脚)에도 취하고 있는 여성입니다.

「病勢」 胃腸病 痔疾 性病 婦人病 疲勞症

「職業」은 政治家 藝術家 發明家 實業家 宗敎家 外交官 銀行員 稅理士 司法書士 印刷業 理容師 醫療關係

× 二七數
數意∷不意挫折數。
運勢∷逆境 刑罰 孤獨 災難像。

㉗은 7劃 17劃과 같이 강정수(強情數)입니다. 이 27수는 다른수와 달라서 더욱이 강인하므로 남과 협조해 나갈줄 모르고 그냥 억세게 밀고 나갈려고 하기 때문에 매사에 큰 실패와 장애(障碍)가 많습니다. 이 수는 대개 두뇌(頭腦)가 명석하고 직감력(直感力)이 풍부하므로 자기자신을 잘 보살펴서 사리(事理)를 분별하면 대성할 수도 있는 수 이기도 합니다. 여성도 마음이 강하여 강정(剛情)을 억제(抑制)하고 인화에 힘쓸것을 잊어서는 안되겠읍니다. 그러므로 항상 남편을 대신해서 가사(家事)를 돌볼 수 입니다. 그러나 애쓴 보람도없이 항상 구설수가 따르게 됩니다. 그래서 이수를 특히 중단격(中斷格)이라고도 합니다.

「性格」은 마음이 풍부하고 포용력(包容力)을 가지고 있는 영리한 사람입니다. 그런데 마음속에는 이성(理性)과 정열적(情熱的)인 사람인고로 각분야(各分野)에 많은 공(功)을 세운 인사도 많이 배출(輩出)하고 있읍니다. 그러나 이 영수(靈數)는 대개가 중도에서 좌절되어, 실패조난(遭難) 형액(刑厄) 단명 부부간의 생사별수등 흥망성쇠(興亡盛衰)의 파란곡절(波瀾曲折)이 많은 흉한 운수 입니다.

「愛情運」 남성의 경우 저사람은 친절하고 좋은 사람이건만 어딘지 모르게 희미한데가 있다고들 말합니다. 그것은 성격속에 애매(曖昧)한 것이 이성(異性) 관계때에 더잘 나타나게 됩니다. 당신의 기약없는 행동이 여성의 운명을 광적(狂的)으로 만들어 주기때문 입니다.

섹스는 자기 자신이 본능적으로 조정(調整)해서 행동하므로 급속한 충동(衝動)도 없거니와 급속한 쇠퇴(衰退)도 없읍니다. 특히 성병(性病)에 대한 조심성이 퍽 강한 사람입니다. 여성의 경우는 피 세련(洗練)되고 이지적(理智)인 면도있으나, 남성과 교제를 하게되면 시종일관합니다. 그러나 상호간 의식적(意識的)으로 냉정하게 되면 자기가 먼저 손선해서 헤여질 수 있는 아량(雅量)을 가지고 있읍니다. 성감(性感)은 대단히 민감하여 성기(性器)가 큰 상대를 즐겨합니다. 그리고 강한 수축성(收縮性)있는 기교(技巧)를 잘 표현해 줍니다.

「病勢」 眩氣症 氣管支系 肋膜炎 大腦 夜尿症。

「職業」은 官職 敎育家 技術者 學者 宗敎家 政治家 外交官 銀行員 新聞記者 創造的인 事業은 適性.

× 二八數
數意∷遭難多險數。
運勢∷遭難 誹謗 厄難 生離 死別像。

㉘은 파란이 심한 조난수(遭難數)입니다. 한때는 성공운도 있으나 곧 수포(水泡)로 돌아가게되고 오해(誤解)와 쓸데없는 일에 신용을 잃게 됩니다. 또한 가정적으로 파란이 심하여 부부운이 희박하고 생 이별수까지 접천 대흉수 입니다. 그리고 직업과 주거(住居)를 자주 옮기기를 잘하므로 이것 저것 무엇을 해보아도 실패와 손해를 당하게 되며 끝에 가서는 살상(殺傷)과 형벌(刑罰)에 관련된 사건에 부딪치게 됩니다. 여성은 특히 불화(不和) 고과부(孤寡婦), 자녀의 이별수가 있읍니다.

「性格」은 혁명가나 종교가의 기질(氣質)이 풍부하므로 행동상에 퍽 호걸(豪傑)한 기개(氣概)가 많은 사람입니다. 특히 로맨틱한 정신성이 강하기 때문에 고귀한 품격(品格)과 신비적(神秘的)인 사상을 가지고 있읍니다. 인격적으로는 뛰어난 사람도 많으나 그만치 현실성에는 결핍(缺乏)된 점도 많고 사회생활에 접합치 못한 일면도 가지고 있읍니다. 반면에 이성격이 행동과 결부될 때에는 현실세계(現實世界)의 악과 모순성(矛盾性)을 지적하고 개준(改俊)할 것을 주장해 나가는 신념이 높은 사람입니다. 일반적으로 이 영수의 사람들은 애써 노력을 해도 좋은 결실을 보지 못하고 비운의 숙명을 가지고 있기 때문에 반드시 이해자(理解者)가 필요합니다.

「愛情運」 내면적(內面的)으로는 폐 정열가(情熱家)인데도 불부하고 표현력(表現力)이 약해서 실천에 옮기지 못하므로 중매(仲媒)해주는 사람이 필요합니다. 외관상으로는 지적(智的)이고 상냥한 신사형으로 보이기 때문에 여성들의 마음을 끌게 합니다. 한번 교제를 해보면 이상하게도, 떨어질 수 없는 그러한 매력(魅力)을 가지고 있읍니다. 남녀가 흔히 단둘이 있으면 곧 성행위(性行爲)를 잘하건만 이 사람은 그러한 성급(性急)한 행위를 하지 않으므로 더욱 여성을 안심시켜 줍니다. 여성은 대개가 매력적인 미인들이 많습니다. 허나 결혼후 중년기에 한눈을 팔면 격정적인 연애에 빠져서 가정을 파괴할 심산이크니 퍽 주의를 해야 합니다.

「病勢」 眼、手足의 負傷、腰部의 病 蓄膿症 憂鬱症。

「職業」은 發明家 建築家 藝術家 文學家 政治家 思想家 學者 宗敎家 觀光業 交通事業 飮食業 洋裁店 化粧品店 出版關係 自由業、計劃性과 센스가 빠른 職業은 適性。

○二九數

數意…企圖有功數.

運勢…富貴, 功名

㉙는 착실하며 인내성(忍耐性)이 강하고 재지(才智)가 있는 사람입니다. 특히 윗사람으로써 인망(人望)도 두텁고 자손도 번영하는 운수입니다. 그것은 왕성한 활동력과 투지로써 일을 성취시키므로 부귀장수를 누릴수 있고 사회적으로도 명성이 높습니다. 그러나 이 수에는 항상 불평불만을 잘하므로 일을 그르칠 우려성이 농후하니 자중해야 합니다.

「性格」은 내향적(內向的)이면서도 자기의 의사(意思)를 성급(性急)하게 표현하는데가 있읍니다. 그리고 섬세한 신경은 항상 내성적으로 맥박(脈搏)이 뛰고 있으므로 집단생활에 있어서도 두각(頭角)을 나타내는 것을 좋아하는 개성이 뚜렷합니다. 이 영수(靈數)의 사람들은 운세에 몸을 마끼지 않고 적극적으로 도전(挑戰)해 나가는 강한 의지와 노력이 있는 사람입니다. 욕망과 야심에 불타고 있기 때문에 진취적(進取的)인 기상(氣象)이 풍부한데가 있읍니다. 특히 로맨틱한 것은 없으나 현실파로써 남성들에게 뒤떨어지지 않고 일을 착실하게 잘해 나갑니다.

「愛情運」 남성은 여성을 생각하는 것보다 일에 열(熱)을 올리는 경향이 많습니다. 연인(戀人)이나 부인에게는 항상 부드럽고 친절하며 쓸데없이 허영에 날뛰어 외박(外泊)을 하는 일은 없이 꼭 집으로 돌아오는 사람들이 이수에 많습니다. 성기(性器)는 표준형이며 경도(硬度)한 것이 자랑스럽습니다. 섹스는 남성적이고 건강적인 강세(强勢)가 있읍니다. 체형(體型)은 성적으로 잘 다듬어져 있기 때문에 큰 매력을 끕니다. 정신력과 같이 신체도 건강하며 스포츠도 잘 할 줄아는 사람입니다.

「病勢」는 胃腸病 眼病 耳病 腎臟 膀胱炎 子宮病。

「職業」은 敎育家 藝術家 學者 技術者 文學家 政治家 思想家 宗敎家。 觀光業 交通業 洋裁店 化粧品店 飮食店。

× 三○數

數意∷ 絕死逢生數
運勢∷ 遭難 失敗 災難 浮夢像。

㉚은 10、20수와 같은 극단수(極端數)입니다. 처음보기에는 조용한 사람같이 보이지만 사람과 장소에 따라서 많이 달라지며、잘 떠드는 사람입니다. 이 수는 극단(極端)에서 극단으로 달리는 사람이 많은 것이 특징입니다. 이사람은 도박(賭博)이나 투기(投機)에 강한 취미를 가지고 있어 이곳에 발을 들여놓으면 재산은 탕진되고 집안은 함정에 빠지게 됩니다. 그리고 한번 허영에 날뛰지않고 착실(着實)하게 노력해 나가면 평탄할 수 이기기도 합니다. 그러나

「性格」은 침착성(沈着性)이 없는 반면에 의지(意志)가 굳지 못하며 매사에 끊고 맺는 절도(節度)가 없어서 결단력이 약한 사람들이 이 영수에 많습니다. 그러므로 이 수는 사업가 보다는 회사원이나 공무원 예술가 연구직(硏究職)이 적성(適性)입니다. 따라서 직업여성(職業女性) 이혼(離婚)같은 불미스러운 춘사(椿事)도 뒤따르게 됩니다. 그리고 특히 정신적인 고민으로 인하여 자주 병(病)을 얻게 됩니다.

「愛情運」 내성적인 성품을 가지고 있는 조용한 신사형입니다. 그러나 의사 표시가 너무 약하

○ 三一數

數意∴大願成就數。

㉛은 13수와 같이 양자 혹은 장남형으로 책임이 중대한 입장에 서게 됩니다. 지모나 재지(才智)가 있고 그리고 융합성(融合性)과 아량(雅量)도 충분히 구비된 사람입니다. 특히 온화한 성격 소유자로서 남의 잘못도 불평없이 용서(容恕)해 줄줄아는 도량(度量)도 있으므로 점점 향상 발전해 나가는 타입입니다. 그리고 이사람은 되도록 이면 술을 주의해서 마시지 않으면 위궤양(胃潰瘍)에 걸리기 쉽습니다.

「性格」은 자기가 추진하고 있는 것은 어떠한 난관이 있다해도 관철하서 밀고 나가는 군은 의와 신념이 있는 사람입니다. 그리고 기품(氣品)이 높고 고상한 감명을 주기 때문에 자연히 그 주위에는 많은 사람들이 따르고 있으며 통솔(統率)할 수 있는 입장에 오르게 됩니다. 이 사람은 지(智) 인(仁) 용(勇)을 구비한 사람으로써 영도력(領導力)과 덕망이 있으며 학문과 예술 원만하게 이루어지지 않습니다. 결국 고독(孤獨)과 비운(悲運)에 쌓이게 됩니다.

「病勢」 手足의 病 負傷을 注意 心臟 小腸 心炎症 中風 敗血症.

「職業」은 宗敎家 政治家 外交官 銀行員 新聞記者 센스가 빠른 職業은 適性.

運勢∴功名 富貴 隆昌 榮達像。

고 자기 나름대로 일방적으로만 흐르기 때문에 이성관계(異性關係)에 많은 차질을 가져옵니다. 성생활은 스태미너가 약하므로 최상의 엔조이를 느낄수 없는 형(型)입니다. 여성의 경우는 자존심(自尊心)도 강하고 거만한 성미가 있어 항상 이성관계에 불평 불만을 내품고 있으니 가정도에도 대발전이 있읍니다. 여성의 경우에도 센스가 빠르고 재덕(才德)이 있어 사회적으로 많은 공헌(貢獻)을 하는 사람들이 많읍니다.

「愛情運」이 수의 남성은 여성에 대하여 의사표시가 퍽 미약합니다. 그것은 너그럽고 온화한 성격으로 인하여 여성에 대하여 경솔한 행위를 하지 않습니다. 처음에는 예의(禮儀)를 모르는 냉정한 사람이라고 의심하겠지만 끝에가서는 신뢰와 인기(人氣)를 얻을 수 있는 사람입니다 섹스는 왕성한 에네르기로 상대를 압도(壓倒)할 타입입니다. 지속적인 시간보다 회수를 자랑하는 편이며 사랑의 속삭임과 능숙한 전희(前戱)같은 것은 서툴어서 자기만이 직선적(直線的)인 쾌감(快感)에 만족하는 돌진형(突進型)입니다. 여성도 남성과 똑같이 강한 욕구(欲求)를 가진 타입입니다. 그리고 상당이 개성이 강하고 매력적 입니다. 벌써 어린나이에 떳떳한 여성으로 남성들에게 인기를 얻게 됩니다.

「病勢」손발의手術 負傷 盲腸 不眼症 神經衰弱 血管.

「職業」은 實業家 政治家 藝術家 官職宗敎家 文學家 觀光業 交通業 飮食業 洋裁店 化粧品店 外交官.

○ 三一數

數意：僥倖所得數。

運勢：富貴 誠實 隆昌 成功像。

㉜는 23수와 같습니다. 여러번 변전(變轉)하고 파란도 많으나 항상 꾸준히 노력하는 감투정신(敢鬪精神)이 있읍니다. 약 三년간 애쓰면 또다시 기회를 잡아 일약성공(一躍成功)하므로 만

사가 행통하고 자손이 번영하는 대길한 운수입니다. 그러나 결점이 되는 것은 거만하고 모든 일을 귀찮게 생각하는 일이 많고 특히 폭주(暴酒)와 이성관계에 너무 치우치므로 이수의 사람은 겸양(謙讓)의 미덕(美德)을 키워나가야 하겠읍니다.

「性格」은 냉정한 판단력을 가지고 있으므로 사색(思索)보다도 행동적으로 움직이는 타입입니다. 어떤때에는 너무 지나쳐서 미로(迷路)에 빠지게 되므로 십중을 기해야 합니다. 이 수는 순풍에 돛을단 배모양으로 의외(意外)의 생재(生財)와 만사가 형통하여 대성할 수 있는 운수가 있으나 흉운(凶運)이 복재(伏在)하면 조난(遭難)뇌변의 우려성마져 있게 됩니다. 초년에는 운세가 풀려서 그렇게 고생을 하지않습니다. 건강은 양호하고 진학(進學)도 순조롭지만, 일생을 통해서 벗이 적은 것이 유감입니다. 성년기에는 五년간의 파란의 운수가 있어 혹시 부모의 상(喪)을 당하지 않으면 결혼직전에 연인과의 이별수(離別數)가 일어난다든가 그렇지 않으면 도난(盜難)을 당할 흉수가 있읍니다. 그러나 중년기에는 계속 상승운(上昇運)이 있으므로 사회적으나 경제적으로 여유가 생기게 됩니다. 그러나 특히 당뇨병(糖尿病)훌몬이상증 통풍(痛風) 편식(片食)에서 오는 병으로 신음하게 되니 곧 검진(檢診)을 받아야 합니다. 그리고 여성의 경우는 초산(初産)은 무난하지만 두번째의 임신(姙娠)은 유산율(流産率)이 많아서 위험합니다. 그리고 가정적으로도 한때 쇠운(衰運)이 들어 자식들의 가출이든가 또는 화재를 당할 위험성도 있으니 조심해야 합니다.

「愛情運」이성관계(異性關係)에 있어서는 상당히 애매한데가 많습니다. 그것은 이성에 숙달치 못한 여성에게 너무 부드러운 태도를 취해 주므로 상대는 이것을 진실한 사랑의 표시로 인정

○ 三三數

數意∶登龍隆盛數。

運勢∶權勢 富貴 隆昌 名譽像。

㉝은 재덕(才德)이 있고 견실(堅實)하며 어떠한 난관이 있더라도 굴하지않고, 이겨나가는 의지가 있어 천하에 명성을 떨치고 대길할 수 입니다. 그러나 너무 권세를 부리게 되면 사람들의 비난(非難)을 사기 쉬우니 주의를 해야 합니다. 이 수는 욱일승천(旭日昇天)의 수로서 지위나 명리 재산등 성운(盛運)이 번영하는 길한 운이 있으나 너무 강하고 왕성하기 때문에 이름에 조화성(調和性) 부조화(不調和)에 따라서 운세가 달라집니다. 여성은 재운만은 풍부한 편이나 그대신 애정운은 영락(零落)의 시집(詩集)모양, 외로운 길을 걷게 됩니다.

「性格」은 이 영수(靈數)는 다른수보다 퍽 강하고 왕성하기 때문에 평범한 사람에게는 잘 어울리지 않습니다. 이 수의 근간(根幹)은 신념입니다. 특히 책임감과 사명감(使命感)에는 아주 하고 여성은 일방적인 연정(戀情)을 품게 됩니다.

미지근 하기 때문에 도리어 오해(誤解)를 받기가 쉽습니다. 그만큼 당신은 여성을 대하는 태도가 항상 이지적(理智的)인 기품(氣品)이 있어 사물(事物)을 논리적(論理的)으로 다루게 됩니다. 그러나 모든 것을 납득 할때까지는 승인치 않는 곳은 면도 있읍니다. 헌데 중년기에 허영심에 들뜨게 되면 당신은 바람기가 있는 남자와 부딪칠 위험성이 농후하니 각별히 주의를 기우려야 합니다.

「病勢」 肺結核 胃擴張症 肋膜炎 糖尿病 痛風 혼돈異常症 氣管支系病。

「職業」은 實業家 政治家 藝術家 官職宗 教家 思想家 學者 新聞記者 銀行員 飲食業。

충실하며 저돌(猪突)맹진하는 개척자(開拓者) 정신이 풍부한 사람입니다. 그리고 사리(事理)를 빨리 판단할 줄아는 수재형(秀才型)인데 그것을 그냥 직감적으로 끝내는 타잎이 아니라, 연구심이 왕성하기 때문에 끝까지 파고들어가 깊이 추구(追求)하는 정신관념이 대단한 사람입니다. 그런데 주의할 것은 에네르기에 관한 보급문제 입니다. 이 것은 심신(心身)양면에 대하여 논할 수 있읍니다. 평상시에는 튼튼한 것 같이 보이지만 실은 체질이 약해서 수목(樹木) 같은 부러지는 것 같은 위험이 따릅니다. 항상 식사에 정신차려서 조절을 해야하며 비타민류 같은 보급에 특히 주의를 해야 합니다. 여성의 경우는 저혈압(低血壓) 빈혈(貧血) 임신(姙娠) 출산등 의외로 장해가 일어날 위험성이 많이 있읍니다. 또한 신경통으로 오랫동안 고통을 받는 사람들도 많습니다. 의사에게 자주 진단을 받아야 하며 특히 아침 식사를 규칙적(規則的)으로 들어서 건강에 유의(留意)해야 합니다.

「愛情運」남성은 30세까지 참았다 결혼하는 것이 좋은 연분(緣分)을 얻게 되며, 경제적으로도 많은 혜택(惠澤)을 입을 결혼이 되겠읍니다. 여성의 개운(開運)의 시기는 남성보다 빠르므로 25세까지는 결정을 겨야 합니다. 그리고 남녀가 다같이 30세가 지나면 주택을 마련할 운세가 돌아오므로 당신의 희망의 七할은 꼭 이루어 지게 됩니다. 초년기는 경제적으로, 유복(裕福)하지 못하고 주거지도 자주 옮기는 이전상(移轉相)이 있읍니다. 성년기(成年期)에는 고독감(孤獨感)에 빠지기 쉬워서 친구가 별로 없으나 직업과 사회적으로는 좋은운이 터지게 됩니다. 이 시기의 연구와 축적(蓄積)은 장래에 튼 기간(基幹)으로 빛을 보게 됩니다. 그러기 때문에 결혼운과 주택운 그리고 사업운까지 이무렵에 생기게 되는데 중년기운은 일생에 가장 운세가 충실한 시기이니만치 자기의 의견(意見)을 六부로치고 남의 의견을 四부로 받아들이면 자기사업에 별반 큰 실수는 없겠읍니다. 그러나 전강운은 이시기부터 쇠퇴(衰退)해 지므로 의사의 진단을 자주받아야 하겠읍니다. 이 영수(靈數)의 남성은 첫째가 일이고 여성은 둘째라고 할 수 있읍니다. 그러기 때문에 여성을 약간경하게 보는 경향이 있읍니다마는 그것이 매력이 되어서 도리어 여성들에게 인기(人氣)가 높습니다. 그런데 당신은 너무나 자기 본위(本位)로만 나오게 되므로 자연히 결혼의 정상(頂上)까지 끌고나갈 수있는 상대를 찾기에는 퍽 곤란한 것이 많을 것입니다.

「病勢」 手足의 負傷 手術 胃腸病 急性關節炎 心臟辨膜症 性氣能不能症.

「職業」은 學者 教育家 藝術家 官職 政治家 思想家 宗教家 觀光業 交通業 外交官 新聞記者 出版關係의 自由業. 創造的인 事業도 適性.

× 三四數

數意∷敗家亡身數.

運勢∷失敗 慘死 刑傷 破滅像.

㉞는 의지(意志)가 강하고 결단력이 풍부하므로 젊어서 축재(蓄財)하여 성공하는 사람이 많습니다. 그러나 이수는 강정하고 자아심(自我心)이 억세기 때문에 남에게 좋은 대우를 받지 못합니다. 한번의 실수가 들어닥치면 불의의 재화(災禍)로 말미암아 매사에 불행을 가져오는 흉수입니다. 이수는 25세부터 27세때에 독립해서 55세까지의 운이 좋은 사람이 많습니다. 그러나 그이후부터는 사업이나 일에 있어 너무 확장을 하지않는것이 현명한 처사입니다. 이 수는 특히 영

난(病難) 발광(發狂) 곤고(困苦) 단명(短命)의 흉운(凶運)이 있어 만년(晚年)에는 비참(悲慘)한 운명을 면치 못합니다. 그리고 결혼은 만혼(晚婚)을 할것이며 자식은 늦게서야 얻을 수입니다.

「性格」은 퍽 자기주장이 강한 성격입니다. 특히 남의 의지(意志)를 채듣지도 않고 자기 말만 내세우는 고집(固執)이 있읍니다. 겉으로는 매우 의지(意志)가 강한 사람같으나 실은 그렇지 못합니다. 이사람은 일에 있어서는 좋은 성과를 올려서 큰일도 합니다마는 대인관계만은 거치른데가 많읍니다. 좀더 발전된 사회적지위를 확보하려면 풍부한 감정을 가지고 인화에 힘을 써야 합니다. 이수는 또한 사업운이 있으면 이성운(異性運)이 붙으면 가정운이 약한 순탄(順坦)치 못한데가 있읍니다. 여성의 경우에는 한 곳에 정착(停着)치 못하고 가출하는 사람도 많습니다.

「愛情運」은 비교적 가족수가 많은 가정에서 탄생한 사람들이 많습니다. 그러기 때문에 퍽 열등감(劣等感)을 가지고자란 사람은 많으나 그렇다고 학교성적이 나쁜것도 아니고, 도리어 좋은 성적이 었으나 항시 라이벌이 따르는 것이 운명적입니다. 남성의 경우 초년기에 결혼을 하게되면 중년기에 와서 이혼하는 율이 많으므로 집안의 의견을 존중(尊重)하는 것이 퍽 현명합니다. 운세는 중년기가 전성(全盛)이며 후반(後半)에는 쇠운(衰運)이 따르게 됩니다. 가정운은 당신의 주도권(主導權)밑에서 잘 다스려 나갑니다마는 자식은 얻고 싶은대로 낳기는 하지만 대개가 남자거나 여자인 한쪽성으로 쏠리는 경향이 많읍니다. 결혼은 26세 전후가 적당한데 만일 30세가 넘게되면 35세까지 기다려야 합니다. 여성의 성격은 강정한 편이어서 노골적(露骨的)으로 잘 표시하며 성생활(性生活)에 있어서도 상대의 기분은 아랑곳없이 자기 만족감에 도취합니다.

「病勢」 胃腸 心臟 氣管支系病 中風病 精神病.

「職業」 官職 宗敎家 政治家 鐵鋼關係 化學關係 金融關係 銀行員 新聞記者 木材關係 出版關係 創造的인 事業, 開發에도 適性.

○ 三五數

數意∷優雅發展數.

運勢∷富貴 權威 隆昌 長壽像.

㉟는 지나친 정도로 얌전하고 착한 사람입니다. 자기의 분수를 잘 지켜가면서 성실하고 근면하기 때문에 학자 문학가 예술가 교육가 연구가(硏究家)에도 잘맞는 수리입니다. 이수는 특히 재복도 있고 내외(內外)의 신용이 두터워 평안한 가운데 우아(優雅)하게 발전하는 길한 운수입니다. 한편 여성은 집안일도 착실하게 잘 보살펴 주는 동시에 내조(內助)의 공(功)도 큰 사람입니다. 즉 현모양처(賢母良妻) 격입니다.

「性格」은 남의 의견을 잘듣고 그것을 자기의 것으로 소화시키는 아량(雅量)이 풍부하므로 조직자(組織者)로서 상당히 유능합니다. 그런데 자기속을 남에게 절대 보여주지 않는 사람 이기 때문에 그사람이 무엇을 꿈꾸고 있는지 도무지 그비밀을 알아낼수가 없읍니다. 이사람은 스켈이 상당히 크므로 자유분방(自由奔放)한 행동을 곧잘 취하는 반면에 속박(束縛)을 무척 싫어합니다. 그리고 일류의식에 불타고 있어서 입는 것이나 지니는것도 남보다 월등 좋지않으면 성(性)이 풀리지 않는, 물욕(物慾)이 대단한 사람들이 이수에도 많습니다. 그리고 너무나 자기중심에서만 맴돌기 때문에 남과의 시간 약속에도 충실치못한 결점이 있읍니다.

「愛情運」이 수는 고저(高低)라고 하기 보다 폭(幅)이넓은 운세가 있읍니다. 초년기에는 평범한 가정에서 자라났으며 같은 그룹에서도 유명합니다. 이사람은 미목(眉目)이 수려(秀麗)한 것은 아니지만 남성은 끝까지 남자답고, 여성은 몸 전체의 분위기(雰圍氣)를 가지고 사람들을 끌어들이는 매력이 있읍니다. 벌써 어려서부터 러브·레타가 하루에도 二, 三통씩 소유하고 있지 않는 날은 없고 성(性)의 체험도 거의 10대에서 끝나고 있읍니다. 이 영수(靈數)는 남녀가 다같이 주호(酒豪)에 빠지게 되므로 위장병(胃腸病)을 얻게 됩니다. 두번이상 발병을 하면 생명에도 위험이 따르게되니, 연령에 마추어 주량(酒量)을 절주(節酒)하는데 노력해야 합니다. 중년에는 가정에 잡음(雜音)이 생깁니다. 그것은 자식들이 어버이의 현세적(現世的)인 생활면을 피판하면서 정치적인 운동에 뛰어든다든가 또는 가출을 자주하는 위험이 따르게 됩니다. 여성의 경우에는 남편의 건강(健康)에 적신호(赤信號)가 있으니 특별히 유의(留意)해야 합니다.

「病勢」 腰部의 病, 특히 婦人病 痔疾 心臟系의 疾患. 胃腸 不姙症.

「職業」은 研究家 教育家 藝術家 文學家 學者 發明家 技術者 宗教家 政治家 外交官.

△ 三六數
數意∷波瀾萬丈數.
運勢∷風浪 災厄 義俠 波亂像.

㊱은 영웅심(英雄心)이 강한 사람으로서 정의감이 두터워서 때로는 풍운(風雲)에 말려들므로 파란이 많은 생애(生涯)를 보내게 됩니다. 이 수는 직감력(直感力)이 풍부하고 머리가 예민(銳敏)해서, 작은 일에도 신경을 잘쓰기 때문에 성급한 사람이 많으며 한번 실패를 하게 되면 건

잡을 수 없이 점점 나쁜 함정에 빠져 헤어나지 못하는 홍수가 있읍니다. 될수있는대로 서두르지 말고 잘해나가면 무난 하겠읍니다.

「性格」은 약한 것을 돕고 강한것에 대항(對抗)하는 사람으로서 굉장히 의협심(義俠心)이 풍부한 성격입니다. 이같은 감정을 바로 조정(調定)치 못하면 때로는 격앙(激昂)된 강한 스트레스로 그 성격을 표현 시킵니다. 그러기 때문에 정치면이나 사회면의 불신(不信)을 악착같이 꾸짖고 정의를 위하여 기(旗)를 높이드는 사람입니다. 그리고 진실한 반면에 잘 놀기도 좋아하는 특질을 가지고 있읍니다.

이수는 특히 사고나 불상사(不祥事)가 일어나면 체속적으로 일어나고, 또한 남이 잘 걸리지도 않는 희병에 걸리면, 크게 앓아 고생하는 일들이 왕왕 생기게 됩니다. 여성은 히스테리를 폭발(爆發)하면 심장과 눈에 발작이 생길 우려성이 많으니 주의를 해야 합니다.

「愛情運」 초년기에 가정에 복잡(複雜)한 파장이 물결쳐, 친부모보다 타인의 애정에 혜택(惠澤)을 입을운이 있읍니다. 그래서 양자로 가거나 계모(繼母)의 손으로 자라나는 율이 많습니다. 진학 관계는 자기가 지망(志望)하는 학교는 무리고 제이 제삼의 지망(志望)에 낙착(落着)될 것입니다. 그러니까 학교운은 좋은 편은 못되는 셈이죠. 이수는 남녀가 모두 조혼(早婚)과 만혼의 극단(極端)의 수가 많습니다. 그리고 이시기를 놓친 사람은 체험이없는 상태에 四명째에 가서 결혼하는 케―스가 많습니다. 만혼(晚婚)을 하는 사람들이 많습니다. 그리고 직업은 남보서 동정(童貞), 혹은 처녀(處女)로 만혼(晚婚)을 하는 사람들이 많습니다. 그리고 직업은 남보다 일찍이 잡는 케―스가 많은데 소매상, 써―비스업등에 종사하면 성공합니다. 또한 결혼이

134

아무리 늦어진 사람이라도 35세까지는 좋은 연분(緣分)이 찾아옵니다. 여성의 경우는 상대가 아미 초혼에 실패하고 재혼할 상대자가 생길 것입니다. 남성인, 상대자는 자식이 없는 몸이니 초혼같은 기분으로 대한다면 결혼은 경제적으로 안이(安易)한 생활을 하게 됩니다. 그리고 이시기를 넘게 되면 병난(病難)으로 고생하게 될 것입니다. 가령 자기가 병들지 않으면 자식에게 큰 병이 생긴다는 위험성이 따르게 됩니다. 당신의 경우는 신장(腎臟)등, 비뇨기계통(泌尿器系統)과 부인 병등이 있게 되고 아이의 경우에도 심장(心臟) 혈관(血管)등, 순환기계통(循環器系統)에 특히 주의를 기울여야 합니다.

「병세(病勢)」 뇌일혈 빈혈 위궤양 자궁병 불감증 월경곤란 난소낭종 신장염 방광염 요도병.

「직업(職業)」은 발명가 예술가 학자 문학가 정치가 사상가 종교가 외교관 신문기자 창조적인 사업이 적성.

○ 三七數

數意∷權威顯達數。

象曰∷富貴 權威 慈祥 榮達像。

㊲은 고향을 떠나 타향에서 출세하는 사람들이 많습니다. 이 사람은 실력이 있어도 자기가 자중해서 깊이 사색(思索)하며 또한 의지(意志)가 강하고 충실한 사람이기 때문에 큰 사업이나 큰 회사에 들어가서도 고생을 참고 돌진해 나가므로 지위와 명성을 얻어 대성합니다. 그래서 사소한 일에 성질을 낸다든가 동요(動搖)하는 일은 없읍니다. 즉 이사람은 마음의 그릇이 큰 사람입니다. 그리고 사업의 열(熱)이

굉장히 강하기 때문에 무엇이든지, 혼자 해결하려는 성격이 있어 자기가 꼭 하지않으면 속이 풀리지않는 타잎입니다. 여성은 끝까지 여자답게 충실히 가정을 지켤줄아는 내조형(內助型)입니다.

그렇다고 해서 자기의 의지(意志)를 상실(喪失)하는 형(型)은 아니므로 이지적(理智的)으로 판단할줄아는 영리(怜悧)한 여성으로써 남성 못지않은데가 있읍니다. 이 영수(靈數)에 특히 주의할것은 내장계통(內臟系統)인 흉부질환(胸部疾患)과 간장(肝臟)병에 위험성이 따르게 됩니다. 그리고 다른 영수보다도 피로(疲勞)가 금물인즉 철저적으로 휴양(休養)하는 것이 필요합니다.

「愛情運」 이 영수는 격강(激强)하지 않고 도리어 온화(溫和)하므로 퍽 너그러운 사람입니다. 초년기를 살펴보면 양친과 많은 형제, 친구들에게 에워쌓여서 번화하게 지내는 운이있는 사람입니다. 그러기 때문에 이 사람은 일생을 통하여 가정적으로 다복하고 우인(友人)도 많습니다.

중학시대는 그렇게까지 뛰어나지 않았던 평범한 존재입니다. 그런데 이때는 장래에 발휘할수 있는 재능(才能)을 양성하는데 눈을 뜨게 됩니다. 그리고 초년말에 교제하는 여성은 일생동안 벗으로 친하게는 되지만 일생의 동반자는 될 수 가 없읍니다. 그래도 결혼운은 비교적(比較的) 빨란서 남성은 24세나 25세때에 있고, 여성은 21세나 22세때에 있게 됩니다. 배우자(配偶者)는 다산계(多產系)로서 출산율이 많은 편이고, 자식은 남녀를 밸런스있게 출산합니다. 중년기에 들어서서는 폭주(暴酒)할 경향이 많으니 몸을 조심하는 한편 격무(激務)에 시달려 피로가 축적(蓄積)되지 않기를 경계해야 합니다. 여성은 특히 이중년기에 병(病)이 생겨 유선염(乳腺炎)란소종양(卵巢腫瘍)등 자궁근종(子宮筋腫)등 생식기(生殖器)관계에 특히 암운(暗雲)이 끼게될 것이니 이때는 정기진단(定期診斷)을 받아야 합니다. 그리고 남녀가 다같이 이시기에 사회적인 활동을 하게될 운세가 있읍니다.

「病勢」手足 氣管支系衛大腸 肋膜 痔疾 蓄膿症 生殖器關係의 病.

「職業」은 實業家 政治家 銀行員 醫師. 先端的인 職業도 適性. 샐러리맨은 社會活躍뿐만 아니라 스타일리스트, 셀스엔지니아. 業務關係交涉, 會議에 있어서도 없어서는 않될 存在임.

○ 三八數

數意 :: 平凡無難數.

㊳은 총명(聰明)할 뿐만아니라 천재적인 재지(才智)와 명철한 두뇌를 갖은 사람으로서 문학계통이나 연구계통에 대단한 발전을 재래(齎來)합니다. 그러므로 문학 예술 발명 기술 창작 연구 방면(硏究方面)에는 명성이 높아 입신양명(立身揚名) 할 수 입니다. 그러나 자기 한도내의 분수를 지키지 않으면 재앙(災殃)을 초래할 염려가 다분히 있읍니다. 이 영수(靈數)는 고귀한 품격(品格)과 신비적인 사상을 갖고 있어 로맨틱하고 예민하여 인격적으로도 훌륭한 사람들이 많습니다. 그러나 현실에는 그다지 관여하지 않기 때문에 사회생활에 적합치못한 점도 있읍니다.

運勢 :: 誠實、平凡、薄弱 安樂像.

「性格」은 아주 섬세(纖細)합니다. 인물은 훌륭하지만 이세상은 살기가 힘이들고 또한 마음은 뜻대로 잘되지 않는다고 해서 퍽 멜리컷한 운명(運命)을 가지고있는 사람입니다. 이 사람은 표면(表面)으로는 아주 바다와 같이 넓고 온화하며 깊이가 있게 보이지만 내실(內實)은 고뇌(苦腦)와 사색(思索)도 대단하여 그것이 지나쳐 로이로제에 빠지게 됩니다. 이 성격(性格)이 행동과 결부 될때에는 현세의 모순(矛盾)과 악을 무섭게 지적(指摘)하는 신념이 높은 사람입니다.

이러한 성격은 종교가(宗敎家) 혁명가(革命家)에 특히 많습니다.

「愛情運」 남성은 친절미가 있고 부드러운 인간미가 섞인 신사형입니다. 그 맑은 눈은 어딘지 모르게 설래이는 듯이 애수(哀愁)에 잠긴 음울(陰鬱)한 표정이 여성의 마음을 흔들이게 합니다 한번 이남성과 교제를 해보면 이상하게도 헤여지기가 힘이드는 그러한 매력(魅力)을 가지고 있읍니다. 그리고 남녀가 단둘이 있게 되면 곧 성행위를 결부시키지만, 이사람은 그러한 성급한 버릇이 없는것이 더욱 여성을 안심시키고 있읍니다. 그러나 내심(內心)에는 불같은 정열을 가지고있기 때문에 한번 마음을 먹은 여성은 그렇게 쉽사리 불을 끄지 못합니다. 마음뿐이지 행동으로서 표현하는 것은 서틀기 때문입니다. 초년기 에는 부친이나 모친계통으로 무난하나 육친과의 연분이 희박(稀薄)하여 가정이 퍽 복잡해 집니다. 그것은 경제적으로 배가 다른 형제가 있든가 또는 육친이 재혼하기 때문에 의리 있는 사람의 손에서 자라났으므로 정신면의 고뇌(苦腦)와 고독감(孤獨感)에 골몰하게 됩니다. 그러므로 성적(性)으로도 눈을 빨리뜨게 되는 편이 많고 직업은 써비스업 기계의 정비업 기술같은 자격(資格)을 얻는것이 적성(適性)입니다. 그리고 안타갑게도 20대 전후에 육친 형제 친우 가운데서 뼈저린 죽음을 당하여 쇼크를 받게 됩니다. 이것이 계기가되어 인간의 희비애락(喜悲哀樂)을 맛보게 되면서부터 문학이나 종교에 지향(志向)할 것을 결정짓고마는데, 이사건과 때를 맞춰 성적(性的)으로도 첫체험을 갖게 되는 것입니다. 25세전후에는 생활면과 정신면에 안전관을 가져오지만 중년기에는 병난(病難) 직업변경등 이때는 정신적인 면보다도 급속한 성적관계를 맺음으로서 행동성이 양성화(陽性化)되는 것입니다.

○ 三九數
 數意∷富貴榮華數。
 運勢∷富貴 繁盛 長壽 榮華像。

㉟는 위품(威品)이 상당한 인물로서 제반만사(諸般萬事)를 잘 처리해 나가므로 대중을 통솔(統率)할 줄 아는 장성격(將星格)입니다. 그러나 극귀(極貴)한 이면에는 비참한 흉운이 내포되어 있다는 것은 퍽 안타까운 노릇이니 조화성(調和性)을 갖추어야 하겠읍니다. 이수의 사람은 생각하는 것이 신중(愼重)하고 성실하며 일하는 솜씨는 퍽 노련한 편입니다. 또한 기품(氣品)도 높고 덕망도 좋게 타고 났으므로 뭇사람들의 지도적인 인물로서 권세도 부리게 됩니다. 그러나 여성의 경우는 정반대의 길을 걷게 됩니다. 그것은 이 영수(靈數)의 운기가 너무 강하기 때문에 배우자(配偶者)의 운세를 많이 꺾어 놓습니다. 특히 21 23 26 28 33 39의 수는 똑같이 고과운(孤寡運)이 아니면 한 가정의 생계(生計)를 이어받아 가지고 여주인공으로서 고닯은 운명을 질머지고 덕망도 좋게 타고 났으므로 뭇사람들의 지도적인 인물로서 권세도 부리게 됩니다. 그러나 여성의 경우는 정반대의 길을 걷게 됩니다. 그것은 이 영수(靈數)의 운기가 너무 강하기 때문으로 인하여 고닯은 하강선(下降線)을 걷는 것은 확실합니다. 그리고 여성의 경우에는 가정적으로 충돌이 생겨서 별거 이혼을 당할 위험성이 있게 됩니다. 그러나 이때를 주의하면 만년기(晚年期)에는 안전한 길을 걷게 되는데 그것은 과거의 파란과 고뇌(苦腦)에 쌓였던 가정운의 악운도 깨끗이 씻어졌으로나 경제적으로 순탄(順坦)의 길을 걷게 됩니다.

「病勢」腰部를 注意 坐骨神經痛 婦人病 胃腸病.

「職業」은 政治家 宗敎家 探驗家 農業 土建業 辯護士 醫師 銀行員. 샐러리맨은 企劃 開發部 總務 人事關係 技術系는 컴퓨터 精密機械 藥品 食品關係 新製品開發에 萬能을 發揮.

게 됩니다.

「性格」은 퍽 강한 내향적(內向的)인 성격 소유자입니다. 이 사람은 어떠한 작은일에 대해서도 민감(敏感)하게 반응(反應)하는 섬세(纖細)한 신경이 발달되어 내성적(內省的)으로도 많은 분석을 곧잘합니다. 동시에 집단생활이나 사회생활에 있어서도 평균적으로 집착(執着)치 않고 언제든지 두각(頭角)을 표시하는 것을 좋아합니다. 그것도 남들의 의견을 종합해서 운영하는 것이 아니라 강한 개성과 행동력으로 집단을 이끌고 나가는 정신이 왕(旺)합니다. 이수에는 정치가 군인 작가들이 크게 출세한 사람들이 많습니다. 이 영수는 다만 흘러가는 운세에 몸을 마끼지않고, 적극적으로 도전(挑戰)하는 강한것이 있으며, 또한 그때의 입장과 운세가 다소 나쁘드라도 본인은 강한 의지(意志)와 노력으로써 자기가 생각하고 추진하는 대로 강인하게 끌고 갑니다. 그리고 자기의 현재의 입장을 불평치않고 진취적(進取的)으로 전개해 나가는 기상(氣象)이 풍부합니다.

「愛情運」 남성은 여성에게 매우 신사적으로 친절하고 점잖으나 일에 있어서는 퍽 냉정(冷情)하고 치밀한데가 있읍니다. 여성의 경우에는 남편에게 고생을 당할 운명입니다. 그것은 남편이 경제력이 없어서 자기가 도리어 일가(一家)의 주주(主柱)가 될 운명에 놓이기 때문입니다. 또한 육친과 가정의 연분이 희박하여 경우에 따라서는 이혼(離婚) 재취(再聚)의 운도 있게 되고 평생(平生)벌었다해도 희생(犧牲)을 당하는 애닯은 운세입니다. 초년에는 가정적으로 의외(意外)로 파란이 많은 환경에서 지내게 됩니다마는 그것은 편친(片親) 슬하에서 자랐거나 또는 형제의 죽음 같은 것을 당하고나서 큰 쇼크를 받았음으로 이일에 정신적인 성장에 큰 계기가 되겠읍니다. 연애는 맹렬(猛烈)하고 열정적(熱情的)이어서 자기보다 2, 3년 연상(年上)의 여인과 처음부터 육체관계에 들어서기는 하지만 결혼만은 이루지 못합니다. 결혼은 남녀가 다같이 20대 중반부터 대부분 맺게 되고 중년기에는 사회적으로 지위도 있게 되겠지만 45세경에는 건강에 적신호(赤信號)가 오게 됩니다. 그것은 식생활에서 오는 병이 원인이 되겠읍니다. 여성은 이기회에 직업을 갖는 것이 좋은 기회가 되는데 그것은 가정적으로 유복하기 때문에 한번은 사업도 해볼만 합니다. 성생활(性生活)은 남성적이고 건강해서 상대에게 만족을 줄수 있는 성적(性的) 매력파(魅力派)라고 봐야 하겠읍니다.

「病勢」 手足 頭部의 病 腎臟炎 生殖器 寒冷症 복막염.

「職業」은 文學家 政治家 學者 宗敎家 敎育家 技術者 觀光業 交通業 飮食業 洋裁店 化粧品店 新聞社 出版關係의 自由業 開發 企劃系統에도 適性.

× 四〇數

數意∷謹愼保安數。

運勢∷批難 不遜 遭難 失敗像。

㊵은 외관상(外觀上) 말이없으며 고요한 분위기(雰圍氣)를 즐기는 사람입니다. 그러나 이 영수(靈數)는 운기(運氣)가 약해서, 한때는 일어서기는 하지만 곧 시들어지는 불운한 수입니다. 이 사람은 재지(才智)가 좋아서 투기사업(投機事業)에서 재미를 볼때도 있으나 그렇게 오래가지를 못하고 망하게 됩니다. 그것은 성질이 불손(不遜)한 탓으로 함정에 빠지게 되면 누구하나 돌바 주지 않읍니다. 특히 조업(祖業)을 지키기가 어렵고 종래 투기적인 허욕(虛欲)으로 말미암

아 패가망신(敗家亡身)을 하게 됩니다. 반드시 덕망을 쌓고 선덕(善德)을 베풀면 길하게 될 것입니다.

「性格」은 조용한 사람입니다. 이 사람은 지모(智謀)와 직감력(直感力)이 풍부하고 월등하여 결단력(決斷力)을 잘 내리면 성공 할 수도 있으나 원래가 남의 말을 잘 듣지 않고 거만하게 굴기 때문에 남에게 비난을 받고 실패를 당하게 됩니다. 항상 언행(言行)을 조심(操心)해서 행하는 것이 중요합니다.

「愛情運」성격적으로 고요한 것을 좋아하므로 외적(外的)으로는 그렇게 신통하게 자기의 의사(意思)를 충분히 표현치 못합니다. 그러나 내심적(內心的)으로는 항상 속을 태우며 혼자 끓고만 있는 성품(性品)이 있기 때문에 연애나 결혼에 있어서도 많은 난관과 손해를 보게 됩니다. 그리고 정력적으로도 스태미나가 약해서 성생활(性生活)에 육체적인 만족감을 충분히 느끼지 못하는 경향이 있습니다. 하지만 점점 나이를 먹어 갈수록 들뜬 마음이 격정(激情)해 지기도 합니다. 여성은 때에 따라서는 자부심(自負心)이 강하기 때문에 이성간(異性間)에 많은 충돌(衝突)이 생기게 되며 항상 불평불만이 많습니다. 특히 혼담(婚談)은 너무 감정적으로 치우쳐서 강행 돌파하는 것은 금물입니다. 그 장해(障害)는 장래에 더 큰 재앙(災殃)을 초래하기 때문에 신중(愼重)을 기(期)해야 합니다.

「病勢」 胃腸 盲腸 婦人病 腎臟炎 尿道炎 耳病.

「職業」은 金融關係 木材關係 鐵鋼關係 食品關係 藥品關係.

〇 四一數

數意∷德望高大數。

運勢∷富貴 德望 才謀 健全像。

㊶은 담력(膽力)과 재모(才謀)가 뛰어난 사람으로서 의지(意志)가 굳고 희망이 커서 큰 사업도 일으킬 수 있는 소질(素質)이 충분히 있읍니다. 그렇기 때문에 명성과 부를 쌓아서 만년(晩年)의 행복을 누릴 수 있는 최대의 길한 운수입니다. 그러나 남의 의견도 잘 듣지않고 혼자서 고집(固執)만 부리게되면, 일생에 한번은 대실패를 당할 수가 있으니 각별(格別)히 조심(操心)을 해야 합니다. 여성도 이 영수는 인망(人望)이 높은 수입니다.

「性格」 강인(强引)한 자신감이 있고 어떠한 곤난이라도 이겨나갈 수 있는 굳은 신념을 가지고 있읍니다. 그래서 어떠한 장해(障害)가 부딪쳐도 그것을 의연(毅然)하게 칠수있는 태도를 취합니다. 이같은 분위기(雰圍氣) 속에서 삶의길을 걷기 때문에 품격(品格)이 높고 퍽 노―불한 감(感)을 줍니다. 한편 여성(女性)의 경우도 센스가 빠른 사람들이 많습니다. 이수는 남에게 지배를 낭하는 것을 그렇게 환영을 하지않으므로, 자연 그 주위(周圍)에는 많은 사람들이 따르게 되는데, 이 사람은 자기의 의도(意圖)가 아니더라도 리이더쉽을 쥐는 입장에 처하게 됩니다. 물론이 같은 강한 성격은 반면에 적수(敵數)가 많아 도리어 마이너스가 될때가 많습니다.

「愛情運」 남성은 여성에 대하여 의사(意思)를 표시하는 것이 별로 시원치 않습니다. 그것은 자기의 인격과 온화한 성격의 탓이라 보겠읍니다. 이 사람의 초년기의 운세는 정신적으로 피로(疲勞)하며 고독(孤獨)한 것이 많습니다. 그러나 아무리 가정운이 희박(稀薄)하여도 함정(陷

窄)에 빠질 염려는 없읍니다. 그것은 즉, 육친을 일찍 사별(死別)했어도 자기앞에 재산이 남아 있다든가 또는 돈은 없어도 뒤를 돌봐주는 후견인(後見人)이 생겼다는 야릇한 인연들이 생기게 됩니다. 성년기에는 비교적 순조롭게 진전(進展)이 되어서 30세 전후에는 큰 전환기(轉換期)가 오게 되는데 남성(男性)은 독립할 찬스가 있게되고 여성도 자기의 점포가 생겨서 사업할 수 있는 시기가 됩니다. 중년기에는 일생에 최대의 시련(試練)을 겪을때가 오게되므로, 남녀를 불문하고, 애정면, 직업면, 건강면의 일면에 급격한 하강운(下降運)을 맞게 됩니다.

그러나 여성은 정신면에 약간의 고통수는 있겠으나 물질면(物質面)만은 최고도로 혜택(惠澤)을 받게 됩니다.

그리고 만년(晩年)에는 건강에 퍽 조심을 해야 하는데 특히 자율신경실조증(自律神經失調症) 장(腸)의 병 노-이로제등을 경계해야하며, 고혈압(高血壓) 신경통등 만성병에도 주의를 기울여야 합니다. 성관계는 왕성한 에네르기로 상대를 압도(壓倒)하는 타잎이 있으며, 여성도 남성과 같이 섹스에 강한 욕구(欲求)를 갖는 타잎입니다.

「병세」 手足의 負傷 切骨 胸部의 病 頭痛 腦出血、胃腸 神經痛。

「職業」은 政治家 官職 敎育家 學者 醫師 技術者 辯護士 思想家 宗敎家 商業 觀光業 交通業 飲食業 洋裁店 化粧品店。

× 四二數

數意∷辛苦受難數。

運勢∷悲哀 寂寞 慘憺 病難像。

㊷는 약전하고 진실한데가 있으나, 적극성이 부족하고 의지가 박약해서 사람이 퍽 좋게 보입니다. 그러나 이 사람은 재조(才操)도 비상하지만 만사에 끝을 맺지못하고 항상 불안한 심경(心境)에서 당황하고 있는것이 수난의 형로(荊路)입니다. 좀더 주저치 말고 기회를 포착했다가 용기와 결단력을 갖고 일을 처리해나가면, 어느 정도의 성공율은 높아집니다. 그러나 이수는 신고수난(辛苦受難)의 수로서 적막(寂寞) 비애(悲哀) 병난(病難) 불구(不具) 조난(遭難) 이별(離別)등 흉운(凶運)을 초래하는 불운의 수가 있읍니다.

「性格」은 행동적인 것보다 사색적(思索的)이고 모든 것을 객관적(客觀的)으로 관찰(觀察)하는 타잎입니다. 때에 따라서는 미로(迷路)에서 헤매기쉽고 우유부단(優柔不斷)하므로 끝내 노이로제로 골몰할 위험이 있읍니다. 이것은 이 영수(靈數)의 숙명이기도 합니다. 플러스의 면이라고는 매우 감수성이 풍부하기 때문에 양복과 액세서리에도 퍽 취미가 많고 여행도 즐기는 사람입니다. 그리고 특히 주의 할점은 사람을 보고 법(法)을 설복(說伏)하라는 격언(格言)이 있듯이 남들이 당신의 말의 뜻을 완전히 해득치 못하고, 곡해(曲解)하기 때문에 도리어 말에 해를 받기가 쉽습니다. 이 영수(靈數)는 또한 사회적으로 공헌(貢獻)하는 것을 퍽 즐기며 무보수(無報酬)라도 봉사(奉仕)의 정신이 강한 사람입니다.

「愛情運」 남성은 이지적(理智的)인 신사입니다. 이사람은 성격적으로 결단성이 퍽 약하지만 내심은 냉정하고 계산적인 사람입니다. 이로인하여 결혼전에 마음먹은 행동을 취하지 못하고 있는것은 남녀간의 그 결과가 나쁜 평판(評判)이 돈다든가 또는 재산도 없는 여성과 결혼을 했다가 파혼(破婚)에 빠질까 걱정을 하기 때문입니다. 성적(性的)으로는 같은 성격의 여성이 맞습니다마는 이러한 상대는 열정에 불타다가 곧 식어지기를 잘하므로 정상적인 결혼의 상대는 성적(性的)으로 적극성(積極性)이 있는 여성보다는 소극적(消極的)인 여성으로써, 당신의 손으로 직접 개발해 주는것을 참고 기다리는 수동적(受動的)인 자세를 취하는 여성을 선택(選擇)해야 합니다.

「病勢」 腸의 病 胃下垂 胃潰瘍 肩痛 血管破裂 坐骨神經痛.

「職業」은 宗敎家 政治家 外交官 新聞記者 創造的인 事業關係와 開發등은 適性.

× 四三數

數意∷災害加重數。

運勢∷散財 困苦 災禍 失敗像。

㊸은 34와 같습니다. 이수는 의지(意志)가 강한듯하나 박약하며 쓸데없는 고집(固執)이 세므로 남의 비난(批難)을 사기가 쉽습니다. 표면에는 행복해 보이지만 내면에는 곤고(困苦)가 심하고 또한 쓸데없는 일에 산재(散財)하는 것이 많아서 애써 벌어도 지탱(支撐)해 나가기가 퍽 어렵습니다. 결국 실패끝에 정신 착란증(錯亂症)이 생기기 쉬운 흉운의 수입니다. 그렇지만 이수는 대개 30세 미만에서 독립해가지고 성공한 사람들이 많은것도 특징입니다. 그리고 55세 이후에는 쇠운(衰運)에 빠지게 되므로 대실패의 가능성도 많습니다.

「性格」은 신념이 굳은 사람입니다. 그러나 한가지일에 몰두(沒頭)하다가 어느정도 깨달은것 같으면 곧 자기가 만족해 버리는 경향이 있어 완숙(完熟)치 못한면이 많습니다. 하지만 이벽생활로 흐르기가 쉽습니다.

146

(壁)을 돌파해 나가면 본래의 운수가 돌아올 것입니다. 이 영수의 사람은 보통때는 패 작은 일에도 신경을 잘 쓰지만 정작 마음 둘것과, 큰 일에는 도리어 만심(慢心)하고 맙니다. 즉 물건을 사고 집으로 돌아올때 그물건을 상점에 빠트리고 온다든가 또는 공원에 아이들과 놀러갔다가 남의집 미아(迷兒)를 찾아 주기위하여 자기집 아이를 잊어 버린다는 웃지못할 일들이 생기게 됩니다. 마음은 부드럽고 인정도 깊어서 남의일도 잘 봐주기는 하지만 그것이 오래 가지를 못하는 것은 마음이 성급하고 곧은 마음 때문에 남이 암만 타일러도 말을듣지 않는 외고집통입니다. 또한 자기가 생각하고 있는 것은 속에 간직하지 못하고 막 내뱉으므로 쓸데없는 오해도 받게 됩니다.

「愛情運」은 정력적으로 발산하는 타임이 아니고 기교있게 다루는 솜씨가 있읍니다. 심지어 도구(道具)를 써 가면서 전희(前戲)를 오래 끌므로, 상대를 황홀케하는 묘미(妙味)를 가지고 있읍니다. 첫 체험은 퍽 빠른편이 되어서 벌써 20세전에 끝나고있는 케——스가 많습니다. 그것은 대개 년상(年上)의 여인과 관계하여 많은 사랑과 귀여움을 받게 됩니다. 여성은 침착성(沈着性)이 없고 허영심(虛榮心)이 심하여 애정에 대해서도 변덕이많고 남성의 세계를 자기만이 다아는 척하는 결점이 있으므로 결국 자기 신상에 상처(傷處)를 입게 됩니다.

「病勢」는 手足 氣管支系 性病 中性脚氣痛 心炎.

「職業」은 政治家 思想家 宗敎家 學者 文學家 官職 外交官 建築家 藝術家 觀光業 交通業。

× 四四數

數意∷悲哀繽出數。

運勢 :: 悲運 遭難 敗家 逆境像。

㊹는 지능(知能)이 퍽 예민하여、간혹 위인(偉人) 열사(烈士) 수재(秀才) 효자(孝子) 절부(節婦)등을 배출(輩出)하는 수가 있읍니다. 그러나 인생의 한발을 잘 못디디면 사기(詐欺) 횡령(橫領)같은 것을 저질러서 자기 스스로가 세상을 좁게 살게 됩니다. 결국 가족과의 생이사별(生離死別) 병난(病難) 조난(遭難) 횡사(橫死) 비운(悲運)같은 것이 몰려들 수입니다. 성격은 온순하고 정직해서 어떤 일이라도 잘합니다. 그러나 이 수는 42수와 같은 점이 많습니다. 이사람은 사람이 너무 좋아서 적극적인 것을 꿈꾸지 못하고、제자리 걸음만 하게되므로 성공의 시기를 항상 놓치고 맙니다.

「性格」은 남이보면 평장히 의지(意志)가 강하고 자신이 충분한 사람으로 보겠으나 실상은 그렇지도 못합니다. 표면과 내면은 모순(矛盾)으로 차있으며 이것을 극복(克服)하기 위하여、무진애를 쓰는 사람이 이 영수(靈數)에 많습니다. 그러므로 이수의 경우에는 예술(藝術) 학문(學文) 사상가(思想家) 연구가(研究家)등 극기(克己)와 비약(飛躍)을 요구하는 분야에서 성공(成功)하는 사람이 많습니다. 그러나 이사람은 일에 있어서는 좋은 성과를 얻는수는 있지만、다만 대인관계(對人關係)만은 남의 평가를 극단(極端)히 평하기 때문에 인화(人和)에 큰 마이너스를 가저옵니다. 좀더 사회적으로 지위를 닦으려 하려면 이버릇을 없애야하며、남을 대할적에는 풍부(豊富)한 감정으로 단점보다도 장점을 보는 태도를 길러야 합니다.

「愛情運」 남성은 조용한 신사형입니다. 여성에게는 너무 지나칠 정도로 신경을 잘쓰므로 어떤 때는 손해를 보게 됩니다. 그러므로 자기의 일방적인 생각보다 상대방의 의사(意思)를 존

148

중해서 타진(打診)해 나가야 합니다. 그리고 섹스는 기분파(氣分派)이기 때문에 그렇게 강한편은 못됩니다. 그것은 생명력이 약하다고 말하기보다, 에네르기에 금이 갔으므로 장시간 지속치 못합니다. 이사람은 몸으로 만족하는 것보다는 에로틱한 기분에 쌓여서 놀기를 즐기는 사람입니다. 될수있으면 평범한 마음 가짐으로 성생활(性生活)을 하는것이 행복한 포인트가 될것입니다. 여성의 경우에는 상대에 대하여 강정하게 나오기 때문에 에로틱한 감정을 잘 포시하나다.
그러나 자기의 리듬에 맞지않으면 불평불만을 잘 토하는 여성입니다.
「病勢」胃腸 肓腸 腰部의病 心臟 瓣膜 急性關節炎 高血壓.
「職業」은 宗敎家 政治家 外交官 金融關係 木材 鐵鋼 化學關係 新聞記者.

○ 四五數
  數意∷萬事解決數。
  運勢∷富貴 榮華 顯達 成功像。

㊺는 두뇌(頭腦)가 명석하고 기략(機略)이 뛰어나서 큰 희망을 걸고 힘써나가면 대업을 성취할 수 있는 사람입니다. 성격은 의지가 너무나 견고하기 때문에 어려운 일이라도 어렵게 생각치 않고 착실히 실행해 나가므로 성공과 인망(人望)도 얻을수 있읍니다. 그러나 반면에 성질이 너무나 강정한 것이있어 남들의 원망도 살것이므로 될수있으면 친목(親睦)과 인화(仁和)에 많이 힘써야 합니다.
「性格」은 강한 성격과 강한 운세가 도웁고 있는 것이 이영수입니다. 그러기 때문에 스켙이 크고 절제(節制)가 없는 자유적인 생활을 즐깁니다. 이사람은 어린학생 때에도 엄마의 품을 파고

잠자는 남자 아이라든가 또는 여아로서 부친과 함께 목욕(沐浴)을 하는 사람들입니다. 그리고 일류(一流) 의식(意識)에 불타고 있어 입는것이나 소지품(所持品)도 남보다 훨씬 월등(越等)하지않으면, 마음이 풀리지않는다는 물욕(物慾)과 사치광(奢侈狂)에 사로잡힌 사람입니다. 이러한 수는 남의 피임이나 추켜주는데 빠지지말고 좀더 분수를 지켜서 앞뒤를 살펴나가야 합니다.

「愛情運」은 남녀가 모두 에로티시즘이기 때문에 여난(女難)이나 남난(男難)의 상(相)이 많습니다. 특히 남성은 젊었을때 자기가 좋아하는 여성이라면, 어떻게 하든지 붙들고 놔주지 않는 돌격형(突擊型)임으로 정력(精力)이 굉장히 왕성한 사람입니다. 그런 괴벽한 성품(性品)을 가지고 있기 때문에 이사람은 기교(技巧)보다는 몸으로 실감을 느끼는 경우는 매우 미남자를 좋아합니다. 그리고 자기가 중심이 되지않으면 마음이 풀리지 않으므로 그주위에는 언제나 많은 남자들이 모이게 됩니다. 이여성은 특히 음란(淫亂)한 설벽(性癖)때문에 남녀간 트러불이 많이 생기게 됩니다. 그리고 이수는 남녀를 불문하고 주량(酒量)이 센 사람들이 많으니, 절주(節酒)하는 동시에 위장병(胃腸病)에 적신호(赤信號)가 오지않도록 많은 주의를 기울려야 하겠읍니다.

「病勢」목위의 병. 心臟系 氣管支系 神經衰弱 不眠症.

「職業」은 官職 敎育家 思想家 宗敎家 技術者 出版 關係의自由業 稅理士 司法書士의 自由業. 理容師 美容師. 印刷業 機械 放送 醫療關係의 技術者 觀光業 交通業 飮食業 洋裁店 化粧品店.

× 四六數

數意∷破敗多難數。
運勢∷悲愁 病弱 刑罰 災殃像。

㊻은 재사(才士)가 때를 얻지 못하고 초야(草野)에 묻혀 수심(愁心)에 잠겨있으니, 만사가 뜻대로 되지않아 깊은밤 홀로 앉아 탄식(嘆息)하는 격입니다. 그래서 일생을 비애(悲哀)와 재앙(災殃)으로 지새는 불길의 수가 있읍니다. 이 영수는 고학(苦學)이나 역행(力行)끝에 지위 나 재산을 모아서 잘지내는 사람도 있지만, 중년이후에는 뜻하지않는 참화(慘禍)로 인하여 생명과 재산을 잃게 됩니다. 그리고 이사람의 희망은 이것저것 할것없이 굉장히 많지만 공상뿐 이며 안정성을 잃고 헤메기 때문에 직업과 주거(住居)도 자꾸 옮기므로 실패율이 많습니다.

「性格」은 어떠한 작은일이라 해도 경솔히 취급치않는 섬세하고도 진실한점이 있기 때문에 인생만단(人生萬端)에 걸쳐서도 신경(心境)을 잘씁니다. 그래서 약한것을 돕고 강한것을 누르는 정신이 강한 사람입니다. 헌데 이수의 남녀는 모두가 사고를 일으킬 체질이 농후 합니다. 그래서 사고를 당하는 사람은 이상하게도 연속적으로 당하게 되는데, 그것은 은행같은데서 돈을 찾아 나오다가 중도에서 소매치기를 당한다든가 또는 노상에서 나무토막 같은것이 떨어져 서 무의식중(無意識中)에 다치는 일들이 자주 생기게 됩니다.

「愛情運」 남성은 여성을 대할때 육정적(欲情的)으로만 쏠리지않고 어딘지모르게 여유(餘裕) 있게 다루므로 퍽 년하(年下)의 여성으로부터 마음을 끌게 됩니다. 성생활(性生活)도 성적 그 대로의 절도(節度)가 있어서 가령 매주 어느 요일(曜日)을 정해 놓고 규칙적(規則的)으로 판에 박은 생활을 하는 고지식한 사람입니다. 그러나 성욕(性欲)은 남녀가 다같이 스태미너가 강하

151 第二部 運命判斷의 鑑定法

여 오래 지속할 수 있는 사람들입니다.

「病勢」은 手足의 負傷 手術腸의病 胃癌 齒痛 胃痙攣 瘡毒.

「職業」은 計劃性과 센스가 빠른 職業과 開發과 企劃系統에도 適性.

○ 四七數

數意∷最大權威數.

運勢∷繁榮 出世 權威 多福像.

㊼은 단독(單獨) 사업보다 범위(範圍)가 넓은 공동사업에 손을대면 크게 성공합니다. 그리고 남의 사업이나 큰 회사에 들어가서 꾸준히 일해나가면 천부(天賦)의 행운이 있어 자손에까지 경사가 있을 길한 운수입니다. 사람은 온순하고 근면하며 특히 노력형이기 때문에 안밖으로 신용이 크게 있읍니다. 그러므로써 가정도 원만하고 자손도 번영(繁榮)하게 됩니다.

「性格」은 본질적(本質的)으로 강한 운세를 가지고 있읍니다. 이사람은 특히 마음의 그릇이 큰 사람으로서 작은일에 고요한 환경을 즐기는 성질이 있읍니다. 이사람은 관용(寬容)과 포용력(包容力)도 풍부하므로 남의 장점을 인정하면서 애써 배우려고 노력하는 태도가 있읍니다. 그렇지만 마음속은 이성적(理性的)으로 흐르기 때문에 항상정열과 분석적으로 복잡한 면이 많읍니다. 여성은 끝까지 여성다운데가 있읍니다. 그것은 충실하게 가정을 지키는 내조형(內助型)인 동시에 이성(理性)이 밝아서 남성못지않는데가 있기 때문입니다.

「愛情運」 남성의 경우는 저사람은 사람이 좋고 친절하지만 어딘지 모르게 분명치 못한데가

152

있다고들 말합니다. 그것은 성격에 애매(曖昧)한데가 있어서 특히 이성관계(異性關係) 때에 제일먼저 나타납니다. 이성에 익숙치못한 여성으로서는 남자의 그친절감이 도리어 사랑의 표현인줄 착각(錯覺)하고 있으므로 특히 남녀의 관계만은 조심스럽게 교제를 해야 합니다. 성욕(性欲)은 강하다고는 할수없으나 그렇다고 약한것도 아닙니다. 한정(限定)된 에네르기를 자기자신이 분이적으로 지배하고 있으므로 급격한 충동(衝動)도 없는 반면에 쇠약(衰弱)한 점도없읍니다. 여성은 세련(洗練)되고 이지적(理智的)인데다가 모든것을 논리적(論理的)으로 생각을 잘하는 사람입니다. 그러나 성감(性感)은 대단히 민감하여 강한 수축성(收縮性)있는 기교(技巧)를 표시(表示)합니다.

「病勢」 胃腸 胸部 氣管支系의 病.
「職業」 實業家 政治家 思想家 宗教家 外交官 辯護士 銀行員 新聞記者.

○ 四八數

數意∷濟衆榮達數.
運數∷德望 仁和 智謀 富貴像.

㊽은 뛰어난 기지(機智)와 덕망(德望)이 두터운 사람입니다. 이사람은 자기가 홀로 선두에 나서서 사업을 하면 별로 신통치 않습니다. 그러나 남의 상담을 받을수있는 입장에서 있으면 복덕(福德)도 받고 성공도 합니다. 이 영수의 사람은 머리가 좋고 덕망이 몸에 구비(具備)되어 있어서 힘차게 노력만 하면 안밖에 신용이 두텁고 많은 후원도 받게 됩니다. 특히 결단력이 풍부하기 때문에 대지성취(大志成就)하는 길한 운수입니다.

「性格」은 고귀한 성품과 신비적인 사상을 가진 사람입니다. 머리는 명석(明哲)하고 민감하므로 인격적으로 훌륭한 사람들이 많습니다. 그리고 낭만적(浪漫的)인 정신에 흐르기도 잘합니다 그것은 어렸을때 경제적으로는 걱정없이 지냈지만, 가정적으로 복잡한 환경에서 자랐났기 때문에 정신면에 불안전한 정서(情緖)에 빠지기를 잘합니다. 이사람은 외관상으로는 마음이 넓고 침착(沈着)하게 보이지만 내적으로는 고뇌(苦腦)와 사색(思索)에 깊이 잠겨져 있는 사람입니다. 이성격은 현사회의 모순(矛盾)과 악(惡)에 대해서는 신랄(辛辣)하게 지적하지 않고서는 못견디는 굳은 신념을 가진 사람입니다.

「愛情運」은 가정을 지키는 본능(本能)이 강하므로 외면(外面)보다 내적(內的)으로 좋은 사람입니다. 특히 가정적으로 부인을 퍽 위해주기 때문에 외도(外道)를 전연 하는일이 없는 순진한 사람입니다. 그것은 내면적으로는 피 정열적인 기질(氣質)을 가지고 있으나 행동으로 표현하는 것이 약하고 주저(躊躇)하므로 마음만 간절합니다. 이 영수는 항상 누군가의 비호(庇護)와 도움을 받는 사람입니다. 운세는 극단적(極端的)으로 오르내리지않고 전체적으로 중운 이상에서 맴돌게 됩니다. 성적으로는 20세미만에 눈을 빨리뜨는 사람들이 많습니다. 그리고 25세 전후가 되면은 정신면과 생활면에 안전을 가져오게 됩니다. 결혼은 이 시기까지 참았다가 하는것이 현명합니다. 여성의 경우는 중년기에 가정적으로 트러불이 생겨서 별거(別居) 이혼(離婚)할 위험이 따르게 됩니다. 볼수있으면 분수를 지켜서 부덕(婦德)을 쌓으면 암운(暗雲)도 가져질것입니다.

「病勢」 腰部의 神經痛 婦人病 脚氣 貧血.

「職業」은 政治家 教育家 技術者 學者 醫師 藝術家 建築家 新聞記者。先端的인 職業과 世上에 리이더 싶을 發揮할 수 있는 職業。商店經營은 量的 보다 高級專門이 適性임。

× **四九數**

數意∴不斷辛苦數。

運勢∴災禍 盛敗 多難 變化像。

㊾는 한때 대성하면 곧 실패하고 실패하면 일시 성공하는, 아주 길흉(吉凶)의 변화가 심한 운성으로 대길과 대흉의 수입니다. 허나 유년부터 중년에 걸쳐 독립해서 재산을 모은 사람도 많습니다마는 대개 만년(晩年)에 가서는 의지가 약해서 뜻하지않는 실패의 고배(苦杯)를 마시는 사람들이 많습니다. 그러기 때문에 공동사업이나 금전의 대차등(貸借等) 큰 일에 손을 대지 않으면 무난합니다.

「性格」은 작은일에도 굉장히 민감하게 신경을 잘쓰므로 섬세(纖細)하고도 내성적(內性的)인 정신이 왕성한 사람입니다. 이수의 사람은 강한 운세를 가지고 있는 동시에 흐르는 운세에 몸을 맡기는 일은없고 적극적으로 도전(挑戰)해가는 강한 면이 있읍니다. 그리고 어떤 불리한 입장이나 운수가 다소 나쁘더라도, 본인은 강한 의지와 노력으로 독주(獨走)하기 때문에 사람들이 생각치 못 한데서 성공을 하기도 합니다. 그렇지만 대개가 악운(惡運)이 더 강한 편입니다.

이 사람은 욕망(欲望)과 야심(野心)에 늘 불타있어 진취적(進取的)인 기상(氣象)이 농후 합니다. 그리고 자기가 하고 자하는 일은 무리를 해서라도 감행(敢行)하므로 고저(高低)의 차(差)가 격심(激深)한데가 많습니다.

「愛情運」 남성은 여성에 대하여 아주 상냥한데가 있으며 부인을 위해줍니다. 그리고 연인이나 처의 사회적 활동같은것은 퍽 싫어하며 꼭 보물같이 감춰두기를 좋아하는 심리입니다. 즉 독점욕(獨占欲)과 지배욕(支配欲)이 강하기 때문에 허영에 들떠서 외박(外泊)하는 일은 없고 집으로 꼭 돌아온다는 내성적(內省的)인 사람들이 이 영수에 많습니다. 여성의 경우는 남편에게 고생을 당하는 운세가 있읍니다. 그것은 남편에게 경제력이 없어서 도리어 자기가 일가(一家)를 질머지고 나가야할 상(相)이 있기 때문입니다. 이여성은 재취(再聚)가 아니면 일생을 바쁘게 일해서, 가족을 부양(扶養)해야할 고달픈 운명이 있읍니다.

남성의 성기(性器)는 경도(硬度)가 강한것이 자랑이지만, 여성의 성욕(性欲)도 남성적이고 건강적 이어서 성적 매력(魅力)이 대단한데가 있읍니다.

「病勢」 胃腸 眩氣症 목위의病 貧血 半身不隨.

「職業」은 事務系統보다 文學이나 美術系統의 感性的인 方面이 適性.

△ 五〇數

數意 : 一成一敗數.

運勢 : 苦厄 病難 破財 刑罰像.

㊾은 운성이 혼매(昏眛)하고 의지가 약해서 자립하지 못하고 풍전등화(風前燈火)의 격(格)입니다.

㊾은 획수(劃數)가 극단수(極端數)로 구성되어 있기 때문에 도박이나 투기(投機)에서 한때는 성공하지만 대개 빈곤과 파란(破瀾)의 길을걷는 흉한 운수가 있어 끝내 패가(敗

10 20 30 40 50

家) 재난(災難) 병고(病苦)로 고액(苦厄)을 치르는 때가 있읍니다. 그러나 한층더 참혹하게 될 때에는 즉 피살상(被殺傷), 형벌(刑罰) 고과(孤寡)의 변동(變動)된 운수로 돌아가게 됩니다.

「性格」은 남이 보면 의지가 강하고 실속있는 사람같이 보이거니와, 실은 자신감이 부족하고 중심이 서있지않은 사람입니다. 즉 남의 조력(助力)을 정면으로 거절(拒絶)해놓고, 다시한번 힘써주기를 은근히 기대하는 성격자입니다. 이 영수는 숙명적으로 행운을 가져보기에는 참말 힘이 듭니다. 한데 자기의 모순성(矛盾性)을 깨달았을 때는 이미 시운(時運)을 놓치고 고생하게 됩니다. 특히 성격이 괴벽해서 남과 자주 의견 충돌이 많고, 괜히 불평불만을 터뜨리고 있으므로 자연히 대인 관계에 있어 환영을 받지 못합니다. 좀더 너그러운 강정을 베풀고 인화에 힘써야 합니다.

「愛情運」은 퍽 정적(靜的)인 것을 좋아 합니다. 그러나 자기의 의사표시(意思表示)가 약한 관계로 항상 자기속을 태우며 번민(煩憫)만 하기 때문에 연애나 결혼에 있어서도 성과를 얻지 못하고 난관(難關)에 부딪치고 맙니다. 너무 조급(操急)히 서두르지말고 평범한 마음으로 모든 면에 임하게 되면 결혼생활에도 좋은 영향(影響)을 끼칠 것입니다. 결혼은 26세 전후가 최적이고 이 시기를 놓치면 30세까지 기다려야 합니다. 그러나 남성은 24세 전후에 빠른 결혼을 하게 되면 중년기에 가서 이혼하는 율(率)이 많으므로 될수있으면 육친의 의견을 존중하는 것이 현명합니다.

「病勢」 胸部의 病 動脈硬化症 白血病

「職業」은 作家 建築家 言論人 藝術關係 技術者 企業分析家 에너지 開發 등.

第三部 實踐編

(아름다운 이름은 기름진 땅 보다 낫다)

――聖經――

▲ 判斷의 實例

전편(前編)인 第一部 基礎編에서는 성명(姓名)으로 인하여 인간의 운명이 시시각각의 형태(形態)로 변해져 가는 그 성장 과정의 변천(變遷)을 보셨겠지만 이 第三部의 실천편(實踐編)은 나의 운명가(運命家) 생활 10년 동안에 걸쳐, 무려 貳拾萬名정도의 운명을 감정해 본 결과 그 산 경험을 토대로 해서 수집(蒐集)한 연구재료를 이 實踐編에 옮겨 놓았읍니다.

각개인에게 부과(負課)된 인간의 운명이 자기 성명의 수리운과 똑같이 같은 방향으로 움직이고 있다는 것은 참말 신기(神奇)하고 기묘(奇妙)한 일이라 아니할수 없읍니다. 사실상 신비적(神秘的)인 영수(靈數)의 유도력(誘導力)으로 인간의 운로(運路)가 정해지고 있읍니다마는 그것은 이 자연발생의 암시(暗示)를 무의식중(無意識中)에 반고 있기 때문입니다.

유명한 「피다코라스」는 말하기를 「數는 世界萬物의 根源이며 人間의 運命은 一부터 九까지의 數의 法則에 의거하여 支配한다」라고 하였읍니다.

그러므로, 행복한 인생과 불행한 인생과의 가름길 속에 사람을 끌어드려 두가지 길목에서 한 길을 걷게 하는 것이 운(運)이라고 봐야 하겠읍니다.

이 第三部編에서는 각개인의 운명을 감정(鑑定)한 것을 자세하게 예제(例題)를 들어 해설하였으니 우선 나의 성명 판단을 읽어보시고 난 후에, 자기의 가까운 사람부터 실습해 보시면 많은 연구재료(硏究材料)가 될 것입니다.

161　第三部　實踐編

判斷에 必要한 要點

一、 天格、人格、地格、總格에 대한 吉凶을 살필것.
一、 人格과 外格의 橫線同格에 대한 吉凶을 피할것.
一、 社會運과 家庭運에 대한 斜線同格의 吉凶을 살필것.
一、 內運으로 인한 同數同格의 天地災變數를 살필것.
一、 내용을 분석하여 성격 건강 가정 사회 운명의 성쇠(盛衰)를 파악할것.

이상의 포인트를 총합적(總合的)으로 판단하면 각개인의 과거, 현재, 미래상을 정확히 알수 있게 됩니다. 그러므로 이 논법(論法)은 결코 어려운 것은 아니라 누구나 없이 열심히 읽어서 구체적으로 분석해 보면은 곧 이해가 될 것입니다.

저사람은 어떤 사람일까?

이러한 의문사는 모든 사람들이 흥미를 갖고 퍽 관심에 쏠리고 있읍니다. 그것은 상대를 아는데 있어 무엇인가 이익이 될만한 것이 많기 때문입니다.

「저사람은 구렁이같은 사람이야……」
「아니, 사람만은 좋은데……」
「잔소리말아, 그놈은 불량배란 말이다……」

이같이 항간(巷間)에서는 여러가지 비판(批判)과 비난속에 싸여서 말이 많지만 결국 그 사람

◎ 나는 왜 自殺을 해야만 했을까?

例題 1、 張順華의 姓名의 境遇 (自殺編)

```
    ①
    張       24 社会運
  13 ┌ 11 ┐ 12
  内格   ├ 天格 木
  後運    23
        ┌ 人格 火  15 外格
    順 ┤  
  25 └ 12 ┘
  内格     26
  前運     地格 土
    華  14
  家庭運 37
  總格 37
```

註
23 37
‖   ‖
23   3+7
의   ‖
1   ⑩
位
의
數
③

이 어떤 사람이라고 하는것은 확실히 모르고 끝내는 일들이 많습니다. 또한 둘도없는 친구인줄 알고 속을 줘가며, 믿고 지냈었으나 그것은 생각과는달라, 싹 배신을 당하고난 후의 안타가운 그심정 이라는 것같이 참말로 복잡하고 알기 힘든것은 또한 없을 것입니다.

그렇지만 성명의 수리운을 보면은 그사람이 갖고있는 성격과 버릇 그리고 그집안의 전통(傳統)부터 본인의 과거와 현재, 미래상지도 환히 드려다 볼수가 있읍니다. 그러므로 앞날에 대한 행(幸)과 불행(不幸)을 누구보다도 먼저 판단할수 있게 되므로 사업운이나 직업운 심지어 배우자(配偶者) 선택에 이루기까지, 많은 참착이 될것이니 이 감정방법(鑑定方法)을 잊지마시고 꼭 명심하였다가 사회의 생활면에 적응(適應)하도록 활용해서 인생의 행복한 길을 스스로 찾아 나가는데 큰 도움이 될게로 믿는 바입니다.

163 第三部 實踐編

劃數의 分析

1、地格 26劃은、變怪와 異奇의 凶數。(短命數)
2、人格 23劃은、孤寡運의 凶數。(女性의 境遇)
3、外格 15劃은、富貴와 繁榮의 吉數。
4、天格 12劃은、失敗와 災殃의 凶數。(短命數)
5、總格 37劃은、權威顯達의 吉數。(剛情數)
6、人格 23劃과 總格 37劃의 同數同格은、破亂과 急作스런 事故의 凶數。
7、內格前運 1325劃과、外格 內格後運 2315劃과、人格의 同數同格은、天地災變의 凶數。

▲ 評 註

 장순화양은 교육자의 집안에서 유복하게 자라난 四남매중의 장녀입니다. 성격은 얌전하고 참한데가 있었으나、한편 너무 고집을 부리는 기질이 있었기 때문에 가족들과는 성격적으로 충돌 (衝突)이 많았다고 합니다.
 이 여학생은 성적도 우수한 편이었으나、안타깝게도 S대학 진학시험에 낙방(落榜)된 것을 비관하고、밖에나가 친우들과 하루밤을 분노와 실의 속에 지새우고 돌아온것을 보고있던 부모들은 애가타서 꾸중을 했었드니、이여학생은 이마져 참지못하고、드디어 一九七一년 二월 八일 자정경에 음독자살(飮毒自殺)을 하고 말았읍니다.

▲ **綜合判斷**

 이상의 획스를 감정해보면 地格 26劃 人格 23劃 天格 12劃數는 전부가 凶數이기는 하지만 부모밑에서는 무난히 성장할 수 있는 수리운이고, 外格 15劃 總格 37劃은 유복한 가정에서 별로 근심걱정없이 학업에만 열중했었다는 것은 이 수리운을 통하여 곧바로 알아볼수가 있습니다.

 성명학(姓名學)에는 우선 地格(其礎運)과 人格(成功運)의 짜임세를 가장좋은 획수로 구성시켜놓아야 합니다. 만일 地格과 人格이 凶數인 경우에는 아무리 사주(四柱)의 선천운(先天運)이 좋다하더라도 불우한 환경에 빠지게 된다는 것은 결정적인 판단입니다.

 헌데 이 여학생에게는 地格(其礎運) 26劃數에 의협(義俠)의 운이 있었읍니다. 이수는 지사(志士)나 괴걸(怪傑)에 많은데 그것은 자기의 실력과 재능을 너무나 과신하고 단독행위(單獨行爲)를 하기 좋아하므로 대개가 말년에 역경과 비운에 빠져듭니다.

 그리고 대부분 부모와 형제간에도 인연이 희박하여서 고독해지고 끝에가서는 고난의 길을걷다 단명해 집니다. 人格 23劃數는 남녀간 모두가 입신(立身) 부귀(富貴) 번영(繁榮)하는 수입니다. 헌데 이 영수(靈數)는 처음은 빈곤서부터 몸을 일으켜 성공하는 대발전의 수이기는 하지만, 여성으로서는 단지 애정운이 박약한 편이되어 후처(後妻) 재혼(再婚)하는 사람들이 많습니다. 그렇지않으면 남편과 식구들을 먹여살려야하는 부양(扶養)의 의무가 있지않으면 또한 부부 어느쪽인가 불치의 병에 걸려서 신음(呻吟)하게 됩니다. 그리고 특히 생이사별수(生離死別數) 부부가 있어 불행하게도 고과부(孤寡婦)의 凶運을 당하게 됩니다. 天格 12 劃數도 의지가 박약하고 실패와 재앙(災殃)으로 고민하게 되므로 중도에 좌절하기 쉽고 단명 또는 파란이 많은 생활을 보내야 할 凶數가 있읍니다.

그리고 人格 23 劃과 總格 37 劃의 同數同格은、교통사고、원인불명의병 배신(背信)파란과 급작스런 사고가 일어나게 됩니다.

또한 內格前運 25 劃과、外格 15 劃。內格後運 13 劃과、人格 23 劃의 同數同格은 일생에 한번은 큰재난을 당하게 되는데 전재산을 탕진하든가 그렇지 않으면 자기가 이때껏 쌓아놓은 업적(業績)을 송두리채 망쳐버린다든가 또한 생명에 대해서는 큰사고가 일어나기가 쉽습니다.

결국 內運의 相對性原理로 인하여 화(禍)를 입게되었는데、그것은 天地災變의 凶數가 끼어있음으로 이렇게 변을 당하고 말았읍니다. 이같이 地格、人格、天格의 凶數와 同數同格으로 인한 凶運등을 종합적으로 감정해보면 대략이나마 이사람의 과거와 미래운도 예측(預測)할 수 있으며 따라서 그사람의 행운과 불행을 분별할 수도 있읍니다.

五行은 「木火土」 吉한 운수입니다. 수리는 감수성이 강한 완강부동한 성격이 있어 성명의 수리운에 더욱더 강하게 박차를 가해주었다고 봐야 하겠읍니다.

例題 2、安性惠의 姓名의 境遇 (自殺編)

▲ 劃數의 分析

1、地格 21劃은、孤寡運의 凶數。(女性의 境遇)

2、人格 15劃은、溫和하고 德望있는 吉數。
3、外格 13劃은、處世에 卓越한 吉數。
4、天格 7劃은、所望성취하는 吉數。(剛毅數)
5、總格 27劃은、不意에 挫折할 凶數。(被殺數)

```
      ①       16 社會運
 ①   ┌──┐   7 ㊎
 安   │  │   天格
      │  │ 6
10    │性│  15 ㊏
內格   │  │   人格     13
後運   │  │ 9          外格
18    │惠│  21 ㊍
內格   └──┘   地格
前運
      家庭運27
        總格27
```

▲ 評 註

이 여학생(女學生)은 상업하는 집안에서 장녀로 탄생하여 고생이란 별반모르고 평안한 가정에서 자라왔읍니다. 그런데 공교롭게도 女高二學年 재학시 시험을 치룰때 컨닝을 했다는 누명(陋名)을 듣고 울분한 나머지 자기의 결백만을 내보이기 위하여 어리석게도 一九七一년四월 ×일에 음독자살(飮毒自殺)을 하였읍니다. 이로 인하여 학교당국과 사회적으로 많은 물의를 일으켯던 자살사건입니다.

▲ 綜合判斷

總格 27劃은 자살수입니다. 그리고 天格 7劃、總格 27劃、內運 18劃은 강정수(強情數)이므로 내외가 불화하고 성격이 왕강한데가 많습니다.

이 總格 27劃數는 남과 타협할줄 모르는 강인한 수인고로 매사를 중도에서 패하는 사람들이 많습니다. 이 수리운은 불화(不和) 액난(厄難) 좌절(挫折) 불구(不具) 자살(自殺) 피살(被殺) 등의 凶數이며 특히 여자로서는 마음이 강하기 때문에 남편을 대신하여 가사를 돌볼운이 있으며 따라서 그나마 애쓴보람도없이 구설(口舌)로 인하여 욕도 먹어가면서 끝내 비운(悲運)에 빠지게 됩니다.

地格 21劃은 남녀 모두가 독립과 권위가 있는 수입니다. 남자는 의지(意志)가 강하고, 확고한 신념을 가진 사람으로서 신용이 두텁고 성실하여 반드시 성공하는 吉數입니다. 그러나 여자로서는 재운만은 무관하지만 애정운이 결핍되어 있는것이 혐입니다. 그래서 여자는 부부운(夫婦運)에 인연이 없게되어 생이사별(生離死別)하는 불행수가 있읍니다.

직업을 가지고있는 여성은 재운이 있기 때문에 전집안 식구들을 부양(扶養) 하지않으면 안될 고달픈 신세가 있읍니다. 이 사인(死因)을 감정해보면 總格 27劃은 金性. 地格 21劃은 木性. 外格 13劃은 火性인데 地格木과 外格火는 總格金을 相剋하므로 「金剋木」으로서 불의(不意)의 좌절을 재촉해 주었고 天格 7劃、總格 27劃、內運 18劃은 모두 강정수(強情數)가 있어 더욱 강하게 밀어 닥쳤던 것입니다. 그러므로 이불운한 숙명이 地格 21劃(16歲―30歲)인 초본저자는 성명판단상 이여학생이 꼭 자살할 운명이라고 그집안 사람들에게 귀뜸을 해준일이 있었읍니다마는 너무나 엄청난 말에 설마 그렇게까지 될라고?"하는 생각에서 응하지를 않았던 것입니다. 하여간 이유야 어떻든간에 비명(非命)에간 이여학생의 넋에 위로(慰勞)의 손길이나 마 뻗혀 주었으면 좋으련만 안타갑게도 이같은 참변을 당했던 것입니다.

五行「金土木」은 凶한 운수입니다.

성격적으로는 풍자적(諷刺的)인 기개(氣慨)가 있으나 남에게 불복하는 심정이 강하며 자기를 너무과 중하게 생각하는 바람에 많은 오해를 받게 됩니다. 운세는 시초에는 순조롭게 발전되어 갑니다마는, 基礎가 불안전하여 자주변화를 가져오게되고 가정적으로는 불화하여 위장질병(胃腸疾病)등 액운에 휩싸인 凶數입니다.

년운에 자살을 하겠금、 되어 있읍니다.

◎ 왜 나는「椿姬」의 運命이 되었을까?

例題 1、金珍의 姓名의 境遇 (不貞編)

▲ 劃數의 分析

1、地格 11劃은、溫和하고 篤實한 吉數.
2、人格 18劃은、成功과 發展할 吉數. (剛情數)
3、外格 2劃은、無力과 遭難의 凶數. (孤獨과 病弱數)

註

① 金 珍 ①

19 社會運
9 天格 (水)
11 內格後運
18 人格 (金)
2 外格
10
9 內格前運
11 地格 (木)
家庭運 19
總格 18

18   11   2
1   1   1
+8 +9   +1
⑨의   ⑪의   ②의
同數   同數   同數

4、天格 9劃은、窮迫과 病難의 凶數。(遭難과 短命數)

5、總格 18劃은、智謀와 發展의 吉數。(災難數)

6、人格 18劃과 總格 18劃의 同數同格은 倦怠症과 破亂의 凶數。

7、社會運 19劃과 家庭運 19劃의 斜線同格은 災難과 遭難의 凶數。

8、內格前運 9劃과 天格 9劃 內格後運 11劃과 地格 11劃의 同數同格은、天地災變의 凶數。

9、內格前運 9劃과 人格 18劃 內格後運 11劃과 外格 2劃)의 同數同格은 天地災變의 凶數。

▲ 評 註

金珍은 직업여성으로서 춘희(椿姬)와 같은 생활을 이어나왔고、항상 불안전한 환경속에서 고독과 비관에 파묻혀 본의 아닌 웃음을 팔아온 기구한 운명의 여인입니다.

▲ 綜合判斷

人格 18劃과 總格 18劃의 同數同格은 파란(破亂) 권태감(倦怠感) 교통사고(交通事故)등이 뒤따르게 됩니다. 자기가 믿고있는 사람에게 몸과 마음을 다바쳐도 배신(背信)을 당하게 되며, 불의(不意)의 사고가 들어닥쳐 액운에 말려든다든가 원인 모를 병에 걸려 소리없이 신음(呻吟)하게 됩니다.

그리고 평소 예기치않았던 불상사(不祥事)가 자주 일어나게 됩니다.

社會運 19劃과 家庭運 19劃은 斜線同格으로서 凶運數입니다. 이 斜線同格은 직업을 자주옮기는 습성이 있고, 이성간(理性間)의 교제가 심하므로 연애와 재혼을 여러번하게 되므로 노이로ー제에 걸려서 히스테리ー환자(患者)가 많고 직감력(直感力)이 풍부하기 때문에 신경질적인 성품으로 인하여 혹 자살하는 경우도 있읍니다. 이 斜線同格의 凶數는 결국 상대를 망쳐놓든가 그릇지않으면 자기의 지위와 사회적인 명성(名聲)을 땅에떨어 트리는 파괴운(破壞運)이 있읍니다.

內運의 同數同格은 內格前運 9劃과 天格 9劃 內格後運 11劃과 地格 11劃은 일생의 한번은 天地災變을 당하여 대실패를 당하게 됩니다.

그리고 內格前運 9劃과 人格 18劃. 內格後運 11劃과 外格 2劃의 同數同格도 겹친 天地災變數가 있읍니다. 이內運이 同數同格은 일생에 한번은 재난(災難)수가 오게 됩니다. 즉 화재(火災) 수해(水害) 지진(地震)등 천재(天災)의 변을 당하게 됩니다. 만일 그렇지가 않으면 재난으로인하여 전재산을 잃든가 혹은 그동안 자기가 애써 닦아 놓은 업적(業績)이 하루아침에 송두리

第三部 實踐編

例題 2　田英德의 姓名의 境遇 (不貞編)

▲ 劃數의 分析

1, 地格 26劃은 波瀾많은 凶數 (災難數)들이 부닥치게 됩니다.

五行은 「水金木」으로 凶한 운수입니다. 성격은 민감하고 소심하여 남을 의심하고 작은일에도 노하기를 잘합니다. 운수는 밖에서 보면 퍽 안정된 것같이 보이지만 내실인즉 그렇지 못합니다. 처음에는 뜻과같이 되어 가기도 하지만 나중에 가서는 풍파(風波)와 전복수(顚覆數)가 있으므로 항상 병동이많고 부부와 자식간에도 相剋數가 있어서 조난(遭難)과 외상(外傷)등 위험한 일이여인은 이같이 凶運에 말려들어 불안전한 생활을 하고 있읍니다. 그리고 항상 정신적인 면이많고 성격이 원만치 못하여 부모 형제간에도 덕과 인연이 없어서 고독과 비판속에 일생을 보내야 할 운명에 처해있음으로 대인관계(對人關係)에 있어서도 어떤 한 사람과 교제를 하게되면 공교롭게도 제삼자(第三者)의 방해로 말미암아 파탄(破綻)이 생기게되므로, 이여성은 여러 남자의 손에서 뭇사람들의 품으로 돌고돌아야할 비운수(悲運數)입니다.

결국 인기있는 가업이라도 선택하여 그것을 낙(樂)으로 삼고 지내야 할 여인의 운명상인가 봅니다.

채 무녀 진다든가, 사실상 여기치않았던 큰액운이 들어닥치므로 생명에까지 위험을 가져옵니다

```
         ①      17 社会運
      ┌─田┐    ┌─ 6 天格 (土)
  .12 │  │ 5  │
  內格 │  │    ├─16 人格 (土) 16
  後運 │英│ 11 │                外格
  20   │  │    ├─26 地格 (土)
  內格 │德│    │
  前運 └──┘ 15
         家庭運 31
           總格 31
```

註

原數의 同格 20 12
           20 ＋ 1・2
           20 은 ⑩ 數와 같음
           ③

2、人格 16劃은 貴人의 德임는 吉數(剛情數)
3、外格 16劃은 富貴 공명하는 吉數(剛情數)
4、天格 6劃은 부귀 榮達하는 吉數
5、總格 31劃은 安全 第一의 吉數
6、天格 6劃과 地格 26劃의 同數同格은、破亂과 큰 事故의 凶數。
7、人格 16劃과 外格 16劃의 同數同格은 不貞과 타락의 凶數。
8、內格前運 20劃과 內格後運 12劃은、精神的인 苦腦의 凶數。

▲ 評 註

이성명은 외관상으로 보기에는 吉한 數로만 짜여져있어 퍽 좋은 듯하나 실지 이름의 내용을 뜯어보면 형편없이 凶한 운에 감싸여 있읍니다.

이여성은 유년시(幼年時)에는 가정적으로 재난(災難)이 많아、일찍 부친을 여이고、홀어머님 밑에서 버릇없이 귀여움만받고、자라난 탓으로 가출이 심한 여성입니다. 때로는 밤늦게까지 돌아다니다 집에 돌아오지 않기가 일수며 더욱이 불륜(不倫)에 부정(不貞)한 길을 걷고 있는 여성입니다.

▲ 綜合判斷

이 이름은 地格 26劃의 凶數를 제외하고는 모두 吉數입니다. 人格 16劃은 吉數 外格 16劃도 吉數, 人格 6劃吉數, 總格 31劃吉數, 家庭運 31劃吉數, 社會運 17劃吉數. 이같이 吉數로만 구성되어 있기 때문에 우선 겉으로보면 굉장히 좋은 이름이라고 평가를 하겠으나, 天地同格, 橫線同格, 同數同格의 凶數로 말미암아 凶運에 빠지게 됩니다.

어려서 일찍 요절(夭折)하든가, 그렇지않으면 대병(大病)을 앓아가지고 영영 생활능력을 잃은 자가 많습니다. 그리고 항상 정신적인 고뇌(苦腦)가 많아 가정이 적막하고 공허(空虛)와 단명수가 있어서, 모든일은 좌절되어가는 수리운입니다.

이여성의 경우 人格과 外格 16劃의 同數同格은 단명의 암시(暗示)가 있는 凶數로서 희생적인 정신이 왕성하고, 천재적인 외교수완이 능숙한 편이나 허영심(虛榮心), 금전낭비 가출자고가 발생하게 됩니다.

內運의 同格은 불평불만이 많고 정신적인 고뇌가 심하며 天地同格도 파란과 불의의 사고가 발생하게 됩니다. 그리고 地格과 外格의 同格數가 있을 때에는 초년의 운영을 암시해주고 있는데 이운격이 凶數일때는 익사(溺死) 요절(夭折) 병약 교통사고 가정의 사별운이 있게 됩니다. 天格과 外格의 同格數도 가출 돈낭비 이성적(異性的)인 부정 별거(別居) 밤늦게까지 돌아다니는 나쁜버릇이 있으므로 충실치 못한데가 많습니다.

이같이 성명에 同數同格이 많으면 많을수록 불우한 운명에 빠지게 된다는것을 특히 명심해야

五行「土土土」는 吉한 운수입니다. 그러나 여성에 있어서는 변괴(變怪)가 많고 용렬(庸劣)하고 지둔(遲鈍) 정조관념(貞操觀念)이 담박(淡薄)하여 부정한 부녀가 많이 있읍니다. 직업은 인기있는 가업(稼業)을 찾아 일하면 안성마침으로 명성(名聲)도 있을 운일니다.

○ 그 女子의 傷處는 再婚으로 아무러 들었을까?

例題 1、吳順伊의 姓名의 境遇 (再婚編)

```
         20 社会運
    ┌ 8
  ① │ 天格  金
  吳 │  7
  ‥‥│ 19
  順 │ 人  木     7
  ‥‥│ 12       外 格
  伊 │ 18
    └ 地格 金
         6
   家庭運 25
    總格 25
```

① 13 內格後運
  13 內格前運

註 8 8 18 13 13
    ⑧ 18 18 13 13
        의
        1
        位
        數
        ⑧

▲ 劃數의 分析

1、地格 18劃은 隆昌 發展하는 吉數(剛情數)

2、人格 19劃은 辛苦、重來할 凶數(災難數)

3、外格 7劃은 權威가 旺盛한 吉數(剛情數)

4、天格 8劃은 勤勉發展의 吉數

5、總格 25劃은 修身涵養의 吉數 (流血數)

6、天格 8劃과 地格 18劃의 同數同格은 破亂 과 急作스런 事故의 凶數。

7、內格前運 13劃과 內格後運 13劃의 同數同 格은、精神的인 苦痛이 많은 凶數。

▲ 評 註

이 부인은 자식까지 둔 몸으로써 결혼에 실패하고 재차 출가(出嫁)를 하였으나 또 다시 파란 이 불어닥쳐 고민하고 있는 여성입니다. 외면상으로는 유복하고 안락하게 보이지만 가정적으로 퍽 불화하므로 이혼설까지 나돌게 된 비참한 입장에 처해 있읍니다.

▲ 綜合斷判

人格 19劃은 머리가 좋고 지혜도 많아 한때는 뜻을 이루는 듯하다가 결국 수포화 되기가 쉽습니다. 이수를 가진 사람들은 괴니 쓸데없는 일에 성을 잘내고 집이나 직장도 자주 옮기는 성격이 있으며, 또한 육친간에 덕이없고 부부(夫婦)사이도 인연이 희박하여 별거 이혼까지 하게 됩니다.

그리고 天格과 地格의 同數同格은, 파란이 많아서 자주 권태증(倦怠症)을 느끼게 되며 건강에도 많은 해를 끼치게 됩니다. 따라서 생각치않던 불상사(不祥事)가 급작스럽게 일어나는고로 정신적인 타격을 받게 됩니다. 또한 內運의 同格은 항상 불평 불만이 많고 도난(盜難) 손실(損失) 부양(扶養)의 의무등, 금전적인 손실과 정신적인 고뇌가있어 가정적으로도 평화롭지 못합니다.

이러한 성명의 수리운은 성격이 강전하기 때문에 특히 인화(人和)에 힘써야 하며 친척간에도 금전문제로 충돌이 많이생기고 집안도 화목(和睦)치 못합니다.

결국 파란 실패 자살등 정신적으로나 경제적으로 많은 고통을 겪기 때문에 가나오나 항상 불안한 생활을 하게 됩니다.

五行 「金水金」은 吉한 운수입니다.

허나 수리운에 凶數가 많으며 災禍를 입을 수가 있읍니다.

例題 2、延龍女의 姓名의 境遇 (再婚編)

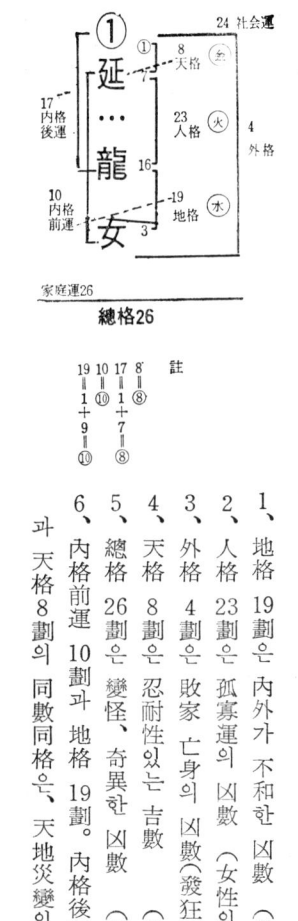

▲ 劃數의 分析

1、地格 19劃은 內外가 不和한 凶數 (災難數)
2、人格 23劃은 孤寡運의 凶數 (女性의 境遇)
3、外格 4劃은 敗家 亡身의 凶數 (發狂短命數)
4、天格 8劃은 忍耐性있는 吉數
5、總格 26劃은 變怪、奇異한 凶數 (流血數)
6、內格前運 10劃과 地格 19劃. 內格後運 17劃과 天格 8劃의 同數同格은、天地災變의 凶數.

▲ 評 註

부인은 초혼에 남매를 낳고 살았었으나 가정적으로 화평(和平)치못해 이혼당하고 또다시 재가(再嫁)를 갔었읍니다마는 이부인은 새가정보다 전남편의 아이들을 류가정(中流家庭)으로 위한 모성애의 미련(未練)때문에 자꾸 고민하다보니 마침내 재가 했던 새남편과도 어딘지 모르게 의이가 맞지 않아서 인생의 파탄(破綻)의 길을 또 다시 걷고있는 부인입니다.

▲ 綜合判斷

地格 19劃은 모든 면에 꾸준성이없고 자주 자리를 옮기기를 좋아하는 경향이 많습니다. 그러기 때문에 부모 형제지간이나, 부부와, 가정에서도 덕이별로 없어서, 별거나 이혼을 하게되는 동시에, 경제적으로나 정신적으로도 많은 고통을 겪게 마련입니다.

그리고 자기의 명주(命柱)인 人格 23劃은 남여가 모두 대발전성은 있으나 단지 여성에게만은 애정운이 희박하여 고독 과부 재혼수(再嫁數)가 아니면 식구를 부양(扶養)할 책임의 수로서 고달픈 액운이 끼어 있읍니다. 또한 外格 4劃도 만사가 休止格의 凶數이므로 병난(病難)과 요절(夭折) 패가망신(敗家亡身)등 일생에 거쳐서 재화(災禍)의 凶數입니다.

總格 26劃도 대개가 가족과는 인연이 별로 없어서 이혼(離婚) 별거(別居)하는 사람들이 많습니다.

이수는 고독, 애수, 의협, 파란, 역경, 단명, 이별수가 있게 됩니다. 이러한 凶數에 돌려쌓인 액운에다. 內運의 同數同格이 겹들어 있으므로 언제가는 天地災變의 화(禍)를 입게 됩니다.

인생의 기구한 운명은 이부인에게도 고난(苦難)과 비애(悲哀)를 안겨다 주고 있읍니다. 성격은 약간 고집이 센편이지만 밖은 유하고 속은 강한 五行「金火水」는 凶한 운수입니다.

사람입니다.

운세는 항상 불안전한 자리에 놓여져 있으므로 의외로 급변을 당하기 쉬우며 재산과 생명에도 위험이 따르게 됩니다.

결국 이 行數는 조난(遭難) 뇌일혈(腦溢血) 발광(發狂) 변사(變死)등 불상사가 일어나기 쉬운 흉수(凶數)입니다.

◎ 나의 悖倫兒의 氣質은 무엇 때문일까요?

例題 1、羅佐浩의 姓名의 境遇 (悖倫兒編)

①羅佐浩
天格 21 (木)
人格 29 (木)
地格 20 (水)
外格 12
社會運 30
內格後運 10
內格前運 31
家庭運 40
總格 40

註
① 20 21 과 같음 (2+1=③)
② 10 20 과 같음 (1+2=③)
③ 12 29 과 같음 中 11+1=12의 數
④ 40 30 과 같음 (4는 原數의 國格)
⑤ 31 21 과 같음 31외의 1의 數

▲ 劃數의 分析

1、地格 20劃은 惡運이 계속되는 凶數(災難數)
2、人格 29劃은 安全은 하나 欲望不足數
3、外格 12劃은 家庭이 寂寞한 凶數 (災難數)
4、天格 21劃은 剛健한 吉數
5、總格 40劃은 遭難과 不遜의 凶數 (刑罰數)
6、天格 21劃과 地格 20劃의 同數同格은、破亂 背信事故의 凶數

7、人格 29劃과 外格 12劃의 橫線同格은 自殺과 事故死의 凶數
8、社會運 30劃과 家庭運 40劃의 斜線同格은, 災難과 自殺數의 凶數
9、內格前運 31劃과 天格 21劃。內格後運 10劃과 地格 20劃의 同數同格은 天地災變의 凶數。

▲ 評 註

이청년은 집안에 노부모를 모시고있는 외아들로서 매일하는 것없이 술과 싸움으로 세월을 보내다 어느해인가 폭행사건(暴行事件)으로 인하여 영어(囹圄)의 몸이되었다가 풀려나왔으나. 차디찬 이사회에서는 누구하나 따뜻한 손길을 던져주지 않으므로 다시 방탕(放蕩)과 난폭(亂暴)한 짓을 계속하게 되었는데, 술만 취하게 되면 망령(亡靈)이 뒤집혀 씨었는지, 욕설과 폭행(暴行)으로 행패(行悖)를 잘부리기 때문에 항간에서는 비난성이 자자(藉藉)했던 패륜아 였었읍니다.

▲ 綜合判斷

地格 20劃數는 (基礎運) 꾸준한 성품이없는 사람입니다. 원래 심신이 허약하고 곧 파멸하기 가쉬어서 차자를 거느리면 고생을 많이시키고 만년(晩年)에는 실의에 빠지게되는 凶數입니다. 總格 40劃은 그사람의 일생의 행과 불행에 대한 장래의 운명을 주로 보므로 성격과 건강 직업과 결혼운등 세부적(細部的)으로 살펴볼수있는 중요한 포인트입니다. 이 總格 40劃數는 운기가 약하여 한때는 일어나 서지만 곧 시드러지기 쉽고 성질이 불손하므로 함정에 빠지게 되면

180

누구하나 돌보지않는 불우한 수입니다. 그리고 外格 12劃은 의지가 박약하고, 가정이 적막(寂寞)한 수입니다. 또한 人格 29劃과 外格 12劃의 橫線同格은 자살과 사고가 있게 됩니다. 천데 이 橫線의 同格과 社會運、總格의 삼각관계가 모두 凶數일때에는 반드시 죽음을 당하게 됩니다. 社會運 30劃과 家庭運 40劃의 斜線同格도 재난과 자살수가 있는데다가 內運의 同格으로 인하여 천지재변을 당할 凶數였으니, 환경이 좋을리없고 불의의 돌발사고가 자주일어나기 때문에 가정은 언제나 화목치못하고 실의에 빠지게 되므로 끝에 가서는 급편사를 당할 위험한 수리운이 있읍니다.

五行「木水水」는 半吉한 운수입니다. 성격은 이기적이고 인색(吝嗇)한 성품입니다. 운세는 가정운이 불행하며 파란 고독 병약 실패수가 있어서 모든 일들이 전변되기가 쉽습니다.

太公의 말에「孝於親하면 子亦孝之하나니, 身旣不孝하면 子何孝焉이리오」즉 어버이에게 효도하면 자식도 또한 효도하는니라, 내몸이 효도치 않는다면 자식이 어찌효도하리오 라는 말과 같이 이 사람도 그때 뉘우친바가 있던지 개준(改悛)의 뜻을 표하고 자기의 이름을 개명하였던 것입니다. 그후 이 사람은 六개월이 못돼서 착한 아내를 맞이하여 아들까지 낳고 착실하게 살아가고 있읍니다.

例題 2、 安再弘의 姓名의 境遇 (悖倫兒編)

▲ 劃數의 分析

1、 地格 11劃은 順調롭게 發展하는 吉數
2、 人格 12劃은 失敗와 災殃의 凶數 (災難數)
3、 外格 6劃은 着實한 努力의 吉數 (銃劍難數)
4、 天格 7劃은 諸難을 突破할 吉數 (剛情數)
5、 總格 17劃은 萬難을 突破할 吉數 (剛情數)
6、 內格前運 11劃과 地格 11劃。內格後運 7劃과 天格 7劃의 同數同格은、天地災變의 凶數。

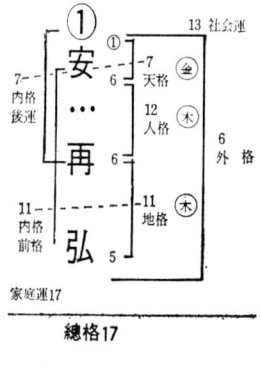

▲ 評 註

이 사람도 외모상으로는 차분하고 꾸준성이 있는 듯이 보이지만 본의아닌 발작으로 인하여 곧잘 다니던 직장도 집어치우고 자주 무단가출을 일삼고 있었는데 자기의 나쁜 무리들과 휩쓸어다니다、 폭행사건까지 일으키고 철창신세를 지고있는 사람입니다.

▲ 綜合判斷

地格 11劃은 꾸준히 노력해서 인기를 얻는한편 남의 사랑과 도움도 받을 수 있는 吉數입니다

그러나 성명학에 가장 핵심적(核心的)인 것은 자기 명운(命運)인 소위 주운(主運)의 인격이 吉數로 구성되어야만이 비로소 발전해 나갈수 있는 것인데, 이 사람의 人格에는 12劃數의 凶數가 명궁에 자리를 잡고있으니 이것은 틀림없이 실패와 재앙을 꼭 받게 됩니다.

그리고 總格 17劃과 外格 6劃도 吉數이기는 하지만 강정의 불굴의 수가 겹쳐있어 액운(厄運)을 끌어드립니다. 그리고 內運의 천지재변의 재화(災禍)가 앞을 가로막고 있으므로 이같은 사고들이 종종 일어나게 됩니다.

인생이란 생사흥망(生死興亡)이 한결같이 아니며, 또한 세상만사(世上萬事)는 항구성이 없는 것도, 모두가 자연의 이치(理致)인것을 무엇이라 평가(評價) 하겠읍니까.

성명이란 원래, 수리와 역리학적(易理學的)으로 명명(命名)하는 것인데, 주로 예의염치(禮儀廉恥)의 사유(四維)를 위주하여 충효(忠孝) 인애(仁愛) 신의(信義) 화평(和平)의 팔덕(八德)을 갖추어야만이 정도(正道) 선행(善行)을 할 수 있으므로 이원리 원칙을 무시하고 작명(作名)하면 도리어 역효과(逆效果)를 조성케 됩니다.

그러므로 악명(惡名)은 명악(命惡)이요, 선명(善名)은 명선(命善)이라 하드시 작악(作惡)하면 필멸(必滅)하고 위선(爲善)하면 필창(必昌)하게 되는 것입니다.

五行 「金木木」은 凶한 운수입니다. 성격은 의심이 많고, 민감하나 성실치가 못합니다. 운세는 가정적으로 불행하고 불평불만이 많아 신경쇠약(神經衰弱)과 호흡기(呼吸器)의 병증이있게 됩니다. 그리고 간혹 반신불수가 되기쉽고 명(命)을 재촉하는 억압운이 있읍니다.

◎ 왜 晩婚을 해야만 하나요.

例題 1、羅明姬의 姓名의 境遇 (晩婚編)

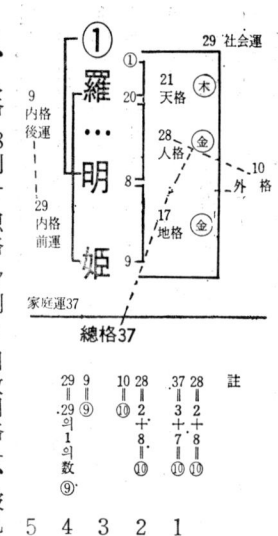

註

29　9　10 28　37 28
↓　↓　↓　↓　↓　↓
29　9　2　8　3　2
의　⑩　+　+　+　+
1　　8　2　7　8
의　　⑩　⑩　⑩　⑩
數
⑨

▲ 劃數의 分析

1、地格 17劃은 意志가 強한 吉數 (剛情數)

2、人格 28劃은 孤寡運의 凶數 (災難數)

3、外格 10劃은 失意와 逆難의 凶數 (災難數)

4、天格 21劃은 遭難運의 凶數 (女性의 境遇)

5、總格 37劃은 忠實하고 熱誠인 吉數 (剛情數)

▲ 評 註

6、人格 28劃과 總格 37劃의 同數同格은、破亂과 背信당할 凶數。

7、人格 28劃과 外格 10劃의 橫線同格은、痴情과 詐欺를 당할 凶數。

8、內格前運 29劃과、內格後運 9劃의 同數同格은、損失과 精神的인 苦腦의 凶數。

이 女性은 女高(女高)를 나와 회사원으로 다니고 있는 女性입니다.

二十年前에 부친을 여이고난 모친은 젊은 나이에 하는 수없이 이여아를 데리고 재가(再嫁)를 했었으나, 이 여성은 어딘지모르게 따뜻한 사랑도 못받고 항상 정신적인 고민(苦悶)속에 자라 왔다는 것입니다.

그런데 이상야릇한 사건이 터지고 말았읍니다. 직장내에서 M란 남자와 친하게 되어 둘사이는 약혼까지 하게 되었으나, 공교롭게도 같은 직장에 있는 R이란 청년도 이 여성을 사모하고 있었다가 자기도 모를새 갑자기 발표된 이약혼의 소식을 듣고 흥분한 R은 이 여성을 납치하다 싶이 감싸고 있으므로 이여성은 두남자의 사랑의 기로(岐路)에서 방황(彷徨)하고 있는 고민의 여인 상입니다.

▲ **綜合判斷**

이 여성의 成功 運에 속하는 人格 28劃은 여성으로서는 고과운(孤寡運)이있게 됩니다. 이수운은 액난(厄難)과 불화의 수로서, 남에게 오해를 받기가 쉽고 쓸데없는 일에도 신용을 잃게 되므로 이것저것 무엇이든지 해보아도 손해와 실패만 보게 됩니다.

그리고 人格에 외곽에 내곽에, 특히 凶數가 겹쳐있게 되면 끝에가서는 피살(披殺)과 형벌(刑罰)에 관한 사건에 말려들게 되어, 부부운은 박약하기 때문에 느지막하게 만혼(晩婚)을 하지 않으면 생이사별수(生離死別數)가 있게 됩니다. 그런데 이 人格을 보필해줄 外格이 10劃의 凶數임으로 재난(災難) 조난(遭難) 실패(失敗) 형벌(刑罰) 피살(被殺) 단명(短命)수가 있게 됩니다. 따라서 人格 28劃과 外格 10劃은 橫線同格의 凶數이기 때문에 이성관계(異性關係)로 피살 자살 사기, 재난등을 당할 우려성도 농후합니다. 이같이 凶數인데도 불구하고 또한 人格28劃과

例題 2、房慶愛의 姓名의 境遇 (晩婚編)

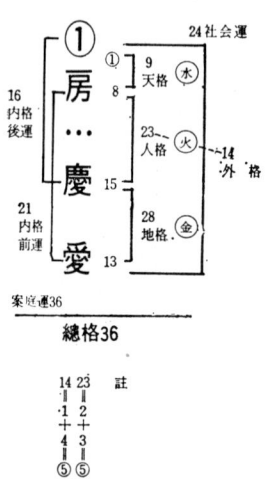

總格 39劃의 同數同格이 있고 內格前運 29劃과 內格後運 9劃의 同數同格은 항상 정신적으로 고민한 나머지 원인모를 중병에 걸린다든가 교통사고 배신으로인한 급작스런 사고를 뒷받치고 있으니, 퍽 위험성을 가지고 있는 이름입니다.

五行 「木金金」은 凶한 운수입니다. 성격은 말이 적고 우울증이 있어 조금 변태적입니다. 운세는 가정을 파괴하기가 쉽고 사리(事理)에는 어두워서 화평치 못하고 논쟁(論爭)을 잘하므로 심지어 고독하여서 해뇌(害腦)하기가 쉽습니다.

▲ 劃數의 分析

1、地格 28劃은 夫婦相剋의 凶數 (災難數)
2、人格 23劃은 孤寡運의 凶數 (災難數)
3、外格 14劃은 失意、煩悶의 凶數 (災難數)
4、天格 9劃은 生離別數의 凶數 (災難數)
5、總格 36劃은 風亂이 不靜한 凶數 (孤獨病弱)
6、人格 23劃과 外格 14劃의 橫線同格은、異性問題로 破亂의 凶數

▲ 評　註

이 여성은 나이가 먹어도 혼사(婚事) 말이 잘나오지 않아 퍽 고민하고 있었는데 어느날 난데없는 중매(仲媒)가 나와서 겨우 약혼을 하였었으나, 이상하게도 그남성과의 연분이 맞지않아 그랬었는지, 안타깝게도 파혼을 당하고 말았으니, 억세게도 혼사운이 없는 여성입니다.

▲ 綜合判斷

女性에게는 21 23 26 28 33 39 劃數의 수리가 성명에 있으면 누구를 막론하고 고과운(孤寡運)에 빠지기가 쉬운고로 이수를 삼가해야 합니다.

헌데 이 여성은 人格 23劃과 地格 23劃이 겹친凶數로 인하여 액난과 고과운을 도저히 피할길이 없게 되었읍니다. 이수리는 육친이 무덕하고 부부간은 언젠가는 사별할 때가 돌아오게 됩니다. 外格 14劃은 고독과 병약으로 타향에서 고생하다 패가하는 凶數가 있고, 人格 23劃과 外格 14劃의 橫線同劃도 이성문제로 자살과 사고사가 뒤따르게 되는고로 특히 애정운은 박약하고 만혼운(晩婚運)도 바라보기가 어려워서 불가피 이고초를 겪어야 했읍니다.

五行 「水金木」은 凶한 운수입니다.

성격은 의심이 많고 소심하기 때문에 일에도 신경을 잘쓰고 노하기도 잘합니다. 운세는 기초가 불안전 하기 때문에 변동이 많고 따라서 풍파와 실패수가 있으므로 가정에는 인연이 없고 조난과 외상의 위험이 뒤따르게 됩니다.

◎ 기나긴 世月에 하필 夭折이란 왠말입니까?

例題 1、金柱植의 姓名의 境遇 (夭折編)

```
        18 社会運
   ①  ┌─ 9 木
   金  │  天格
10 ┤ 8 ├ 17 金   13
内格 │  │  人格   外
後運 柱 9 ┤        格
    │  │ 21 木
20   植 │  地格
内格    └ 12
前運
   家庭運29
    總格29
```

註
21 20 13 10
2 ⑩ 13 ⑩
十 의 의
1 1 1
③ ③

▲ 劃數의 分析

1、地格 21劃은 獨立과 權威의 吉數
2、人格 17劃은 萬難을 突破할 吉數 (災難數)
3、外格 13劃은 尊敬과 人德의 吉數
4、天格 9劃은 災害와 短命의 凶數
5、總格 29劃은 才智있고 人氣있는 吉數
6、內格前運 20劃과 內格後運 10劃의 同數同格은, 金錢的인 損失과 精神的인 苦腦의 凶數

▲ 評 註

이 사람은 토건회사 직원으로 있을때 해외(海外)로 파견나가서 근무하다, 병을 얻어가지고 귀국을 하였으나 그동안 애써 치료를 받은 보람도 없이 허무하게 신장요독증(腎臟尿毒症)으로 一九七四年 一월 十一일 자시경에 사망한 사람입니다.

▲ 綜合判斷

이 사람의 이름은 외관상으로는 퍽 잘된 이름같이 보입니다마는 실질적으로 내용을 분석해 보면 그렇지도 않는 凶數가 끼어 있읍니다. 그 내용인 즉 항상 정신적으로 고민한 나머지 병을 얻고 끝내는 단명해지는 이름입니다.

그러나 地格 21劃, 人格 17劃, 外格 13劃, 總格 29劃, 社會運 18劃등은 표면상으로 모두 吉數로 구성되어 있기 때문에 신용도 있고 출세도 하며 가정도 유복해 집니다마는 그 반면에 이성명은 內格前運 20劃과 內格後運 10劃의 同數同格과 凶數로 말미암아 요절(夭折)하게 되었읍니다.

이 內格의 前運은 공허이중수(空虛二重數)로서 병약, 조난, 단명수가 있고, 後運도 만사종국격(萬事終局格)으로 조난, 병약, 단명, 생사이별수가 있게 되었던 것입니다. 그리고 天格 9劃과 이름의 첫번째 柱字는 같은 9劃으로 인하여 同數同劃인데, 이것은 인간의 표면에는 잘표현되지 않고있는 성(性)에 관한 기괴(奇怪)한 흥미깊은 同格現象에 있어서 성적으로 발달된 사람들이 이수에 많습니다.

이러한 내적인 凶數로 말미암아 이 사람은 신장요독증으로 세상을 떠나고 말았읍니다. 결국 수박으로 치면은 겉은 凶한 운수입니다. 성격은 민감하고 소심한데가 있어 작은 일에도 노력하기를 잘합니다. 운세는 밖에서 보면 안정한 것같으나 실은 그렇지도 못하며 풍파가 항상 뒤따르고 있으므로 변동이 많고 처자간에 상극수가 있어 조난과 외상을 받을 위험수가 있읍니다. 인간에

五行「水金木」은 凶한 운수입니다.

게 부여된 吉凶과 화복은 모두 인생팔자의 소관이라하지만 그것도 그사람의 착한 마음가짐과 후천적인 운명을 좋은 방향으로 이끌어 나가면 개운할 수도 있게 됩니다.

그러나 인간이 죽고사는 것은 「숙명적인 천명」이므로 사람이 제아무리 발버둥치고 애써보아도 천명(天命)앞에는 도저히 피할길이 없는 것 같습니다.

순명편(順命編)에도 「죽고사는 것은 命에 있고 富하고 貴한 것은 하늘에 있다」고 하였지만, 본저자도 이 사람의 사주추명(四柱推命)과 성명학(姓名學)을 검토해본결과, 이 사람은 필경 一九七四년 一월 十一일경에 사망할것을 확신하고 그 부인에게 단언(斷言)해서 말해 주었던 것 입니다.

그후 그부인의 정성어린 부탁을 뿌리칠수 없어서 최선을 다해 방법을 여러모로 모색해 보았으나 결국 애쓴 보람도 없이 이세상을 떠났습니다마는 그사람의 숙명적(宿命的)인 천명(天命) 만은 나로서도 도저히 막아낼길이 없었읍니다.

例題 2、金泰榮의 姓名의 境遇 (夭折編)

▲ 劃數의 分析

1、 地格 23劃은 發育茂盛의 吉數 (災難數)
2、 人格 17劃은 固執과 剛性의 吉數(吉難數)
3、 外格 15劃은 順和하고 溫良한 吉數
4、 天格 9劃은 窮乏과 困苦의 凶數(災難數)

5、總格 31劃은 富貴와 幸福의 吉數

▲ 評 註

김태영은 젊은나이 三十四歲에 사망했읍니다.

一九七四년 二월 八일 한 가톨릭신자인 젊은 부인이 찾아와서 병중에 있는 자기 남편의 운명을 봐달라고 하기에, 나는 즉시에 사주취명과 성명을 분석하고, 「이 사람은 앞으로 二주일을 더 넘길수없는 사람이니 섭섭하지만 환자(患者)의

소원대로 병원치료나 해주어서 원한(怨恨)이나 없게 잘해드리라」고 하였드니 그젊은 부인은 어림결에 무슨 말인지 분간도 못하고 있다가, 「설마 산사람이 그렇게까지 일찍이 죽을까봐」하는 반신반의 하면서 애석한 마음으로 돌아 갔었읍니다.

그런데 문제는 그후 얼마 안가서 숙명적인 운명의 신은 무자비(無慈悲)하게도 이사람을 그달 二월 二十四일에 신장요독증(腎臟尿毒症)으로 이세상을 떠났다는 애절한 부인의 전갈이 날러 왔었읍니다.

▲ 綜合判斷

이 사람의 성명도 외관상으로 보면 퍽 잘된 이름같이 보입니다. 표면의 地格 23劃、人格 17劃

191　第三部　實踐編

外格 15劃, 總格 31劃, 社會運 18劃 등 모두 吉數이기는 하지만 도리어 강(强)한 수끼리 모였으며 이에비해 內運은 너무나도 약한 凶數이기 때문에 병약과 단명의 재난을 더 세차게 받고 일찍 요절(夭折)했었던 것입니다.

이 內格의 前運 22劃은 양사(兩士) 투쟁수로서, 병약, 역경, 색난, 위난의 凶數가 있고 內格의 後運 10劃은 만사종국격으로 조난, 병약, 단명, 생이사별 수가 있읍니다. 天格 9劃과, 이름의 첫자인 泰자 9劃도 同數同格의 凶數로서 성(性)에 관한 기괴(奇怪)한 흥미깊은 同格現象이 있어 성격으로도 많은 변화를 가져 오게 되었는데 이러한 內運의 凶數로 인하여 이 사람도 병사를 당하였읍니다.

五行 「水金火」는 凶한 운수입니다. 성격은 분수를 지킬줄 모르고 자포자기하는 성격이 있고, 운세는 초기에는 일이 잘 되는듯 하지만, 후기에 가서는 불안전한 흥조운(凶兆運)이 들게 됩니다. 이 운수는 목전에 박해가 많고, 급변, 급사, 하는 凶數입니다.

◎ 지나친 放蕩이 나를 괴롭폈다.

例題 1、朱賢泰의 姓名의 境遇 (放蕩編)

▲ 劃數의 分析

1、地格 24劃은 白手로 成家하는 吉數 　(豊財數)
2、人格 21劃은 獨立과 權威의 吉數

```
    ①          22 社会運
 ┌──────┐ ①
 │  朱  │──── 7 (金)
16│      │ 6   天格
内格│      │    21.(木)
後運│  賢  │    人格 ──10
 │      │15        外格
15│      │    24 (火)
内格│  泰  │    地格
前運│      │ 9
 └──────┘
家室運30
  總格30
```

註:
21 10   30 21   15 24 16 7
 2 ⑩   2 ① 30은   1 1 1 ⑦
+1   +1 ②와 같음 +5 +4 +6
 ③   ⑥ ⑤ ⑦

3、外格 10劃은 萬事終局의 凶數 (災難數)
4、天格 7劃은 萬亂突破의 吉數 (剛情數)
5、總格 30劃은 絶死逢生의 凶數 (遭難數)
6、人格 21劃과 總格 30劃의 同數同格은、破亂과 病難의 凶數。
7、人格 21劃과 外格 10劃의 同數同格은、金錢亂費와 事故死의 凶數。
8、內格前運 15劃과 地格 24劃。內格後運 16劃과 天格 7劃의 同數同格은 天地災變의 凶數

▲ 評 註

이 사람은 모 회사에 근무하고 있었으나 항상 태평영세 인줄만 여기고 화류계의 여성들과 주색으로 놀아나다가 종래 회사의 공금까지 집어쓰고 직장까지 쫓겨난 실직자인만큼, 가정은 물론 파탄이 되고 신참부절(辛慘不絶)한 경지에 처해있다고 합니다.

▲ 綜合判斷

基礎運인 地格 24劃과 成功運인 人格 21劃은 吉數로 인하여 직장에 나가드라도 책임있는 일을 할 수 있는 사람이라고 볼 수 있겠으나, 오래는 가지 못할 운에 놓여져 있읍니다.

그것은 外格 10劃과 社會運 22劃의 凶數로 말미암아 조난과 형벌 패가의 凶運이 있고 또한 總格 30劃도 극단 수가 있어 투기 성에 강하고 한번 나쁜 취미에 빠지게 되면 애써 벌어논 재산도 탕진해 버려서 집안은 비참한 상태에 빠지게 됩니다.

헌데 이같은 凶數에다 天地同格, 橫線同格, 斜線同格 및 總格까지 凶數인 경우에는 요절 익사 피살 사고사등 무서운 凶運에 말려들게 되므로 가급적이면 이 凶數를 피해야 할것을 특히 강조합니다.

五行「金木火」는 凶한 운수입니다.

성격은 민감하고 다의(多疑)하며 불선한데가 많고 운세는 신장과 성공은 어려운 정도로 불길합니다. 이수는 뇌병, 발광, 단명, 변사의 凶數가 있읍니다.

천명편(天命篇)에 孔子는 말하기를 「順天者는 存하고, 逆天者는 亡하느니라」 즉 하늘을 쫓는 사람은 살고 하늘을 거스리는 사람은 亡한다는 말과 같이 인간이란 항상 분수를 지켜서 살아나가야만 화(禍)를 면할 수 있다는 것을 꼭 명심해야 합니다.

例題 2. 表廷泰의 姓名의 境遇 (放蕩編)

▲ 劃數의 分析

1. 地格 16劃은 貴人得助의 吉數 (剛情數)
2. 人格 15劃은 立身興家의 吉數

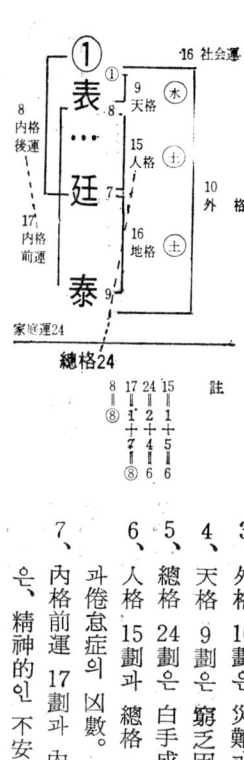

3、外格 10劃은 災難과 辛苦의 凶數 (災難數)

4、天格 9劃은 窮乏困苦의 凶數 (災難數)

5、總格 24劃은 白手成家의 吉數

6、人格 15劃과 總格 24劃의 同數同格은、破亂 과 倦怠症의 凶數。

7、內格前運 17劃과 內格後運 8劃의 同數同格 은、精神的인 不安全의 凶數。

▲ 評 註

이 사람은 모공장(某工場)을 차리고 있는 사람입니다. 가정에는 三남매까지 두고 있는 가장(家長)의 몸으로 매일같이 주색으로 놀아나다가 심지어 별거까지 하고 있었는데、아내는 참다못해 하는 수없이 이혼(離婚)을 제소(提訴)했다 합니다.

그러니 이 가정과 사업은 계속 부진상태(不振狀態)에 빠져들고 있읍니다.

▲ 綜合判斷

이성명도 표면상으로는 퍽 잘 된 것같이 보이지만 外格 10劃과 天地同格、內格의 同數同格의 凶數로 인하여 항상 정신적인 고통과 금전적인 손해를 많이 보게 되므로 파란、교통사고、권태감 또는 원인불명의 병에 걸려서 신음(吟吟)하게 되며 의외의 사고가 발생할 凶數입니다.

五行 「水土土」는 凶한 운수입니다. 성격은 허영심이 많고 용열하며 복종심이 결핍된데가 있읍니다. 운세는 처음은 평탄하고 행복하나 점점 곤난해지며 끝내 붕패(崩敗) 급변(急變) 재화(災禍)를 입을 凶數입니다.

◎ 溢死란 運命의 作亂일까요?

例題 1、朴尙和의 姓名의 境遇 (溢死編)

```
    ① 15 社会運
    朴 ①  金
 9    6  7
內格   天格
後運   14  火
    尙  人格  9
    ⑧  16 外格
    14  地格 土
    內格
    前運
    和
    ⑧
  家庭運22
   總格22
```

註
```
7  16  14 14  9
7  1+6 14 ⑭  9
       ⑨     ⑨
```

▲ 割數의 分析

1、地格 16割은 富貴와 公明의 吉數 (剛情數)

2、人格 14割은 失意와 煩悶의 凶數 (遭難數)

3、外格 9割은 災難과 短命의 凶數 (遭難數)

4、天格 7割은 成功과 榮達의 吉數 (剛情數)

5、總格 22割은 不意에 挫折될 凶數 (遭難數)

6、天格 7割과 地格 16割의 同數同格은、煩憫의 凶數

7、內格前運 14割과 人格 14割。內格後運 9割과 外格 9割의 同數同格은、天地災變의 凶數

▲ 評 註

박상화는 유복한 가정에서 三형제중 차남으로 출생하여 S大 대학원을 우수한 성적으로 졸업하고 미국의 유명한 會社에 영예에 입사한 젊은 사람입니다. 그런데 그는 오랜만에 자기의 연인(戀人)과 더부러 강원도에 있는 청평유원지(淸平遊園地)에서 모ー터 보트를타고 즐거운 뱃놀이를 하다, 별안간 보트가 뒤집히는 바람에 두젊은 남녀는 불의(不意)의 익사(溺死)를 당하고 말았읍니다.

▲ 綜合判斷

이 성명을 전면에서 하나씩 뜯어 볼때 人格 14劃, 外格 9劃, 總格 22劃등은 화(禍)를 입을 凶數끼리 모여있고 따라서 天地의 同格 內運의 同格이 또한 겹쳐있으므로 의당 천지재변(天地災變)을 당할 이름이라는 것을 누가 보아도 알수있을 것입니다.

헌데 이 사람이 좋은 가정 환경에서 대학원까지 나오게 된것은 地格 16劃, 天格 7劃, 社會運 15劃등 吉數로 인한 것입니다. 總格은 주로 그사람의 일생의 행 불행과, 장래의 운명을 보지만 특히 성격 전강 직업 결혼운 같은 것을 살펴볼수도 있읍니다. 그러나 이 22劃數를 가진 사람은 머리가 좋고 손재주가 좋아서 무엇이든지 잘해 나가기 때문에 학술과 예술에 있어서는 특히 재능(才能)을 보이기도 합니다.

만 역경(逆境) 좌절(挫折)의 운세가 있읍니다.

197　第三部　實踐編

현데 표면에는 이러한 좋은 특징이 있으나 본질적으로는 초기에 잘되어 나가다가 도중에서 누군가의 방해로 말미암아, 갑작이 좌절되어가는 일이 많으므로 초년에는 유복하게 지냈지만, 중년부터는 차차 쇠운(衰運)에 빠지기가 쉽고 또한 육친과 형제간에도 무덕한 사람들이 많습니다.

그리고 자기의 명궁(命宮)인 人格 14劃은 눈물로 일생을 보내야할 안타까운 재난수가 있어서, 파괴(破壞) 조난(遭難) 단명의 凶數가 따르고 있읍니다.

外格 14劃의 수도 재난과 단명의 凶數이며 더군다나 天地同格과 內運同格으로 인해 정신적인 고통과 수난(水難) 화난(火難) 차난(車難)의 돌변적(突變的)인 사고로 말미암아 이같이 일찍 악사하게 되었다고 봅니다.

이 사건으로 말미암아 이 젊은 연인들은 영영 다시 볼 수 없는 불귀의 객이 되었지만 이매마른 세상에 아까운 인재를 잃은 것은 참으로 가슴아픈 춘사(椿事)입니다.

五行「金火土」는 凶한 운수입니다.

성격은 자기를 너무 과대평가하므로 오만(傲慢)하고 과장(誇張)하는 성격입니다. 운세는 基礎는 건실하나 정신력이 약하여 심신과로 하고 신경쇠약 뇌병, 폐병도 있고 심지어 발광, 변사할 凶數입니다.

이르므로 수리라는 것은 절대적인 위력이 있고, 문자(文字)는 미묘한 영의(靈意)가 있는 것입니다.

例題 2、秋玉姬의 姓名의 境遇(自殺末遂)

```
         ┌──────┐  15 社會運
         │ ①    │ ┌ 10 天格 (水)
    6    │ 秋    │ │
   内格   │ ⋮    │ │ 14 人格 (火)  10
   後運   │ 玉    │ │             外格
    18   │      │ │ 14 地格 (火)
   内格   │ 姬    │
   前運   └──────┘
         家庭運23
         總格 23

  註
  23  14
  =   =
  2+  1+
  3   4
  =   =
  ⑤   ⑤
```

▲ 劃數의 分析

1、 地格 14劃은 失意煩悶의 凶數 (遭難數)
2、 人格 14劃은 눈물로 一生을 보낼 凶數(遭難數)
3、 外格 10劃은 災難과 短命의 凶數 (遭難數)
4、 天格 10劃은 破産과 破命의 凶數 (災難數)
5、 總格 23劃은 孤寡運의 凶數 (女性의 境遇)
6、 人格 14劃과 總格 23劃의 同數同格은、背信과 急變事故의 凶數。

▲ 評 註

이 여성은 일찍 출가(出嫁)하여 자식 四남매까지 낳고 살았었으나 공교롭게도 이혼(離婚)을 당하고 말았읍니다. 그후 그는 생계를 유지하기 위하여 음식점을 차리고 영업을 하였었는데 이상하게도 스캔달이 자주 일어나 말썽이 많았으므로 자기도 하는수없이 자살할 것을 각오하고 독약을 먹었던 것입니다. 그러나 요행히 응급치료를 받은 결과 생명에는 이상이 없었는데 그후 유증이 매우 악화되어 사경에서 헤메고 있다 합니다.

▲ 綜合判斷

이 여성의 성명은 地格 14劃、人格 14劃、外格 10劃、天格 10劃、總格 23劃등 이수들은 모두 凶數中의 凶數로서 이같은 악순환 속에서 슬픈 인생의 걸음을 걸었다고 봅니다.

基礎運과 成功運인 地格과 人格이 똑같은 14劃의 凶數로 인하여 인연이 없는 무덕한 고독수이며 일생을 눈물로 지새는 실의와 번민의 운세가 있어서 가족과는 이혼을 당하였읍니다. 그리고 外格과 天格도 같은 10劃의 凶數로 말미암아 파산과 재난이 많은 만사종국의 凶數가 있어서 자살과 사고사를 빚어내야 할 판국에 이른 것입니다.

總格 23劃도 여성으로서는 고과운에 속하므로 홀로 되었고 外格과 天格의 同數同格은 결혼운 감별소(結婚運鑑別所)로서 이곳에 凶數끼리 마주붙게되면、별거(別居) 허영심(虛榮心) 돈낭비 이성관계(異性關係) 가출 밤늦게까지 놀기를 좋아 하는 악벽(惡癖)등이 있게 됩니다. 이 여성은 성벽이나 행세를 악운으로 끌어들이기 때문에 결과적으로 비참한 운명의 길을 걸어가야 할 여성입니다.

五行 「水火火」는 凶한 운수입니다.

성격은 민감하고 급하며 사리를 무분별하게 다루므로 폭동심이 많습니다. 일시의 성운은 있으나 의지와 인내력(忍耐力)이 약해서 끝내 급변과 실패로 가족을 함정(陷井)에 빠뜨리게 되고 심지어 살생 변사 단명의 불상사(不祥事)가 있는 수리운 입니다.

옛날 송(宋)나라때 「益智書」의 부유사덕론(婦有四德論)을 보면 여자란 부덕(婦德) 부용(婦

容) 부언(婦言) 부공(婦工)의 사덕(四德)을 잘갖추어 나가도록 하였는데,

첫째 부덕(婦德)이란,

재주와 이름이 뛰어남을 말하는 것이 아니라 자기의 분수를 지켜 몸가짐을 고르게 하고 행동과 행실을 바르게 함에 있으며,

둘째 부용(婦容)이란,

얼굴이 아름답고 고움을 말함이 아니라 집안을 깨끗이 하고 빨래를 자주 빨아서 의복을 새롭고 깨끗하게 하는 동시에 목욕(沐浴)도 때때로하여 몸에 더러움이 없게 하는 것이며,

셋째 부언(婦言)이란,

입담이 좋고 말을 잘하는 것이 아니라, 본받을 만한 사람을 가려서 말하되 그말을 싫어하지 아니할 말은 말하지 아니하고, 마땅히 하여야 할때에 말을 하여 사람들이 그말을 싫어하지 아니함에 있으며,

넷째 부공(婦工)이란,

손재주가 다른 사람보다 뛰어나서 나은 것을 말하는 것이 아니라 옷이라도 잘짓고 손질을 자주하여 검소하고도 절약하는 절제를 기하라는 말이 었읍니다.

이 부행편(婦行篇)의 좋은 교훈과 같이 부덕(婦德)은 예나 이제나 가릴것없이 참다운 덕행을 잘지켜나가야 할줄 믿 습니다.

이 사덕이란 것은 부녀자로서는 절대로 없어서는 아니될 기본적인 교훈(敎訓)이며 덕행인 것이나 이를 의지하여 행하면 이것이 부녀자로서 행할 길이라 하겠읍니다.

201 第三部 實踐編

◎ 왜 나는 學業에는 인연이 없을까?

例題 1、蔣文玉의 姓名의 境遇 (學業中斷編)

```
        ┌22 社會運
   ①    18
  蔣    天格 金
5      17
內格    21
後運    人格 木   6
       4        外格
       9
       地格 木
   22
   內格
   前運
  家庭運26
    總格 26
```

註
9
9
18
1+8
9

▲ 劃數의 分析

1、地格 9劃은 窮乏 곤고의 凶數 (遭難數)
2、人格 21劃은 孤寡運의 凶數 (女性의 境遇)
3、外格 6劃은 貴人의 도움을 받을 吉數 (銃劍難數)
4、天格 18劃은 自我心이 強한 吉數 (剛情數)
5、總格 26劃은 波亂많은 凶數 (災難數)
6、天格 18劃과 地格 9劃의 同數同格은, 倦怠症 病難、破亂의 凶數。

▲ 評註

이 學生은 편모슬하에서 버릇없이 귀엽게 자라난 탓으로 학업에는 전념(專念) 이없고, 사회의 부도덕한 풍조(風潮)에 휩쓸려들어 품행이 단정치 못한 친구들과 같이 매일 노래와 음악으로 소일을 하고 있는 주제에 그녀는 더욱 부푼 허세를 부리기 위해 돈을 들여서라도 대학청강

생이 되겠다고 조르고있는 학생입니다. 참말 이학생은 자기의 현입장과 가정환경도 고려치 않고 분수(分數)에 지나친 행동을 하고 있읍니다.

▲ 綜合判斷

基礎運인 地格 9劃은 직감력(直感力)이 예민한 사람으로서 머리가 좋은 편이나 너무 지나친 사건과 재난에 말려들어 파란이 많은 운이 있읍니다.

總格 26劃은 대개 지사(志士)나 괴걸(怪傑)에 이수가 많습니다. 이수는 자기의 실력 재능을 과시하므로 혼자서 사건을 잘일으키기 때문에 파란과 역경에 빠지기가 쉽고, 역경 다음(多淫) 단명 배우자 및 자녀, 들과도 이별수가 있어서 고독과 애수(哀愁)에 잠겨 비참해지는 운수입니다.

그리고 社會運 22劃은 凶數인고로 누가 사회적으로 이끌어주는 사람도 없고 도리어 모든면이 여의치 않아서 좌절, 병약, 역경, 불평, 색난(色難)의 凶運이 있고 심신도 과로하여 고독해 집니다.

또한 內格前運 22劃도 社會運과 마찬가지로 凶數가 끼어있으니 무엇이 되겠읍니까, 결국 학업을 중단하고 탈선하는 이름인 즉 반드시 개명만이 이 여성을 살리는 길입니다.

五行「金木水」는 凶한 운수입니다.

성격은 민감하고 다의(多疑)하며 인내심이 강해서 희생(犧牲)을 무릅쓰고도 덤비는 성격이 있읍니다.

운세는 사람을 놀랠정도로 성취를 하겠지만, 종래 실패와 역경으로 돌아가므로 크게 발전성이 없고 별거 이혼 병난 심지어는 난치병에 걸려서 신음(呻吟)하든가 단명해지는 凶數입니다. 옛날 성인(聖人)이 말하다시피「착한 일을 하는 사람에게는 하늘이 복을 주시고 악한 일을 하는 사람에게는 하늘이 화(禍)를 주시느니라」하셨으니 사람이란 언제나 착하고 바른일을 하라고 하셨읍니다.

例 2、 桂範錫의 姓名의 境遇 (學業中斷編)

▲ 劃數의 分析

1、 地格 31 劃은 富貴와 幸福의 吉數
2、 人格 25 劃은 信念과 意志가 强한 吉數 (剛情數)
3、 外格 17 劃은 强直하고 冷徹한 吉數 (剛情數)
4、 天格 11 劃은 온건 着實한 吉數
5、 總格 41 劃은 덕망이 高大한 吉數
6、 天格 11 劃과 地格 31 劃의 同數同格은, 倦怠症과 破亂의 凶數。
7、 內格前運 26 劃과 內格後運 16 劃의 同數同格은, 精神的인 苦痛과 凶數。

204

8、內格前運 26劃과 外格 17劃。內格後運 16劃과 人格 25劃의 同數同格은、天地災變의 凶數。

▲ 評 註

이 학생은 대학시험을 수차 치렀으나 그동안 애쓴 보람도 없이 거듭 낙방(落榜)만 하므로 실의에 골몰하고 있는 학생입니다.

▲ 綜合判斷

표면상에 나타난 이름의 地格 31劃 人格 25劃 外格 17劃 天格 11劃 總格 41劃등은 모두가 吉數로 구성되어 있으므로 상급학교도 무난히 진학할 수 있을 것 같습니다마는 속과 겉보기와는 전연 다르므로 낙방이 된 것입니다.

그 이유인 즉 이 학생을 자세히 감정해보면 잘 알다시피 같은 수끼리 맞부딪치고 있는 것이 많이 눈에 뜨일 것입니다. 그것은 天格 11劃과 地格 31劃의 天地同格의 凶數로 말미암아 파란과 권태증(倦怠症)이 있고、또한 남에게 배신을 자주당할 운이 있으므로 재난과 교통사고도 일어날 액운이 있읍니다.

內格前運 26劃과 內格後運 16劃과 內格의 同數同格도 항상 불평불만이 많고 정신적인 고통과 금전상의 손실운도 이면(裏面)에 감싸고 있으므로 불행해 집니다.

그리고 內運의 천지재변 수가 겹쳐있어서 자기가 이때껏 쌓아놓은 업적도 하루아침에 무너져가는 식으로 진학에도 많은 지장(支障)을 초래 했읍니다.

五行「木土木」은 凶한 운수입니다.

성격은 호기심은 강하나, 진짜 굳셈힘이 결핍되어 꾸준한 성품은 없읍니다. 운세는 기초가 불안하기 때문에 변화가 많고 성공운이 없는 고독수 입니다.

성명학은 예나, 이제나 인생의 가장 귀중한 운명의 철학이며 인생의 지침(指針)인데도 불구하고 세일(世人)들은 분별치 못하고 있으므로, 자주 기막힌 참변에 말려들고 있읍니다. 이런 맹목적인 사고방식으로 무슨 부귀공명의 영화(榮華)를 누리겠다는 것인지 도무지 알 수 없읍니다. 사람이란 모든 일을 쫓으면 그복이 스스로 두터워 지는 것과 같이 재삼 심각하게 연구해볼 문제라고 보겠읍니다.

◎ 運命의 神은 왜 나를 白痴로 만들어 주었을까?

例題 1、魚鍾健의 姓名의 境遇 (白痴編)

▲ 劃數의 分析

1、 地格 28劃은 不安과 遭難의 凶數 (災難數)
2、 人格 28劃은 死忠多險의 凶數 (遭難數)
3、 外格 12劃은 意志가 박약한 凶數 (災難數)

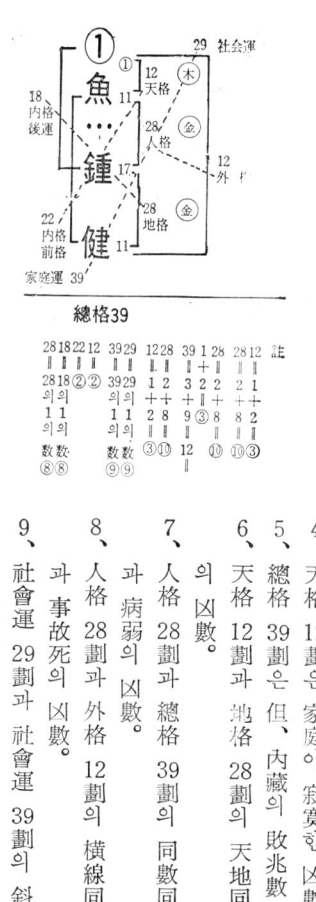

10、內格前運 22劃과 天格 12劃。內格後運 18劃과 地格 28劃의 同數同格은 天地災變의 凶數。

9、社會運 29劃과 社會運 39劃의 斜線同格은、災難과 病難의 凶數。

8、人格 28劃과 外格 12劃의 橫線同格은、自殺과 事故死의 凶數。

7、人格 28劃과 總格 39劃의 同數同格은、破亂과 病弱의 凶數。

6、天格 12劃과 地格 28劃의 天地同格은、病弱의 凶數。

5、總格 39劃은 但、內藏의 敗兆數

4、天格 12劃은 家庭이 寂寞한 凶數 (病難數)

▲ 評 註

이 남아는 차남으로 태어났으나 지능도(知能度)가 너무 부족한 백치(白痴)입니다. 공부는 물론 말할 나위도 없으려니와 주위에서까지 바보로 취급받는 저능아(低能兒)입니다.

▲ 綜合判斷

이 성명은 너무나 많은 장애을 일으키는 凶數입니다. 전격(全格)에 걸쳐 거미줄같이 서로 얽

207　第三部　實踐編

키고 설키기 때문에, 凶數에 말려들지 않는 곳이 없을 정도로 나쁘게 형성되고 있읍니다. 地格 28劃, 人格 28劃, 外格 12劃, 天格 12劃, 內格前運 22劃등에 걸쳐 어디하나 빛을 볼곳이 없으니 어떻게 아이가 잘자랄수 있겠읍니까. 그리고 같은 同格數가 네군데나 현재나 미래의 발전상이란 것은 조금도 찾아 볼수 없을 뿐더러 이운수는 고독, 단명, 실패, 병약, 조난, 재난, 요절, 액환, 뇌해등 일생에 큰 액난과 병약으로 말미암아 지능도 약한, 백치의 형상을 이룬 것입니다.

五行「木金金」은 凶하 운수입니다.

성격은 말이적고, 침묵을 지키며 변태적인 성격이 다소 있읍니다. 운세는 불화하고 고독하며 심지어 함정에 빠져 조난을 당하는 수입니다. 가정은 파괴되고 심지어 뇌병으로 고생할 凶數입니다.

例題 2, 康京姫의 姓名의 境遇 (白痴編)

▲ 劃數의 分析

1, 地格 17劃은 固執과 強情의 數 (災難數)
2, 人格 19劃은 辛苦가 많은 凶數 (短命數)
3, 外格 10劃은 災難과 短命의 凶數 (短命數)
4, 天格 12劃은 家庭이 寂寞한 凶數 (病弱數)

208

①康京姬

社會運 20
天格 12
人格 19
外格 10
地格 17
內格前運 20
內格後運 9
家庭運 28
總格 28

註
28−19＝19 1+9＝⑩과 같음
28−20＝2+8＝⑩과 같음
10−19＝1+9＝⑩과 같음
20−28＝2+8＝⑩과 같음
10−20＝⑩은 ⑩의 1位의 數⑨
19＝19의 1位의 數⑨

5、總格 28劃은 厄難과 誹謗의 凶數 (遭難數)

6、人格 19劃과 總格 28劃의 同數同格은、病難과 厄難의 凶數。

7、人格 19劃과 外格 10劃의 橫線同格은、自殺과 事故死의 凶數。

8、社會運 20劃과 家庭運 28劃의 斜線同格은、病難과 自殺數의 凶數。

9、內格前運 9劃과 人格 19劃。內格後運 20劃과 外格 10劃의 同數同格은、天地災變의 凶數

▲ 評註

이 여아(女兒)는 양복직공을 하는 사람의 장녀로 태어났으나 지능도(知能度)가 발달치 못하여 국민학교에 취학도 못하고 있는 전능아로서 앞날이 암담(暗擔)한 백치입니다.

▲ 綜合判斷

이 여아도 예제 1의 남아와 같이 이름이 너무나 凶數로 짜여져 있기 때문에 평가할 여지조차 없게 되었읍니다.

자기의 명궁인 人格이 19劃으로 되어 家庭運이 희박(稀薄)하고 병약과 고질병에 신음하여 요절

할 액환(厄患)이 있읍니다. 이러한 凶數의 人格을 중심에 두고 밖으로는 外格 10劃、總格 28劃 天格 12劃 社會運 20劃、家庭運 28劃、內格前運 20劃、內格의 凶數에다 강정의 재난 수가 基礎運에서 더욱더 뒷받침을 하고 있으니 무슨 발전과 성공수가 있겠읍니까、 그리고 특히 內運의 同格으로 인한 흉한 운수가 네곳이나 걸려있어서 해뇌병약(害腦病弱)할 凶數입니다. 運 五行 「木水金」은 凶한 운수입니다. 성격은 선양하나 주의력이 부족하여 실수가 많습니다. 운 세는 고독하므로 불평 불만이 많고 뇌병(腦病)으로 말미암아 액난(厄難)과 비방(誹謗)을 당할 凶數가 있읍니다.

이여아의 성명은 너무나 凶數로만 중복되어 있기 때문에 불가불 사람다운 빛을 못보고 이같 이 저능아(低能兒)가 된 것입니다.

◎ 神이여! 저희 들에게도 귀여운 자식하나 주시옵소서

例題 1、鄭允娅의 姓名의 境遇 (無子編)

▲ 劃數의 分析

1、地格 15劃은 順和하고 溫良한 吉數
2、人格 23劃은 孤寡數의 凶數
3、外格 12劃은 病弱과 厄難의 凶數
4、天格 20劃은 破運과 空虛의 凶數

總格34

註
12 23
①의
1+1 数
2
=5

▲ 評註

5、總格 34劃은 敗家亡身의 凶數

6、人格 23劃과 外格 12劃의 橫線同格은、家族으로 因한 苦悶의 凶數

7、社會運 24劃과 家庭運 34劃의 斜線同格은、惡作用이 發端된 凶數

8、內格前運 30劃과 天格 20劃 內格後運 5劃과 地格 15劃의 同數同格은、天地災變의 凶數

9、內格前運 30劃과 外格 12劃。內格後運 5劃과 人格 23劃의 同數同格은、天地災變의 凶數

이 부인은 중류집안에서 살고는 있으나 아이가 없어서 항상 고민하고 있었는데 이 부인은 어린애를 얻을 욕심에서 자기의 이름을 「鄭允娍」이라고 개명을 하고서 밤낮으로 어린애 낳기를 기다렸었답니다、 정말로 이해도 가지 않지만 이것이야 말로 웃지 못할 넌센스가 아니고 무엇이겠읍니까、물론、본인은 안타가워서 개명을 했겠지만 무턱대고 찬명(撰名)해준 그 유명하다는 작명가(作名家)의 속셈을 도무지 알길이 없으니 한심스럽기가 한이 없읍니다。

▲ 綜合判斷

어린애를 낳고 싶어하는 사람에게 표기와 같은 무서운 이름을 지어 주었다는 것은 그저 웃음으로 넘길 수 없는 비극이라고 봐야 하겠읍니다.

첫째 자기의 명궁인 人格에 여성으로서는 가장 피해야 할 고과운의 23劃을 집어넣었고, 外格 12劃은 家庭運이 적막한 고독, 패가, 파란, 좌절운을 배치하였으며 總格 34劃도 패가망신으로 병약 단명 발광 고독 배우자 상실운 만혼(晚婚)등 凶數로 구성되고 있읍니다.

이같이 凶數로 이루어진 이름의 이면에는 橫線同格、斜線同格、內運의 同格 總格의 凶數로 말미암아 더욱더 액운에 빠지게 됩니다. 결국 자식을 보려고 개명한 것이 도리어 두 부부간에 생이사별 수가 돌아올 이름을 지어 놓았으니 이것을 무엇이라고 평가를 해야 합니까.

성명학은 고원적(高遠的)인 철학이며 순정적인 과학(科學)입니다.

그러기 때문에 성명에는 智(理性) 情(感情) 意(意志)의 삼요소로서 ① 이지의 발달과 ② 감정이 농후하고, ③ 의지가 견인할 세부분의 배합이 吉數로 구성되어야 만이 한인간으로서 가정적으로나 사회적으로 또는 사상적이나 직업적인 전반에 걸처 극적(剋的)인 재앙(災殃)과 억압(抑壓)을 당하지 않고 활기있게 발전해 나갈 수가 있는 것입니다.

그리고 특히 인간으로서 지(智) 인(仁) 용(勇)의 삼덕(三德)을 갖추고 중용(中庸)의 도를 지킬줄 아는 사람이 현명(賢明)한 사람입니다.

五行「水火土」는 凶한 운수입니다.

성격은 조급하고 민감하며 소심한 성격입니다. 운세는 발전과 성공운이 없고 병난(病難)으로 함정에 빠져 단명해지는 흉한 운수입니다.

例題 2、成逢順의 姓名의 境遇 (無子編)

```
        22 社會運
    ①  8
 ┌─金
 │ 7 天格
①成  21
 │ 木
15 … 14 人格   13. 外格
內格   26
後運 逢 土 地格
19  
內格  12
前運 順
    家庭運 33
    總格33
```

註
33 22 26 8
㉝ 2+6=
 나란이平行同格 ⑧

▲ 劃數의 分析

1、地格 26劃은 配偶者 및 子女離別의 凶數 (災難數)
2、人格 21劃은 孤寡運의 凶數
3、外格 13劃은 智略成功의 吉數
4、天格 8劃은 勤勉發展의 吉數
5、總格 33劃은 寡婦運의 凶數 (災難數)
6、天格 8劃과 地格 26劃의 天地同格은, 破亂과 災難의 凶數。
7、社會運 22劃과 家庭運 33劃의 斜線同格은, 再婚과 災難의 凶數。

▲ 評 註

이 부인은 출가를 세번씩이나 했어도 자식 하나없이 탄식하고 있는 불우한 여성입니다. 의식주(衣食住)는 그럭저럭 불편없이 지내고는 있으나, 항상 자식 때문에 걱정을 하고 있읍니다. 현데 이 「成逢順」이라는 이름도 무명작명가에 의해서 개명을 했었다하니 참말로 놀라지 않을 수 없는 처사이며, 참으로 안타까운 노릇입니다.

성명학이란 인생의 가장 귀중한 운명의 철학인데도 불구하고 함부로 편견과 오유(誤謬)를 범하고 있는 그 불실하고도 무책임한 작명가의 단견(短見)에 대하여서는 참으로 간담이 다 싸늘해지는 것 같습니다.

▲ 綜合判斷

여성으로서 성명에 21 23 26 28 33 39 劃을 가진 사람들은 모두가 재운은 왕성하나 애정운만은 별로 좋지 못하므로 대개가 고과운(孤寡運)에 빠지게 됩니다.

이 부인에게도 여성으로서 특히 피해야 할 고과의운인 地格 26 劃 人格 21 劃 總格 33 劃의 凶數가 성명의 가장 핵심적인 부분인 基礎運과 成功運에 있으며 또한 그 사람의 장래의 운을 주로 보는 總格에까지 파고들고 있어서 자식을 얻을 것은 고사하고 도리어 고과운에 말려드는 凶運에 놓여져 있읍니다.

이 부인은 오랫동안 내외가 불화하였고 항상 수심(愁心)에 쌓여서 고민하고 있기 때문에 재난, 노이로제, 수술, 재혼, 자살등 나쁜 작용의 운세를 입게 됩니다. 또한 이수는 天地同格과 斜線同格의 凶數로 말미암아 파란과 재난 재혼과 조난의 연속적인 비극이 연달아 일어나게 됩니다.

五行「金木土」는 凶한 운수입니다. 성격은 의심이 많고 불신한 성격이 있읍니다. 운세는 성공하기가 퍽 어렵고 심신과로(心身過勞)와 신경쇠약으로 인하여 병으로 불우해지는 운명입니다.

◎ 나는 왜 하필이면 남의 소실이란 말인가

例題 1、房元子의 姓名의 境遇 (小室編)

```
         ①        13 社会運
      ┌──┐  9
   5  │房 │  天格 (木)
  内格 │  │  8
  後運 │  │  12
      │…│  人格 (木)   4
      │  │              外 格
      │  │  4
      │元│  7
   11 │  │  地格 (金)
  内格 │  │  3
  前運 │子 │
      └──┘
   家モ運 15
      總格15
```

▲ 劃數의 分析

1、地格 7劃은 意志와 信念이 强한 吉數 (剛情數)
2、人格 12劃은 家庭이 寂寞한 凶數 (災難數)
3、外格 4劃은 萬事가 休止된 凶數 (發狂數)
4、天格 9劃은 窮乏과 困難한 凶數 (遭難數)
5、總格 15劃은 順和하고 溫良한 吉數 (愛嬌數)

▲ 評 註

이 여성은 처녀시절에 모운수계통에 종사했었으나 친분이 가까운 남자ㄱ 유혹(誘惑)에 넘어가 어두운 꿈 속에서 남의 이목을 피해가며 사랑의 은거(隱居) 생활을 하고있는 여성입니다.

▲ 綜合判斷

이 여성은 總格과 內格의 수리가 吉數이기 때문에 의식주에는 별로 타격받을 일은 없겠으나 주운격인 人格 12劃과 外格 4劃의 凶數로 인하여 이같이 그늘진 생활을 하게 되었읍니다. 人格 12劃은 가정이 적막한 수로서 고독 좌절, 대파, 재난 수가 있고 外格 4劃은 만사가 휘지격으로서 변사, 발광, 파란, 패가, 망신살의 凶數가 있으므로 남의 이목까지 속여가며 차디차고 고닯은 은거생활을 하게 될 것입니다.

五行 「水木金」은 凶한 운수입니다.

성격은 신경이 과민하므로 인의(仁義)를 위해 희생하다 종내 자기가 실패로 돌아가는 성격입니다. 운세는 발전운은 있으되 변동이 많으므로 안전(眼前)에 박해가 있고 심신이 과로하여 병난 조난, 재화(災禍)를 당할 凶數입니다.

옛 말에도 「사람은 백세사는 사람은 별로 없으나, 잘못은 천년의 계교를 짓는다」는 말과 같이 향락(享樂)의 밤은 비애(悲哀)의 아침으로 변한다는 것은 똑똑히 알고 지내야만 할 것입니다.

例題 2、 崔婧子의 姓名의 境遇 (小室編)

▲ 劃數의 分析

1、 地格 14劃은 一生을 눈물로 지낼 凶數 (災難數)

2、 人格 22劃은 逆境과 挫折의 凶數 (遭難數)

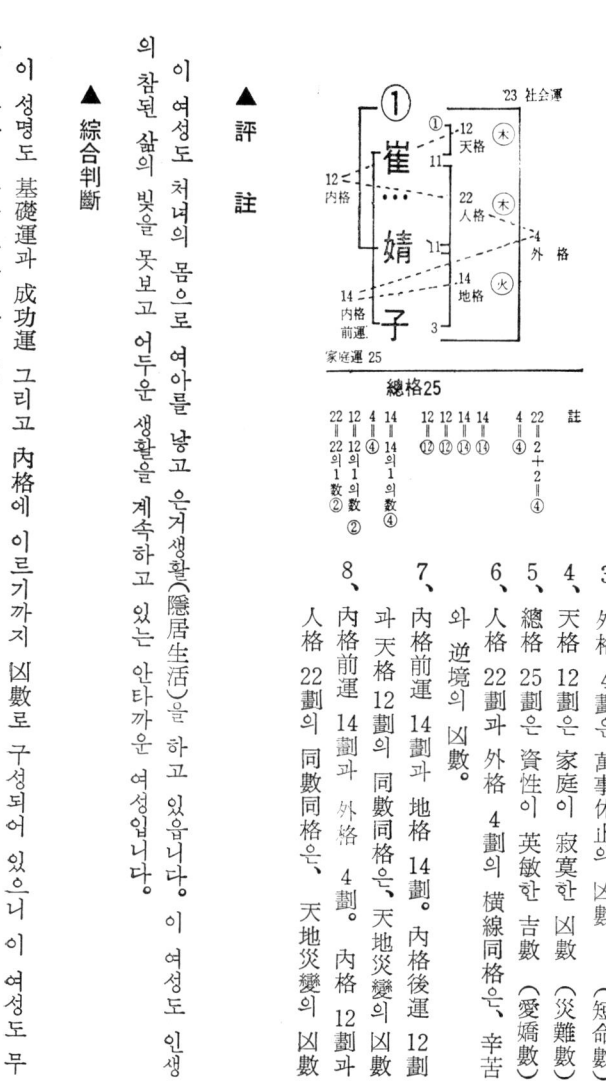

註

3、外格 4劃은 萬事休止의 凶數 (短命數)
4、天格 12劃은 家庭이 寂寞한 凶數 (災難數)
5、總格 25劃은 資性이 英敏한 吉數
6、人格 22劃과 外格 4劃의 橫線同格은, 辛苦와 逆境의 凶數 (愛嬌數)
7、內格前運 14劃과 地格 14劃。內格後運 12劃과 天格 12劃의 同數同格은、天地災變의 凶數
8、內格前運 14劃과 外格 4劃。內格 12劃과 人格 22劃의 同數同格은、天地災變의 凶數

▲ 評 註

이 여성도 처녀의 몸으로 여아를 낳고 은거생활(隱居生活)을 하고 있읍니다。이 여성도 인생의 참된 빛을 못보고 어두운 생활을 계속하고 있는 안타까운 여성입니다。

▲ 綜合判斷

이 성명도 基礎運과 成功運 그리고 內格에 이르기까지 凶數로 구성되어 있으니 이 여성도 무슨 영화와 행운을 바라겠읍니까。

地格 14劃은 일생을 눈물로 보낼 재난 수이고 人格 22劃도 역경, 색난, 좌절, 불평등 조난수가 겹쳐있읍니다. 더욱더 外格 4劃까지 만사휴지격(萬事休止格)의 凶數로 말미암아, 일생을 파란과 비운속에 지샐 불행수가 있읍니다. 그리고 심지어 內運까지 14劃과 12劃의 凶數로 진(陣)을 치고 있으니 이 여성도 불가불 남의 소실로 일생을 마쳐야 할 애처로운 운명의 여성입니다.

중년에는 병약, 불구, 변사, 발광증 등 불의에 닥쳐올 운수가 있으니 퍽 조심을 해서 처세해 나가야 합니다.

五行 「木木火」는 吉한 운수입니다.

성격은 감수성이 강하여 이성(異性) 관계에도 애정심이 극단적으로 강한면이 있읍니다. 운세는 성명의 수리운이 너무나 흉한수로 뭉쳐 있기 때문에 별로 밝은 전망은 볼 수 없겠읍니다. 인간은 「勤勉과 誠實앞에 설 智惠는 없다」는 금언(金言)을 잘 인식해서 살아나가야 합니다.

◎ 太陽을 등지고 살 運命이라니 그것이 정말인가요

例題 1. 玉昆淑의 姓名의 境遇 (囹圄編)

▲ 劃數의 分析

1. 地格 21劃은 孤寡運 (首領數) (女性의 境遇)

218

▲ 綜合判斷

어떤날 모공직에 있다는 여성이 찾아와서 자기에 대한 신수를 묻기에, 여사(女史)는 인생의 황혼기에 접어든, 불우한 운수에 처해 있으니 지금까지 하던일만 충실히 하면 무난 하겠읍니다. 그러나 혹시나 조금이라도 한눈을 딴데로 팔면 다시 소생하기 힘든 몸이 될 것이니 조심해서 처세하라고 충고를 해주었으나 이 여사는 이미 억대(億代)의 단꿈속에 말려든 몸이라 공직에 있는 그 신성한 신분을 빙자하고 수천만원 대의 모모사건(10·32캐러

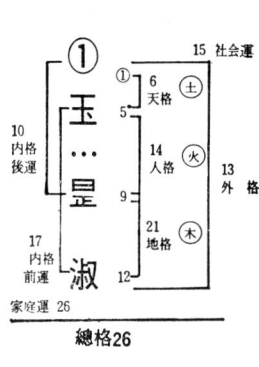

▲ 評 註

2、人格 14劃은 失意와 煩悶의 凶數 (災難運)
3、外格 13劃은 知達이 明敏한 吉數(藝能之數)
4、天格 6劃은 人望이 높은 吉數 (銃劍難數)
5、總格 26劃은 逆境과 變怪의 凶數 (失敗數)

▲ 評 註

이 여성은 모공직(某公職)에 몸을 담고 있으면서 일약억대(一躍億代)의 단꿈을 꾸다 결국 애처롭게도 그높은 공직마져 박탈당하고 처량한 영어(囹圄)의 신세가 되고 말았읍니다.

219 第三部 實踐編

트 밀수 다이아 반지)에 개입했던 것이 들통나는 바람에 해고를 당하고 종래 영어(囹圄)의 몸이 되었읍니다. 이 성명을 판단하여 보면 地格 21劃, 外格 13劃, 天格 6劃, 社會運 15劃, 內格前運 17劃등은 애정운과 가정운은 별로 좋지 않으나, 그 반면에 나가면 권위(權威)와 출세운도 있어서 높은 공직에 앉게된 것입니다. 그러나 자기의 명궁(命宮)인 人格 14劃과 總格 26劃, 內格後運 10劃, 家庭運 26劃등은 같은 凶數로 연결되어 있기 때문에 자주 불안전한 상태에서 재난(災難)과 구설수가 있게 되어 이불미스러운 사건에 말려들게 된 것입니다.

그것은 人格(36才−55才의 副運)과 內格後運(30才−60才)의 수리운이 형벌(刑罰)과 재난 파괴운이 있어 종말년운에 이같이 딱 부딪치게 된 것입니다.

인간이란 항상 자기의 분수를 모르고 날뛰면 많은 사고를 내는 동시에 허세(虛勢)를 부리기 쉽고 쓸데없는 인생의 헛점을 밟게 될것인 즉, 될 수 있으면 자애(慈愛) 영지(英智) 창조(創造)의 세가지 길을 밟아 나가도록 힘세야 하겠읍니다.

서전(書傳)에도 말하기를 「가득하면 털림을 당하고 겸손하면 이로움을 받는다」라고 하였읍니다.

또한 「濫想은 徒像神이요、 妄動은 反致禍니라」즉 쓸데없는 생각은 다만 정신을 상하게 할 것이요、 허망한 행동은 도리어 화를 미치게 되는 것이라고 하였읍니다.

五行 「土火木」은 吉한 운수입니다.

성격은 적극적이고 붙임성이 좋은 편입니다. 운세는 공명도 얻게되므로 지위와 재산도 구전될 운수이기도 하지만 수리가 凶數인 때는 뇌질환(腦疾患)이 생기는 것이 결점 입니다.

결국 성공의 비결은 일정불변 함에 있으므로 의지있는 곳에 깊이가 있는 것이 인생의 진리(眞理)이니 부지런하고 꾸준한데서 인간의 그 알찬 열매를 얻게 되는 것입니다.

◎ 精神病 患者라니 그것이 사실인가요

例題 1、薛龍蘭의 姓名의 境遇 (精神病編)

```
        36 社會運
    ①  20
 薛   天格
17  19
內格   35
後運   人格    土
 龍  16
        24
        外格
42   39
內格   地格   水
前運 23
    家庭運 58
        總格 58
```

註
39 20
20 운
3+9 ⑩과 같음
12
1+2
③

35 17 24 42
3 1 2 4
+5 +7 +4 +2
⑧ ⑧ ⑥ ⑥

▲ 劃數의 分析

1、地格 39劃은 孤寡運의 凶數 (災難數)

2、人格 35劃은 溫良하고 和順한 吉數

3、外格 24劃은 財源이 廣進할 吉數

4、天格 20劃은 病弱하고 短命할 凶數(病弱數)

5、總格 58劃은 先苦後甘한 數

6、天格 20劃과 地格 39劃의 天地同格은、破亂과 病難의 凶數

7、內格前運 42劃과 外格 24劃。內格後運 17劃과 人格 35劃의 同數同格은 天地災變의 凶數

▲ 評 註

이 부인은 이미 24세때 출가하여 五년간이나 살았어도 슬하(膝下)에 자녀를 두지못한 탓으로 가정은 가정대로 풍파가 많았고 그녀는 그녀대로 신경을 쓴나머지 정신이상이 생겨서 종내 남편과 이혼까지 당하고 암담(暗憺)한 나날속에 헛된 인생의 길을 걷고 있으므로, 안타까운 운명의 여인입니다.

▲ 綜合判斷

이 여인은 總格에 58劃이 있어 초년에 패가할 운이 있고, 基礎運인 地格 39劃도 여성으로서는 가장흉한 고과운(孤寡運)이 겹들어 있으므로 불운해 졌읍니다.

따라서 天格 20劃、社會運 36劃、內格前運 42劃등 병약과 단명, 그리고 파란이 중첩된 凶數입니다.

이 여인이 정신적인 난치병에 특히 걸리게 된것은 天地同格과 內運의 同格인 천지재변수로 인하여 파란과 원인 불명의 병이 생겼고, 사고、재해、재난、생명에 대한 큰병고와 급병, 급사의 凶數로 말미암아 많은 고난과 정신적인 장애(障碍)를 받은 것입니다.

五行「水土水」는 凶한 운수입니다.

성격은 복종심이 결핍되고 허영심이 강합니다. 운세는 항상 불안정하고 곤란과 장애가 많아서 급변、조난、변사의 위험수가 있게 됩니다.

「人義는 盡從貧處斷이요, 世情은 便向有錢家니라」 즉 사람이 서로 사귀는 도리는 가난한데서 끊어지는 도리요, 온 무리가 서로 사귀는 정과 뜻은 오로지 돈이 있는 부자집을 향하느니라」고 하였으나, 인간의 참다운 정과 뜻은 모두 균색한 가운데에서 생기게 되므로 이 여성에게도 따뜻한 손길이 아쉽습니다.

◎ 우리도 남과 같이 잘살지 못하고 왜 敗家를 했을까?

例題 1、 林昌娇(林方濟順)의 姓名의 境遇 (敗家編)

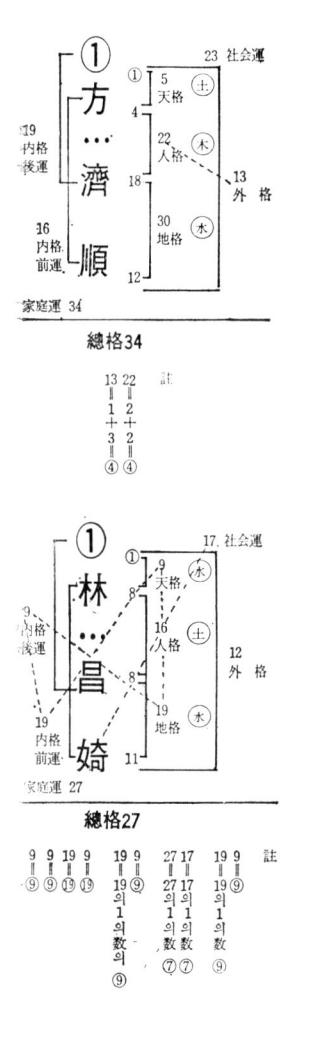

第三部 實踐編

方濟順(女)

▲ 劃數의 分析

1、地格 30劃은 災難과 危險의 凶數 (遭難數)
2、人格 22劃은 逆境과 挫折의 凶數 (遭難數)
3、外格 13劃은 智達과 明敏한 吉數 (藝能數)
4、天格 5劃은 衣食은 豊足할 吉數
5、總格 34劃은 敗家亡身의 凶數 (遭難數)
6、人格 22劃과 外格 13劃의 橫線同格은, 家族을 위한 苦悶의 凶數.

林昌婍(男)

▲ 劃數의 分析

1、地格 19劃은 生涯가 多難한 凶數 (災難數)
2、人格 16劃은 貴人의 도움을 받는 吉數
3、外格 12劃은 家庭이 寂寞한 凶數 (災難數)
4、天格 9劃은 窮乏困苦한 凶數 (遭難數)
5、總格 27劃은 不意의 挫折인 凶數 (災難數)
6、天格 9劃과 地格 19劃의 天地同格은, 破亂과 背信받을 凶數.

7, 社會運 17劃과 家庭運 27劃의 斜線同格은、災難의 凶數。

8, 內格前運 19劃과 地格 19劃。內格後運 9劃과 天格 9劃의 同數同格은、天地災變의 凶數

9, 內格前運 19劃과 天格 9劃。內格後運 9劃과 地格 19劃의 同數同格은、天地災變의 凶數

▲ 評 註

위의 두성명은 한집안의 부부입니다. 부인은 양품점을 경영하고 있는 몸으로 집안식구들을 혼자서 먹여 살리느라고 갖은 고난과 역경속에서 애를 쓰고 있으나、남편된 사람은 밤낮 무위도식하면서도 손끝하나 까닥하지 않고、자기는 자기 나름대로 외도까지 하면서 방탕(放蕩)한 생활을 하고 있읍니다.

처의 내조의 공도없이、결국 집안은 쇠퇴해지므로 멀지않아 이 부부간에도 파탄(破綻)의 물결이 몰아칠 것입니다.

▲ 綜合判斷

좋은 이름은 좋은 배우자를 얻고、나쁜 이름은 나쁜운을 맞는다는 것은 성명학의 진리이므로 이 두부부의 이름을 감정해보면 곧 알 수 있읍니다.

우선 부인의 이름은 外格13劃、社會運 23劃、天格 5劃등 밖에나가서 벌어다가 집안식구들을 먹여살리는 수입니다. 그러나 總格 34劃의 地格 30劃、內格後運 19劃등은 패가망신(敗家亡身)
절사봉생(絶死逢生)、신고중래(辛苦重來)의 凶數로 인하여 고생한 보람도없이 패가 망신하는

凶數입니다.

五行 「土木水」는 凶한 운수입니다.

성격은 정직하고, 노력가 입니다. 운세는 밖으로는 길상인 것 같이 보이지만 내실은 그렇지 않고 고민(苦悶) 번뇌(煩惱) 파란(破亂) 병난(病難)으로 인하여 재화수(災禍數)가 있읍니다.

그리고 남편 林昌嬌도 人格 16劃을 내놓고서는 전부가 凶數로 되어 있읍니다. 그러기 때문에 남편의 이름은 부인과는 정반대 방향으로, 밖에나가서 활약을 하면 좌절이 되어 무엇을 해보아도 오래가지 못하고 쓰러지기를 잘 합니다.

그러나 人格 16劃은 귀인의 도움을 받을 수가 있어, 그나마 부인의 덕분으로 살고있는 것 뿐 입니다.

기타의 운격(運格)은 內格의 同數同格, 天地의 同格, 內運의 同數同格의 凶數로 말미암아 생애(生涯)가 다난해지고 방탕(放蕩)지수가 있어서 앞으로 무서운 수난을 받을 운세입니다.

五行 「水土水」는 凶한 운수입니다.

성격은 허영심(虛榮心)이 많고 복종심이 결핍되어 있기 때문에 남의 말을 잘듣지 않습니다. 운세는 발전성이 없고 장애가 많아서 고난을 당하게 되므로 급변, 재화, 급병, 급사, 변사의 위험수가 따르게 됩니다.

노동이 신체를 강건케 하는 것과 같이 난관(難關)은 정신을 강하게하며, 마침내 쉬지 않으면 크게 이루어 진다는 진리를 깨닫고 부지런히 노력해야 합니다.

例題 2、車都永煥의 姓名의 境遇 (敗家編)

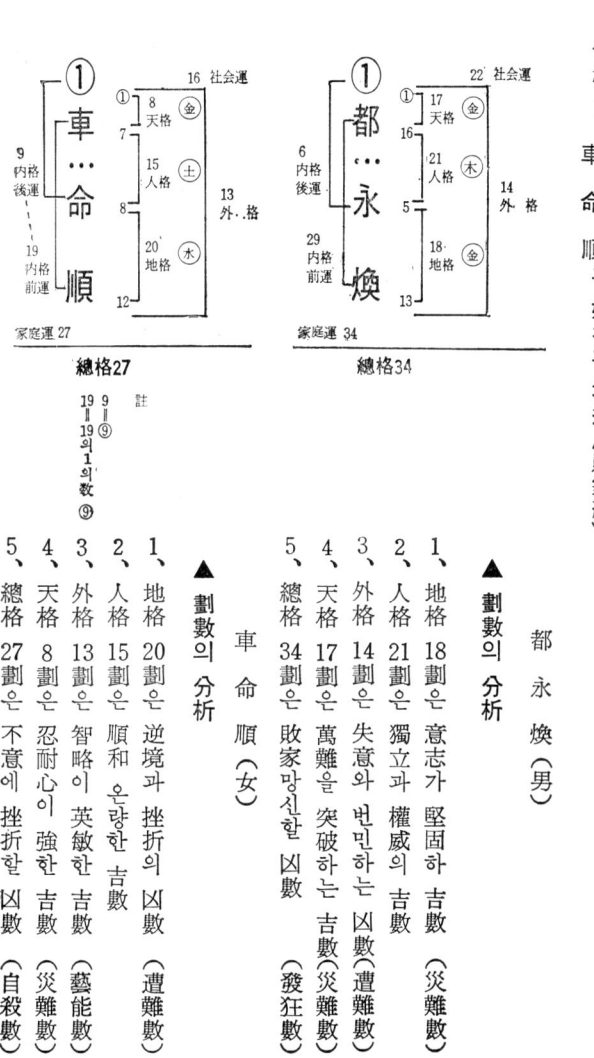

都 永 煥 (男)

▲ 劃數의 分析

1、地格 18劃은 意志가 堅固하 吉數 (災難數)
2、人格 21劃은 獨立과 權威의 吉數
3、外格 14劃은 失意와 번민하는 凶數 (遭難數)
4、天格 17劃은 萬難을 突破하는 吉數 (災難數)
5、總格 34劃은 敗家망신할 凶數 (發狂數)

車 命 順 (女)

▲ 劃數의 分析

1、地格 20劃은 逆境과 挫折의 凶數 (遭難數)
2、人格 15劃은 順和 온량한 吉數
3、外格 13劃은 智略이 英敏한 吉數 (藝能數)
4、天格 8劃은 忍耐心이 強한 吉數 (災難數)
5、總格 27劃은 不意에 挫折할 凶數 (自殺數)

6、內格前運 19劃과 內格後運 9劃의 同數同格은 精神的인 苦悶과 金錢的인 損失의 凶數

▲ 評 註

이 두사람은 한집안의 부부간 입니다. 가장인 남자는 시골서 농사일에 종사는 하고 있으나, 이 사람은 젊은처와 자녀까지 두고서도 밖에나가 불륜한 행동만 할 뿐아니라 나날을 방종(放縱)만 하고 있으므로 부인은, 참다못해 이혼(離婚)을 제기했다고 합니다.

▲ 綜合判斷

남편인 都永煥의 이름을보면 地格 18劃、人格 21劃은 시골서 농사나짓고 편안히 지낼 수 있는 수리운입니다. 그러나 外格 14劃과 社會運 22格、總格 34劃은 패가망신할 凶數가 있어 이러한 탈선행위를 하고 있는 것입니다. 이수는 실패 참사 자녀사별、형상(刑傷) 사무상(死無喪)을 당할 흉수입니다.

그리고 이 부인도 地格 20劃에 역경과 좌절수가 있고 특히 總格 27劃은 가정운이 불의에 좌절당하므로 이 사람들의 결혼생활도 내외가 불화하고 파경에 빠져듭니다.

인간은 사유(四維)와 오성(五性)=(暴、淫、奢、酷、賊)을 분별치 못하면 인간의 구실을 못하게 됩니다.

효행편(孝行編)에 孝順은 還生孝順子요, 忤逆은 還生逆子하나니, 不信커든 但看簷頭水하라 點點滴滴不差移니라」즉 효도 하고 순한 한자식은 효도하는 자식을 낳는 법이로다, 정밀지 못할 것이요, 어그러지고 거슬리는 사람은 도로 어그러지고 거슬리는 자식을 낳는 법이로다, 정밀지 못할 것같으면 오직 처마끝에 물을 보아라 점점(點點)이 떨어지고 떨어짐이 옮기지 않느니라고 하였읍니다.

그러므로 향락은 비애를 낳고 근면은 행복을 낳는다는것을 명심하고 몸소 힘써나가야 합니다.

◎ 죽음으로 끝낸 師道 34年의 終末運

例題 1、金宙晩의 姓名의 境遇 (新聞記事編)

一九七四년 二월 紙上發表

▲ 劃數의 分析

1、地格 19劃은 災禍가 重重한 凶數 (遭難數)
2、人格 16劃은 貴人得助의 吉數 (首領數)
3、外格 12劃은 才能과 學藝가 豊富한 吉數 (藝能數)
4、天格 9劃은 窮乏困苦한 凶數 (災難數)
5、總格 27劃은 遭難과 厄運의 凶數 (遭難數)
6、內格前運 19劃과 地格 19劃。內格後運 9劃과 天格 9劃의 同數同格은, 天地災變의 凶數。

▲ 評 註

교육 하나만을 위해 일생을 살아온 경북교육감(慶北敎育監) 金宙晩은 타협모르는 강직한 칼날 같은 결백 때문에 명예 롭게 살다 명예롭게간 교육자로서 사도(師道) 34년간을 죽음으로 끝낸 사람입니다.

▲ 綜合判斷

基礎運인 地格 19劃은 정신적인 고뇌와 악운이 연속이고 人格 16劃은 공명과 덕망이 자기의 成功運에 있으므로 사람들의 지도자가 될수있고 높은 지위에 앉을운이 있읍니다. 그리고 人格 16劃을 보필하고 있는 社會運 17劃은 사회적으로 신망이두텁고 존경을 받을 吉數이며 명성도 있고 집안도 응창해지는 대길상의 운세가 있읍니다.

교육계에 오랜동안 투신하고 명성을 얻게된 그원인은 人格 16劃、 社會運 17劃의 권위가 있고 대공을 일으킬 吉數로 인한 것인데 그반면에 자살하게 된 사유인 즉 地格 19劃、外格 12劃 總格 27劃 內運의 同格의 凶數로 말미암아 자살(自殺)하게 되었읍니다.

地格 19劃은 액난과 단명의 불행 수입니다. 總格 27劃도 조난과 비방、 가족과도 생이사별수 가 있고 또한 內運의 同數同格도 천지재변을 당할 흉운이 있어서 자기가 이때껏 쌓아올린업적 도 하루아침에 망쳐버리고 자살을 하고 말았읍니다.

순명편(順命篇)에 「萬事는 分己定이어 늘 浮生은 空自忙이니라」 즉 세상의 만사는 이미 정

230

◎ 德成女大 메이킨 柳孃 强姦致死 事件

例題 1、 柳信淑의 姓名의 境遇(新聞記事編)

李 相 均 (男)

一九七三年 十二月 紙上發表

▲ 劃數의 分析

1、地格 16劃은 貴人의 得助인 吉數 (剛情數)

해져 있거늘, 세상사람들은 괜히 부질없이 바빠하느니라는 말과 같이 인간이 죽고사는 것은 천명에 있으니 무엇을 탓하겠읍니까 만은 그래도 집안이 가난하면 어진 부인이 생각되고, 나라가 문란(紊亂)하면 어진 공신(功臣)을 생각케 되는 것과 같이 마침내 애석함을 금할바가 없읍니다. 五行 「水土水」는 凶한 운수입니다.

성격은 복종심이 결핍된데가 있으나 맡은 바 임무는 책임지고 수행하는 성격입니다. 운세는 항상 불안전한 상태에 놓여져 있어 곤난과 장애가 많고, 급변, 재화 급사, 조난의 위험 수입니다. 입시부정 사건에 책임을 느끼고 자살한 전 경북교육감 金宙晩을 추모하여 발족된 주만장학회(宙晩獎學會)는 기금이 五천만원이나 된다고 합니다. 첫 장학금 지급은 一九七六년도 새학기부터로 하고 있으며 연간 수혜인원(受惠人員)은 一○○명 정도라 합니다.

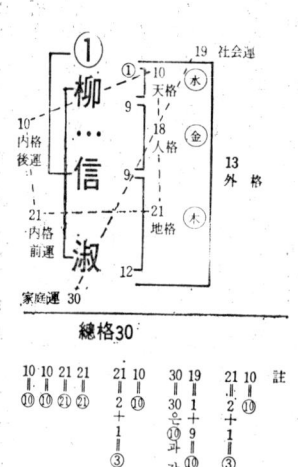

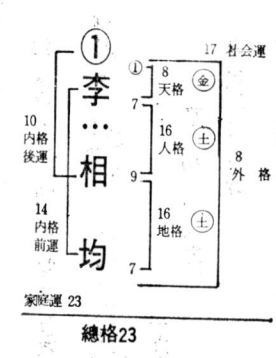

總格30　　　　　總格23

▲ 劃數의 分析

柳信淑(女)

1、地格 21劃은 破夫運의 凶數 (女性의 境遇)
2、人格 18劃은 初戀은 難成
3、外格 13劃은 智謀가 明敏한 吉數 (藝能之數)
4、天格 10劃은 婚變數의 凶數
5、總格 30劃은 災殃의 連續인 凶數
6、天格 10劃과 地格 21劃의 天地同格은、急作스런 事故의 凶數
7、社會運 19劃과 家庭運 30劃의 斜線同格은 災難과 自殺의 凶數

2、人格 16劃은 (色情에 易溺) (剛情數)
3、外格 8劃은 意志가 剛堅한 吉數 (流血之數)
4、天格 8劃은 進取가 心大한 吉數 (流血之數)
5、總格 23劃은 發育 무성할 吉數
6、內格前運 14劃과 內格後運 10劃은 凶數로서 銃劍難數가 있음.

8、內格前運 21劃과 內格後運 10劃의 同數同格은 精神的인 苦悶의 凶數。

9、內格前運 21劃과 地格 21劃。內格後運 10劃과 天格 10劃의 同數同格은、天地災變의 凶數

▲ 評 註

李相均은 덕성여대 메이킨 柳信淑양, 살해사건에 강간치사죄(強姦致死罪)로 징역 10년을 선고 받은 사건입니다.

남자는 유복한 가정에서 무엇하나 부러운것 없이 자라났으나、다만 애정관계로 너무나 끔찍한 사건을 일으켰던 것입니다.

▲ 綜合判斷

李相均의 성명의 경우 地格 16劃、人格 16劃은 유복한 가정에서 자라난 흔적이 역력히 보입니다. 이수는 색정(色情)에 탐익할 경향이 많고 總格 23劃과 外格 8劃도 감정이 예민하고 의지가 강건한 수입니다.

社會運 17劃과 家庭運 23劃도 겸하여 강한 수리끼리 모였기 때문에 퍽이나 고집이 센 사람이라는 것을 곧 알아 볼 수가 있읍니다.

헌데 이 사람이 사고를 낸 원인은 內格前運 14劃과 內格後運 10劃의 凶數로 인하여 재난、형벌、고독、실패、조난、수가 內格에 함유되어 있으므로 이같은 사고를 발생케 한 것입니다.

성명학을 분석함에 있어、그 성격별로 분류하면 「外、中、內」로 三등분 할 수 있읍니다.

「外」는 그사람의 표면의 吉凶을 제三자로부터 신뢰감을 받느냐 못받느냐는 것을 정하는 곳이며 「中」은 그사람의 내용을 말하는 곳이고 「內」는 그사람의 속(裏)을 드려다 보는 곳으로 구별되어 있읍니다. 이 사람의 경우를 보면, 「中」과 「外」의 수리운은 吉한 수리로만 짜여져 있어서 재화에는 결려들지 않을 것이라고 보겠지만 실은 이 「內運」의 수리가 전적으로 凶이기 때문에 이같은 사건을 비쳐낸 것입니다. 柳信淑의 경우는 地格 21劃에 과부운이 있고 人格 18劃은 초연(初戀)은 낭패할 수고 天格 10劃도 혼변(婚變)수가 있으며 總格 30劃은 재앙(災殃)의 연속으로 인하여 참변(慘變)을 당한 것입니다.

이 여성은 특히 天地의 同格인 凶數에 따란, 배신, 돌변사고가 있었고, 斜線同格의 凶數에 재난과 자살 감정과 욕망 이성의 투쟁등 해독을 입을 수가 있었읍니다.

內運의 同數同格은 천지재변을 당할 凶數이고 따라서 「內」운 속에 있는 內格前運 21劃과 內格後運 10劃의 同數同格은 여성으로서는 최대한으로 피해야 할 파란, 피살, 위난, 사무상의 대凶數가 있어서 여대(女大)의 메이킨인 柳양도 이 주어진 성명앞에는 어쩔 수 없이 참사(慘死)를 당하고 말았읍니다.

五行 「水金木」은 凶한 운수입니다.

성격은 의심이 많고 민감하나 소심한 성격이 있으며 운세는 基礎가 불안전하고 항상 변동이 많아서 조난(遭難)과 외상을 당할 위험한 운세입니다.

◎ 茶房서 카빈 亂射한 東大邱驛 人質 亂動事件

例題 1、曺孝錫의 姓名의 境遇 (新聞記事編)

一九七四년 一월 四일 紙上發表

```
         19 社会運
    ① ┌ 12 木
    曺 ┤    天格
 8 ├ 11  18 金
內格 │    人格
後運 ┤ 7  ─ 17 外 格
    錫 └ 23
 27 ┤    地格
內格 │ 16   火
前運
家庭運 34
    總格 34
```

註
- 18 = 18의 1의 數 ⑧
- 17 = 17의 1의 數 ⑦
- 27 = 27의 1의 數 ①
- 23 = 23의 1의 數 ③
- 12 = 1+2의 數 ③

▲ 劃數의 分析

1、地格 23劃은 發育 무성한 吉數
2、人格 18劃은 意志가 견고한 吉數(流血之數)
3、外格 17劃은 萬難을 突破하는 吉數(流血之數)
4、天格 12劃은 失敗와 災殃의 凶數(災難數)
5、總格 30劃은 災殃의 連續인 凶數(遭難數)
6、天格 12劃과 地格 23劃의 天地同格은、破亂과 突變事故의 凶數。
7、內格前運 27劃과 外格 17劃。內格後運 8劃과 人格 18劃의 同數同格은、天地災變의 凶數

▲ 評 註

曺孝錫은 一九七四년 一월 一일 동대구역 二층 구내다방을 점거하면서 카빈과 권총을 난사해 다방손님 二명을 숨지게 하고 四명을 붙잡아 난동을 부린 사건입니다.

第三部 實踐編

이 사건은 육군고등군법회의에서도 동대구 인질 난동 사건의 범인 曹孝錫(26歲)에 대한「항소심 宣告公判」을 열고, 재발을 막게 일벌백계(一罰百戒)의 본보기로서 원심(原審)대로 다음과 같이 사형을 선고 하였읍니다.

「사소한 상관의 꾸지람에 불만을 품고 적을 격퇴하는데 써야 할 총기를 선량한 국민에게 돌려대고 무차별 난사하여 생명을 빼앗고 공포에 떨게한 행위는 추호도 용납될 수 없으며 국민에 대한 신뢰와 기대를 회복하고 이러한 행위가 재발되지 않도록 일벌 백계의 본을 보이기 위해 사형에 처한다」고 판결 이유를 밝혔읍니다.

▲ 綜合判斷

地格 23劃、人格 18劃、外格 17劃의 수리운은 발육이 무성하고 의지가 견고한 吉數이기는 하지만 너무나 강정수(剛情數)이기 때문에 재난과 유혈 수가 있게 되고 總格 34劃은 패가망신 참사、단명、형상、정신이상으로 파멸되며、社會運 19劃도 신고중래수(辛苦重來數)로 불화、형벌、생애다난수이고 天格 12劃도 가정적막수(家庭寂寞數)로 재난、패가、파란、단명、좌절수이며 內格前運 27劃도 불의의 좌절수로 형벌、역경、변사、내외가 불화하게 되는 凶數들입니다.

그리고 특히 天地同格의 凶數에 권태증、파란 돌변사고가 있고 內運의 同數同格에 천지재변의 凶數가 겹쳐있어 이같은 난동사건을 일으켰든 것입니다.

五行「木金火」는 凶한 운수입니다.

◎ 專貫도 是非끝에 拳銃殺人事件…

성격은 자포자기하고 자중심과 복종심이 결핍된 성격이 다분합니다. 운세는 심신이 과로하여 신경쇠약과 호흡기 질환이 생기고, 발광, 자살, 변사의 凶數가 있읍니다. 공자(孔子)도 말하기를 나쁜 일을하여서 하늘의 죄를 받으면 빌곳이 없다고 하였거니와 하루라도 마음이 깨끗하고 한가하면 하루의 선인이 된다는 것입니다.

例題 1、 高 星 泰의 姓名의 境遇 （新聞 記事編）
　　　 金 福 南　　　　　 一九七四년 四월 二일 紙上發表

高 星 泰 （男）

▲ 劃數의 分析

1、 地格 18劃은 自我가 心强한 吉數 （流血數）
2、 人格 19劃은 辛苦가 많은 凶數 （流血數）
3、 外格 10劃은 災難이 많은 凶數 （刑罰數）
4、 天格 11劃은 온건 順調로운 吉數
5、 總格 28劃은 遭難과 不安의 凶數（銃劍難數）
6、 人格 19劃과 總格 28劃의 同數同格은, 破亂과 突變事故의 凶數.

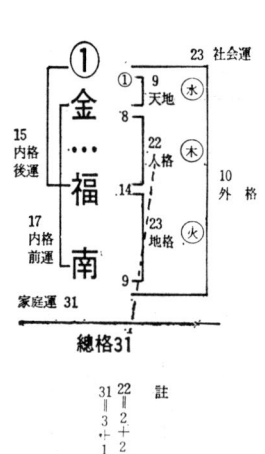
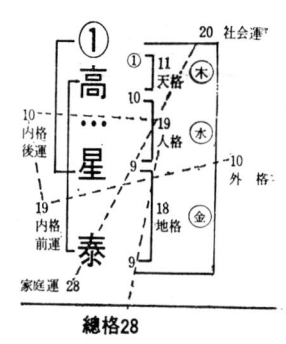

(金 福 南 (被殺者))

▲ 劃數의 分析

1、 地格 23劃은 孤寡運의 凶數 (災難數)
2、 人格 22劃은 逆境과 挫折의 凶數 (遭難數)
3、 外格 10劃은 災難이 많은 凶數 (遭難數)
4、 天格 9劃은 窮乏과 困苦한 凶數 (遭難數)
5、 總格 31劃은 溫良하고 平靜한 吉數
6、 人格 22劃과 總格 31劃의 同數同格은, 精神的인 苦腦의 凶數

7、 人格 19劃과 外格 10劃의 橫線同格은, 自殺과 事故死의 凶數

8、 社會運 20劃과 家庭運 28劃의 斜線同格은, 災難과 事故死의 凶數.

9、 內格前運 19劃과 內格後運 10劃의 同數同格은, 不平不滿、 精神的인 苦腦의 凶數

10、 內格前運 19劃과 人格 19劃. 內格後運 10劃과 外格 10劃의 同數同格은, 天地災變의 凶數

▲ 評　註

고성태(高星泰)는 가옥전세(家屋專貰) 계약조로, 중도금 반환을 요구하자, 주인댁과 시비끝에 일가족을 몰살할 계획을 세우고 먼저 젊은 내외 두사람과 그의 모친인 金氏에까지 연달아 三발을 권총으로 쏘았으나, 처음 두발은 빗나가고 한발은 모친얼굴에 명중되어 피살(被殺)당한 사건입니다.

▲ 綜合判斷

가해자(加害者)인 고성태의 성명은 地格 18劃을 제외하고는 他格의 모두 凶數로 짜여져 있읍니다. 이 地格인 基礎運도 고집이세고 유혈수(流血數)가낀 강정수입니다. 특히 人格 19劃과 外格 10劃에 불화(不和)와 신고(辛苦)가 겹친 형벌(刑罰)의 凶數가 있고 總格은 장래의 운명을 주로 보는 곳인데 이 總格 28劃도 조난과 불안, 비방의 위험수가 끼어있으며, 따라서, 또한 人格과 總格의 同數同格과 橫線同格、斜線同格、內運의 同數同格, 內格의 同數同格등, 나쁜 작용이 여러갈래로 얼키고 설켰는데, 이 이름은 급작스런 사고를 일으킬 천지재변 수가 있어서 이같은 凶한 살인사건(殺人事件)을 연출한 것입니다.

본인도 늦게나마 자탄(自嘆)을 했지만 이미 때는 늦었으니, 이젤들 후회(後悔)를 한들, 무슨 소용이 있겠소마는 그래도 참회(懺悔)할줄아는 인간성이 되어야 합니다. 좋은 원인에는 좋은 결과가 나오고 나쁜 일에는 나쁜 결과가 나오듯이 인간이 짓는 선악(善惡)에는 인업(因業)에

例題 1、崔晟彬의 姓名의 境遇(新聞記事編)

◎ 家出한 아내의 원한으로 앙심먹은 殺人事件…

```
     ①     23 社会運
  ┌ 崔 ┐  ①┐
  │   │  12├天格(木)
① │ 晟 │  11┤
  │   │  22├人格(木) ─ 12 外格
  └ 彬 ┘  11┤
           22┘地格(木)
12 內格後運
22 內格前運
家庭運 33
總格 33
```

崔 晟 彬 (男)

一九七四년 四월 六일 紙上發表

▲ 劃數의 分析

1、地格 22劃은 逆境과 挫折의 凶數 (遭難數)

2、人格 22劃은 意志가 薄弱한 凶數(銃劍難劃) (災難劃)

3、外格 12劃은 〃 (遭難數)

4、天格 12劃은 〃 (災難數)

5、總格 33劃은 剛毅果斷의 吉數

6、天格 22劃과 地格 22劃의 天地同格은、破亂과 突變事故의 凶數。

註
12 12 22 22   12   33 23 12 22   33 22 22 12
  ┃ ┃ ┃ ┃   ┃   ┃ ┃ ┃ ┃   ┃ ┃ ┃ ┃
12 12 22 22   12 平 33 23 12 22 平 33 22 22 12
의 의 의 의   의 行 의 의 의 의 行 의 의 의 자
1 1 1 1   1 同 1 1 1 1   1 1 1 의
의 의 의 의   의 格 의 의 의 의 格 의 의 의 數
數 數 數 數   數   數 數 數 數   數 數 數
② ② ② ②   ② ② ③ ③ ② ②   ② ②

웅(應)하여 반듯이 거기에 상응하는 과보가 있다는 인과응보(因果應報)의 의의를 잘 납득해야 하겠읍니다.

五行「木水金」는 凶한 운수입니다.

성격은 주의력이 부족하고 불평불만이 많으며、운세는 재화(災禍)가 많고 실패로 인하여 회 뇌병약(害腦病弱)할 凶數입니다.

240

7, 人格 22劃과 總格 33劃의 同數同格은 破亂과 背信의 凶數
8, 人格 22劃과 外格 12劃의 橫線同格은, 自殺과 事故死의 凶數
9, 內格前運 22劃과 內格後運 12劃의 同數同格은 精神的인 苦腦의 凶數
10, 內格前運 22劃과 地格 22劃, 內格後運 12劃과 天格 12劃의 同數同格은, 天地災變의 凶數
11, 內格前運 22劃과 人格 22劃, 內格後運 12劃과 外格 12劃의 同數同格은, 天地災變의 凶數

▲ 評 註

최성빈(崔晟彬)은 一九七四년 四월 六일 가출한 아내에 대한 원한과 양심을 먹고 처남댁(妻男宅)의 四남매를 작두로 머리를 때린 처참한 살인극(殺人劇)을 범행 했읍니다.
이 사람은 一九七二년 三월경 가정 불화로 자기집에 불을 질러놓고 방화혐으로 四개월간 복역(服役)하고 나오자 장모와 처남이 자기처 이복려를 빼돌리고 행방을 대주지 않는다하여 처남가족을 죽이겠다고 위협해 왔었는데, 드디어 이같은 끔직한 참극을 저질러놓은 사건입니다.

▲ 綜合判斷

획수의 분석에서 먼저 설명하다싶이 이 사람은 순전히 12劃과 22劃數의 재난과 공허한 수리로만 구성이되어서, 이처참한 길을 걷게 되였는데, 특히, 같은 수끼리 서로 부딪쳐 반발(反撥)하는 곳이 일곱군데나 同數同格이 있어서 천지재변과 생명에 큰 사고를 일으키는 살인극을 범행한 것입니다.

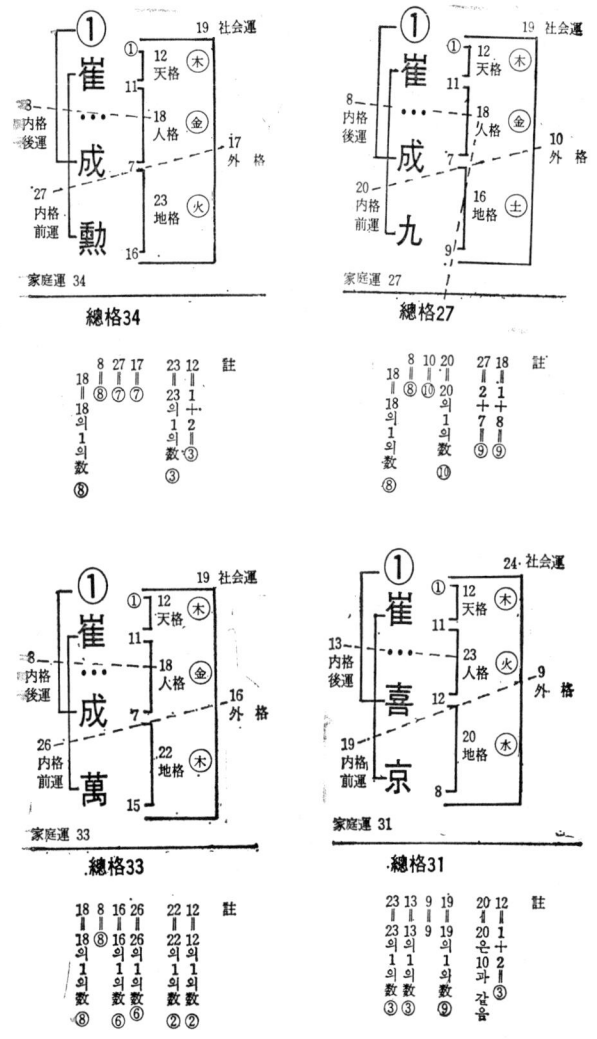

이 同數同格이란 같은 수끼리, 반발과 폭발을 야기시키므로 생명의 수리에 강인한 부분은 더욱 강인해지고 또한 허약(虛弱)한 부분은 더욱더 허약한대로 나쁜운이 그사람의 성격과 운세에 침해(侵害)해 듭니다. 그래서 수리의 신비적(神秘的)인 힘이란 대단히 위대한 것입니다.

그리고 이참극에 말려들어 피살을 당한 四남매의 이름도 의당 피살을 당해야 할 凶數의 이름들입니다.

이 四남매의 이름을 감정(鑑定)해 보면 유년(幼年)때 참변을 당해야 할 凶數와 同數同格의 천지재변수(天地災變數)가 四명에게 다같이 포함되어 있었던 것입니다.

成九 (12歲)

1、地格 16劃은 貴人득조의 吉數　　（剛情數）
2、人格 18劃은 心强한 吉數
3、外格 10劃은 災難이 많은 凶數　　（災難數）
4、天格 12劃은 災殃과 病弱의 凶數（銃劍難數）
5、總格 27劃은 不意의 挫折될 凶數（自殺數）
6、社會運 19劃은 辛苦가 많은 凶數　（遭難數）
7、家庭運 27劃은 厄運이 많은 凶數　（自殺數）
8、內格前運 20劃은 病弱短命의 凶數（銃劍難數）
9、內格後運 8劃은 前難後易의 吉數（銃劍難數）

10、人格 18劃과 總格 27劃의 同數同格은 破亂과 突變事故의 凶數。
11、內格前運 20劃과 外格 10劃、內格 8劃과 人格 18劃의 同數同格은 天地災變의 凶數。

成勳 (9歲)

1、地格 23劃은 發育무성할 吉數
2、人格 18劃은 難關을 克服할 吉數
3、外格 17劃은 萬難을 突破할 吉數
4、天格 12劃은 病弱과 災殃의 凶數 (銃劍難數)
5、總格 34劃은 敗家망신의 凶數 (遭難數)
6、社會運 19劃은 辛苦가 많은 凶數 (流血數)
7、家庭運 34劃은 財命이 위험한 凶數 (遭難數)
8、內格前運 27劃은 厄難이 많은 凶數 (自殺數)
9、內格後運 8劃은 前難後易의 吉數 (流血數)
10、天格 12劃과 地格 23劃의 天地同格은、破亂과 急作스런 事故의 凶數。
11、內格前運 27劃과 外格 17劃。內格後運 8劃과 人格 18劃의 同數同格은、天地災變의 凶數。

喜京 (6歲)

1、地格 20劃은 病弱短命의 凶數 (銃劍難數)

成萬 (4歲)

1、地格 22劃은 逆境과 挫折의 凶數 (遭難數)
2、人格 18劃은 難關을 克服할 吉數 (流血數)
3、外格 16劃은 貴人의 도움받을 吉數 (剛情數)
4、天格 12劃은 災殃과 病弱의 凶數 (災難數)
5、總格 33劃의 剛毅과단한 數 (災難數)
6、社會運 19劃은 辛苦가 많은 凶數 (遭難數)

1、人格 23劃은 發育 무성할 吉數 (災難數)
2、外格 9劃은 災難이 많은 凶數 (短命數)
3、天格 12劃은 災殃과 病弱의 凶數 (銃劍難數)
4、總格 31劃은 溫良평정할 吉數
5、社會運 24劃은 家門이 여경할 吉數
6、家庭運 31劃은 溫良평정할 吉數
7、內格前運 19劃은 辛苦가 많은 凶數 (遭難數)
8、內格後運 13劃은 智慧가 충만한 吉數
9、內格前運 19劃과 內格 9劃, 內格後運 13劃과 人格 23劃의 同數同格은、天地災變의 凶數
10、天地 12劃과 地格 20劃의 天地同格은、破亂과 急作스런 事故의 凶數。

7, 家庭運 33劃은 强한 運數 (災難數)
8, 內格前運 26劃은 波亂과 逆境의 凶數(災難數)
9, 內格後運 8劃은 前難後易의 吉數 (流血數)
10, 內格前運 26劃과 外格 16劃 內格後運 8劃과 人格 18劃의 同數同格은、天地災變의 凶數
11, 天格 12劃과 地格 22劃의 天地同格은 破亂、背信、突然事故의 凶數。

이같이 四남매의 성명의 획수를 분석하여 보았읍니다마는 이 凶數들은 전부가 요절(夭折)재난(災難) 조난(遭難) 유혈(流血) 자살(自殺) 단명(短命) 수가 있음으로 해서 이천인공노할 참변을 당했던 것입니다.

이 안타까운 사건을 보드라도 아다싶이 성명학의 신비성과 신기(神奇)하고도 회의적(懷疑的) 인 수리(數理)의 유용성(有用性)에 대하여 감히 그것을 무엇이라 평가를 해야 옳을지 모르겠읍니다.

그것은 다만 여러분들의 예민한 판단에 맡겨야 할 뿐입니다。

◎ 非情의 두사나이 李鍾大、文度錫의 카빈亂射事件…

例題 1、 李鍾大 文度錫의 姓名의 境遇(新聞記事編)

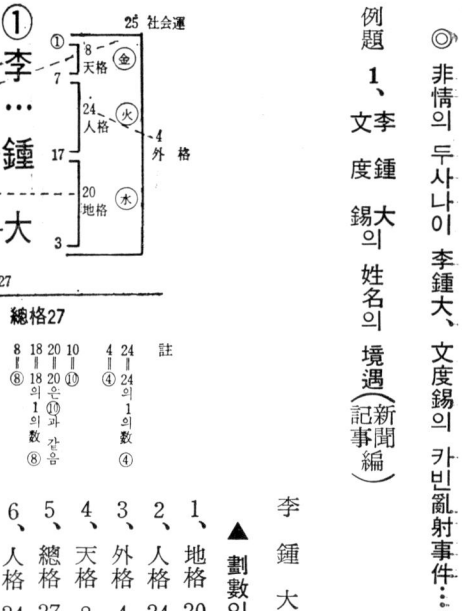

李 鍾 大 (男)　一九七四年 七月 二五日 紙上發表

▲ 劃數의 分析

1、地格 20劃은 災禍와 破運의 凶數(銃劍難數)
2、人格 24劃은 金錢이 豊富한 吉數 (豊財數)
3、外格 4劃은 萬事休止의 凶數 (發狂數)
4、天格 8劃은 前難後역의 吉數 (流血數)
5、總格 27劃은 不意에 挫折될 凶數 (自殺數)
6、人格 24劃과 外格 4劃의 橫線同格은, 自殺 과 事故死의 凶數。
7、內格前運 10劃과 地格 20劃。內格後運 18劃 과 天格 8劃의 同數同格은 天地災變의 凶數

文 度 錫 (男)

▲ 劃數의 分析

1, 地格 25劃은 修身함양할 吉數
2, 人格 13劃은 智慧가 充滿한 吉數
3, 外格 17劃은 萬難을 突破하는 吉數(銃劍難數)
4, 天格 5劃은 衣食이 풍부할 吉數
5, 總格 29劃은 疾妬와 不滿의 數
6, 內格前運 20劃은 惡運과 破運의 凶數(銃劍難數)
7, 內格後運 10劃은 萬事 종국인 凶數 (〃)
8, 社會運 14劃은 失意번민의 凶數 (遭難數)
9, 家庭運 29劃은 疾妬와 不滿의 數

▲ 評 註

10, 天格 5劃과 地格 25劃의 天地同格은、破亂、背信、事故의 凶數
11, 內格前運 20劃과 內格後運 10劃의 同數同格은、精神的인 苦腦、破財、不平、不滿의 凶數

세상을 깜짝 놀라게한 두 괴한(怪漢)들의 소행으로, 무서운 파문(波紋)을 던졌던 이강도 치사건은 약 三年간 미궁에 빠졌었는데 오리무중이던 국민은행 아현지점 예금주 이정수(李正洙) 납치사건을 위시하여、구로공단 깽사건 이밖에도 피살된 운전사 최덕현(崔悳鉉)사건、군산고교

248

소사건, 상업은행앞 학교수위 김영근(金榮根) 납치사건등 꼬리를 물고 일어난 사건이 모두 진범 李, 文의 범행으로 판명되므로서 점점 그실마리를 풀게되었던 것입니다.

동기는 一九七四년 七월 二十四일 오산서 「택시」를 탈취하려다 경——바 8013호 「고로나」 운전사 송광면(宋光勉)에게 꼬리를 잡혔는데 이사람은 두괴한의 행동을 수상히 여기고 재빨리 경찰에 신고한 것이 동기가 된 것입니다.

경찰에 쫓기던 범인중 문도석(文度錫)은 七월 二十五일 드디어 유서(遺書)를 쓰고난 뒤 자식과 함께 자살을 하였고 仁川으로 도망친 범인 이종대(李鍾大)도 경찰과 十七시간 동안 끈질기게 대치(對峙)하였으나 끝내자수권유를 뿌리치고 그 다음날인 七월 二十六일 하오 八시경에 처자를 죽이고 자기도 자살함으로써 비정했던 범인은 끝내 처절한 최후를 마쳤읍니다. 헌데 이사건이 유독몸서리쳐지는 충격을 금할 수 없는 것은 천자식까지 죽이게된 비정성(非情性)인데 이같이 끔찍한 사건이 일어나게 된 원인은 6·25 전란속의 군어진 도착적(倒錯的)인 사고방식으로 인하여 인명을 너무 경시하는 풍조의 소치라고도 볼 수 있고 또한 사회의 부조리(不條理)한 탓으로도 인정할 수 있겠읍니다마는 좀더 깊이 파고들면 그 근본적인 원인은 도리어 그 사람들의 성명의 수리에서 발단되었다고 봅니다.

「惡名은 命惡이요, 善名은 命善이라는 수리의 절대적인 위력과 문자의 미묘(微妙)한 영의(靈意)로 말미암아, 개개인의 吉凶과 禍福을 분별해 낼수 있는 것입니다.

▲ 綜合判斷

주범(主犯) 李鍾大의 성명의 수리를 검토해보면, 地格인 基礎運 20劃은 재화, 파산, 단명의 凶數이고, 人格 24劃은 자수성가하는 吉數는 있었으나 外格의 4劃이 만사쉬는 격이 되어서 요절(夭折) 변사(變死) 발광(發狂) 파멸운(破滅運)이 있는 동시에 總格 27劃도 내외가 불화하고 불의에 쓰러질 凶數와 자살수가 있었던 것입니다.

그리고 또한 人格 24劃과 外格 4劃의 橫線同格도 자살과 사고사가 있고 특히 천지재변 수가 있는 內格前運 10劃과 地格 20劃、內格後運 18劃과 天格 8劃의 同數同格등으로 인하여 끔찍한 범행을 저질러 놓았던 것입니다.

공범(共犯) 문도석(文度錫)의 성명은 地格 25劃은 안강은 하지만 피벽 불화하고 人格 13劃도 지혜는 있지만 너무과신하는 편이고, 外格 17劃도 강인한데다가 고집이 센편이고, 總格 29劃은 지략은 뛰어났으나 시기와 질투심이 강하기 때문에 이범죄를 조성해주는 산파역이 되었읍니다.

그것은 天格 5劃과 地格 25劃의 同數同格 또한 內格前運 20劃과 內格後運 10劃의 同數同格도 권태감(倦怠感) 배신(背信) 파란(破亂) 돌발사고(突發事故)등 재난이 많고 실의에 빠진 나머지 자살하게 된 것입니다.

그리고 특히 이 사건에 말려든 동기는 社會運 14劃의 凶數로 인한것인데, 이 社會運은 일생을 눈물로 보내야 할 수인 동시에 사회에서 사귀는 친구는 전부가 자기를 망치는 사람뿐이고 자기를 위해줄귀인은 없으므로 악의 굴에서 헤메어 살았던 것입니다. 이수는 형벌, 단명, 변사

역경, 재난의 수입니다.

성경(聖經)에도 이르기를 「아름다운 이름은 기름진 땅보다 낫다」고 하였지만 성명(姓名)으로 운명을 판단(判斷)할 수 있다는 것은 이 두 사람의 경우를 보더라도 잘 입증(立證)되고 있읍니다. 그밖에 이 카빈 난동사건(亂動事件)으로 말미암아 억울하게 희생당한 사람들의 성명을 분석해 보면 신통하게도 이 참극(慘劇)에 말려들어갈 수리운을 가졌기 때문에 본의아닌 희생(犧牲)을 당했다고 결론(結論)을 지어야 하겠읍니다. 희생자명단 (犧牲者名單)

○ 文度錫系統

一, 文度錫 自殺者 (33才) 74年 7月 25日 事件
一, 文祥熏 被殺 (6才) 〃

○ 李 鍾 大 系統

一, 李鍾大 自殺者 (40才) 74年 7月 26日 事件
一, 黃恩卿 被殺 (27才) 〃
一, 태양 〃 (4才) 〃
一, 큰별 〃 (2才) 〃

○ 其他

一, 金榮根 死亡 (54才) 72年 7月 27日 事件
一, 李正洙 被殺 (34才) 72年 9月 12日 事件
一, 田基浩 被害者 (27才) 73年 8月 25日 事件

一、崔惠鉉　被殺　（43才）74年 7月 23日 事件
一、郭瑾花　文度錫의 妻（27才）
一、鄭銀實　李正洙의 妻（38才）

▲ 犧牲者들의 劃數의 分析

①文…祥薰

16 社会運
12 内格後運
18 内格前運
家庭運 29
總格29

5 天地
15 人格
25 地格
4
11
14
15 外格

註
5＝5（25의 1의 数）
25＝25
15＝15
15＝15

문상훈(文祥薰)은 공범, 문도석의 장남으로서 비정한 어버이한테 피살(被殺)당했읍니다. 五行은 「土土土」로 吉한편에 속하기는 하지만 성명상에 수리의 凶數가 많이 끼게되면 갑자기 재화를 당하게 됩니다.

즉 天格 5劃과 地格 25劃의 天地同格은 파란 배신, 급작스런 사고가 일어나며, 人格 15劃과 外格 15劃은 橫線同格으로 자살과 사고사의 凶數가 있게되고, 또한 地格과 外格에 같은 수가 모이게 되면 유년(幼年)시의 운명을 암시(暗示)해 주므로 어려서 익사(溺死) 요절(夭折) 병약(病弱) 생이사별(生離死別) 교통사고(交通事故)등을 당하게 됩니다.

이같이 同數同格의 凶數運을 종합해서 분석해보면 반드시 이러한 나쁜 환경에 말려들어 가게 끔 되어있으므로 다름아닌 자기의 어버이의 손에 변을 당한것 뿐입니다.

황은경(黃恩卿)은 주범 이종대의 처로서 자기의 남편에게 자식과 함께 피살(被殺)을 당하였읍니다.

五行은 「火木木」으로서 발전하는 수이긴하지만 너무나 凶數끼리 모였고 同數同格線이 거미줄같이 깔렸으니 무슨 좋은 일조가 있겠읍니까.

이 여인의 地格 21劃은 파부운(破夫運)과 생이사별(生離死別)의 凶數. 人格 22劃도 역경과 좌절수. 外格 12劃도 실패와 재앙수. 總格 33劃도 여성은 고과운(孤寡運)에 속하므로 가속적(家屬的)으로 인연이 희박한 凶數. 그리고 조난과 재난수인 同數同格이 다섯군데나 끼어있읍니다. 人格 22劃과 外格 23劃의 橫線同格, 人格 22劃과 總格 33劃의 同數同格, 社會運 23劃과 家庭運 33劃의 斜線同格, 內格前運 23劃과 天格 13劃, 內格後運 11劃과 人格 22劃의 同數同格 또한 內格前運 23劃과 外格 12劃, 內格後運 11劃과 地格 21劃의 同數同格의 천지재변 수등으로 인하여 참변을 당했던 것입니다. 성명학에 橫線同格, 斜線同格, 天地同格, 總格의 凶數등 이러한 경우에는 무자비하게도 자살(自殺)아니면 피살(被殺)내지 사고사(事故死)가 뒤따르게 된다는 것을 꼭 잊지를 마셔야 합니다. 성명이란, 의지(意志) 감정(感情) 이지(理智)의 삼요소가 완전히 구비되어야 하는데도 불구

```
         ① 13 社會運
         ┌─┐ ⑧
      7 │李│ 天格 金
  6、   │ │ 12
  內格   │ │ 人格   11
  後運   │ │ 木    外格
      5 │正│ 15
  17、  │ │ 地格 土
  內格   │洙│
  前運   └─┘ 10
      家庭運
       總格 22

註
15 6 ⑧17   22 13    22 12
 ‖ ‖ ‖ ‖    ‖  ‖     ‖  ‖
 1 ⑥ 1 +    2  1    22 12
 +   +7     + 2     의 외
 5   + 5    + 3     의 의
     ⑥     ‖  ‖    數 數
           ⑦ ⑧     ㉒㉒
              ④④
```

하고, 무조건 감정에만 치우치게 되면 기대했던 것보다 엉뚱하게도 탈선이 되어서 李鍾大의 자식 모양으로 「태양」「큰별」같은 이름을 지어놓고 참변(慘變)까지 당하게 되는 것입니다. 이아이들의 이름을 보면 퍽 자연스럽고 사랑스러우며, 거기에 조금도 구김살과 티없는 맑은 이름을 지어놓고, 욱일동승격(旭日東昇格)의 이름같이 보였으나 이와는 정반대로 재난과 역경에 부딪치고 말았읍니다. 그래도 李鍾大는 자식들만은 밝고 떳떳하게 살기를 소원하고, 이같이 이름을 지었다고 보겠으나. 안타깝게도 큰성과를 못보고 비참한 인생에 대하여 더욱더 악명(惡名)만 높여 놓았을 뿐입니다.

이정수(李正洙)는 국민은행 아현지점에서 예금(預金)을 찾아 나오다 李와 文에게 납치당하고 끌려다니다가 피살(被殺)을 당했읍니다. 괴한들은 李의 시체를 곤경기도 화성에다 암매장(暗埋葬)시켜놓은 살인강도 사건입니다.

이 사람의 성명을 판단하드라도 잘 알수 있지만 人格 12劃은 실패, 재앙, 단명수의 凶數이고 總格 22劃도 역경과 좌절의 凶數가 있어번을 당하였읍니다.

이 격국(格局)이 좀더 튼튼하고 좋은 수리였었다면은 이같이 흉한 재앙에 걸려들지 않았을 터인데 공교롭게도 이름이 凶數로 뭉쳐져 있기 때문입니다.

그것은 특히 人格 12劃과 總格 22劃의 同數同格、社會運 13劃과 家庭運 22劃의 同數同格、그리고 內格前運 17劃과 天格 8劃 內格後運 6劃과 地格 15劃의 同數同格은 다같이 천지재변의 凶數이므로 불의의 禍(화)를 입고, 피살되었읍니다.

운전사인 최덕현(崔悳鉉)은 제4범행에 동원하기 위한 계략에 납치되었다가 이들에게 피살되어 경남 산청에 암매장(暗埋葬)된 것입니다. 이름의 總格 36劃은 파란이 중중하고 풍란이 자는 날이 없어 액난(厄難)을 겪을 수이고 外格 14劃도 일생을 눈물로 지새울, 재난, 파괴, 단명의 凶數가 있으므로, 조난(遭難)을 당하였읍니다.

특히 人格 23劃과 外格 14劃의 橫線同格은 단명의 암시가 있었고 천지재변인 內格前運 24劃과 外格 14劃 內格後運 13劃과 人格 23劃의 同數同格이 凶數가 더욱더 이사건에 말려들 피살을 당하게끔 뒷받침한 것입니다.

이 범인들은 범죄행각(犯罪行脚) 첫「스타트」로 모학교 수위인, 김영근(金榮根)을 상업은행 앞에서 귀신몰래 납치하여 갔는데 이사건도 뒤늦게 이들의 소행으로 밝혀졌고, 그는 사건후 정신적인 압박과 놀랜병으로 병석에서 신음하다 종래 세상을 떠났다고 합니다.

이 이름도 척 보면은 암적인 존재라고 곧 평가할 수 있을 것입니다. 그것은 成功運인 人格에

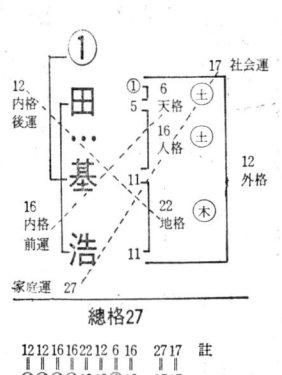

總格 27

```
12 12 16 22 6  16   27 17  註
‖  ‖  ‖  ‖  ‖  ‖    ‖  ‖
12 12 12 12 12 6    27 17
의 의 의 의 의 의   의 의
1  1  1  1  1  1    1  1
의 의 의 의 의 의   의 의
數 數 數 數 數 數   數 數
②  ⑫ ⑯ ⑯ ⑥ ⑥   ⑦ ⑦
```

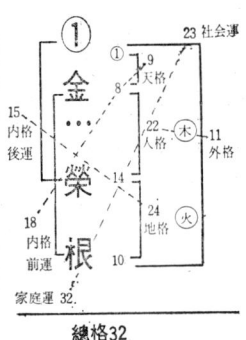

總格 32

```
24 15 9  18  32 23   11 22  註
‖  ‖  ‖  ‖   ‖  ‖    ‖  ‖
2  1  9  1   3  2    平
+  +  +  +   +  +    行
4  5  0  8   2  3    同
‖  ‖  ‖  ‖   ‖  ‖    格
⑥ ⑥ ⑨ ⑨   ⑤ ⑤
```

전기호(田基浩)는 구로공단 韓國「후꾸리꾸」會社 사원으로 있으면서 종업원들의 월급을 은행에서 찾아 오던중 이두피한들에게 습격을 받아 봉급을 강탈당했으며 자신은 총상을 입고 병원에서 요양하고 있었읍니다.

이 사람도 큰변을 당할 이름입니다. 地格 22 劃은 역경, 병약, 자살, 조난의 흉수이고 總格 27 劃도 불의의 좌절수가 있어 변사, 역경, 형

이 서리맞은 격으로 조난, 자살, 실패의 수가 있었고 橫線同格에는 人格 22 劃과 外格 11 劃의 凶數로 인하여 자살과 사고사가 끼어있었읍니다. 또한 斜線同格에는 社會運 23 劃과 家庭運 32 劃으로 말미암아 해독을 입을 악작용이 계속 뒤따르고 있었으며, 특히 천지재변의 凶數인, 內格前運 18 劃과 天格 9 劃, 內格後運 15 劃과 地格 24 劃의 同數同格의 凶數로 인하여 이사건에서 피하지 못하고 처참한 환경에 빠져든 것입니다.

22 劃의 凶數가 배치되어 있기 때문에 즉 가을풀

벌、피살、자살수、外格 12劃도 가정이 적막한 병약, 비운, 재앙, 요절의 凶數가 있읍니다.

그리고 社會運 17劃과 家庭運 27劃의 斜線同格의 凶數도 큰 조난수이고 內運의 同格이 이렇게 두곳이나 걸려있어 천지재변을 당할 운세입니다. 이 사람도 별수없이 변을 당하고 말았읍니다.

곽근화(郭瑾花)는 공법 文度錫의 처로서 가정적으로 이러한 환경에 부닥칠 이름의 수리운이 있었읍니다.

地格 26劃을 보면 자녀 및 배우자와의 생사별수가 있으며, 역경, 파란, 단명수가 있는 반면에 열녀(烈女) 열사(烈士)와 같은 변피하고도 이기적(異奇的)인 고달픈 운명에 시달리게 됩니다.

그리고 人格과 總格의 同數同格 人格과 外格의 橫線同格、社會運과 家庭運의 斜線同格의 內格前運 26劃과 天格 16劃、內格後運 17劃과 地格 26劃의 同數同格의 凶數인 천지재변수가 있어서 이끔직한 참변(慘變)을 직접눈으로 보게된 것입니다.

정은실(鄭銀實)은 李正洙의 처로서 인생의 가장 처절(凄絶)한 비운을 몸소 몰고 왔으나 이성명도 비참한 비동에 말려들어가는 고과운(孤寡運)이 있어 이러한 변을 보게 될것 뿐입니다.

이 사건은 모두 九명사망에 여섯가정이 파괴된 것인데 무려 三년간을 거침없이 내달은 두괴한들의 범죄행각(犯罪行脚)은 분명 범죄사(犯罪史)의 한페이지를 장식하고도 남을 무법자 였었읍니다.

빛이 있는 곳에 그늘이 있듯 이세상은 점점 밝아지고 빛이 나면 빛이 날수록 어처구니 없는 그 그늘도 생기게 마련입니다.

물질문명(物質文明)의 고도화가 인간을 고독하게 하고 위태롭게 만드는 반면에 정신문화(精神文化)의 발달은 인간을 한낮 보잘것없는 빈약한 대상으로 만드는 것은 오직 인간의 무지와 무능의 소산이 아니라 현대라는 쉼팩킨「가데고리」의 부산물인 것입니다.

특히 인간의 존엄성을 짓밟히고 있는 이 엄숙한 현실앞에 인간은 고독한 나머지 감각을 잃고

① 鄭 銀 實

34 社會運
① 20 水 天格
19
15 內格 33 火 人格
後運
15 外 格
14
33 內格 28 金 地格
前運
14
家庭運 47
總格 47
註
15 15 33 33 28 20
⑬⑮㉝㉝   2 20
          + +
          8 10
          10 과 같음

왜냐하면 基礎運인 地格 28劃에 고과운이 있으며 成功運인 人格 33劃에 배우자 및 자녀사별수이고 심지어 社會運 34劃에 이르기까지 파부운(破夫運)이 있으니 더 이상 무엇이라고 평가해야 합니까.

더욱더 악운을 뒷받침해주는 天地同格, 橫線 同格, 內格의 同格, 內格까지 천지재번 수가진(陣)을 치고 있으므로 참변을 보게된 것입니다.

258

◎ 禾谷洞 三男妹 殺害事件…

　　　　　　　　　　　　　一九七四年 十月 四日 紙上發表

살아가는 것이 현대인들의 체취에 맞는 방향 의식인지는 모르겠으나 오늘에 사는 인간들은 서로가 서로를 모르는 가운데 능숙해졌나 봅니다. 그러므로 부모나 동기간은 물론 이거니와 다정한 벗까지 잊은지도 오래이며 또한 몸과 마음을 다하여 이유없이 받아주고 사랑하던 양같이 순결한 천사의 얼굴빛을 잃은지도 오래인것 같습니다. 인간마다의 가슴과 머리속에 순막히는 타산관계만이 용솟음 치고 있으며 자기만의 세계를 형성해가는 살벌한 테두리속에서 따사롭게 간직했던 아름다운 인생의 꿈은 이미 한 없이 멀어지고 변해만 가고 있읍니다.

그러나 이러한 환경속에서도 의지있는 곳에 깊이가 있듯이 자기의 신념과 성실로서 묵묵히 한가지 뜻을 세우고 나가야 합니다. 물론 그가운데는 잘못도 있을 것이요 실패도 있으련만 그래도 쓸어질때까지 다시 일어나 돌진하는 신념과 의지앞에 설지혜는 없을 것입니다.

例題 1、崔廷寬의 姓名의 境遇（新聞編 記事）

▲ 劃數의 分析

1、地格 22劃은 逆境과 挫折의 凶數　　（遭難數）
2、人格 18劃은 過剛하여 遭難數　　　　（銃劍難數）
3、外格 16劃은 貴人이 도울 吉數　　　　（剛情數）

① 崔…廷寬

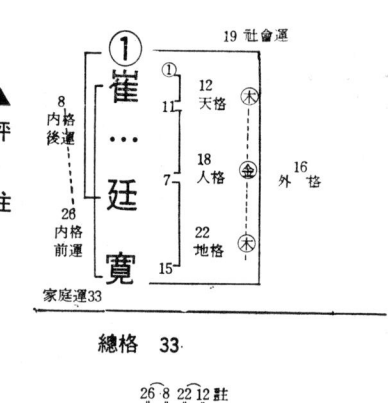

總格 33

註
```
26 8 22 12
∥ ∥ ∥ ∥
2 8 22 12
+ ∥ 의 의
6 1 數 數
∥ 의 ② ②
8 數
  ②
```

▲ 評 註

1974년 10월 4일 서울 永登浦區 禾谷洞 421 전종철(全鍾哲)(35歲)집에서 長女 秀珍(3才) 長男 成构(2才) 次女 秀賢(1歲) 三男妹와 가정부 李銀淑(14歲)등 네명이 살해(殺害)되어 있는 것을 외출하고 돌아온 부인 車令心(28歲)가 발견 했읍니다. 三남매는 욕탕물속에 거꾸로 처박혀 익사체(溢死體)로 발견됐고 가정부 李銀淑(14歲)은 열굴에 19곳이나 흉기(兇器)에 찔려 숨진 이 참극을 보고서 모두들 이범행의 잔인성(殘忍性)에 대하여 치를 떨었읍니다.

4、天格 12劃은 災殃과 悲運의 凶數(災難數)
5、總格 33劃은 剛毅果斷의 數(流血數)
6、社會運 19劃은 辛苦가 중래한 凶數(流血數)
7、家庭運 33劃은 剛情의 數(災難數)
8、內格前運 26劃은 波亂과 逆境의 數(災難數)
9、內格後運 8劃은 前難후역수(流血數)
10、天地 12劃과 地格 22劃의 天地同格은、破亂과 變故의 凶數。
11、內格前運 26劃과 內格後運 8劃의 內格同格은, 精神的인 苦腦。

범인은 육군중사로 제대한 주벽(酒癖)이 심한 보이라공 최정관(崔廷寬)(25歲)으로 밝혀졌읍니다.

▲ 綜合判斷

성명을 보면 이 사람도 이러한 사건을 능히 저질러 놓을 수 있는 이름의 소유자입니다.

基礎運인 地格 22劃은 병약, 실패, 위난, 조난의 수가 있어서 무엇이든지 되는 것이없고 타락하기 쉬운 기색이 농후합니다.

社會運 19劃도 신고(辛苦)가 심하고 생애가 다난해지므로, 살상, 형벌, 단명, 신고, 정신이상증이 생기게 됩니다. 그래서 밖에 나아가 사건을 일으켰던 것입니다.

內格前運 26劃도 변괴 수가 있어서 파란과 역경 단명의 凶數를 초래했고 또한 천지동격으로 인하여 파란 배신 정신적인 발작으로 사건을 일으킬 승산이 컸었고 內格의 同數同格으로 말미암아 정신적인 고민과 불평불만이 많았음으로 범죄를 범한 것입니다.

他格도 자세히 주목해 보면 吉數인것 같이만 사실은 그와 정반대방향으로 이끌어주고 있읍니다. 그것은 人格 18劃의 강인한 수가 겹쳐있어 이 나쁜 운세를 더욱더 악하게 운용한 것입니다.

외격 16劃도 강정수이고 總格 33劃까지 재난과 유혈의 강인한 수가 겹쳐있어 이 나쁜 운세를 더욱더 악하게 운용한 것입니다.

五行「木金木」은 凶한 운수입니다.

성격은 불평과 변화가 많으며 고질 반항심 의협심이 풍부하고 의심이 많은 성격입니다.

운세는 심신이 과로하므로 항상 곤난이 계속되고 고뇌, 재난, 불구 조난등이 있는 凶한 운세입니다.

이 사건의 취조심문(取調審問)에서 「범행동기는 구체적으로 무엇인가?」라는 질문을 하였더니 그는, 「사회의 부조리(不條理)에 대해 평소에 불만이 많았다. 일한 만큼의 보상이 돌아오지 않고 일을 성의껏 해도 그대로 효과가 나지 않는다」고 말하고 있으나 그것은 성명학적으로 분석을 해보면 범인 자체가 그같은 흉한 이름을 가졌기 때문에 피비린내 나는 참극을 빚어놓은 것입니다.

▲ 劃數의 分析

長女 全 秀 珍 (3歲)

1, 地格 17劃은 萬難을 突破할 吉數
2, 人格 13劃은 智慧가 充滿한 吉數
3, 外格 11劃은 溫和 순조로운 吉數
4, 天格 7劃은 剛毅과단한 吉數 (剛情數)
5, 總格 23劃은 孤寡運의 凶數(女性의 境遇) (流血數)
6, 社會運 14劃은 遭難의 凶數 (銃劍難數)
7, 家庭運 23劃은 孤寡運의 凶數(女性의 境遇) (災難數)
8, 內格前運 16劃은 도움을 얻을 吉數 (剛情數)

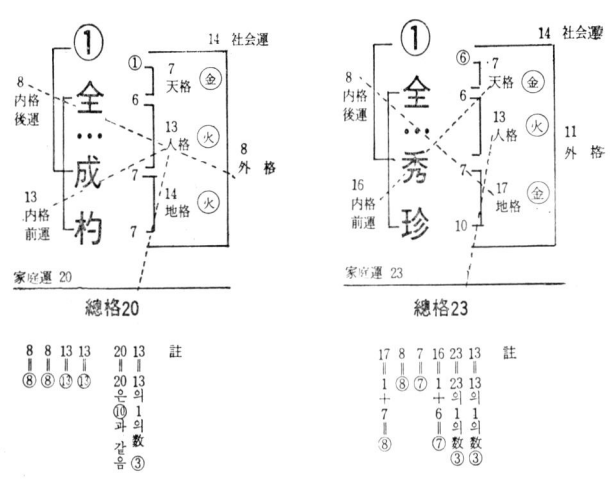

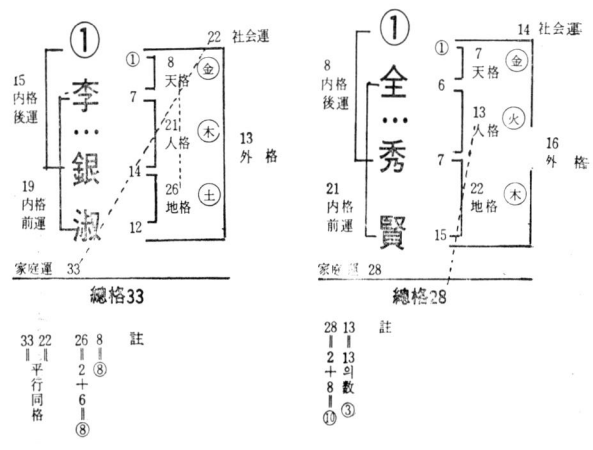

▲ 劃數의 分析

長男 全 成 杓 (2歲)

1、 地格 14劃은 遭難의 凶數 (銃劍難數)
2、 人格 13劃은 智慧가 充滿한 吉數
3、 外格 8劃은 意志가 강견할 吉數
4、 天格 7劃은 과단성있는 吉數
5、 總格 20劃은 遭難과 短命의 凶數 (流血數)
6、 社會運 14劃은 遭難의 凶數 (銃劍難數)
7、 家庭運 20劃은 遭難과 短命의 凶數 (遭難數)
8、 內格前運 13劃은 智慧가 充滿한 吉數
9、 內格後運 8劃은 意志가 強한 吉數
10、 人格 13劃과 總格 20劃의 同數同格은, 破亂과 變故의 凶數。
11、 內格前運 13劃과 人格 13劃, 內格後運 8劃과 外格 8劃의 同數同格은, 天地災變의 凶數

9、 內格後運 8劃은 意志가 剛堅한 吉數 (流血數)
10、 人格 23劃과 總格 23劃의 同數同格은, 破亂、背信 變故의 凶數。
11、 內格前運 16劃과 天格 7劃、內格後運 8劃과 地格 17劃의 同數同格은、天地災變의 凶數

▲ 劃數의 分析

次女　全　秀　賢（1歲）

1、地格 22劃은 逆境과 危難의 凶數 （遭難數）
2、人格 13劃은 智慧가 充滿한 吉數
3、外格 16劃은 도움을 얻을 吉數
4、天格 7劃은 과단성있는 吉數
5、總格 28劃은 孤寡運의 凶數
6、社會運 14劃은 遭難의 凶數　（銃劍難數）
7、家庭運 28劃은 遭難과 孤寡의 凶數(遭難數)
8、內格前運 21劃은 孤寡運의 凶數(剛健數)
9、內格後運 8格劃은 意志가 굳은 吉數(流血數)
10、人格 13劃과 總格 28劃의 同數同格은、破亂과 變故의 凶數。

▲ 劃數의 分析

家庭婦　李　銀　淑（14才）

1、地格 26劃은 破亂과 短命의 凶數　（災難數）

2、人格 21劃은 孤寡運의 凶數
3、外格 13劃은 智慧가 充滿한 吉數　（剛健數）
4、天格 8劃은 意志가 強한 吉數
5、總格 33劃은 孤寡運의 凶數
6、社會運 22劃은 逆境과 危難의 凶數　（流血數）
7、家庭運 33劃은 孤寡運의 凶數　（遭難數）
8、內格前運 19劃은 夭折과 殺傷의 凶數（銃劍難數）（災難數）
9、內格後運 15劃은 溫良순화한 吉數
10、社會運 22劃과 家庭運 33劃의 斜線同格은、災難과 自殺의 凶數。

▲ 綜合判斷

장녀 전수진(全秀珍)의 이름은 외관상으로는 퍽 부드럽고 복받을것 같이 보이지만 실지로 이름의 수리를 분석해보면 상반된 원리를 지니고 있읍니다.

地格 17劃 人格 13劃、外格 11劃은 吉數로서 의식주(衣食住)에는 별불편없이 잘지냈다고 볼 수 있겠으나 社會運 14劃은 일생을 눈물로 지새울 실의와 번민의 흉수가 있어서 재액、신산、단명、형벌、사무상의 조난을 당하게 됩니다。總格 23劃은 남성으로서는 욱일동승할 수 이지만 여성은 퍽 언잖은 수리운입니다。이수는 파부、고독、신고의 凶數로 재난과 유혈수가 있었고 또 한 人格 13劃과 總格 23劃의 同數同格으로 말미암아 파란、배신、변고를 당할 凶數와 천지재변

약 內格前運 16劃과 天格 7劃 內格後運 8劃과 地格 17劃의 同數同格의 강인한 뒷받침으로 인하여 변을 당하였던 것입니다.

五行 「金火金」은 凶한 운수입니다.

운세는 심신과로, 병난, 발광, 변사, 조난의 凶數입니다.

장남 전성표(全成杓)의 이름도 퍽 좋은 것 같으나 역시 凶數입니다. 地格 14劃은 실의와 번민의 수로서 재액, 형벌, 단명, 조난을 당할것이며 社會運 14劃도 地格 14劃과 마찬가지로 조난(遭難)의 凶數가 겹쳐있고 家庭運 20劃도 악운의 역속으로서, 파운, 재화, 액난, 단명의 凶數입니다.

그리고 人格 13劃과 總格 20劃의 同數同格은 파란과배신, 갑작기 일어날 사고가 있어 凶數이며 또한 內格前運 13劃과 人格13劃, 內格後運 8劃과 外格 8劃의, 內運의, 同格은 다같이 천지 재변을 당할 凶數이므로 이사건에서 모면(冒免)치 못했던 것입니다.

五行 「金火火」는 凶한 운수입니다.

이운세도 불안 발광 변사자의 凶한 운세입니다.

차녀 전수현(全秀賢)의 이름은 부르기좋고 이름의 뜻도 좋은 것 같으나 수리학상으로는 퍽 흉한 이름입니다.

地格 22劃은 실패、병난、위난、조난의 凶數이고 社會運 14劃도 실의와 번민의 수이며 家庭運 28劃은、생이사별、액난、조난의 수이고、總格 28劃도 같은 凶數가 겹쳐있읍니다. 그리고 人格 13劃과 總格 28劃의 同數同格도 파란과 변고사의 凶數입니다.

五行 「金火木」은 凶한 운수입니다.

이 운세도 변사, 단명 불상사의 凶數입니다. 이같이 이 三남매가 모두 社會運과 家庭運이 모두 凶數이고 장래를 내다 볼 수 있는 總格數까지 비참한 凶數에 처해있는데 또한 내적(內的)으로도 천지재변을 입을 조난수(遭難數)가 장막(帳幕)을 치고 있었으므로 이 三남매도 어쩔수 없이 참변을 당하였던 것입니다.

가정부 이은숙(李銀淑)의 이름도 누가보든간에 맑고 정숙한 이름이라고 보겠지만 그와는 반대로 무서운 재난과 조난의 수리운이 내포되고 있읍니다.

地格 26劃 人格 21劃 總格 33劃의 수들은 여성으로서는 가장 피해야 할 파부운 생이사별수가 있어서 생애가다 난했었고 또한 파란 역경 고독 애수 단명 재난의 凶數가 곁들어 있었으므로 남의 집생활을 하게 끔 되었읍니다.

헌데 이참변을 당하게된 원인은 社會運 22劃에 좌절 역경 위난 조난의 凶數가 있었고 家庭運 33劃은 여성으로서는 애수 파란의 凶數였었읍니다. 이밖에 內格前運 19劃도 단명, 살상, 요절 형벌의 凶數가 있었고 斜線同格은 재난과 자살의 해독을 입을 작용이 함유되어 있어 결국 흉측한 변을 당하였던 것입니다.

五行 「金木土」 凶한 운수입니다.

운세는 억압을 당하고 심신과로와 함정에 빠질 凶數입니다.

범인 崔廷寬과 같이 이시간에도 사람들은 자기의 잘못과 자기의 죄를 뉘우치고 참회할줄 모르는 그 뻔뻔스럽고 교활한 소행은 점점 좀 먹어들고 있읍니다.

오직 인간에게 남은 희망이란 무엇일까요? 「루소」는 자연으로 돌아가라고 외쳤지만 이제 이 세계는 돌아갈 자연마저 없다는 것이 이들의 공통된 사고 방식이라면 인간은 누구를 아니 무엇을 믿고 살아가야만 한단말입니까. 이렇게도 이 지상에는 순수함을 되찾을 방법이 없다는 것인 가요.

좀더 생각하고 좀더 반성해보는 그 차분한 마음가짐만이 당신네들에게 주어진 알찬 열매라는 것을 한시라도 잊어서는 안되겠읍니다. 모든일에 너그러움을 좇으면 그복이 스스로 두터워지는 것과같이 하루라도 마음이 깨끗하고 한가하면 하루의 선인이 된다는 진리를 되새겨서 보다높은 이상과 바른목표를 세우고서 이 험악한 난관을 헤쳐 나갈수있도록 깨끗한 정신상태를 길러야 하겠읍니다.

◎ 文世光의 姓名의 境遇(新聞編)

例題 1 文世光 犯行 8·15 狙擊事件…

一九七四年 八月 十五日 紙上發表

▲ 劃數의 分析

1、 地格 11劃은 順調發展의 吉數
2、 人格 9劃은 刑罰 및 短命의 凶數 (災難數)

① 文∴世光

```
        10 社會運
    ① 5 土
  4 天格
      9 木    7 外格
    5 人格
6 內格後運
    11 木
   10 地格
   內格前運 6
      家庭運 15
        總格 15
```

▲ 評 註

3、外格 7劃은 剛毅과 단할 數 (剛情數)
4、天格 5劃은 心身健全한 數
5、總格 15劃은 順和온량한 數
6、社會運 10劃은 遭難과 刑罰의 凶數(劍銃難數家)
7、家庭運 15劃은 順和온량한 數
8、內格前運 10劃은 災難과 短命의 凶數 (短命數)
9、內格後運 6劃은 안은 餘慶의 數 (銃劍難數)

문세광(文世光)은 「北傀」의 指令을 받은 朝總聯盟의 幹部인 金浩龍의 指令에따라 8·15慶祝式式場에서 朴正熙大統領을 暗殺하려다 失敗하고 陸英修女史를 쏘아 殺害했다」고 一九七四년 十월 十九일 서울 刑事 地法에서 一審때 사형을선고 받고 항소했으나 11월 13일 서울高法도 이에 대하여 「文被告人이 共産主義者가 되서서 本件犯行에까지 이르게된것은 교포(僑胞)로서의 소외감때문도 아니며 타고난 잔학성(殘虐性)과 천박한 영웅심(英雄心)때문으로 이같이 基本秩序에 도전하는 者에게는 가차없는 責罰을 가함으로써만이 또 다른 無謀한 도전을 豫防할 수 있다」는 내용의 답변서를 제출한데 대하여 서울高法 第二刑事部 審理로 열린 항소심선고공판(抗訴審宣告公判)에서 재판부는 「피고인의 항소는 이유없다」고 항소를 기각 원심대로 사형을 선고한 사건 입니다.

文世光 사형집행은 一九七四년 十二월 二十일 오전 七시반 서울구치소에서 大法院확정 四일만에 교수형 집행을 했읍니다. 文은 23회 생일인 12월 26일을 엿새앞두고 집행되었으며 사건발생 一二七일만에 사형을 당하였였던 것입니다.

▲ 綜合判斷

文世光의 성명은 成功運인 人格 9劃과 社會運 10劃, 內格前運 10劃의 획수가 모두 凶數이므로 이같은 영웅한 사건을 일으켰던 것입니다.

그리고 이반면에 外格 7劃, 地格 11劃, 總格 15劃은 吉數이기는 하지만 심념이 강하여 남과 화(和)할줄모르기 때문에 실패하기가 쉽습니다. 특히 人格 9劃의 凶數는 중도에 좌절하여 비참한 환경에 빠지므로 총상 형화 조난의 凶運을 초래하는 수입니다. 社會運 10劃도 일시적인 成功運은 있겠으나 항상 호기(好機)를 상실하므로 되는일이 없게 됩니다. 이 凶數는 요절 형액 파산, 재난, 총상, 수가 있고 內格前運 10劃도 만사종국수로서 이같은 발광증을 일으켰던 것입니다.

이수들은 직감력이 예민하지만, 선보다도 악에 치우치는 경향이 많으므로 항상 정신적인 고

第三部 實踐編

◎ 朝野의 많은 촉망과 欽慕를 받았던 淸廉剛直한 人士의 不意의 溢死事件…

例題 1、 洪鍾哲의 姓名의 境遇 (新聞記事編)

一九七四年 六月 九日 紙上發表

▲ 劃數의 分析

1、地格 27劃은 不意에 挫折數 (災難數)
2、人格 27劃은 中絶에 挫折數 (自殺數)
3、外格 11劃은 順調發展數
4、天格 11劃은 온건 着實한 數
5、總格 37劃은 建立大功數 (剛情數)
6、社會運 28劃은 誹謗과 遭難數 (遭難數)

민과 망상이 끊일 수 없이 따라다니기 때문에 무엇이든지 지나치게 다루면 큰 사건과 재난을 당하게 됩니다.

참으로 파란많은 凶한 운수입니다.

성격은 침착하고 재락도 있으나 활동력이 결핍된 성격입니다. 운세는 실력도 있으나 애를써도 공이없고 힘든일을 맡아서 애를써봐도 조소(嘲笑)를 받을뿐만 아니라 돌발적인 재화로 말미암아 가정도 불행해지고 심지어 단명해지는 운세입니다.

▲ 評　註

```
         ┌──────── 28 社會運
      18 │ ① 洪 ┐① 11 木
   내격 │     │      10
   후운 │     │      27 金   11
      20 │ ‥ ┤ 17            外格
   내격 │     │      27 金
   전운 │     │      10
         └ 鍾 ┤
           哲 ┘
         家庭運 37
              總格 37
```

37 28 37 27 社
 3 2 37 27 외
 ＋ ＋ ＋ ＋ 격
 7 8 1 0 의
 ⑩ ⑩ ⑩ 數 數
             ⑦ ⑦

7、家庭運 37劃은 忠實 열성 數 (剛情數)

8、內格前運 20劃은 障碍와 遭難數 (遭難數)

9、內格後運 18劃은 智謀發展數 (災難數)

10、人格 27劃과 總格 37劃의 同數同格은, 不意에 事故數。

11、社會運 28劃과 家庭運 37劃의 斜線同格은, 災難과 逆境의 數。

홍종철(洪鍾哲) 특별보좌관은 평소 청렴(淸廉) 강직한 인사로서 조야의 많은 사람들의 촉망과 흠모(欽慕)를 받아왔으나 1974년 6월 9일 모처럼의 휴일을 택하여 아들과 함께 낚시터를 찾아갔다가 소양강에서 보—드가 뒤집히는 바람에 애석하게도 불의(不意)에 익사(溺死)를 당하였읍니다.

인간이 한번 태어났다. 떠나는 것은 신의 섭리(攝理)이건만 국가재건사업에 너무나 많은 일을 남긴 인간적인 일화들이 너무나 많고 생생합니다. 그이의 생전에 군에 재직했던 10여년 동안 불의를 보고서는 참지 못하는 엄하고도 용기 있는 무인이였으며 文教部長官시에는 한때 세론을 굽게 했던 미감아분규(未感兒粉糾)가 일어나자 자신의 귀한 따님은 이 어려운 시기에 급서(急逝)하게 됨은 국민모두가 비통하고 애석한 일입니다.

을 이곳에 선뜻 전학시켜 분규를 해결했던 멸사봉공(滅私奉公)하는 참된 귀감(龜鑑)이 있었읍니다. 또한 文化公報部長官 시절에는 문교공보행정을 바로잡아 놓았으며 그리고 이 사회의 부조리(不條理)와 비능률성을 척결(剔抉)하여 관계에 청풍을 불어넣은 사람으로 애국충정과 멸사봉공의 빛나는 정신은 우리역사에 길이 남겨져 연면(連綿)히 계승될 것입니다.

▲ 綜合判斷

基礎運 地格 27劃과 成功運 人格 27劃은 불의에 좌절할수로서 변사와 역경의 조난 수가 있읍니다. 이 27수는 영명한 큰 인물로서 대사를 거행함에 있어 웅지(雄志)로서 달성하고 명성과 권세로 일세(一世)를 떨치기는 하지만, 대개가 중도에서 좌절과 실패, 조난, 형액, 단명등 흥망성쇠(興亡盛衰)의 파란이 많은 운세입니다.

外格 11劃은 명철한 두뇌로 매사에 궁리함이 묘한고로 자진적으로 성취하며 사회적으로나 또는 군부에 있어서도 상당한 권위와 위치에 군림하게 되어, 크게출세하는 운이 있읍니다.

그리고 總格 37劃은 강호한 과단성이 있어 능히 천하의 난사를 선도처리하고 대업을 성취하므로 명성이 사해에 진동하는 영웅운이 있었읍니다. 그러기 때문에 오랜동안 관계에서 활약했던 것인데, 불의에 익사한 그 원인은 地格 27劃 人格 27劃, 社會運 28劃, 內格前運 20劃 그리고 人格 27劃과 總格 37劃의 同數同格, 社會運 28劃과 家庭運 37劃의 斜線同格의 凶數로 인하여 변을 당한 것입니다.

人格과 總格의 同數同格은 돌발적인사고 수난, 화난, 차사고등 재난수가 있는 凶數이고 社會

◎ 政界、財界、言論界에 큰 발자취를 남긴 人俠의 省谷、金成坤…

例題 1、金成坤의 姓名의 境遇 (新聞記事編)

一九七五年 二月 二十七日 紙上發表

 운과 家庭運의 斜線同格은 재해、재난、사고의 凶數로서 자기가 여태껏 모아는 전재산을 일시에 잃는다든가 또는 자기가 지금껏 쌓아놓은 공든탑이 갑자기 무너져가는 조난과 재난의 凶數가 있었으므로 이같이 익사하게 된 것입니다.

五行 「木金金」은 凶한 운수입니다.

성격은 말이적고 고지식하며 재지와 기략이 풍부하고 자기의 몸가짐을 무겁게 다루는 성격입니다.

▲ 劃數의 分析

1、地格 15劃은 立身흥가 數
2、人格 15劃은 富貴번영 數
3、外格 9劃은 災難이 많은 數
4、天格 9劃은 精神的인 苦悶이 많은 數
5、總格 23劃은 成功발달 數
6、社會運 16劃은 貴人의 得助와 大業成就 數
7、家庭運 23劃은 功名順利 數

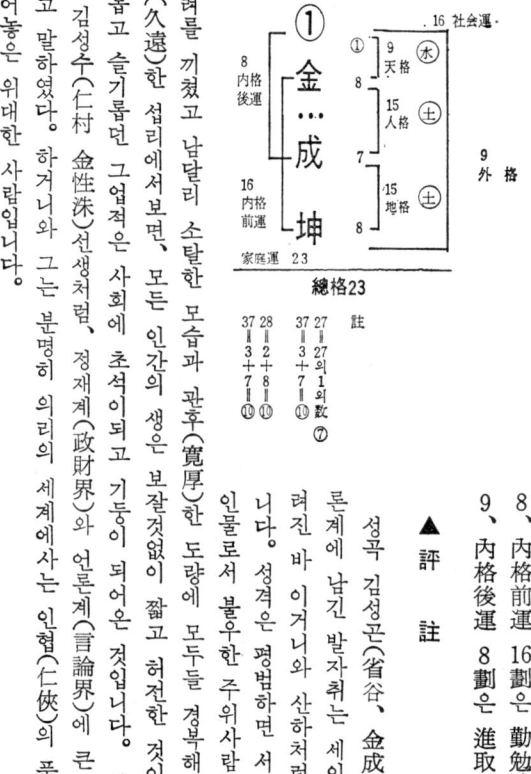

8、內格前運 16劃은 勤勉발전 數
9、內格後運 8劃은 進取心大한 數

▲ 評 註

 성곡 김성곤(省谷、金成坤)은 정계, 재계 언론계에 남긴 발자취는 세인들의 이목에 넘리알려진 바 이거니와 산하처럼 높고 깊은데가 있읍니다. 성격은 평범하면서도 저력(底力)이 있는 인물로서 불우한 주위사람들을 돕는데도 유달리 심려를 끼쳤고 남달리 소탈한 모습과 관후(寬厚)한 도량에 모두들 경복해 마지 않았읍니다. 구원(久遠)한 섭리에서보면, 모든 인간의 생은 보잘것없이 짧고 허전한 것이지만은 성곡(省谷)의 의롭고 슬기롭던 그업적은 사회에 초석이되고 기둥이 되어온 것입니다. 성곡은 후배들에게 인촌 김성수(仁村 金性洙)선생처럼, 정재계(政財界)와 언론계(言論界)에 큰 발자취를 남기고 싶다고 말하였다. 하거니와 그는 분명히 의리의 세계에사는 인협(仁俠)의 품모를 각분야에 걸쳐 심어놓은 위대한 사람입니다.

▲ 綜合判斷

 이 성명은 전체적으로 훑어볼때 外格 9劃에 정신적인 고민수를 제외하고는 全格에 걸쳐 吉

數로 구성된 성명이므로 부귀영화를 누린 것입니다.

이름에 表(外格部門) 中(主格部門) 裏(內格部門)의 三格中에, 「主格部門」인 地格 15劃, 人格 15劃, 總格 23劃은 성공발달 할 수로서 부귀번영 입신흥가의 상이 있고, 「內格部門」인 內格前運 16劃과 內格後運 8劃, 家庭運 23劃도 근면발전할 수로서 귀인의 많은 도움과 대업성취할 기반이 있었으며 「外格部門」인 外格 9劃은 정신적인 고민이 항상따르게 되었지만 그래도 社會運 16劃으로 말미암아 사회적으로 지위 명예 재운이 풍부한 운세가 있읍니다.

五行은 「水土土」입니다. 성격은 복종심이 결핍하여 호승강강(好勝剛强)한 성격입니다. 운세는 고난을 물리치고 발전할 수가 있으나 항상 장애가 많고 곤란과 고민이 많은 운세입니다. 고서에 「器滿則溢하고 人滿則喪이니라」 즉, 그릇은 가득차면은 넘쳐흐르고 사람은 넉넉하면 곧 잃어지느니라는 것과 같이 성곡(省谷)의 많은 공적은 그가 갖고 있었던 인덕의 주효(奏効)였으며 천성적인 의리와 인협의 기질에 더욱더 아쉬워하는 감마저 금할바가 없읍니다.

◎ 술한 逆境에서 蘇生한 反共鬪士, 俠客 金斗漢…

例題 1、 金斗漢의 姓名의 境遇

▲ 劃數의 分析

1、地格 19劃은 生涯가 多難한 數 (災難數)

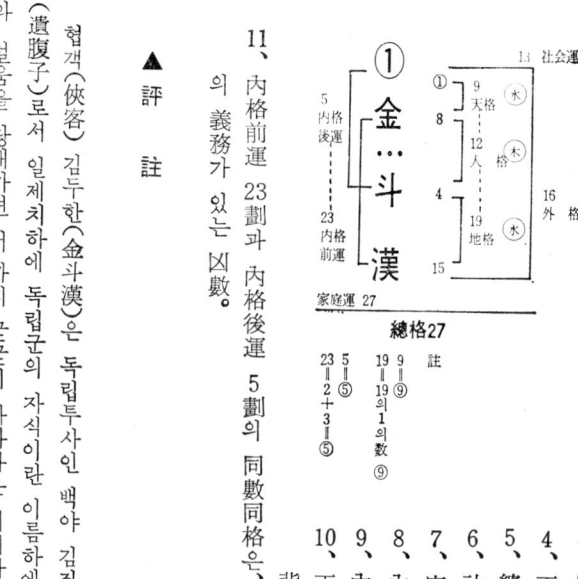

▲ 評 註

11、 內格前運 23劃과 內格後運 5劃의 同數同格은、 精神的인 苦悶과 金錢的인 支出많고 扶養의 義務가 있는 凶數.

10、 天格 9劃과 地格 19劃의 天地同格은、 破亂背信、 事故의 凶數.

9、 內格後運 5劃은 功名發達할 數 (福德입을 數)

8、 內格前運 23劃은 內外가 不和한 數 (流血數)

7、 家庭運 27劃은 智略成功할 數 (短命數)

6、 社會運 13劃은 不意에 挫折數 (剛情數)

5、 總格 27劃은 窮乏困苦한 數 (刑罰數)

4、 天格 9劃은 貴人에 도움받은 數 (剛情數)

3、 外格 16劃은 家庭이 寂寞한 數 (災難數)

2、 人格 12劃은 家庭이 寂寞한 數 (災難數)

협객(俠客) 김두한(金斗漢)은 독립투사인 백야 김좌진장군(白冶金佐鎭將軍)의 유일한 유복자 (遺腹子)로서 일제치하에 독립군의 자식이란 이름하에 그 숱한 역경과 파란속에서도 갖은 학대와 설움을 당해가면서 까지 굳굳히 자라나온 의지가 강하고 또한 의리가 깊은 협객으로서 그는 해방후 반공투사로 노동운동에 열을 올렸었고 한때는 鍾路乙區에서 무소속으로 國會議員까지 당선되어 오직 국가와 민족만을 위하여 투쟁한 애국투사입니다.

▲ 綜合判斷

이 성명도 전체적으로 보건데 表(外格部門)과 裏(內格部門)이 吉數로 인하여 사회적으로 진출하여 큰 두각을 나타낸 것이 었읍니다.

첫째 「外格部門」이 人格 16劃과 社會運 13劃은 지략이 뛰어나고 귀인의 도움이 많아서 성취대사할 吉數입니다. 「內格部門」인 內格前運 23劃과 內格後運 5劃은 성공발달할 수로서 입신흥가의 상이 있었으나 「主格部門」인 地格 19劃과 人格 12劃, 그리고 總格 27劃은 생애가 다난한 凶數로서 파란, 재난, 형벌, 유혈, 총난, 조난을 당할 운세입니다.

五行 「水木水」는 凶한 운수입니다.

성격은 감수성이 강하고 두뇌가 영민하므로 구준히 노력하면 발전해나가는 성격이 었읍니다.

운세는 초년에는 무서운 노고가 있고 중년에는 노력해서 성공할수는 있었으나, 만년에 병약과 실패로 돌아올 운세입니다.

第四部 易理學

(天命을 모르는者 君子가 아니다)

――孔子――

易理學上의 姓名流年法

一、構成法

1、名字의 劃數 (地格數)

八、八除之後에 그 餘數를 內卦로 看做。(下卦)

2、姓名의 劃數 (總格數)

八、八除之後에 그 餘數를 外卦로 看做한다. (上卦)

以上의 殘數인 그 數的、按排의 順序는 다음과 같다.

殘一 즉 乾之卦 ☰ 爲天 (하늘)
殘二 즉 兌之卦 ☱ 爲澤 (못)
殘三 즉 離之卦 ☲ 爲火 (불)
殘四 즉 震之卦 ☳ 爲雷 (천둥)
殘五 즉 巽之卦 ☴ 爲風 (바람)
殘六 즉 坎之卦 ☵ 爲水 (물)
殘七 즉 艮之卦 ☶ 爲山 (산)
殘八 즉 坤之卦 ☷ 爲地 (땅)

二、八卦의 陰陽爻

하나의 算木이 陽을 나타내고 한쪽은 陰을 나타내는 것을 陽爻 및 陰爻라 한다. 이 陽爻와 陰爻로 卦를 이루며 이卦는 算木이 셋이 모여서 하나의 卦가 된다. 즉 八卦는 다음과 같은 太極陰

陽의 變化의 根源에서 갈라져 나왔다. 이같이 太極에서 갈려 陰과 陽이 되고 이 陰과 陽은 四象을 낳고 이 四象은 갈려 八卦가 되는 것이다. 그러므로 爻가 셋이 모이게 된 卦를 小成卦라 한다. 太極이란 萬物을 낳으려고 하는 에너지의 根源을 말하며 또한 太極에는 陰과 陽이 있고 그 後 順과 逆으로도 보고있는 것이니 宇宙를 構成하는 것은 天地人의 三要素로 되어 있으므로 易에는 이것을 三才觀이라고 하는데,

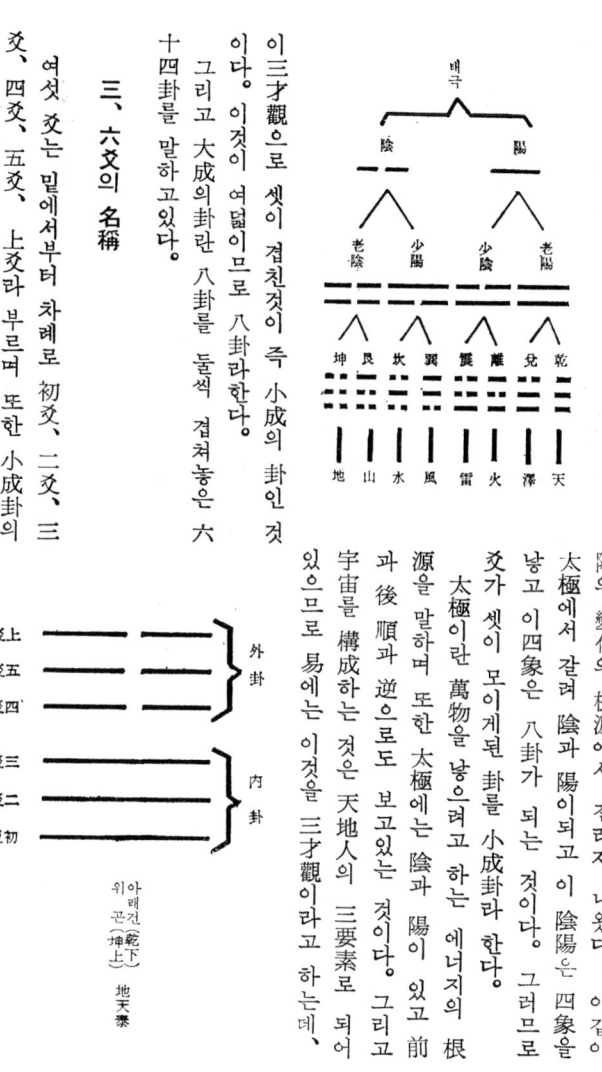

이 三才觀으로 셋이 겹친것이 즉 小成의 卦인 것이다. 이것이 여덟이므로 八卦라 한다. 그리고 大成의 卦란 八卦를 둘씩 겹쳐놓은 六十四卦를 말하고 있다.

三、六爻의 名稱

여섯 爻는 밑에서부터 차례로 初爻、二爻、三爻、四爻、五爻、上爻라 부르며 또한 小成卦의 下卦를 內卦라 하고 上卦를 外卦라 한다.

六十四卦 卦名一覽表

下卦＼上卦	乾 ☰	兌 ☱	離 ☲	震 ☳	巽 ☴	坎 ☵	艮 ☶	坤 ☷
乾 ☰	乾為天 1	澤天夬 43	火天大有 14	雷天大壯 34	風天小畜 9	水天需 5	山天大畜 26	地天泰 11
兌 ☱	天澤履 10	兌為澤 58	火澤睽 38	雷澤歸妹 54	風澤中孚 61	水澤節 60	山澤損 41	地澤臨 19
離 ☲	天火同人 13	澤火革 49	離為火 30	雷火豐 55	風火家人 37	水火既濟 63	山火賁 22	地火明夷 36
震 ☳	天雷无妄 25	澤雷隨 17	火雷噬嗑 21	震為雷 51	風雷益 42	水雷屯 3	山雷頤 27	地雷復 24
巽 ☴	天風姤 44	澤風大過 28	火風鼎 50	雷風恆 32	巽為風 57	水風井 48	山風蠱 18	地風升 46
坎 ☵	天水訟 6	澤水困 47	火水未濟 64	雷水解 40	風水渙 59	坎為水 29	山水蒙 4	地水師 7
艮 ☶	天山遯 33	澤山咸 31	火山旅 56	雷山小過 62	風山漸 53	水山蹇 39	艮為山 52	地山謙 15
坤 ☷	天地否 12	澤地萃 45	火地晉 35	雷地豫 16	風地觀 20	水地比 8	山地剝 23	坤為地 2

六十四卦 卦爻辭

易經이란 永遠한 價値가 있는 修養書이다. 天地, 自然의 理致와 人間의 運命을 다루고 있으므로 이것은 오직 人間의 참된 修養의 聖典이라고 할 수 있을 것이다. 周易은 쉬는 일이 없고 過去나 現在를 莫論하고 어느 時代 어느 社會를 不問하고 繼續 읽어온 敎養書이다. 周易은 쉬는 일이 없고 恒常 움직이므로 變化한다는 뜻이다. 모든 形象은 궁극에 이르면 變化하고 變化가 생기면 다시 發展하게 된다. 한번 陰하면 한번은 陽한다. 이것은 天地自然의 道이기 때문이다. 陰陽의 變轉은 이렇게 낮과 밤이 交替되고 春, 夏, 秋, 冬의 四季節은 恒常 變하여 가므로 계속 흐르고 바뀐다.

暴炎의 여름 속에는 이미 서늘한 가을이 움트고 있고 寒冷한 겨울속에는 봄의 새싹을 잉태하고 있는 것이다. 그러므로 人間은 全盛할때 너무 거만치말고 또한 不遇할 때 너무 切望하지 말라는 것이 周易의 眞理인 것이다. 이것은 陰陽 二元論에 그 原理를 두고 있으므로 天과 地를 비롯하여 森羅萬象은 모두 이 陰陽 二元으로 成立된 것이다.

이 變化의 法則은 서로 돕고 作用함으로써 어떻한 새로운 것을 낳으면서 發展해 나간다. 二千餘年前에 이미 聖賢들이 쓰신 周易은 現代의 科學文明이 高度로 發達된 오늘날에 있어서 무슨 口實과 役割을 다할 것일까, 하고 反問하겠으나, 歲月은 흘러 世代는 變하였어도 自然은 自

然 人間은 人間으로서 그 本性이 變하는 것은 아니기 때문에 이 易經의 眞理는 오늘에도 價値가 있고 앞으로도 永久히 많은 도움이 될 것이므로 周易은 永遠히 살며 不滅한다.

歷史를 돌이켜 보건대 東西洋을 莫論하고 人類의 生活에 多大한 營養力을 끼쳐준 東洋의 思想은 첫째 그리고 그리스 로마의 思想의 根源을 일으킨 소크라테스 푸라톤, 아리스토텔레스 그리고 그리스도 敎가 있고 東洋은 儒敎, 道敎, 佛敎의 經典이 있긴하지만 이 오직 人間으로서 人生을 살아가는 智慧와 叡知를 가르쳐 주었고, 人間으로서 없어서는 않될 修養의 良識이기도 한 것이다. 그러므로 우리는 人間問題의 根本的인 態度에 對하여 좀더 알고 硏究하기 위하여 여기에 六十四卦 卦爻辭를 실려놓았다 이 卦爻辭는 우리의 人生問題를 총망라하여 說明하고 있다.

다시 말해서 周易이란 天地, 自然의 法則을 말해줬고, 줄여서는 人生問題에도 言及 하였으니 이것은 읽는 사람의 生覺에 따라 善惡의 分別과 깊이와 얕음을 가려낼 수 있을 것이다.

※ 六十四卦 吉凶判斷

1、건위천
　乾爲天 ☰ 아래건 乾下 （剛健）吉
　　　　　 ☰ 위건　乾上

○ 乾卦의 뜻

乾은 하늘이다. 크게 發展하는 것을 상징한다. 그러므로 乾은 偉大한 創造力의 根源이며, 이

根源의 힘을 받아 天地萬物은 生成을 비롯한다. 따라서 乾의 法則은 變化하는 것이다. 君子는 이 卦象을 보고 스스로 마음을 가다듬어 쉬지않고 노력한다.

○ 해설

萬事가 如意하여 旺盛할 運이 있다. 名利도 얻고, 地位도 오르므로 家業이 繁榮하는 吉像이다. 萬一 그렇지 못하고 지나치게 교만하면 도리어 盛運은 破壞되어 失敗로 돌아가게 되는 故로 謹愼치 않으면 成事를 이루지 못한다. 이卦는 特히 功名과 子孫의 榮達이 있는 繁盛할 氣運의 卦이다. 그러나 事物이란 盛하면 반드시 衰하는 法인 故로 차면 이지러진다는 自然의 法則에 따라 絶頂에 이르는 것은 衰類하고 沒落하는 첫 過程이므로 恒常自己의 分守를 지켜 銘心해 나가야 한다.

2、곤위지
坤爲地 ☷☷ 아래곤 坤下
위곤 坤上 (靜守) 吉

○ 坤卦의 뜻

坤은 땅이다. 그것은 크고 發展함을 상징한다. 萬物은 이 大地의 無限한 힘을받아 낳고 또한 成長하고 繁榮한다. 結局 하늘의 創造를 받들어 成就되는 셈이다. 그리고 大地는 고요하여 움직이지 않으며 부드럽고 順하여 하늘의 힘을 돕는다. 君子는 이 卦象을 보고 후한 德으로 만물을 포용한다.

○ 해설

萬事를 너무 깊게파고 들어가면 옳지 못하므로 응당 뒤에서 現狀을 지켜나가야 한다. 그러한 즉 無事하고 安全性이 있겠으나 萬若, 急하게 서두르면 妄動을 일으켜 災難에 빠지게 될 것은 疑心할 餘地조차없는 것이다.

所謂 原狀을 維持하게 되면 心中이 平安하고 氣가 和平하게 되므로 安全된 자리를 얻어 道를 끝까지 지켜나가면 크게 좋은 成果를 이룰 것이다. 그러므로 善行을 한 집안에는 子孫代代에 이르기까지 반듯이 慶事가 있고 惡行만을 거듭하는 집안에는 災殃만 오는 것이다.

3. 수뢰준
水雷屯 ☵☳ 위아래진
감上 (耐苦) 凶

○ 屯卦의 뜻

물과 천둥은 屯이다. 屯卦는 陽과 陰이 처음으로 섞이어 새로운 것을 낳는 때의 괴롭고 어려운때를 보여준 것이다. 그러나 이어려운 속에서도 급히지않고 꾸준히 活潑하게 움직이고 있다. 마치 번개와 비의 에너지가 天地間에 가득차면 地上의 萬物을 적시는 것과 같이 이 瞬間은 暗黑과 混亂의 때이니만큼 너무 초조하게 行動하면 않된다. 이런때일수록 꾸준히 努力해서 때오기를 기다리는 것이 좋겠다. 君子는 이 卦象을 보고 나라를 經綸할 큰 뜻을 세운다.

○ 해설

開始하는 創業이 多事하고도 多難한 像이다. 그러므로 萬事가 괴롭고 일은 뜻대로 되지않아 意外로 障碍가 많아진다. 그러나 萬難을 排除하고 꾸준히 奮鬪努力하면 良好할 運이 있겠으나 그렇지 못하면, 煩腦、災難、病難을 입게된다.

4、산수몽
山水蒙 ☶☷ 위아래 艮坎上下 (童蒙) 中凶

○ 蒙卦의 뜻

山아래에 험난한 물이 갈바를 모르고 멈춰있는 狀態가 蒙卦의 상징이다. 蒙이란 덩굴이 茂盛하여 나무를 다덮어, 그밑이 어둡게 되므로 즉 蒙昧해진다. 이 蒙昧한 상태는 오직 亨通하기를 바라는 것이다. 그러므로 바른 가르침을 指導받고 時期를 보아 움직인다면 크게 發展해나 갈것이다. 君子는 이 卦象을 보고 바른일을 과감하게 실천하면서 움직이지 않는 山의 모습과 같이 묵묵히 德을 기른다.

○ 해설

混迷한 일이많고 따라서 피로움과 고난을 當하므로 事理는 分明치않고 또한 果斷性이 不足하여 모든 處事에 그르칠 일을 자주하게 된다. 이럴수록 몸소 自重하고 時期를 기다리면 언젠은 氣運이 漸次의으로 풀려나가게 된다. 萬一 그렇지 않고 投機나 冒險에 빠지게 되면 文書上이나 契約上에 錯誤가 生겨서 災難과 失敗를 當하게 된다.

5、수천수
水天需 ☵☰ 위아래 坎乾上下 (待期) 中凶

○ 需卦의 뜻

물과 하늘은 需다 需라는 것은 待期한다는 뜻이다. 그러므로 위험속에 빠지지 않는다. 마치

290

6、 천수송 天水訟 ☵아래감 坎下 ☰위건 乾上 (艱險) 凶

○ 訟卦의 뜻

하늘과 물은 訟이다. 訟은 訴訟으로서 남과의 투쟁하는 것을 말한다. 즉 위에 強한 者가 아래 弱한 사람들을 학대하고 또 아래는 內心이 險惡한 者가 윗사람과 抗爭하려는 형태와 같다. 그러므로 爭訟은 결코좋은 것은 못된다. 두려워해서 中을 얻으면 길하고 무리하게 끝내들면 凶하다. 君子는 이 卦象을 보고 어떤일에나 시작을 깊이 생각하고 뒷날에 분쟁이 없도록 한다.

○ 해설

萬事가 모두 막혀서 通하지 않으므로 障碍가 많다. 또한 悲慘한 일들이 끊어지지 않고 계속

江물이 앞길을 가로 막았을때 배를 기다리는 格으로 人生에는 時期가 올때까지 기다려야 한다. 그러므로 그동안 힘과 자신을 기르면서 時期를 참고 기다리면 큰 成功을 얻을 수가 있다. 君子는 이 卦象을 보고 여유 있는 모습으로 몸과 마음을 기른다.

中庸과 正道를 잘지켜서 自重해 나가야 한다. 急進的으로 너무 서두르면 失敗하게 되므로 時期를 기다려서 處事를 하면 漸次的으로 運氣가 好轉되어 끝내는 大成하게 된다. 萬一目前에 작은 利를 탐낸다면 도리어 크게 失敗를 當하여 모든일이 막히게 되므로 恒常 自重할 것을 努力해 나가야 한다. 特히 注意할것은 酒色과 病症等 艱難과 危險이 뒤따르니 恒常 誠實해 나가야 한다.

적으로 일어나기 때문에 남의 猜疑와 中傷모략등으로 陷井에 빠지게 되므로 비록 작은 일이라도 소심껏 留意해서 대수롭지않는 고집은 버려야 한다. 結局 끊임없는 고집과 투쟁은 그 反動도 크다는 것을 銘心하고 恒常 화목하게 우애와 협조심을 길러나가야 한다.

7、지수사 地水師 ☷☵ 위곤 坤上 아래감 坎下 (非常) 凶

○ 師卦의 뜻

땅과 물은 師다. 師는 多數의 集團이라는 뜻으로 軍隊를 意味한다. 그러므로 이 卦는 戰爭을 말하고 있는 것이다. 軍을 統率하려면은 摩下의 將兵들이 絶對服從할 수 있는 훌륭한 人物이 있어야 한다. 軍은 正義의 軍이라야만 하며 暴徒들이 天下의 民衆을 害치고 괴로움을 줄때에는 비로소 正義를 위하여 征伐해야 한다. 그것은 智、仁、勇、을 兼備하고 또한 忠勇無雙한 指導者가 必要한 것이다. 亂을 鎭壓하고 國土를 開發하기 위하여 人間이 人間을 殺生하는 것은 좋지않은 일이지만 小蟲(惡)을 죽이고 大蟲(善)을 살린다는 길이기 때문에 하늘의 正道에 어긋나는 일은 아니다. 그러므는 이 卦는 集團指導者의 道를 說明하고있다. 君子는 이 卦象을 보고 大地와 같이 백성을 포용하고 육성한다.

○ 해설

起伏이 深하여 變動이 많고 多事多難하여 波瀾이 많으므로 平安치못하고 憂患과 苦難에 빠지게된다. 그러므로 住居의 變動과 紛爭 및 盜難등을 注意해야 한다. 그러나 萬難을 排除하고 正

道를 지켜 果斷的으로 處事를 하면 意外로 功名과 이로운 일을 얻게 된다.

8、수지비
水地比 ☷☵ 아래곤 坤下 / 위감 坎上 (親和) 吉

○ 比卦의 뜻

물과 땅은 比다. 比는 吉한 卦다. 比는 서로 親하고 서로 돕는 것을 말한다. 즉 中正의 道를 行하므로 上下가 모두 호응하고 따르게 된다. 아무리 不穩한 者라도 마침내 그를 사모하여 모여온다. 이 隊列에 끼지 못한 者들은 나가지도 물러서지도 못하고 화를 받게 된다. 比字는 人字가 두개 나란히 서있는 모양을 나타낸 것이다. 사람들이 서로 모여 情답게 協助하고 있는 모습을 表現한 것으로서 人和를 象徵한 것이다. 先王은 이 卦象을 보고 만국을 세우고 제후를 친했다.

○ 해설

運氣가 平順하여 소망이 成就될 吉像이다. 友人과 親戚間의 도움도 받으며 婚談、旅行、共同事業 等도 圓滿하게 잘되지만 過分하고 激烈的인 行爲를 하게 되면은 좋은 때를 잃게 되는 고로 바르게 하면 탈이 없을 것이다.

9、풍천소축
風天小畜 ☴☰ 아래건 乾下 / 위손 巽上 (女權) 中吉

○ 小畜卦의 뜻

바람과 하늘은 小畜이다. 畜이란 머물게 하다. 저축을 한다는 뜻이다. 그러므로 內的으로는 큰 뜻이 방해되어 정체되고 外的으로는 순종을 잃지 않는다. 먹구름은 짙으나 아직 비가 내리지 않는 것과 같이 로는 萬物을 적실 수 없다. 군자는 이 卦象을 보고 자신의 文德을 닦았다.

○ 해설

運氣가 지체되어 障害가 많고 時運이 당지않아 萬事가 如意치 못하니 可及的이면 悲觀과 自暴自棄를 버리고 忍耐와 奮鬪로서 때를 기다리면 氣運이 自然히 開通되어 구름이 흩어지고 맑은 날씨가 올것이다. 그러나 現實은 前進하기 困難한 像이다. 特히 意志가 弱하여 失敗數가 있고 또는 家庭的으로 不和하고 女難의 像이 있다.

10、천택리
天澤履 ☰☱ 아래태 兌下
위건 乾上 (溫從) 中吉

○ 履卦의 뜻

하늘과 못은 履다. 위에 하늘이 있고 아래에 못이있는 것이 履의 卦象이다. 履란 밟는다. 실천한다는 뜻이다. 이실천에는 항상 고난과 위험이 따르게된다. 범의 꼬리를 밟는 것과 같이 이러한 위험을 두려워한다면 아무일도 할 수 없게. 된다. 범의 꼬리를 밟는 것과 같이 이러한 위험을 만날때 그것을 어떻게 처신하면 될 것인가를 잘 판단한다면 범에게 물려 죽지 않을 것이다. 五陽은 中正의 位置에 있어서 剛健中正의 德을 보인다. 天子의 자리를 차지하더라도 조금도 꺼리낄 것이 없다. 그

빛은 온 世上에 비쳐 빛난다. 君子는 이 卦象을 보고 上下貴賤의 身分制度를 밝히고 君은 君답게 臣은 臣다운 禮儀를 정하여 精神的으로도 秩序관념을 심어 백성의 마음을 安定시킨다.

○ 해설

처음은 困難하고 危險한 환경에 처해 있어 놀랠일이 있겠으나 和氣애애하고 柔順한 態度를 取하게 되면 나중에는 도리어 平安하게 되어 慶事스러운 일이 生기게 된다. 그러므로 謙遜하고 自重해야 만이 機運이 와서 吉하게 된다. 特히 過度한 發動을 억제하고 自制에 힘써야 한다.

11、 지천태 乾下
地天泰 ☷☰ 아래건
위곤 坤上 (有序) 吉

○ 泰卦의 뜻

땅과 하늘은 泰다. 泰는 泰平、安泰、通한다는 뜻이다. 上下가 서로 和合하여 마음이 하나로 모이는 것이므로 하늘과 땅이 화합하여 萬物을 낳아 기르는 것이다. 즉 太陽은 光熱을 땅에 베풀고 땅은 그것을 받아 水蒸氣를 上昇시켜 兩者間의 暑寒、潤沽를 調節해서 生息하는 것을 養成해기르는 것이다. 이것은 속의 뜻은 剛健하고 밖의 態度는 柔順한 모습이 있어 成長하고 繁榮하는 吉한 卦이다.

君子는 이 卦象을보고 天地의 움직임에 지혜를 더하여 人民을 太平하게 다스린다.

○ 해설

萬事가 如意하여 繁盛하는 運이있다. 더우기 그 自身과 家庭에 기쁜 일이있어 前途도 발전하고 業務도 번영한다. 그러나 驕慢하고 過分하면 破運할 우려성이 있으므로 事前에 警戒해 나가야 한다.

12、天地否 천지비 ☰☰ 아래곤 坤下 위건 乾上 (逆象) 凶

○ 否卦의 뜻

하늘과 땅은 否다. 否는 泰卦와 正反對가 되는 卦이다. 하늘과 땅이 和合하지 아니하고 서로의 機運이 막혀버린 것이 否의 卦象이다. 君子는 이 卦象을 보고 自己의 有德함을 숨기고 물러나와 難을 피한다. 君子의 곧음이 이롭지 않으니 큰 것이 가고 작은 것이 온다.

○ 해설

氣運이 불통하여 辛苦와 困難이 많아 萬事가 여의치 못하다. 離別、損失、不通、紛爭、難成 심지어 夫婦間에 風波가 있겠으나 失意와 悲觀을 해서는 안된다. 盛衰의 순환도 自然의 道理이니 반드시 勇氣를 내서 분투노력해 나가야 한다. 이같은 機運도

13、天火同人 천화동인 ☰☱ 아래이 離下 위건 乾上 (協力) 吉

○ 同人의 뜻

하늘과 불은 同人이다. 同人은 한가지 目標를 向해 두사람 以上이 서로 힘을 합쳐서 같은 行動을 取하므로 친밀하게 된다. 이 卦는 柔順中正하여 君에 對한 臣으로서 夫에 對한 妻로서 그

14、화천대유
火天大有 ☰ 위 이건 乾下
         ☲ 아래 離上 (應德) 吉

○ 大有卦의 뜻

불과 하늘은 大有다. 하늘위에 있는 불이라면 그것은 太陽이다. 그래서 太陽이 하늘높이 솟았다고 한 것이다. 이괘는 유화한 人格者가 위대한 指導力을 中庸에 依하여 지키고 있으니 모든 사람들이 흠모하고 호응하므로 盛運을 보전해 나가는 것을 상징한 것이다. 그 政治의 교화는 健全하고 天命에 順應하기 때문에 크게 發展하고 繁榮한다. 君子는 이 卦象을 보고 善惡을 가려내어 惡을 누르고 善을 드러 내므로 天命에 따른다.

○ 해설

氣運이 형통하여 隆昌할 때이다. 그러므로 豊盛하고 富裕하다. 그러나 處世的인 態展가 謹愼치못하면 이로움이 없겠으니 더욱 中庸의 道를 지켜 계속 發展해 가는 盛運을 確保해야 한다.

○ 해설

時運이 당아서 萬事가 如意하고 남과 共同으로 事業을 經營해도 成功한다. 社會的으로 발이 넓어 功名도 있다. 그러나 너무 완고하고 性急하면 不利하고 失敗하기 가쉽다.

의 德과 位置를 지키고 있다. 恒常높이 있는 하늘과 높은 곳을 指向하는 불은 서로 같은 性質을 지니고 있다. 즉 뜻이 같은 者끼리 모여 일을 하게 된다. 君子는 이 卦象을보고 族屬을 分別하여 事物을 區分 한다.

즉 「盈極則虧、物極必反、藏有衰微」의 증조와 같이 차면 이지러진다는 天地自然의 法則이다.

무슨 일이든지 極度에 이르러 더 나갈수 없게되면 반드시 變化가 오고 變化가 오면 다시 나갈수 있는 길이 通하여진다는 것이다.

15、지산겸 地山謙 ☷☶ 위 아래 坤上 艮下 (謙讓) 吉

○ 謙卦의 뜻

땅과 산은 謙이다. 謙이란 겸손 겸허함을 말한다. 높은 山이 낮은 땅 아래에 있는 것이 이 卦象이다. 이것은 남의 앞에 自己를 낮추는 일이다. 사욕과 자만 심을 버리고 스스로 不足하다고 生覺하면서 겸손한 마음으로 자신의 修養을 쌓는다. 그러하면 높은 地位에 있는 사람은 빛이 나고 또한 낮은 자리에 있다하드래도 남들이 업신여기지 못한다. 高貴하면 고귀할수록 사람은 賤民에게 봉사할 것을 잊지말아야 한다. 겸손의 道는 한층더 빛을 더 할 수 있을 것이다. 君子는 이 卦象을 보고 많은 것을 덜어서 적은 것에 보탬으로 사물의 균형을 보존하고 공평하게 한다.

○ 해설

運勢가 평안하고 無事하므로 向上發展한다. 그러나 誠實하고 독실한 겸양의 德性을 상실하면 도리어 破運을 초래하게 되므로 일마다 忍耐와 겸양의 道를 지켜나가야 한다.

16、뇌지예 雷地豫 ☷☳ 위 아래 震上 坤下 (嬉樂) 吉

○ 豫卦의 뜻

천둥과 땅은 豫다. 豫는 천둥소리가 땅위에서 소리를 치니 大地가 떨치고 일어선다. 이것이 바로 豫의 卦象이다. 豫는 道理에 順應하여 움직인다. 그러므로 하늘과 땅도 自然의 道理에 따라 행동을 같이 한다. 이렇게 道理에 順調롭게 될것은 더 말할 나위없다. 해와 달의 운행은 春夏秋冬이 어긋나는 것이다. 그러므로 順調롭게 될것은 더 말할 나위없다. 해와 달의 운행은 春夏秋冬이 어긋나는 法이없는 것이다. 이렇게 道理에 順應하여 움직이면 나라는 크게 發展하게 된다. 聖人도 道理에 따라 행동하기 때문에 刑罰은 공정하게 이루어 지므로 백성도 眞心으로 따르게 된다.

즉 환락에 빠지면 放心해서 뜻하지 않은 失敗를 당하므로 미리 警戒를 해야 한다. 봄에는 겨우내 쌓아두었던 精力을 모두 발산한다. 여지껏 苦痛을 참고 忍耐해 오던것은 완전히 오늘을 爲한 준비의 단계였던 것이다. 地上의 모든 生物들이 봄비와 더불어 소리치며 오는 우뢰를 기뻐하듯 온 天下의 人間들이 平和와 幸福을 즐겨하는 그러한 큰 기쁨을 의미한다. 이것은 餘談이지만 自由中國의 總統 蔣介石. 滿州國大使인 謝介石. 日本의 松村介石 等은 이卦의 爻辭를 따서 이름을 지었다고 한다. 이卦의 六爻의 二陰이 있는 介于石과 以中正也라는 것을 딴것인데 이것은 자신의 뜻을 지킴이 돌보다 굳다는 것이며 그뜻이 中正하여 信念이 있기 때문에 中庸을 지켜서 依然한 態度임을 말하고 있다. 先王은 이卦象을 보고 음악을 만들어 덕을 찬양하고 하느님을 즐겁게 했으며 또 조상의 신령에게도 제사지냈던 것이다.

○ 해설

고요하고 平和로워 變함없는 운세이다. 希望찬 사물이 이루어지는 때인 즉 每事가 막힘없이 成立되고 發展하므로 業務도 繁榮해진다. 그러나 反面에 放心한 生活을 하게 되면 도리어 災害

를 입게 된다。

17、 澤雷隨 택뢰수 ☱☳ 위 兌上 아래 震下 (淸誼) 吉

○ 隨卦의 뜻

못과 천둥은 隨다。우뢰의 精力이 못속으로 유순한 指導者에게 따르고 柔順한 者는 이를 기꺼이 받아들이므로 和合한 마음이 움직여 크게 형통하고 發展할 것이다。그러므로 어떠한 일이든 간에 진지한 로 겸허한 마음으로 잠복하고 있는 것이 隨의 卦象이다。강한 者가 스스 하게 되면 반드시 좋은 結果가 올 것이다。君子는 이 卦象을 보고 저녁의 어둠이 다가오면 고요 히 休息을 즐긴다。

○ 해설

남의 意見을 尊重하면서 일해 가면 萬事가 순조롭고 名利도 얻을 수 있겠으나 萬一 心性이 부 정하고 單獨的인 行動을 취하게 된다면 그것은 失敗를 自己 스스로가 끌어들이므로 特別히 注 意해야 한다。

18、 山風蠱 산풍고 ☶☴ 위 艮上 아래 巽下 (靡壞) 凶

○ 蠱卦의 뜻

산과 바람은 고다。山아래 바람이 거칠게 불어닥치는 卦의 卦象이다。즉 서로 사귀지 않는

格이다. 그러므로 나라안에는 上下가 協助함이없으니 混亂과 天地災變들이 겹치게 된다. 그러나 곧 형통하게된다. 큰江을 건느는 危險을 克服하는 것과 같이 무엇이나 궁극에 이르게되면 새로운 것이 시작되는 것은 하늘의 道이며 이 道는 自然의 運行法則인 것이다. 君子는 이 卦象을 보고 괴로운 속에 있는 백성을 구하고 덕을 기른다.

○ 해설

모든 일들이 막혀서 進展이 없고 氣運이 파란을 일으키므로 回復하기가 어려운 時運이다. 집안일은 紊亂하고 事業도 停滯된다. 그러나 意志를 굳게 갖고 努力과 革新을 期하게 되면 즉시 時運은 亨通해 진다.

19、지태림
地澤臨 ䷒ 위아래兌下(寬容)吉
         곤坤上

○ 臨卦의 뜻

땅과 못은 臨이다. 못위에 땅이있는 것이 이 卦의 卦象이다. 위아래가 가깝게 사귀므로 즐거 順應하는 형태를 말한다. 한결같이 變함이 없으면 順調롭게 亨通하는 것은 하늘의 이치인 것이다. 그러나 이런 경우에는 급하게 盛하고 곧 衰하는 경향이 있기 때문에 時期를 잘다루어야 한다. 八月의 陽氣가 쇠퇴할 때가되면 凶하게 變해진다. 君子는 이 卦象을 보고 어디까지나 백성을 인도하고 한없이 包容한기를 원한다.

○ 해설

運勢가 점점 向上발전할 때가 되어서 萬事가 여의하고 亨通할 大運이다. 身上도 安全하고 위

20、풍지관 風地觀 ☷☴ 위손 巽上 (高風) 吉
아래곤 坤下

아래가 和睦하여 벼슬도 하겠으나 도리어 氣勢를 경솔하게 취하게 되면 남의 시기와 災難을 받게 된다.

○ 觀卦의 뜻

바람과 땅은 觀이다. 바람이 땅위를 불어가는 것이 이 卦의 卦象이다. 觀은 투철하게 본다는 뜻이다. 天子는 柔和하고 겸허한 態度와 中正의 德으로써 天下를 통찰한다. 神前앞에 제사를 올리기 直前 司祭가 경건하고 정성된 마음으로 가득차 있어서 이 엄숙한 분위기를 支配하며 보는 사람으로 하여금 感動시키는 상태이다. 신령한 하늘의 法則을 보면 四계절인 春夏秋冬의 운행은 조금도 어긋남이 없이 계속되고 있다. 聖人은 이 하늘의 法則을 본 받아 教化함으로써 天下를 服從케한다. 先王은 이 卦象을 보고 고루 天下를 돌아보고 민정을 살펴서 가르침을 폈던 것이다.

○ 해설

盛한 것이 極에 달으면 반드시 쇠하게 마련이다. 身上에 變動이 많은 中에 障害와 어려움이 있다. 밖은 좋게 보이고 속은 비었으니 人生의 旅程中 波亂이 많은 때이니 危險한 때인 만큼 기쁜 像이다. 그러나 또 至誠으로 사람을 대하게 되면 반드시 災難은 면하고 百事가 如意하게 이루어진다.

302

21、화리서합 火雷噬嗑 ☲☳ 위이진離下震上 (喧爭) 凶

○ 서합괘의 뜻

불과 천둥은 서합이다. 천둥의 偉力과 번갯불의 밝음은 智慧를 겸비한 것이 이 괘의 卦象이다. 결국 서합이란 물건을 씹는 것을 말하고 있다. 방해물을 섞어서 깨면 아래 윗이가 합쳐서 형통하게 된다. 천둥과 뇌성은 어느 것이나 旺盛한 활동력을 상징한다. 옛날 착한 君主는 이 괘象을 보고 刑罰을 밝게 하고 法令을 세웠다.

○ 해설

모든 일이 如意치 않아서 苦痛、紛爭、刑罰、中傷等을 입니다. 허나 果敢하게 強硬한 態度를 취하게 되면 萬難을 배제하고 目的한 바를 達成하게 된다.

22、산화비 山火賁 ☶☲ 위아래간艮上離下 (賞約) 中吉

○ 비괘의 뜻

산과 불은 賁다. 산아래 불이 타고 있는 것이 이 괘의 卦象이다. 賁卦는 柔가 剛을 또 剛은 柔를 서로 장식하여 주므로 陰陽이 조화되어 亨通함을 보여 주고 있다. 이같이 陰과 陽이 서로 조화를 이루는 것은 天體의 運行現象이다. 이것을 보고 천시의 變遷을 살피며 人類의 文化를 관찰하여 天下를 敎化한다. 君子는 이 괘

象을 보고 政治를 밝게 하고 刑事에 관한 重大한 事件은 경솔하게 決定하기를 避한다.

○ 해설

어떤 일을 成事코자면 반드시 장애가 수시로 생기게 된다. 따라서 안은 空虛하고 勞苦가 많은데 괜히 外觀上으로 虛勢만 부리게 되면 점점 困窮에 빠지게 된다. 그러므로 自己自身이 充實하고 남과 和睦하게 지내면서 분수를 지켜 나가면 豫想外로 榮達할 수 있겠으나 그렇지 못하면 도리어 남에게 誹謗등을 받게 된다.

23、山地剝 ☷☷
   산지박 艮上(顚落)凶
   아래곤 坤下
   위간

○ 剝卦의 뜻

산과 땅은 剝이다. 山이 무너져 平地가 된다는 것이 이卦의 卦象이다. 剝은 벗겨 떨어뜨리는 것이다. 柔가 剛을 곧 무너뜨리려는 危機를 말한다. 이런때에는 事勢에 順應하여 스스로 절조를 지키고 때를 기다림이좋다. 君子는 榮枯盛衰와 滿月과 달이 기우는 自然의 섭리를 존중한다.

○ 해설

運勢가 쇠망하여 破滅할 때이다. 모든 것이 苦生스럽고 特히 留意할 것은 詐欺와 損失이 있으니 이 災難을 피하기 위해서는 謹愼하고 守分하면 吉하겠다.

24、지뢰복 地雷復 ☷☳ 위곤坤 아래진震上 (向盛) 吉

○ 復卦의 뜻

땅과 천둥은 復이다. 천둥의 精氣가 아직 땅속에 살아있는 것이 復의 卦象이다. 陽의 氣運이 돌아오다. 이것이 天地自然의 法則에 順應하여 돌고 있으므로 나가거나 들어오나 장애가 없고 또한 벗들이 모여와도 허물이 없다. 가던 길을 돌아오는데 七日만에 되돌아온다. 이것은 天道의 순한 法則이다. 陽氣는 마악 뻗어 나가려 하고있다. 적극적으로 나서는 것이 좋다. 復은 움직여 萬物을 生成化育하는 天地의 마음을 가리킨다. 先王은 이 卦象을 보고 동짓날에 관문을 닫아서 상인과 여객의 통행을 금하고 군후들도 지방을 순시하지 않고 陽의 기운이 성하여 지는 때를 기다렸다.

○ 해설

至誠을 가지고 사람을 對하면 萬物이 여의하여 運勢가 旺盛해지는 것은 自然의 道理이다. 비록 一次에는 失敗를 했어도 끝에 가서는 또 成功하게 된다. 온건하고 着實하여 모든일에 지체없이 成就되므로 創業에는 퍽 吉하다.

25、천뢰무망 天雷无妄 ☰☳ 위건乾 아래진震上 (抉災) 凶

○ 무망卦의 뜻

하늘과 천둥은 무망이다. 天空에서 천둥이 天下를 진동하여 萬物이 하늘의 섭리를 따라 그 生命을 영위하는 것이 무망의 卦象이다. 바른것으로써 크게 發展하는 것은 天命이다. 그러나 그것이 바른것이 아닐 때에는 재앙이 온다. 무망이란 예기치 않았던 일이란 뜻이다. 다만 天命에 내맡겨 어떤일이 부닥쳐도 들뜨거나 행동하는 일없이 조용히 그것을 받아들이는 眞實性이 先王은 이 卦象을 보고 天時에 순응하여 만물을 길렀다.

○ 해설

運氣가 지체되어 百事가 한결같이 좋지 못하니 너무 性急히 굴며는 더욱 困厄을 받는다. 좀더 安靜된자세로서 時期를 기다리면 吉하게 된다.

26、산천대축
山天大畜 ☰☶ 위艮上 (後榮) 吉
아래乾下

○ 大畜卦의 뜻

산과 하늘은 대축이다. 하늘의 氣가 산속에 저축되어 있는 것이 大畜의 卦象이다. 乾은 하늘 이다. 하늘에는 해와 달의 빛이 있어 날마다. 太陽이 새로운 빛과 熱을 보내주 듯이 그 德이 날로 새롭다고 풀이한 것이다. 大畜卦는 바르고 좋은 것을 기르는데 有益하다. 즉 天道에 順應하고 있으므로 큰 江을 건느는데 벅차고 힘이겨워도 끝에는 順調롭게 進行된다. 下卦는 剛健을 上卦는 篤實을 상징하므로 剛健篤實하고 설명한 것이다. 君子는 이 卦象을 보고 옛 聖人의 가르침을 마음에 새겨 놓고 自己의 德을 길렀다.

○ 해설

有畜性이 있는 象이다. 그러나 反面에 障害가 빈발하게 되면 너무 격분한 나머지 失敗하기 쉽다. 自重해서 이 困難을 克服해나가야만이 目的한 바를 達成할 수 있는 것이다. 특히 企業도 吉하고 學術面도 發達한다.

27、山雷頤 ☲☷ 산뢰이
위아래진 艮上(靜臥) 中凶
震下

○ 이卦의 뜻

산과 천둥은 이다. 산밑에 천둥의 情氣가 蓄積되고 있다. 이것이 頤의 卦象이다. 사람은 턱을 움직임으로써 비로소 음식물을 받아먹고 肉身을 기른다. 즉 頤는 기른다는 뜻이 된다. 하늘과 땅은 萬物을 기르고 聖人은 어진이를 길러 그가르침이 萬民에게 미치게 한다. 그러므로 人間에게는 病은 입으로 들어가고 智는 입에서 나오므로 言語 飮食에 많은 注意를 기울려야 한다. 君子는 이 卦象을 보고 말을 조심하고 飮食을 節制한다.

○ 해설

말과 行動을 주의하지 않으면 분쟁과 障害를 일으켜 함정에 빠지게 되므로 고통을 받게 된다. 몸과 정신을 길러서 修道하면 運氣가 安泰되는 것은 自然의 正道이다.

28、澤風大過 ☱☴ 택풍대과
위 태손 兌上(苦滅) 凶
아래 巽下

○ 大過卦의 뜻

못과 바람은 대과다. 못물이 나무를 삼켜 버리는 것이 이 卦의 卦象이다. 大過는 대들보가 지붕 무게에 눌려 휘어지는 것으로 비유될 수 있다. 즉 큰 것이 지나쳐서 균형을 잡기가 어려운 상태를 표시했다. 그러므로 中庸의 道理를 지켜 順從하는 경향이 있으므로 위험하고 어려운 일에 부닥드래도 크게 發展한다. 이 卦의 상태에서는 때를 기다림이 상책이다. 君子는 이 卦象을 보고 홀로서도 두려워하지 않고 세상을 숨어 살아도 번민하지 아니한다.

○ 해설

萬事가 衰退할 징조이다. 생각한 것은 뜻대로 되지않고 모든 일은 焦燥하게 되므로 너무 경거망동하면 반드시 진태양난에 빠진다. 더욱이 혼미하게 되면 번뇌 水難、文書上착오 等이 生겨서 身上에 변동이 많이 생긴다.

29、감위수
坎爲水 ☵ 위 坎上 아래 坎下 (艱險) 凶

○ 習坎卦의 뜻

감은 수가 된다. 홍수가 겹쳐서 오는 것이 습감의 卦象이다. 坎은 험난에 빠진다는 뜻이다. 그러나 물은 흘러가므로 험난한 곳을 갈때는 낮은데로 흘러가는 그 本性을 잃지 않는다. 사람도 이같이 苦難을 이겨나가면 難關을 뚫고 亨通하게 된다. 마음의 中心을 바로 잡고 앞으로 前進하면 成功의 門에 도달하게 된다. 君子는 이 卦象을 보고 항상 德行을 닦고 교육에 전념한다

○ 해설

萬事가 여의치 않고 難關과 困苦에 빠질 運勢이다. 不安、變動、家庭 우환 紛爭、病難의 凶할 수이다.

30、이위화 離爲火

위아래이이 離上（明察）中吉
離火

○ 離卦의 뜻

이는 화가 된다. 밝은 것은 상징하는 이卦가 겹친것을 말하고 있다. 해와 달은 하늘에 달려있고 온갖 곡식과 草木은 땅에 붙어있다. 사람은 밝은 지혜를 가지고 바른 길을 밟으면 온백성을 길러낼수 있어 나라는 번영한다. 柔和한 지도자가 中正의 위치에 자리잡으니 크게 發展한다. 大人은 이 卦象을 보고 밝음을 이어받아널리 天下를 밝게 비쳐준다.

○ 해설

外觀上으로는 盛大하나 內實은 그렇지 못하다. 비록 時的인 盛運은 있겠으나 永久히 保全은 못한다. 너무 性急하게 行動을 하면 散財、災害、失敗를 招來한다. 허나 남의 意見을 잘 듣고 順從해 나가면 和順해 진다.

31、택산함 澤山咸

위아래간 兌艮下（和合）吉
澤山咸

○ 咸卦의 뜻

못과 산은 咸이다. 산위에 못이있는 것이 咸의 卦象이다. 感은 즉 느낀다는 뜻이다. 陰陽의 두 精氣가 서로 사귀고 돕는다. 그러므로 天地가 感應하여 萬物이 자라고 聖人이 人心을 感化시켜 天下가 太平스럽게 된다. 감응의 이치를 깊이 알면 天地萬物의 마음을 알 수 있게 된다. 君子는 이 卦象을 보고 마음을 비게하여 사람을 받아들인다.

○ 해설

運氣가 和順하니 慶事스러운 일들이 많은 運勢이다. 모든 것이 진취여의하여 事業도 圓滿히 잘되고 몸도 榮華가 있어서 婚事도 좋은 緣分을 만난다. 그러나 酒色과 不美스런 親舊를 조심치않으면 災難을 當할 것인즉 特히 쓸데없는 일에 散財하는 것을 注意해야 한다.

32、 뇌풍항
雷風恒 ☰☰ 아래손 巽下
위아래 진 震上 (恒心) 中吉

○ 恒卦의 뜻

천둥과 바람은 恒이다. 천둥과 바람이 함께 맺어지는 것이 恒卦의 卦象이다. 恒이란 永遠히 變치 않음을 말한다. 해와 달은 恒久的으로 變치않는 法則을 얻었기 때문에 永遠히 비칠 수 있다. 春, 夏, 秋, 冬의 四季節은 恒常 變化하여 가기 때문에 永遠히 순환할 수 있는 것이다. 聖人은 이 道를 계속 지킴으로써 天下는 化成할 수 있다. 恒久한 것을 깊이 觀察하면 天地萬物의 實相을 알 수 있다. 君子는 自己의 立場을 確立하고 方針을 바꾸지 않는다.

○ 해설

운기가 평안하여 점차로 발전한다。 그러나 신규의 일은 좋지 않으니 현상을 유지해야 한다。

33、天山遯 ☶ 아래간 艮下 (衰退) 凶
　　　　　☰ 위건 乾上

○ 돈괘의 뜻

하늘과 산은 돈이다。 하늘 아래에 산이있는 것이 遯의 卦象이다。 돈을 피해서 숨는다는 뜻이 나가는 것도 큰 意義가 있는 것이다。 그러므로 스스로 물러나 바른 道理를 지켜、 나가는 때의 형세에 따라 進退를 결행한다는 것이다。 君子는 이 卦象을 보고 미워하지않고 엄숙하게 小人을 멀리한다。

○ 해설

運氣가 衰하여 萬事가 막혀서 困窮할 때이다。 그런故로 言行과 進取에 신중을 期해서 근신하는 것이 上策이다。 허나 그렇지 못할 경우에는 도리어 災害를 입게된다。

34、雷天大壯 ☰ 아래건 乾下 (過剛) 凶
　　　　　　☳ 위진 震上

○ 大壯卦의 뜻

천둥과 하늘은 대장이다。 천둥이 하늘 위에서 진동하고 있는 것이 大壯卦의 卦象이다。 大壯이란 陽이 굉장하게 強하다는 뜻이다。 그리고 바르게 움직이므로 그운행이 순조롭다。 비로소 天地의 氣運이 참 뜻을 洞察한 수 있다。 君子는 이 卦象을 보고 禮儀에 맞지않는 일은 行하지

○ 해설

運氣가 비록 크게 盛하고 있다。 하더라도 血氣만 믿고 너무 경하게 行動을 하면 困境에 빠질 우려성이 농후하니 無理를 말고 自重해서 正道를 지켜 나아가야 한다。 않는다。

35、火地晋 ☲☷ 위離아래坤 坤下離上 (盛運) 吉

○ 晋卦의 뜻

불과 땅은 진이다。 밝은 太陽이 地上에 올라오는 것이 晋卦의 卦象이다。 晋은 나아간다는 뜻이다。 밝은 太陽이 땅으로 오르기 始作한때다 希望에 찬 아침이니 모든 能力을 發揮하는 것이다。 밝은 君主가 王位에 앉아 柔和한 德으로 天下를 다스리니 어진 臣下들이 順從하여 이를 보필한다。 君子는 이 卦象을 보고 스스로 明德을 밝게 한다。

○ 해설

運氣가 旺盛하여 萬事가 如意하다。 活氣가 洋洋하여서 크게 出世하고 昇進發展한다。 더욱 名聲도 날리고 소원도 成就한다。

36、地火明夷 ☷☲ 위離아래坤 離下坤上 (不明) 凶

○ 명이 卦의 뜻

37、풍화가인 ☲☴ 아래이離下
風火家人   위손巽上 （敬愛） 吉

○ 家人卦의 뜻

바람과 불은 家人이다. 불이 타서 바람이 일어나는 것이 家人의 卦象이다. 家人이란 家庭을 상징한다. 家庭에는 女子가 道理를 지켜나가야만이 모두가 順調롭게 된다. 그러므로 女子는 집안에서 바르게 그 位置를 지켜야 한다. 즉 男子가 바른 道理를 지키는 것은 하늘과 땅이 自然의 法則을 지킴과 같은 天地의 大義인 것이다. 家庭에 嚴

○ 해설

運勢가 나빠서 困苦하고 多難하다. 여러가지 일에 애를 많이 써도 時運이 없어서 이루는 것이 없다. 그러므로 運이 올때까지 自重하고 忍耐해 나가야 한다. 몸가짐이나 行動을 삼가치 않으면 火災、盜難、負傷、詐欺、突發적인 事件들이 일어나게 된다. 밤은 아무리 길어도 밝게 마련인 것이다. 그러므로 남에게 보이지 않는 自身의 마음만은 바르게 그리고 꿋꿋하게 가지면서 밝은 새아침을 기다리라고 周易에는 계시하고 있다.

땅과 불은 명이다. 太陽이 땅속에 빠져 들어간것이 明夷의 卦象이다. 즉 明이 깨진다는 것이다. 이렇게 어두운 世上에서는 안으로 밝은 智慧와 德을 쌓고 밖으로는 柔順한 態度를 가짐으로서 어려운 고비를 넘는 것이다. 文王도 그렇게 했다. 그리고 箕子도 이같이 해서 紂王의 暴政으로 난을 대처했던 것이다. 모든 苦難을 참고 견딤으로써 바르게 사는 것이 더욱 좋은 것이다. 君子는 이 卦象을 보고 世上에 對하여 자신의 才智와 力量을 감추고 마음의 빛을 잃지 않는다.

한 君主가 있으니 그것은 소위 父母를 이르는 말이다. 그러므로 아버지는 아버지의 道理를 지키고 아들은 아들의 道理를 다해야 한다. 兄은 兄의 道理를 지키고 동생은 동생의 道理를 지키고 또한 남편은 남편의 道理를 지키고 아내는 아내의 道理를 다하여야만 家庭을 바로 다스릴 수 있다. 家庭이 잘 다스려지면 天下도 安定된다. 君子는 이 卦象을 보고 말은 실행이 있고 행동은 한결같이 道를 지킨다.

○ 해설

運勢가 平安하여 無事하다. 家庭이 和平하여 萬事가 잘 이루어 진다. 그러나 너무 放心하고 安逸하게 지내는 것은 禁物이니 더욱 분투 努力해 나가야 한다.

38、화택규
火澤睽 ☲☱ 위이태 離上 兌下 (睽逆) 凶

○ 규卦의 뜻

불과 못은 睽다. 위에는 불이요 아래는 못물이 있어 서로 相反된 성질을 가지고 있다. 불은 타서 위로 오르고 물은 흘러 아래로 내려간다. 두 女人이 함께 살고 있으나 그 生覺하는 것은 같지않다 즉 모순과 반복한다는 말이다. 하늘과 땅은 서로 다르지만 그 영위하는 일은 같고 男女도 양과 음으로 되어 있어 서로다르나 그 뜻은 통하고 있다. 萬物도 모두가 다르지만 그 作用은 유사하다. 睽의 作用은 참으로 큰 것이다. 君子는 이 卦象을 보고 같으면서도 달라지는 그 理致를 생각한다.

314

○ 해설

運氣가 低調하니 모든 일이 이루어 짐이 없다. 家庭도 화목치 못할뿐만 아니라 親舊도 멀어지며 고민과 분쟁이 生기므로 모든 일은 相反된 結果를 가져온다. 그러나 마음을 바르게 먹고 忍耐心을 길러 나가면 처음은 困難을 겪겠으나 차차 풀리게 된다.

39、수산건 水山蹇 ☵☶ 위 감坎上 아래 간艮下 (苦難) 凶

○ 건괘의 뜻

물과 산은 건이다. 험한 山위에 急流가 흐르고 있는것이 건의 卦象이다. 건이란 險難함을 말하고 있다. 험난한 것을 보고 멈추는 사람이야 말로 참으로 지혜로운 사람이다. 西南으로 가면 順調롭지만 東北으로 가면 좋지않다. 그러므로 蹇卦일때는 中庸을 지켜 쉬운 길을 택하고 險한 山이 가로 막힌 길을 피해야 한다. 어진 指導者의 意見에 따른다면 험난을 克服하고 前進할 을 것이다. 君子는 이괴상을 보고 困難에 직면하면 自身을 反省하고 德을 닦는다.

○ 해설

衰運으로 인하여 困苦함이 많고 進退양난에 빠진 時運이다. 더욱 焦急하게 서두르면 큰 波瀾과 失敗를 하게되니 되도록이면 自重을 해서 이나쁜 時運을 풀어나가도록 애써야 한다. 그리고 西南方으로 推進하는 것은 좋고 東北間은 凶하다.

40、뇌수해
雷水解 ☷ 위 래 감
☳ 아 진
坎下
震上 (順利) 吉

○ 解卦의 뜻

천둥과 물은 解다. 천둥이 진동하고 비가 쏟아지는 것이 이 解의 卦象이다. 解는 풀린다는 뜻이다. 季節로 말하면 春分에 해당한다. 얼음이 풀리고 萬物이 소생하는 움직임을 상징한 것이다. 첨난을 헤치고 나아가 마침내 그것을 克服하고 그 괴로움을 벗어날때를 가리키고 있다. 이같이 어려운 문제가 解決되어 버리면 깨끗이 물러나서 中庸의 道를 지키면서 조용히 지내는 것이 吉할 것이다. 또한 나아갈 길이 있거든 주저치말고 빨리 나아감이 좋다. 天地에 얼어붙었던 겨울이 풀리게 되면 천둥이 울고 비가온다. 이로말미암아 百果草木은 모두 껍질을 깨고 새싹을 내기 시작한다. 君子는 이 卦象을 보고 百姓의 잘못을 용서하고 죄와 벌을 너그럽게 봐주면서 慈愛를 베푸는 것이다.

○ 해설

오랫동안 困苦하게 지내왔으나 運氣가 풀려서 順調롭게 向上된다. 모든 일을 좋은 機會를 잡아서 速히 처리하면 잘 풀려나간다. 親舊들의 助力을 얻어 成功도 하며 家中에는 기쁜 일이 생겨서 吉兆이다. 또한 旅行도 吉하다.

41、산택손
山澤損 ☶ 위 래 태
☱ 아 간
兌下
艮上 (虛實) 中吉

○ 損卦의 뜻

산과 못이 損이다。 산아래 못이 있는것이 손卦의 封象이다。 損이란 損失이란 뜻이지만 단순한 그뜻이 아니라 오히려 自己의 힘을 쪼개서 남에게 주는 즉 奉仕의 精神이다。 아래것을 줄이고 위에 보탠다는 뜻이다。 道理를 지켜 誠意를 가지고 行하면 크게 吉하고 구준한 마음의 變함 없으면 萬事는 順調롭다。 問題는 形式보다는 그 誠意에 있는데 간소한 제물만으로도 신을 제사할 수 있을 것이다。 그러나 損의 道는 時期를 알맞게 행해야 하며 덜고 보태고 기우는 天地自然의 理致는 때에 따라 行하여 지는 것이다。 君子는 이 卦象을 보고 높은 理想을 위해 추잡한 욕심을 버리도록 애를 쓴다。

○ 해설

運氣가 쇠약한 탓으로 萬事가 여의치 못하여 現在는 不遇하다。 허나 誠心껏 努力하면 점차로 逆境을 挽回할 수 있고 또한 吉한 運도 얻게된다。 萬一 그렇지 못하면 災禍、 散財、 損失 等 百事가 不能하게 된다。

42、풍뢰익
風雷益 ☴ 위 손 巽上 (盛盈) 吉
　　 ☳ 아래진 震下

○ 益卦의 뜻

바람과 천둥은 益이다。 바람과 우뢰、 이것이 益의 封象이다。 上下의 協力으로 크게 發展할 수 있는 것을 말한다。 그러므로 益은 위를 줄이고 아래를 더해 주는 것이다。 君主自身에게는 박하게 하고 百姓에게는 후하게 하니 國家는 安泰하다。 恩德을 베풀어 주므로 君主의 道가 크게 빛난다。 運路가 順調롭게 열렸으니 위험스런 大河를 건너도 安全하다 하늘의 精氣는 陽氣를 주고 땅은 萬物을 낳는다. 그 益은 온 天下를 덮을 것이다. 天地自然의 益의 法則은 때를 따라 運行된다. 君子는 이 卦象을 보고 善을 보면 自身이 지체없이 배우고 허물이 있으면 곧 고친다

○ 해설
亨通한 運勢이다. 萬事가 順調로운 때를 만났으니 有財、貴人、繁榮、成功、婚姻도 吉하다. 허나 근신치 않으면 도리어 運氣가 점점 惡化해 진다.

43、澤天夬 ☱☰ 위 兌上 아래 乾下 (破災) 凶

○ 쾌卦의 뜻
못과 하늘은 쾌다. 못이 하늘 위에 있는 것이 夬卦의 卦象이다. 夬는 처결한다. 斷罪한다는 뜻이다. 다섯개의 剛爻가 위에 있는 柔爻를 물리치려는 형태를 보이고 있다. 正義의 신봉자가 惡의 발효를 배격하려는 상태이다. 惡을 제거하고 나라를 바로 잡고자 하면 朝廷에서 正義를 널리펼치게 하여 精誠으로 國民에게 호소해야 한다. 勿論 위험을 각오해야만 한다. 스스로 自戒하는 사람에게는 큰 榮光이 약속된다. 그러나 武力행사 하는 것은 不利하다. 그것은 改革을 위한 正義의 권위를 잃을까, 두렵기 때문이다. 그러나 마침내 正義는 이길 것이다. 君子는 이 卦象을 보고 백성에게 恩德을 베풀고 自身의 德을 닦으며 反省한다.

○ 해설
運氣가 이미 破滅됐다. 거의 難關에 빠져 있으니 萬事를 바르게 지켜나가면 平安하다. 그러

나 때때로 신중을 기하고 살펴야하며 특히 留意할 것은 뜻밖의 災害와 文書 및 契約上의 錯誤 또는 遭難、住所의 變動等 不注意로 인한 잘못이 일어나게 된다.

44、천풍구
天風姤 ☰ 위건 乾上 〈淫邪〉凶
☷ 아래손 巽下

○ 구괘의 뜻

하늘과 바람은 姤다. 하늘 아래에 바람이 부는 것이 구의 卦象이다. 姤란 만난다는 뜻이다. 즉 하나의 柔爻가 다섯의 剛을 만나는 형태를 보이고 있다. 많은 남자들 속에 한 女子가 나타나서 男子들을 매혹하는 상태를 상징한다. 女子는 지나치게 거센 사람이다. 이러한 女子는 오래도록 계속 살수없는 사람이다. 天地의 氣가 서로 만나면 萬物은 모두 아름답게 자란다. 剛한 것이 中正한 인물을 만나면 天下가 바르게 될 것이다. 임금은 이 卦象을 보고 널리 영을 내리고 天下의 백성에게 깨우쳐 이른다.

○ 해설

每事가 여의치 않고 굉장히 運氣가 쇠약하여 辛苦를 當하게 된다. 이런 때일수록 모든일에 근신하고 외유내강으로써 쇠함을 방지해나가면 안태해질 것이다. 이밖에도 의외에 災難이 있으며 詐欺, 女難의 像들이 있게 된다. 그리고 女子는 음난한 징조가있게 된다.

45、澤地萃 택지췌 坤下 아래곤 兌上 위태 (集積) 吉

○ 췌괘의 뜻

못과 땅은 췌다. 땅위에 못이 있는것이 萃의 卦象이다. 萃는 무성하게 모이는 것을 상징한 다. 군주와 신하가 中正의 道理를 지켜 서로 호응하고 있는 형태이다. 그러므로 天下의 모든 善한 것과 福된 것이 여기에 모여온다. 이러한 상태가 계속되면 나라는 크게 發展해 간다. 王이 정성스럽게 종묘에 제사를 올리니 훌륭한 인재를 얻기에 이루었고 나라의 큰 경륜을 위하여 과감한 행동을 하면 크게 成果를 거두게 된다. 그것이 바로 天命에 순응하는 연유가 되는 것이다. 모이는 것을 관찰해 보면 天地 만물의 움직임을 알 수 있다. 君子는 이 卦象을 보고 군비를 갖추어 불의의 돌변 사고를 경계한다.

○ 해설

운세가 융창하여 社會的으로 명리를 얻는다. 天下가 화순하고 재정적으로도 亨通하지만 그러나 反面에 財物로 인하여 紛爭이 있으며 또한 水難에 注意를 기우려야 한다.

46、地風升 지풍승 巽下 아래손 坤上 위곤 (向上) 吉

○ 升卦의 뜻

땅과 바람은 升이다. 땅속에 나무가 나는 것이 升卦의 卦象이다. 升卦는 크게 발전하여 번영하는 것을 상징한다. 부드러운 태도로 順利에 바르게 호응한다. 그러므로 크게 뻗어 번성하는 것이다. 그리고 크게 뻗어 번성하는 것이다. 君子는 이 卦象을 보고 나무의 成長을 닮아 스스로 德을 길러서 차차 높고 커지는 것이다.

○ 해설
運이 열리어 萬事가 向上발전한다. 그러나 焦急하고 分別없이 행동하면 반드시 敗하게 되므로 德을 쌓고 順利를 따라야 한다.

47、澤水困 ☱☵ 위태兌上 아래감坎下 (困窮) 凶

택수곤

○ 못과 물은 困이다. 못에 물이없는 것이 困의 卦象이다. 困은 시련을 거치면 비로소 發展과 번영이 온다는 뜻이다. 剛爻가 柔爻에게 덮여있는 것이다. 험난속에 있어도 오히려 즐거울 줄 알고 또한 고통과 곤란 속에도 형통하는 길을 잃지 않는 것은 오직 君子만이 가능하다. 변하지 말고 한결같이 바르게 관철하며 강건한 德을 갖추고 있으면 吉할 것이다. 困窮할때는 무엇을 말하더라도 남이 받아 들이지 않는다. 말이 많을 수록 더욱 궁지에 빠질 것이다. 君子는 이 卦象을 보고 신명을 바쳐 지조를 관철한다.

○ 해설
凡事가 여의치 못하여 극히 困窮에 빠질 때이다. 남에게 사기도 當하고 사사건건 일도 잘 안되므로 損害만 보게 된다. 그리고 아무리 勞心을 해도 功이없다. 그러나 끝에 가서는 남의 助

力도 얻으며 運氣도 만회될 것이니 반드시 正道를 지켜서 때를 기다려야 한다.

48. 水風井 ䷯ 巽下坎上 (淸濁) 中凶
수풍정 아래손 위감

○ 井卦의 뜻

물과 바람은 정이다. 나무에 물의 양분을 주는 것이 水風井의 卦象이다. 우물은 옮길 수가 없다. 그것은 줄기차게 샘솟는 根源이 있기 때문이다. 그러므로 거리나 도시는 옮길수 있어도 우물은 옮기지 못한다. 우물은 항상 맑으며 줄지도 않고 넘치도 않는다. 오고 가는 사람은 누구나 없이 그 혜택을 받는다. 그러나 우물의 물은 저절로 입에 들어오는 것은 아니다. 물속에 두레박질을 해야만이 되는 것이다. 쉽게 퍼낼수 있다하여 두레박질을 하지 않거나 두레박을 뒤집어 놓아서는 않된다. 그러면 우물은 아무런 소용도 없는 것이 돼 버린다. 그렇게되면 우물은 흉한 卦가 된다. 君子는 이 卦象을 보고 백성을 위로하고 한편 권려하면서 도와 준다.

○ 해설

萬事가 지지부진하다. 그러므로 積極性을 피하면 運氣가 平靜하게 되므로 현상을 유지하고 平安하다. 그러나 신규의 계획이나 無理한 일을 꾸미면 반드시 困難과 失敗를 하게 된다. 萬事가 여의하고 進展을 보려거던 분수를 지키고 中正의 道를 밟아야 한다.

49、 澤火革 택화혁 ䷰ 아래離下 위兌上 (改革) 中吉

○ 혁 卦의 뜻

못과 불은 혁이다. 물과 불이 싸우는 것이 革의 卦象이다. 革은 낡은 것을 새로운 것으로 만들어 가는 것이다. 혁신혁명을 뜻한다. 革卦의 형태는 물과 불이 서로 맞서며 두 女人이서로 맞지 않음을 밝혔다. 이러한 相剋과 모순을 뒤집어 놓는 것이 革新이다. 이렇게 革命이 國家에 새로운 전기를 가져오게 되면 그 나라의 發展은 순조로울 것이다. 天地의 변화법칙에 의거하여 春夏秋冬의 四季節이 成立된다. 殷의 湯王과 周의 武王의 革命도 天命의 理法에 따라 良心에 호응했던 것이다. 革은 때를 선택하는 것이 중요하다. 君子는 이 卦象을 보고 개혁을 시작하기 전에 曆書를 정하고 때를 분명히 한다.

○ 해설

運氣가 變化많은 때이라 自身과 業務上 그리고 其他事物에도 고르지 못하므로 變動이 많이 生긴다. 이런 경우에는 특히 함부로 行動하거나 決定치말고 時期를 잘살펴서 英明하고 지혜로운 決斷을 내려야 한다. 그렇지 못하면 害를 입고 장차 禍根을 입는다. 運氣가 一新하면 前途가 밝아지는 동시에 좋은 運을 맞게 된다.

323 第四部 易理學

50、 화풍정
火風鼎 ☲ 위 아래 이손 巽下(重厚) 吉
　　　　　　　離上

○ 정 卦의 뜻

불과 바람은 鼎이다. 나무에 불이 붙어 타오르고 있는 것이 鼎卦의 卦象이다. 鼎卦는 크게 발전하는 것을 말한다. 鼎이란 세발달린 솥을 상징한 것이다. 나무로 불을 때서 삶고 익힌다. 성인은 이조리된 祭物을 바쳐 하늘에 제사하고 天下의 어진 사람들을 기른다. 겸양하고 총명한 柔爻가 天子의 자리에 있으니 강효한 신하들과 뜻이 서로 호응한다. 이르므로 나라가 크게 발전하는 것이다. 君子는 이 卦象을 보고 위치를 바르게 지켜 주어진 天命을 이루는 것이다.

○ 해설

運氣가 형통하여 萬事가 여의하다. 옛것을 버리고 새것을 창조하니 운세가 개통하여 신상에 안전을 얻게 된다. 努力하면 더욱더 機運이 뻗어간다. 허나 交友관계는 신중을 기해야만 한다. 만일 그렇지 못하면 도리어 災害를 입게되며 또한 證書에도 특히 注意를 기우려야 한다.

51、 진위뢰
震爲雷 ☳ 위 아래 진진 震下(驚懼) 中凶
　　　　　　　震上

○ 진卦의 뜻

진은 천둥이 된다. 계속적으로 오는 것이 震의 卦象이다. 震卦는 發展을 의미한다. 천둥이 칠때는 두려워 떨지만 우뢰가 지나가면 웃으며 평상시와 다름없이 지낸다. 두려워하고 근심하

52、 간위산
艮爲山 ☶☶ 아래간 간
艮下 艮上 (不動) 中凶

○ 간괘의 뜻

간은 산이된다. 산이 겹친것이 艮卦의 卦象이다. 간이란 멈춘다는 뜻이다. 上下가 서로 敵이 되어 호응하지 않는 모습이다. 등지고 멈춰있어 그몸을 볼 수 없고 그뜰에 들어가도 그 사람을 보지 못하는 것이다. 그러므로 멈춰야 할 때는 멈추고 가야 할때 가야 한다. 운행과 정지하는 것도 그때를 잃지 않으면 그 길에 光明이 있을 것이다. 이렇게 때와 곳을 따라 멈출줄알면 탈은 없을 것이다. 이같이 않는 것은 自然의 法則에 따른 周易에는 忍耐와 현명한 것이다. 알면앞으로 더 큰 幸運을 위하여 좋은 계기가 되도록 가르치고 있다. 君子는 이 卦象을 보고

○ 해설

表面上으로는 盛運이 있어서 모든 일이 성취된 것 같으나 그것은 소리만 있고 形態가 없으니 실질적으로는 보람이 없는 것이다. 또한 처음은 있으나 나중에는 없는 格이니 모든 고난을 극복하고 한가지 목표를 위하여 전진해 나아가면 盛運을 얻을 것이다. 萬一 자존심이 強하여 남의 권고를 듣지 않으면 失敗하므로 凡事에 신중하여야 한다.

는 마음만 있으면 오래지 않아 幸福이 찾아온다. 무서운 우뢰소리가 百里를 진동케한 천둥이라도 당황하지말고 제사를 지낼 수 있는 인물이라면 天子의 지위에 올라 天下를 다스리며 종묘사직의 祭主가 될 수 있을 것이다. 君子는 이 卦象을 보고 두려워 근신하고 반성하며 수양한다.

自身의 신분에 넘치는 일은 생각하지 않는다. 흐르는 물도 웅덩이를 만나면 멈춘다. 웅덩이가 차면 또 다시 흐르게 마련이고 수목도 겨울을 맞으면 잎을 떨어 뜨리고 가지를 움추렸다. 봄에는 다시 피어난다. 이것은 中斷이나 失望이 아니라 내일의 약진을 위한 준비 과정이다. 君子는 이 卦象을 보고 자신의 신분에 넘치는 일은 생각하지 않는다.

○ 해설

장애가 중중하다. 運氣가 지체되어 부진한 상태이다. 이럴때에 더욱더 强다짐으로 서두르면 도리어 失敗를 보게 된다. 그리고 모든 일은 잘되지 않는 때이다. 도리어 수분하고 때를 기다리고 있는 것이 상책이다. 특히 注意할 것은 頭部顔面의 病과 負傷等이 있고 色情으로도 함정에 빠지게 된다.

53、風山漸 ☴☶ 위 巽上 아래 艮下 (向上) 中吉

○ 점괘의 뜻

바람과 산은 점이다. 산위에 나무가 점점 자라고 있는 것이 漸의 卦象이다. 漸이란 착실하고 순서를 밟아 나아가는 상태를 상징한 것이다. 그리고 漸卦는 女子의 시집가는데 吉한 것이다. 한결같이 바른순서를 따라 응하면 萬事가 순조로울 것이다. 나가면 地位를 얻고 일을 하면 功을 세운다. 剛爻가 中正의 지위를 얻고 있다. 머물러도 유순하니 움직여도 구함이 없을 것이다. 君子는 이 卦象을 보고 어진 德을 쌓아서 풍속을 바르게 한다.

그전도는 무궁하다. 한발 한발 조심스럽게 딛는 걸음은 실수가 있을리없고 꾸준히 노력하는 일에는 停滯가 없게 된다。 그것은 오직 중단없는 前進과 發展만이 있을 뿐이다。

○ 해설

運氣가 점점 향상발전할 운이다。 반드시 좋은 機會를 타서 분투努力하면 크게 發展한다。 그러나 도리어 경거 망동하게 되면 運氣가 깨질 것이니 일마다 심려를 기우려야 한다。 특히 文書와 色情에 注意를 게으르지 말아야 한다。

54、뇌택귀매
雷澤歸妹 ䷸ 위아래태
震上兌下（媚態）凶

○ 귀매卦의 뜻

천둥과 못은 歸妹다。못위에 우뢰가 치고 수면에 파도를 일으킨다는 것이 귀매의 卦象이다。귀매란 女子가 시집가는 것을 상징한 卦이다。女子가 적극 시집가려는 것은 凶하다。무엇하나 이로운 것은 없을 것이다。女子가 시집가는 것은 天地간의 큰 法則이며 큰 뜻이기도 하다。天地가 서로 사귀지 않으면 萬物이 생겨 나지 못한다。女子가 시집가는 것은 人間의 道理이다。그러나 女子가 먼저 즐겨가려는 시집은 흉이되는 것이다。柔爻가 剛爻를 눌러 버리고서는 좋은 결과가 있을 수 없다。君子는 이 卦象을 보고 이로 인한 폐해를 깨닫고 영속의 길을 택한다。易에는 咸恒漸歸妹의 四卦가 특히 男女관계를 가리키고 있다。

○ 해설

모든 일이 처음은 吉하나 뒤에는 凶하다。그것은 自然의 理致를 무시하고 바른 道를 상실하기 때문이다. 그 原因은 不正한 情事에 너무 쏠리게 되므로 장차 화난과 재해가 반드시 오게 된다. 그러므로 부부간에도 不和하고 계약상에도 위배 되는 일들이 生긴다.

55、뇌화풍 雷火豊 ☳☲ 위아래이 震上 離下 (盈虛) 中凶

○ 풍괘의 뜻

천둥과 불은 풍이다. 천둥과 번개 불이 함께 오는 것이 풍의 卦象이다. 풍은 번영을 상징하며 밝은 지혜로써 움직인다. 그렇기 때문에 盛大할 수 있고 王만이 이에 이를 수 있다. 해가 중천에 이르면 기울고 달도 차면 이지러지기 시작한다. 天地의 차고 비는 것은 四季節의 변화의 법칙에 따라 성하고 쇠하는 것이다. 天地와 日月도 그러 하거늘 하물며 사람이나 귀신도 어찌 이 영고성쇠의 法則에서 벗어 날 수 있겠는가 그러므로 태양과 같이 쉬지않고 공명정대하게 움직여 나아가야 한다. 君子는 이 卦象을 보고 밝은 판단으로 송사를 가리고 형법을 집행한다.

○ 해설

비록 運氣가 성대하고 모든 일들이 순조롭다. 하더라도 교만한 경향이 있으면 즉 패한다. 반드시 노력 확보해서 이 盛한 運을 지속해야 한다. 그리고 특히 사치와 허영을 절실히 피해야 할 것은 더 말할 나위 조차 없는 것이다. 그리고 소송, 화재, 송사, 허위등은 퍽 조심을 해야 된다.

56、火山旅 화산려 ☲☶ 위아래 離艮 上下 (移動) 凶

○ 여괘의 뜻

불과 산은 여다. 산위에 불이 타고 있는 것이 旅의 卦象이다. 旅는 어느정도 길이 열린다는 뜻이다. 柔爻가 밖에서 중정을 지키고 유순하게 강호를 따르고 있다. 여행할 때 나그네의 설움과 같은 조심이 있다. 그렇기 때문에 어느 정도 길이 열리는 것이다. 나그네의 수심은 人生에게 커다란 의의가 있는 것이다. 마음의 태도를 굳게 가진다면 吉하다는 것이다. 君子는 이 卦象을 보고 형벌을 신중히 처리하고 재판을 지연시키지 않는다.

○ 해설

萬事가 안정을 얻기 곤란한 쇠운이 있어 고민이 계속 끊어지지 않는다. 그런 故로 남의 의견을 중하게 여기고 극히 자기를 근신해 나가야 한다. 그리고 變動、不和、離別 혼미등에 유의해야 한다.

57、巽爲風 손위풍 ☴☴ 위아래 손손 巽上下 (侫心) 凶

○ 손괘의 뜻

손은 풍이 된다. 바람이 계속 부는 것이 巽의 卦象이다. 약간의 길이 터져 조금씩 발전하는 것을 상징하는 卦다. 거듭된 巽은 언제나 겸손한 마음으로 大人을 접촉하는 것을 말한다. 剛爻

는 中正의 道를 따라 뜻을 이루고 柔爻도 모두 剛을 따른다. 즉 이것은 모든 국민이 어진 지도자를 따르는 상태이다. 그렇기 때문에 조금씩 점차로 발전하는 것이다. 君子는 巽의 卦象을 보고 항상 겸손하고 성의 있게 일을 처리한다.

○ 해설

運勢가 부침하여 모든 일에 장해가 많다. 항상 안정성이 없고 고뇌가 끊어지지 않으므로 身上에 동요가 많아서 거주 직업등에 자주 변하기가 쉽고 특히 돌발적인 사고가 생기게 된다.

58、태위택
兌爲澤 ☱☱ 위아래태태 兌下兌上 (和悅) 吉

○ 태괘의 뜻

태는 못이 된다. 못에 연 이은 것이 兌의 卦象이다. 兌는 즐겁다는 뜻으로 번영을 상징한다. 剛爻는 속에 있고 柔爻는 겉에 있어서 안은 군세고 밖은 부드러운 미덕을 표현한다. 兌는 天道에 순응하고 인심에 호응할 수 있는 것이다. 이런 마음으로 힘든 일에 앞장을 서서 백성을 인도해 나가면 백성은 그 노고를 잊고 이를 따를 것이다. 兌의 위대한 힘은 백성을 격려해서 힘을 주는데 있다. 君子는 이 卦象을 보고 친구와 함께 모여 서로 연구하고 학습한다.

○ 해설

대체로 운이 좋아서 뜻대로 되고 남과 화목하여 吉한 운이 있다. 그러나 방심, 방종하면 재해를 입게되니 바른 道를 지켜서 근신하면 모면할 것이다. 더우기 주의 할것은 口舌과 여난수이

59、風풍水수渙환 ☴ 위 손 巽上 (發散) ☵ 아래 감 坎下 吉

○ 환괘의 뜻

바람과 물은 환이다. 바람이 물위로 부는 것이 환의 卦象이다. 渙은 형통하다는 뜻이다. 渙이 형통하는 것은 剛이 와서 궁하지 않고 柔가 자리를 밖에 얻어서 위와 한뜻이 되어 흩어져 감을 막는다. 임금이 몸소 종묘에 제를 지내고 神의 가호를 감사하게 여긴다. 큰 강을 건느는데 뗏목을 얻는 것과 같이 위험을 이겨내어 功을 세울 수 있을 것이다. 君子는 이 卦象을 보고 하늘에게 제를 지내고 조상의 종묘를 세웠던 것이다.

○ 해설

운기가 고조하다. 처음은 비록 손실이 있어 곤란을 당한다 해도 뒤에는 이로울 것이다. 만사가 형통하고 더욱 남의 도움을 받으며 희망이 성취된다. 그러나 契約上이나 의외의 지출이 심하니 조심해야 한다.

60、水수澤택節절 ☱ 위 아래 태 兌上 (守介) ☵ 감 坎下 中凶

○ 절괘의 뜻

물과 못은 절이다. 못에 물이 있는 것이 節卦의 卦象이다. 節은 발전한다는 뜻이다. 剛爻와 柔爻가 조화를 이루었고 剛爻가 中位에 있어 中庸을 유지하고 있다. 고난을 굳게 지킬수 없는 것은 그 道가 窮하기 때문이다. 天地에는 節의 법칙이 있어 四季節이 성립된다. 節의 道를 따라 나라의 제도를 세우면 전쟁은 파탄에 빠지지 않고 백성을 괴롭히는 일도 없을 것이다. 君子는 이 卦象을 보고 禮制를 만들어 德行을 의논한다.

○ 해설

모든 일에 장해가 생기기가 쉬워서 별로되는 일이 없게된다. 그러나 절도를 지키고 몸을 근신하면 평안해지고 萬事가 형통한다. 만일 이 원칙을 준수치 못하고 경거망동을 하면 도리어 실패를 보게 된다. 더우기 주의 할것은 비방 중상, 재난등이다.

61、풍택중부
風澤中孚 ☲☱ 아래태 兌下
위손 巽上 (誠實) 吉

○ 중부괘의 뜻

바람과 못은 중부이다. 못에 바람이 불어 물결을 일으키는 것이 中孚의 卦象이다. 中孚란 마음에 성실함이 넘쳐 흐르는 것을 상징하고 있다. 柔爻가 안에 있고 剛爻가 가운데 자리를 얻어서 誠意와 충실을 다하고 있다. 이 은덕은 돼지나 물고기까지도 미치게 된다. 성실하면 큰 강

332

62、뇌산소과
雷山小過 ☲☲ 아래간 艮下
　　　　　위진 震上 (傷感) 凶

○ 해설

誠實한 마음으로 일에 임하게 되면 운기가 점차로 열리게 되어 소망을 달성한다. 모든 교섭 건는는 위험을 범하더라도 순조롭게 성공한다. 그것은 하늘의 뜻에 맞기 때문이다. 君子는 이 卦象을 보고 성의로 범죄를 재판하고 사형은 죽음을 늦춰준다. 또 순조롭게 되고 공동사업과 매매상에도 유리하므로 화기애애 하다.

○ 소과의 뜻

천둥과 산은 소과다. 손위에 천둥이 크게 진동하는 것이 小過卦의 卦象이다. 소과는 형통하다. 또는 발전을 상징하는 卦다. 소과는 조그마한 일은 할 수 있어도 큰 일은 할 수 없다. 이것은 나르는 새가 소리를 남긴다. 위로 올라가는 것은 마땅치 않다. 도리어 밑으로 내려오는 것은 크게 길하다. 柔爻가 중앙의 위치를 얻었다. 그래서 작은 일에는 길한 것이다. 반대로 剛爻가 중앙의 자리를 잃었기 때문에 큰일은 할 수 없을 것이다. 小過卦는 날으는 새의 형상이다. 새가 날개 소리를 내며 날고 있는 것이다. 새가 위로 올라가는 것은 마땅치 않다. 그러나 내려 오는 것은 길하다. 그러므로 위로 올라가는 것은 逆이요 아래로 내려 오는 것은 順이기 때문이다. 그것은 올라가는 것은 大氣의 壓力을 거슬려야 하지만 내려오는 것은 地球의 引力에 순응하기 때문이다. 君子는 이 卦象을 보고 行動은 지나칠 만큼 공손하고 喪을 입은 때에는 허례를 버리고 애도하는데 치중하며 金錢은 인색할 만큼 儉約한다.

○ 해설

만사가 여의치 못하다. 그러므로 지나친 무리를 하면 재해나 실패를 當하게 되니 분수를 지켜서 중용의 도를 따라야만 한다. 이 卦는 親한 친구도 있을 수가 있고 남의 일에는 쓸데없이 간섭을 말아야 한다. 또한 旅行도 역시 좋지않다.

63、수화기제
水火旣濟 ☲☵ 위아래이
離下
坎止 (止)中 終凶
위감

○ 기제괘의 뜻

물과 불은 기제다. 물이 불위에 있어서 타오르는 불을 끄려고 하는 것이 旣濟의 卦象이다 기제란 더이상 발전할 수 없는 것을 상징하고 있다. 처음에는 길하나 마침내 어지러울 것이다. 剛交나 柔交가 다바른 자리에 있어 자리가 마땅하기 때문이다. 이완성된 자리를 변함없이 유지하게 되면 순조롭다. 그러나 종말에 가서 그치면 어지러워 진다는 것은 그 道가 궁하기 때문이다. 즉 처음에는 길하지만 태평의 極은 종말에 가서 혼란하게 됀다. 君子는 이 卦象을 보고 患亂이 일어날 것을 생각하고 미리예방에 힘쓴다.

○ 해설

처음은 길하나 나중에는 혼란하다. 그러므로 상반년은 비록 순조로우나 끝에 가서는 유종의 미를 얻기가 힘이든다. 평안하다는 것은 앞으로 위험이 따른다는 것을 생각하고 미리 방비해

334

64、화수미제
火水未濟 ☲☵ 위 離上 아래 坎下 (期望) 中吉

나가야 한다. 이 卦는 특히 변동과 이별 수가 있다.

○ 미제괘의 뜻

불과 물은 미제다. 불이 물위에 있으니 소득이 없는 것이 未濟의 卦象이다. 未濟卦는 형통을 상징하고 있다. 柔爻가 가운데 자리를 얻었기 때문에 유순을 나타내고 때에 순응하므로 발전하는 것이다. 어린 여우가 물을 거의 건너려 했을 때 꼬리로 적신다. 이것은 아직 위난과 險中에서 완전히 벗어나지 못한채 좌절되어 모든 일은 순조롭게 되지 않는다. 그러나 모든 爻가 바른 위치를 얻지는 못하였으나 모두 서로 正應하고 있으므로 일치 협력의 난관을 헤치고 나아간다. 君子는 이 卦象을 보고 신중하게 사물을 분별하여 알맞는 자리에 있게 한다.

○ 해설

운기가 처음으로 쇠하지만 나중에는 번성하게 된다. 모든일이 비록 신고가 많다 하다 하지만 새벽 별과같이 운세가 점점 향상하게 된다. 그러나 인내와 노력이 결핍되면 중도에서 좌절되므로 일마다 온건착실케 하고 시종일관 할것을 결의 해야 한다.

※ 病名診斷法

人間에게 맴도는 疾病이란 것은 人間의 精神과 氣血의 不調和에서 오는 것으로써 그 相剋된 五行과 部位를 따라 各種의 병이 發生하게 됩니다. 즉 四柱의 五行의 太旺하거나 不及하면 病이 生기게 됩니다. 五行에 부과된 厄運相을 보면

金性은 칼이나 쇠붙이 等에 依해서 傷하고
水性은 배를 타거나 溺水等의 禍厄으로 死亡할 것이고
木性은 다리에서 落傷하거나 나무에 목매어 죽는 厄이 있고.
火性은 불에 火傷을 입으며 밤에 잘때 어지러운 병이 있고.
土性은 담벽이 무너지거나 돌에 다치기가 쉽고 구렁텅이에 빠져서 傷하거나 또는 山이 무너져 傷害를 입읍니다.

그리고 十天干과 十二地支의 所屬된 病勢를 比較해 보면 다음과 같읍니다.

◎ 天干所屬 (十天干)

甲丙戊庚壬…爲陽　　乙丁己辛癸…爲陰

甲은 肝臟病、乙은 膽病、丙은 小腸病、丁은 心臟病、戊는 胃病、己는 脾臟病、庚은 大腸病、辛은 肺臟病、壬은 膀胱、癸는 腎臟。

◎ 地支所屬 (十二地支)

子寅辰午申戌 : 爲陽　　丑卯巳未酉亥 : 爲陰

子는 膀胱、耳、腰、尿道、腹神經痛。丑은 脾、胃腹病、足。寅은 膽、風門、四肢、脈、髮關節。卯는 肝、手、背、目、血神經。辰은 皮膚、肩、背項、消化器。巳는 小腸、面、齒、股、咽喉。午는 心臟、目、舌、神氣。未는 脾臟、口、腹、唇、胃。申은 大腸、筋骨、肺臟、咳嗽。酉는 肺喉、鼻、聲、血小腸。戌은 子宮、命門、膝、脅、胸。亥는 膀胱、生殖器、肝門。

그리고 身體內患과 外傷의 病勢를 比屬해 보면 다음과 같습니다.

▲ 木性인 木日柱에 庚辛(金) 申酉(金)가 많으면 肝膽에 病을 앓습니다.

「內患」은 肺結核이나 神經痛에 生기고.

「外傷」은 皮膚가 乾燥하거나 眼目에 疾病이 있고 手足을 損傷합니다.

「小兒」는 驚風으로 밤에 우는 症勢와 기침病이로 앓기가 쉽고.

「女性」의 경우에는 落胎하고 血氣가 좋지 않습니다.

그리고 뼈가 아프고 몸이 쑤시는 疾病은 木이 金에 依해 相剋을 받는데 基因합니다.

▲ 火性인 日柱에 壬癸(水) 亥子(水)의 水旺地가 生하면 心臟과 小腸의 病을 앓습니다.

「內患」은 驚風과 가슴이 답답하며 高熱에 發狂도 합니다.

「外傷」은 눈이 어둡고 失明도 하게되지만 그것은 腎氣나 小腸에 依한 것이며、또한 종기나

皮膚病도 生깁니다.

「小兒」는 홍역 마마를 앓게 됩니다.

「女性」의 경우는 피가 乾燥하고 눈에 어두운 病을 얻겠읍니다. 그것은 火가 水에 依해 相剋되기 때문입니다.

▲ 土性인 日柱에 甲乙(木) 寅卯(木)의 木旺地가 生하면 脾臟과 胃病이 生깁니다.

「內患」은 胃의 故障으로 食道病, 胃擴張症, 吐하는 症勢가 있고.

「外傷」은 左手, 입, 腹部에 傷害를 입으며 또한 皮膚에 거치는 病도 生깁니다.

「小兒」는 胃가 弱해서 야위고 첫배가 부르는 症勢가 있읍니다.

「女性」의 경우는 滯症이 있고 얼굴 色은 黃色이 납니다. 土가 虛하고 木旺한 相剋을 만나면 이같은 病을 얻게 됩니다.

▲ 金性인 日柱에 丙丁(火) 巳午(火)의 火旺地가 生하면 肺臟과 大腸에 病을 앓습니다.

「內患」은 기침病과 肚門에 痔疾이 生기고 特히 夢遊病인 症勢가 나타나므로 血液系統에 疾患이 生기게 됩니다.

「外傷」은 皮膚가 枯燥하고 바람氣로 코끝이 붉게 됩니다.

▲ 水性인 日柱에 戊己(土) 辰戌丑未(土)의 土旺地가 生하면 腎臟과 膀胱系統에 病을 얻습

「內患」은 식은 땀을 잘 흘리며 밤에 잘 때는 夜夢精으로 인하여 精氣를 虛損 시켜 몸이 虛弱해 집니다.

「外傷」은 齒痛과 腰痛, 淋疾等 性病에 危險하며, 臟神經痛과 吐瀉疼痛도 生기게 됩니다.

「女性」은 落胎率이 많고 얼굴色은 赤黑色이며 下部에 冷症의 症勢가 있는 것은 水가 土에 依하여 相剋되기 때문에 이와 緣由된 것입니다.

그러면 前述한 病名診斷法을 人體에 該當한 部位와 四柱五行에 依한 東方醫學의 五行學的原理를 다음과 같이 例示코져 합니다.

第一圖

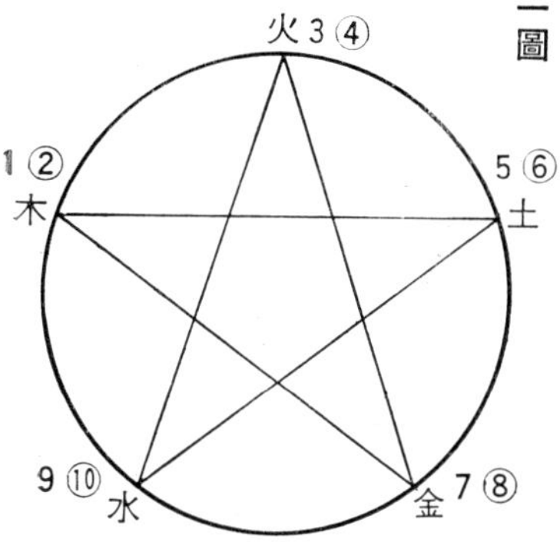

相生關係 = 母를 補하고 子를 瀉한다.
相剋關係 = 母를 瀉하고 子를 補한다.

第一圖의 五行의 原理에서 보다시피 相剋된 部位에 따라서 여러갈래의 疾病이 發生하게 되는데, 이 第二圖의 人體圖를 보면 더욱더 그것은 무엇보다도 明確하게 밝히고 있읍니다. 上記의 人體圖의 해설과 같이 五臟六腑를 中心으로 하면 2(木) 腹部、4(火) 心臟部 6(土) 腹部、8(金) 腰部에 屬하게 됩니다.

그러므로 이 人體圖를 第一圖의 五行原理인 相剋關係로 線을 그어보면 第一圖의 五行의 原理와 第二圖의

第二圖

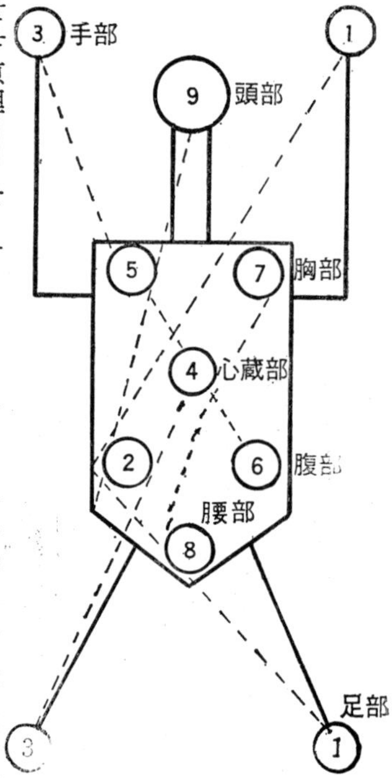

疾病關係가 같은 原理에서 풀이가 되었기 때문에 이같은 病名이 正確性을 期하고 있다는 것을 여러분들이 더욱더 納得이 가실것입니다. 그러면 ①1(木) ③3(火) ⑥5(土) ⑧7(金) ⑩9(水)의 陰數를 對角線으로 그어보면 相剋關係인 數를 分析하면, 五臟六腑의 中心數, 음2數(木) 음4數(火) 음6數(土) 음8數(金)의 陰數를 基本으로 하고 陽數 1(木) 3(火) 5(土) 7(金) 9(水)를 對角線으로 母를 瀉하고 子를 補하는 方法論을 引用하게 됩니다. 즉

1、 陰數 6(土)에서 對角線으로 陽數 5(土)를 配置한 胸部。
2、 陰數 8(金)에서 對角線으로 陽數 7(金)을 配置한 胸部.
3、 陰數 2(木)에서 對角線으로 陽數 1(木)을 配置한 手足部。
4、 陰數 4(火)에서 對角線으로 陽數 3(火)을 配置한 手足部。

340

5, 陰數 10(水)에서 對角線으로 陽數 9(水)로 配置한 頭部.

이와 같이 人體의 五臟六腑에서 手足에 이르기까지, 相剋된 五行의 原理를 把握하게 되면 自然 人體에 對한 疾病을 알 수가 있게 됩니다.

結局 第二圖의 陰陽의 順理는 陰數는 順數로 돌고, 陽數는 逆數로 돌므로 이것이 不調和된 相對性原理입니다.

病名診斷法의 五行의 原理에서 人體에 對한 疾病을 풀이하다 싶이 姓名學上에 있어서, 姓名만 보고서도 그 사람이 過去에 어떠한 病에 걸렸었으며 또한 이 사람이 앞으로 어떤 病에 걸릴 것인가를 곧 알 수 있읍니다.

그것은 總格, 人格, 天格, 外格等 全格에 걸쳐서 自己의 年齡에 該當한 數理運이 人體圖의 어느 部分에 該當하느냐를 보게 되면 그 사람의 病勢 負傷 또는 過去와 앞으로의 發病할 곳을 곧 알아 낼 수가 있읍니다.

※ 腦髓四十二心性機能

東西洋 다같이 古書에는 頭無惡骨이라 하였는데 즉 머리에는 나쁜골이 없다고 하였읍니다.

그러므로 人間의 財富之源은 智慧에 있고 成敗는 마음의 決斷之中에 있다 합니다. 東洋의 聖人孔子는 萬相不如心相이라 하였고, 釋迦는 一切唯心造라 하였으니, 모든 것이 마음먹기에 달렸다는 것입니다. 像은 形像이 있지만 마음은 形像이 없고 有形의 相은 無形의 마음에 支配되어 變化해 집니다.

이것을 姓名學的 見地에서 分析해보면 善名의 善名대로 腦髓의 四十二心性機關이 좋은 方向으로 機能이 發達되며 또한 惡名은 惡名대로 精神的인 장애를 가져오게 됩니다. 그러므로 姓名學의 五格中에 人格, 地格, 總格, 外格, 天格等에 걸쳐 八十一數의 靈數가 密接的으로 相關하여 一生의 命運을 精神的으로 支配하므로 이 腦髓의 四十二心性이 誘導的으로 暗示力을 發揮하게 되는 것입니다.

※ 腦髓七組心理機關

1, 智力 및 觀察機關。
2, 直覺 및 反省機關。
3, 美感機關。
4, 自衛機關。
5, 家庭 및 社會機關。
6, 意力機關。
7, 道德 및 精神機關。
SEX 性 (愛情)

四十二性 機能

1、男女性(Amativeness)

男女間의 愛情과 性慾의 機能이 過大하게 發達되면 반드시 性慾이 強해집니다.

2、慈愛性(Parental-Love)

子女를 사랑하고, 一般生物도 사랑하는 機能이 該性에 發達합니다.

3、友愛性(Friendship)

友誼와 親睦의 機能이 發達하면 기쁘고 즐거우며 交遊로 즐기는데, 反面에 이性이 缺乏되면 孤寂해 집니다.

4、配偶性(Conjugality)

男女間의 配匹의 機能이 너무 지나치게 發達되면 狂戀、情死를 일으키기가 쉽고 缺少되면 多妻主義가 많습니다.

5、居住性(Inhabitiveness)

家庭과 鄕土를 愛護하는 機能이 發達하면 家庭과 故鄕을 멀리떠날 數가 있고 또한 思鄕病에 걸리기 쉽습니다.

6、持續性(Continuity)

持久力과 忍耐心이 너무 發達하면 主로 忍耐力이 強하고 一心專力하여 恒久的으로 變치

7、生命性(Vitativeness)
樂生、惡死의 機能을 發効하나, 너무 發達하면 主로 壽命이 길지만 그렇지 않은 경우에는 自殺하기가 쉽습니다. 않으나 이것이 不足하면 性急하고 變動이 많습니다.

8、抵抗性(Combativeness)
抵抗과 勇敢의 機能을 發揮하는 곳으로서, 이 抵抗이 弱하면 意志가 薄弱하여 每事에 畏縮을 받으므로 足함을 얻지 못 합니다.

9、破壞性(Destructiveness)
侵略과 破壞의 技能을 發揮합니다. 허나 너무 發達하면 軍人으로서는 適當한 性票입니다.

10、飮食性(Alimentiveness)
食慾 및 味覺의 技能이 너무 지나치면 主로 暴飮 暴食하므로 胃病에 걸리기가 쉽고 그렇지 않으면 食慾이 不振하고 味覺을 잃습니다.

11、秘密性(Secretiveness)
이 該性이 너무 發達하면 詐欺, 虛偽, 狡猾하며 또한 缺少하면 自制力이 缺乏됩니다.

12、理財性(Acquisitiveness)
金錢的으로 節儉과 貯蓄性이 있고 運用도 잘 다스릴 機能이 있으나, 너무 지나치면 主로 好美이고 財物에 慾心이 많습니다. 그렇지 못할 경우에는 財産을 浪費하게 됩니다.

13、警戒性(Cautiousness)

344

14、**名譽性(Approbativeness)**

名譽慾에 大瑞한 機能을 發揮합니다. 名譽慾이 크며 망녕되기 쉽고 또한 무섭고 두려움이 없는 것을 좋아하며 虛榮과 廉恥를 돌보지 않습니다.

15、**自尊性(Self-Esteem)**

自重、自信、自恃의 機能은 있지만 도리어 지나치게 發達하면 傲慢 불손하게 됩니다. 너무 發達하면 固執이 굉장히 세고 그렇지 못하면 誘惑에 빠지게 됩니다.

16、**强硬性(Firmness)**

意志가 强堅합니다.

17、**正義性(Conscientiousness)**

善惡을 分別 할줄아는 機能이 있읍니다. 發達하면 良心을 갖추고 그렇지 못하면 非良心的으로 돌아가므로 이 正義性은 特히 法官에게 알맞 습니다.

18、**希望性(Hope)**

一般的으로 하고자 하는 욕망의 機能이 많습니다. 허나 너무 지나치게 發達하면 每事에 幻想이 많고 放縱하며 요행을 바라는 마음이 간절합니다마는 特히 投機 睹博을 犯하기가 쉽습니다.

19、**靈妙性(Spirituality Wonderous)**

또한 反面에 憂鬱증이 생기고 失敗하게 됩니다.

20、尊崇性(Veneration)

該性은 靈感의 出處로 超感覺의 機能을 發揮합니다. 또한 事件이 發生하면 預言도 할 수 있읍니다. 該性이 크게 發展하면 鬼神과 相通할 수도 있겠으나, 그렇지 못하면 좋고 엄숙음을 접치게 됩니다. 또한 反面에 絶對로 不信하는 面도 있게 됩니다.

21、仁惠性(Kindness)

윗 사람과 神을 尊敬하는 機能이 있읍니다. 너무 지나치게 發達하면 偶像을 崇拜하고 盲從의으로 屈服하기 쉬우나 그렇지 못하면 君父를 背叛하는 同時 上司를 輕視하게 됩니다.

22、構造性(Constructiveness)

該性이 發達하면 主로 博愛와 仁慈하게 됩니다. 救人을 위해서는 自己도 犧牲할 수 있지만 그렇지 못하면 남에게 亂暴한 行動을 하게 됩니다.

23、想像性(Ideality)

組織과 創造의 機能을 發揮합니다. 主로 手工的인 技藝에 巧妙한 天職성이 있고 또한 創業的으로도 뛰어나게 됩니다. 그렇지 못하면 技術方面에는 興趣가 없게 됩니다.

24、模擬性(Imitation)

構想과 想像의 技能이 發達하면 思想이 高尙하고 美麗한 것을 좋아합니다. 허나 그렇지 못하면 영성하고도 더럽힐 나쁜버릇이 생기게 됩니다.

본받으며 模倣할 機能이 豊富하지만 지나치면 頑固하게 고집이 세고 感化하기에는 퍽 어렵습니다.

25、諧謔性(Mirthfulness)

유모어있고 機智가 비상한 技能이 있으나, 그렇지 못할때는 恒常 울적하게 됩니다.

26、觀察性(Observation)

觀察과 知覺의 技能을 發揮합니다. 該性이 지나치게 發達하면 事物에 對하여 祥細하게 分析을 하지만 그렇지 못할때는 錯誤가 많이 生깁니다.

27、形狀性(Form)

認識과 記憶力을 發揮합니다. 이 形狀性이 發達하면 事物에 對한 分別이 빠르고 記憶力이 좋으나 不足하면 매우 拙劣해 집니다.

28、大小性(Size)

物質의 大小를 判定하는 技能이 있읍니다. 그러므로 物質에 對한 透視力이 發達하고 있읍니다.

29、輕重性(Weight)

物體의 輕重과 平衡을 다르는 機能이 있읍니다. 該性이 지나치게 發達하면 손하나로 接觸하여 即時 그 輕重의 量을能히 알 수 있게 됩니다.

30、色彩性(Colour)

色彩를 分別하는 機能이 있읍니다. 主로 色彩를 멋있게 彩色할 수 있으나 그렇지 못하면 黑白의 分別을 못하고 所謂 色盲이 됩니다.

31、秩序性(Order)

32、 **計數性(Calculation)**
計數機能이 發達하면 主로 數學이 優秀하고 頭腦가 明晳합니다。

33、 **結果性(Eventuality)**
結果의 機能이 發達하면 즉 頭腦가 明晳하고 判斷力이 强하지만 不足하면 記憶力이 薄弱하므로 처음은 있으나 끝이없는 結果를 招來합니다。

34、 **位置性(Locality)**
事物의 認識感과 그 位置 및 方向의 機能이 發達하게 되면 主로 地形、位置、暗記力이 極히 强한 同時 旅行을 좋아하며 地理學을 즐기는 편입니다。 또한 그렇지 못하면 外出을 좋아하지 않으며 居住性이 크게 强해 집니다。

35、 **時間性(Time)**
推定해서 時刻을 다루는 機能이 發達하게 되면 音樂의 拍子와 같이 時間을 嚴守하고 基準이 確實하지만 그렇지 못하면 時間을 지키지 못합니다。

36、 **音調(Tune)**
音樂을 鑑賞할 수 있는 機能이 發達하면 音樂家、樂隊指揮者가 될 수 있읍니다。

37、 **言語性(Language)**
言語의 表現과 感情의 技能을 發揮합니다。

秩序 및 規則의 機能이 있읍니다。 斯性이 發達하면 主로 事物에 對한 판단력이 있고 그렇지 못하면 亂雜하고 無秩序합니다。

348

38、 比較性(Comparison)
識別과 比較의 機能을 發揮합니다。

39、 推因性(Causality)
根本、原理의 機能이 發達하면 理論、辯證法을 主張하며 思想이 高尙합니다。

40、 直覺性(Intuition)
事物을 解得하는 技能이 發達하면 第六感覺이 發達하여 觀相學도 適格입니다。

41、 調和性(Agreeableness)
感情의 調和를 조정하는 技能이 發達하면 溫和하나 그렇지 못하면 融合하기 힘들고 敵이 生기기가 쉽습니다。

42、 美麗性은 想像性과 同一한 位置입니다。

易理學의 原理

姓名學을 完全히 習得코자면 또한 易理學을 硏究치 않을 수가 없다。 易理學의 基本은 六甲이다。 이 六甲法은 陰陽、五行、先天數 및 後天數、方角、色 等을 算出한다。

349 第四部 易理學

즉 宇宙에는 天의 創造的인 神功이있고 地에는 生產的인 德機가 있으며 乾坤 사이에는 五行의 氣(宇宙의 精氣)가 있는 것이다. 그러므로 이三元이 合成함으로써 萬物이 化生하는 것이다.

이 三元의 天理妙法은 自然의 理致를 論한 것인데, 人間의 四柱推命學도 이三元의 天理妙法을 適用시켜서 運命의 吉凶을 論한 것이다. 따라서 이 原理는 氣像學에 根據를 두고 있는 것이다. 그것은 地球가 太陽의 周圍를 回轉하는 가운데 生기는 氣候上의 變化가 즉 畫夜인 것이다. 畫夜가 거듭되고 春夏秋冬이 季節的으로 도는데 따라서 萬物은 눈을 뜨고 成長하는 것이다. 그러므로 氣象學에 對한 知識을 얻는다는 것은 宇宙의 眞理를 얻는 것과 다름이 없다 봐야 할 것이다.

六十年을 週期로 보고 甲子 乙丑이 反復되는 原理는 이와 같은 氣象學的인 原理에 根據를 둔 것이다. 그러므로 六甲에는 위로 하늘을 象徵한 天干이 있고 아래로는 땅을 묘사한 地支가 있어서 相互 結合되어 나가고 있다.

天干地支의 象形을 그림으로 表示하면 甲乙丙丁戊己庚辛壬癸가 天干이고 子丑寅卯辰巳午未申酉戌亥가 地支이다. 이 十干과 十二支는 六十甲子의 母體가 된다.

그리고 十干, 十二支는 陰陽과 五行이 配屬되고 있는데 例컨대 天干의 甲乙은 木, 丙丁은 火가 되고 地支의 寅卯는 木, 巳午는 火가 된다. 또한 甲은 陽, 乙은 陰이되고 寅은 陽이요. 卯는 陰이 되는 것이다.

陰陽五行學은 天理를 硏究하는데 重要한 問題이니만큼 이 基本的인 것을 明確하게 暗誦해 둬야 하겠다.

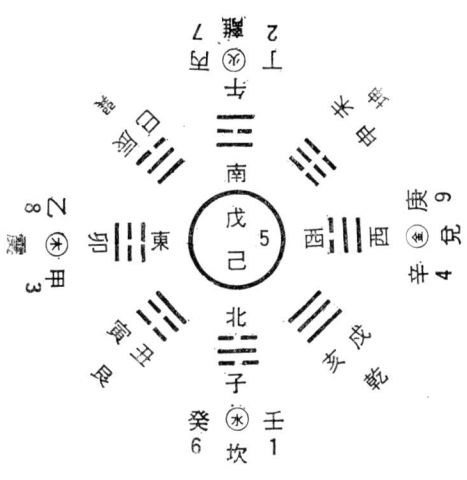

(干支八位方 方位數五行)

一、五 行

1、五行
   金 木 水 火 土。

2、五行의 相生
   水生木 木生火 火生土 土生金 金生水。

3、五行의 相剋
   水剋火 火剋金 金剋木 木剋土 土剋水.

二、干 地

天地에는 위에 十개의 天干이 있고 아래에는 十二개의 地支가 있다. 이天干과 地支가 六十個의 干支를 形成한 것이 六十甲子라고 한다. 十干과 十二支는 다음과 같다.

1、天干＝甲乙丙丁戊己庚辛壬癸(十干)

2、地支＝子丑寅卯辰巳午未申酉戌亥(十二支

이 天干과 地支의 奇數는 陽이요 偶數는 陰이다. 干支의 陰陽은 다음과 같다.

1、天干陰陽＝ 陽―甲 丙 戊 庚 壬。
　　　　　　　陰―乙 丁 己 辛 癸。

2、地支陰陽＝ 陽―子 寅 辰 午 申 戌。
　　　　　　　陰―丑 卯 巳 未 酉 亥。

三、六十甲子

六十甲子는 陽干은 陽支와 結合되었고 陰干은 陰支와 서로 上下가 結合되어 六十個로 干支가 이루어진 것이다.

干支順位及 空亡 一覽表

						空亡
甲子	甲戌	甲申	甲午	甲辰	甲寅	
乙丑	乙亥	乙酉	乙未	乙巳	乙卯	
丙寅	丙子	丙戌	丙申	丙午	丙辰	
丁卯	丁丑	丁亥	丁酉	丁未	丁巳	
戊辰	戊寅	戊子	戊戌	戊申	戊午	
己巳	己卯	己丑	己亥	己酉	己未	
庚午	庚辰	庚寅	庚子	庚戌	庚申	
辛未	辛巳	辛卯	辛丑	辛亥	辛酉	
壬申	壬午	壬辰	壬寅	壬子	壬戌	
癸酉	癸未	癸巳	癸卯	癸丑	癸亥	
戌·亥	申·酉	午·未	辰·巳	寅·卯	子·丑	

○ 天 干

天干＝甲乙丙丁戊己庚申壬癸。
陽干＝甲丙戊庚壬、五干屬陽。
陰干＝乙丁己辛癸、五干屬陰。
五行＝甲乙東方屬木。丙丁南方屬火。戊己中央屬土。庚辛西方屬金。壬癸北方屬水。
合化＝甲己合化（土）乙庚合化（金）丙辛合化（水）丁壬合化（木）戊癸合化（火）。
相冲＝甲庚相冲 乙辛相冲 丙壬相冲 丁癸相冲 戊己不冲。
相剋＝甲戊剋 乙己剋 丙庚剋 丁辛剋 戊壬剋 己癸剋。
甲庚剋 乙辛剋 丙壬剋 丁癸剋。

○ 地 支

地支＝子丑寅卯辰巳午未申酉戌亥。
陽支＝子寅辰午申戌 屬陽。
陰支＝丑卯巳未酉亥 屬陰。
四季＝春季는 寅卯辰、夏季는 巳午未 秋季는 申酉戌 冬季는 亥子丑。
生肖＝子肖鼠 丑肖牛 寅肖虎 卯肖兔 辰肖龍 巳肖蛇 午肖馬 未肖羊 申肖猿 酉肖鷄 戌肖狗 亥肖猪。

六合＝子丑合(土) 寅亥合(木) 卯戌合(火) 辰酉合(金) 巳申合(水) 午未合(不變)。

三合＝申子辰合(水) 巳酉丑合(金) 寅午戌合(火) 亥卯未合(木)。

六冲＝子午相冲 丑未相冲 寅申相冲 卯酉相冲 辰戌相冲 巳亥相冲。

相刑＝寅巳刑 巳申刑 申寅刑。 丑戌刑 戌未刑 未丑刑。 子卯刑。 辰辰刑 午午刑 酉酉刑 亥亥刑。

害＝子未相害 丑午相害 寅巳相害 卯辰相害 申亥相害 酉戌相害

破＝子酉破 午卯破 申巳破 寅亥破 辰丑破 戌未破。

○ 月干支法

月干支도 五行에 依하여 甲己合土、乙庚合金、丙辛合水、丁壬合木、戊癸合化가 되므로 이 兩年이 똑같은 月干支가 된다.

年頭法 (暗記)
甲己起丙寅
乙庚起戊寅
丙辛起庚寅
丁壬起壬寅
戊癸起甲寅

時頭法 (暗記)
甲己起甲子
乙庚起丙子
丙辛起戊子
丁壬起庚子
戊癸起壬子

○ 時干支法

農曆	標準入節		年干 甲己之年	乙庚之年	丙辛之年	丁壬之年	戊癸之年
一月	寅	立春	寅丙	寅戊	寅庚	寅壬	寅甲
二月	卯	驚蟄	卯丁	卯己	卯辛	卯癸	卯乙
三月	辰	清明	辰戊	辰庚	辰壬	辰甲	辰丙
四月	巳	立夏	巳己	巳辛	巳癸	巳乙	巳丁
五月	午	芒種	午庚	午壬	午甲	午丙	午戊
六月	未	小暑	未辛	未癸	未乙	未丁	未己
七月	申	立秋	申壬	申甲	申丙	申戊	申庚
八月	酉	白露	酉癸	酉乙	酉丁	酉己	酉辛
九月	戌	寒露	戌甲	戌丙	戌戊	戌庚	戌壬
十月	亥	立冬	亥乙	亥丁	亥己	亥辛	亥癸
十一月	子	大雪	子丙	子戊	子庚	子壬	子甲
十二月	丑	小寒	丑丁	丑己	丑辛	丑癸	丑乙

時干支도 亦是 甲己日이면 子時부터 始作하게 되므로 甲子 丙子의 順으로 나간다.

時干支早見表

日干 時間	甲己	乙庚	丙辛	丁壬	戊癸
11—1	子	子甲	子丙	子戊	子庚	子壬
1~3	丑	丑乙	丑丁	丑己	丑辛	丑癸
3~5	寅	寅丙	寅戊	寅庚	寅壬	寅甲
5~7	卯	卯丁	卯己	卯辛	卯癸	卯乙
7~9	辰	辰戊	辰庚	辰壬	辰甲	辰丙
9~11	巳	巳己	巳辛	巳癸	巳乙	巳丁
11—1	午	午庚	午壬	午甲	午丙	午戊
1~3	未	未辛	未癸	未乙	未丁	未己
3~5	申	申壬	申甲	申丙	申戊	申庚
5~7	酉	酉癸	酉乙	酉丁	酉己	酉辛
7~9	戌	戌甲	戌丙	戌戊	戌庚	戌壬
9~11	亥	亥乙	亥丁	亥己	亥辛	亥癸

四柱法

四柱推命學은 사람의 生年月日時를 基準으로 하여 生年은 年柱、生月은 月柱、生日은 日柱、生時는 時柱로 定한 이네기둥을 基點으로 해서 干支의 음양과 五行 그리고 여러 凶殺에 이르기까지 상호 작용에 依하여 일어나는 運命을 보는 것이다.

一、年 柱

年柱를 定하는 法은 그 사람의 生年의 干支를 年柱로 定한다. 그러므로 무슨해에 낳았는가를 먼저 알아서 干支를 年柱로 하는 것이다. 生年의 干支가 萬若 그 生年의 節候가 아닐때는 반드시 立春을 基準으로 해야 한다. 假令 甲子年 一月二日에 出生했다 하더라도 이해의 立春節期가 一月三日에 入節 하였으면 그해인 甲子年의 干支로 定하는 것이 아니라 그 前年인 癸亥年의 干支로 定하는 것이다. 그리고 甲子年의 立春이 그 前年인 癸亥年 음력 十二月二十八日에 出生한 사람은 甲子年으로 年柱를 定한다.

二、月 柱

月柱를 定하는 法도 年柱를 定하는 것과 같다. 그것은 每月의 節入日을 標準하여 定하는 것이다. 假令 生月이 二月이라도 그달의 入節인 驚蟄전이면 그 前月인 正月의 干支를 月支로 定하고 또한 二月이라도 三月節期인 淸明이 지나서 出生하였으면 三月로 定한다. 例를 들면 一九四七年 十二月節期인 淸明이 지나서 出生하였으면 三月로 定한다. 例를 들면 一九四七年 十二月 十七日生의 男子가 있는데 小寒은 음력 十二月 十八日이라고 치면 十二月 節期인 小寒前이므로 干支를 그전달인 十一月로 定하고, 또한 小寒이 지나서 出生하였다면 十二月 干支를 月柱로 定한다.

三、日　柱

日柱는 그 生日을 日柱로 定한다. 特히 알아야 할 點은 萬一 生日의 出生時間이 밤 午後 十一時以後에 出生하였다면 그 다음날인 日辰을 日柱로 定하는 것이다. 假令 十日(甲子日)午後 十一時三十分에 出生 하였다면 그날인 甲子日로 치는 것이 아니라 그 다음날인 十一日(乙丑日)로 定한다. 그것은 午後 十一時부터 다음날인 午前 一時까지 사이를 子時로 보게 되므로 日柱는 반드시 子時를 기준해서 生日의 日辰干支를 定한다.

四、時　柱

時柱는 그 사람의 出生한 時間을 時柱로 定한다. 萬一 二十日밤 午後 十一時 二十分에 出生 하였다면 二十日(甲子日)인 甲子日의 甲子時가 아니라 그 다음날 乙丑日인 子時가 되므로 丙子時를 時柱로 定한다.

以上과 같이 四柱를 定하는 것인데 그 實例를 여기에 들어보겠다.

例 1、 西紀一九四七年 十二月十七日 午前四時生.

이해의 生年 干支는 丁亥年이다. 그러므로 年柱는 丁亥가 되고 生月은 十二月이다. 十二月의 節期는 小寒이 음력 十一月二十六日에 入節하였으므로 十二月인 癸丑月 干支를 月柱로 定한다. 다음은 日柱이다. 十二月十一日의 日辰이 乙巳日이므로 乙巳日에서 七日까지 셈을 하면 十七日의 日辰은 辛亥日이 된다. 다음 時柱는 辛亥日의 午前四時生이므로 午前三時부터 五時까지는

寅時가 되고 辛亥日의 寅時는 丙辛夜半에 生戊子하여 戊子에서 己丑 庚寅이 되는 故로 이 時柱는 庚寅時로 定한다.

이같은 原理에서 다음의 四柱가 定하여 지는 것이다.

年柱＝丁亥
月柱＝癸丑
日柱＝辛亥
時柱＝庚寅

五、大 運

四柱의 네기둥은 그 사람의 先天的인 運命은 어떠한 것인가를 보는데 그 意義가 있읍니다마는 이 大運이란 것은 四柱에 定해진 運이 언제 어떻게 올것인가를 좀더 구체적으로 정확하게 알기 위해서는 이 大運의 運氣에 依해서 알게 되는데 그것은 十年에 한번씩 갈아들게 된다.

大運은 生月을 基準으로 하여 定한다. 四柱에 年干이 陽인 男子와 年干이 陰인 女子는 生月에서 順行하며 이와 正反對로 年干이 陰인 男子와 年干이 陽인 女子는 逆行한다.

陽男、陰女의 年干의 四柱가 가령 生年이 甲子年이고 生月이 丙寅月이라면 丙寅月에 이어서 丁卯、戊辰 己巳、庚午 辛未、壬申의 順으로 進行된다. 또한 年干이 陰男、陽女로 逆行하는 大運은 가령 四柱가 癸亥年 九月生이라면 壬戌月에 이어서 辛酉、庚申、己未、戊午、丁巳、丙辰으로 거꾸로 逆行한다.

陽男陰女는 未來節이고 陰男陽女는 過去節이라고 한다.
이 大運이 몇살에 갈아드는가 하는 것은 즉 年干이 陽인 男子와 陰인 女子는 그 生日날자부터 다음날의 節入날자까지 日數를 計算해서 三分한다. 이와 反對로 陰男陽女는 그 生日날자부터 그달의 節入 날자까지를 계산하여 三分한다.
그리하여 生日을 加算하면 節入日을 빼고 節入日을 加算하면 生日을 빼야 하므로 生日부터 節入日까지 셈한 數字에서 하나를 빼면되는 것이다. 日數가 나오게 되면 그것을 三으로 割算하여 整數를 歲數로 삼는데 萬若에 殘數가 있게 되면 그것은 一捨二入하면 되는 것이다. 例를 들면 日數가 五日이라면 5÷3=1에 餘 2인데 이 2의 餘數를 加하여 行運歲는 二가 된다. 또한 日數가 七日이면 7÷3=2에 餘 1을 빼고 行運數는 二가 되는 것이다.

例 1、 男子의 경우

丁亥年十二月十七日 寅時生 (男子)

四柱　　　　　　大運 七(行運歲數)

年柱 丁亥　　　　壬子　七歲
月柱 癸丑　　　　辛亥　十七歲
日柱 辛亥　　　　庚戌　二七歲
時柱 庚寅　　　　己酉　三七歲
　　　　　　　　戊申　四七歲

陰인 男子는 過去節로서 生日날자 17日부터 그달의 節期인 小寒 11月 26日까지 日數 二十一日을 三分하면 大運의 行運歲數는 七이된다.

例 2、女子의 경우

丁亥年十二月十七日 寅時生 (女子)

四柱
年柱 丁亥
月柱 癸丑
日柱 辛亥
時柱 庚寅

大運 三(行運歲數)
甲寅 三歲
乙卯 十三歲
丙辰 二三歲
丁巳 三三歲
戊午 四三歲
己未 五三歲

陰인 女子는 未來節로서 生日날자 17日부터 다음 立春 26日까지의 日數 九日을 三分하면 大運의 行運歲數는 三이된다.

丁未 五七歲

361　第四部　易理學

空亡法

天干地支 六十干支의 各旬中에 地支가 二個씩 들어있지 않은 것이있다. 이것을 즉 空亡法이라고 한다. 그 理由인 즉 干은 十個이고 支는 十二個이므로 그 差異가 지는 것이다.

一, 甲子旬中에 戌亥가 空亡이다.
二, 甲戌旬中에 申酉가 空亡이다.
三, 甲申旬中에 午未가 空亡이다.
四, 甲午旬中에 辰巳가 空亡이다.
五, 甲辰旬中에 寅卯가 空亡이다.
六, 甲寅旬中에 子丑이 空亡이 된다.

四柱는 五行과 陰陽의 調和의 여부를 보고서 運命을 判斷하게 됩니다.

즉 四柱는 日辰의 天干이 中心인 故로 너무 強旺해도 않되고 너무 衰弱해도 못쓰므로, 太過 不及이 없는 五行의 中和를 取한것은 無難합니다. 萬一 日干이 너무 強旺하면 災難 破財 害妻 등이 있고 日干이 衰弱하면 失敗 貧賤 病苦등의 凶運을 만나게 됩니다.

그러므로 四柱를 判斷하는 方法은 四柱의 用神과 格局、病弱、調候등을 찾아서 諸煞、六神、十二運星등을 對照하여 四柱를 풀어나가야 합니다.

362

六神의 運性

① **比肩**=兄弟 姉妹 親友 親戚等을 主로 본다. 그 運質은 獨立 孤立 自尊心이 있어서 離別 誹謗、爭鬪등을 나타내는 凶星이다. 이 比肩은 學者 研究家 發明家에 이 比肩이 많다. 四柱에 이 運星이 많으면 兄弟、姉妹 또는 親友사이에 紛爭이 생겨 分離하며 平生에 勞苦가 많고 女子와의 因緣은 적습니다. 그리고 고집이 센 運星이기 때문에 普通때는 얌전한 사람이라도 主張을 내세우며 依賴와 依存을 싫어하는 暗示가 있어 獨立性이 강합니다. 이 時期에 일어나는 問題가 좋고 나쁜 것은 星運에 付帶한 盛衰運을 보지않으면 안됩니다. 四柱에 比肩이 많으면 平生에 苦生이 많고 兄弟、夫婦間에도 離別數가 있게 됩니다.

② **劫財**=亂暴 不遜 傲慢性이 강한 凶星을 나타냅니다. 이 運星이 부닥칠 時期에는 比肩과 같이 共同事業은 맞지 않습니다. 特히 投機와 僥倖心이 많아서 損財 破産을 當하게 됩니다. 男子는 異性問題가 빈번하고 家庭은 不和해 집니다. 四柱에 劫財가 많으면 夫婦間에 離別數가 많고 兄弟친우間에도 和睦치 못합니다.

③ **食神**=運星의 特性은 衣食住 財産 福祿등을 나타내는 吉星입니다. 性質은 明朗하고 好色家이며 身體가 肥滿합니다. 이 運星은 保守的인 것과 色欲에 흐르는 傾向을 조심하지 않으면 안됩니다. 四柱에 食神이 너무 많으면 身體가 허약 하고 父母 子息의 德도 없으며 女子는 特히 과부가 되거나 화류계에 흐르기 쉽습니다.

④ 傷官＝運質은 妨害 失權 訴訟等의 凶星이다. 이 運星의 時期에는 藝能的인 일은 有利하지만 그러나 非難、誤解를 받기가 쉽습니다. 男子는 男便으로 인하여 苦難과 悲運에 빠지게 되며 男女의 婚談은 苦境과 破婚이 되기 쉽습니다. 四柱에 傷官이 많으면 子息을 剋합니다.

⑤ 偏財＝金錢浪費 色難등의 凶星이다. 이 運星의 時期는 財物의 出納이 심하며 速成速敗하므로 재화가 金을 利用하는 듯도 있읍니다. 表面은 華麗하지만 內面은 그렇지도 못합니다. 男性은 특히 異性問題가 빈번히 일어나게되며 四柱에 偏財가 너무 많으면 첩을 많이 얻게 됩니다.

⑥ 正財＝富貴 繁榮 名譽의 吉像을 나타낸다. 이 運星의 時期에는 正義感이 있고 公論을 존중하며 經濟的으로 惠澤을 많이입는 사람입니다. 또한 正財는 良妻를 얻어 福祿을 누리게 되며 獨身者는 婚談이 생기게 됩니다.

⑦ 偏官＝頑剛 性急 橫暴 權力등의 凶星이다. 이 運星의 時期에는 쓸데없는 일에도 感情을 잘 내므로 남과 다투어서 敵을 만듭니다. 또한 남의 일을 봐주다 損害를 입기를 잘 합니다. 그리고 용맹스런 마음이 衆人의 頭目이 되며 또한 法官、武官의 벼슬 運도 있읍니다.

⑧ 正官＝正義 名譽 信用등의 吉像을 나타낸다. 이 運星은 社會에 信用이 있고 繁榮하는 吉祥입니다. 이 特性은 品行이 端正하고 智慧와 재주가 있으며 또한 慈悲心이 많습니다. 四柱에 正官이 너무 많으면 곤궁하고 女子는 여러번 改嫁하게 됩니다.

⑨ 偏印＝破產、離別 病難色難等 不運을 招來한다. 이 運星은 破壞의 運質로서 性質도 변덕

天干六神表（主星）

日主\六神	甲	乙	丙	丁	戊	己	庚	辛	壬	癸
比肩	甲	乙	丙	丁	戊	己	庚	辛	壬	癸
劫財	乙	甲	丁	丙	己	戊	辛	庚	癸	壬
食神	丙	丁	戊	己	庚	辛	壬	癸	甲	乙
傷官	丁	丙	己	戊	辛	庚	癸	壬	乙	甲
偏財	戊	己	庚	辛	壬	癸	甲	乙	丙	丁
正財	己	戊	辛	庚	癸	壬	乙	甲	丁	丙
偏官	庚	辛	壬	癸	甲	乙	丙	丁	戊	己
正官	辛	庚	癸	壬	乙	甲	丁	丙	己	戊
偏印	壬	癸	甲	乙	丙	丁	戊	己	庚	辛
印綬	癸	壬	乙	甲	丁	丙	己	戊	辛	庚

地支六神表（副星）

六神＼日主	甲	乙	丙	丁	戊	己	庚	辛	壬	癸
比肩	寅	卯	巳	午	辰戌	丑未	申	酉	亥	子
劫財	卯	寅	午	巳	丑未	辰戌	酉	申	子	亥
食神	巳	午	辰戌	丑未	申	酉	亥	子	寅	卯
傷官	午	巳	丑未	辰戌	酉	申	子	亥	卯	寅
偏財	辰戌	丑未	申	酉	亥	子	寅	卯	巳	午
正財	丑未	辰戌	酉	申	子	亥	卯	寅	午	巳
偏官	申	酉	亥	子	寅	卯	巳	午	辰戌	丑未
正官	酉	申	子	亥	卯	寅	午	巳	丑未	辰戌
偏印	亥	子	寅	卯	巳	午	辰戌	丑未	申	酉
印綬	子	亥	卯	寅	午	巳	丑未	辰戌	酉	申

과 권태증이 있어서 每事에 成功하기가 어렵습니다. 그러나 醫師 學者 文筆家 宗敎家 等 精神的인 方面과 人氣職業에는 良好합니다. 四柱에 偏印이 많으면 재난이 많고 일찍 父母를 여이며 妻子와도 인연이 박약합니다.

⑩ 印綬=學問 名譽 福祿등의 吉像을 나타낸다. 이 運質은 財産、壽福 安樂의 幸運이 있고 仁義와 慈悲心이 많아서 남들의 존경을 받습니다. 특히 聰明하여 知慧와 學問의 출중함을 나타내는 特性이 있어 君子的인 큰 人物의 人品을 所有하고 있읍니다.

十二盛衰運星

이 十二運星은 人間이 出生할때부터 죽을 때까지의 理致를 비유해서 天理의 順還하는 原理를 論한 것입니다.

卽 사람이 어머님의 뱃속에 姙娠되는 것을 胞胎라하며 또 자라나서 사람이 늙고 병들고 죽어서 葬事지내는 順序로 生長盛衰하는 過程을 天理순환의 理致로 비유한 것이 이 十二盛衰運星입니다.

즉 胞胎養生浴帶冠旺衰病死墓絶胎養의 十二運星을 다른 名稱으로 長生、沐浴、冠帶、建祿、帝旺、衰病死墓絶胎養으로 부르게 된 것입니다.

① 長生=運星에 長生이 끼게되면 좋은 意味로 解釋됩니다. 즉 圓滿 福祿 發展의 運이 있읍니다. 그러나 때로는 死亡으로도 볼 수 있는데 病者의 四柱에 「偏財星」에 「長生」이 따르면 全快해서 長命하는 것이 아니라 도리어 香典이 모이게 됩니다. 왜냐하면 偏財는 他人의 財이기

때문에 남의 財가 모아서 病人에게 傳達되게 되면 그것은 반드시 香典以外는 없을 것입니다.

② 沐浴=이 運星은 좋은 현상은 아닙니다. 精神的으로 침착성이 없고 混迷상태에 빠지게 되므로 좋은 運星을 좀먹고 있는 格입니다. 「沐浴」은 結婚運의 暗示가 있고 또한 色情問題부터 金錢的인 損害를입을 數가있어 벌거벗은 뜻에서 名譽 地位 財産을 잃는 것으로도 볼 수 있읍니다 特히 病人의 경우에도 全快해서 身體를 씻는 것이 아니라 죽어서 湯灌하는 것이라고 보겠읍니다.

③ 冠帶=이 運星은 旺盛한 氣運이 있어 勤務하는 사람은 地位가 오르고 無職者는 就職이 되고 또한 무엇인가 장사를 시작하게 됩니다. 그리고 친척들을 도와 주는 일도 生기며, 사람에 따라서는 제마음대로 굴므로 존경을 못받고 멀리 당하기도 합니다.

④ 建祿=이 運星은 福祿이 있어 自然히 繁榮합니다. 이 時期에는 溫厚 篤實 謙讓의 美德을 갖췄으므로 他의 好感을 받아서 榮達하게 됩니다. 故鄕을 떠나 他國에 가서 業을 일으킬 運도 있으며 또한 肉親과 生別、死別하는 일도 生깁니다.

⑤ 帝旺=이 運星은 權威가 있어 氣運은 점점 强大해 집니다. 때문에 學者 研究家 技術者 藝術家등은 무관하여 크게 名聲을 얻습니다 商人이나 外交員들은 權威를 부리기 때문에 도리어 不利해 집니다. 또한 自尊心이 强하여 호언장담도 잘하고 不遜한 態度를 取하므로 남들에게 소외를 당하게 됩니다.

⑥ 衰=이 運星은 消極的인 것이 많읍니다. 보통때는 社交的인 사람도 이 時期에 臨하게 되면 집에 처박히게 됩니다. 그러기 때문에 이 時期에는 後退해서 뛰어난 才氣를 길러야 합니다. 老人과 허약한 사람은 健康에 이상이 生길 것이니 注意를 기울여야 하며 商人도 景氣가 쇠진되

⑦ 病=이 運星은 活氣가 없는 消極的이 氣運에 支配를 당합니다. 經濟的으로나 業務上으로 머리 아픈일이 생기게 되므로 더욱더 苦生을 하게 됩니다. 몸이 健康치 못한 사람은 근심걱정으로 病이 生기게 되며 또한 夫婦間의 이별수와 또는 愛人에게 버림을 당하여 마음을 상하게 됩니다.

⑧ 死=이 運星은 죽음을 초래합니다. 病者의 運星에 이 運이 들게 되면 死亡하는 경우가 많습니다. 또한 勤勉과 着實하게 行動하기 때문에 그것이 幸福한 길이 열리기도 합니다마는 대개는 게 들어가는 消極的인 傾向이 있어 機會를 놓치기를 잘합니다. 主婦의 運에「死」가 있게 되면 男便일로 苦悶하며 獨身者의 경우는 婚談이 잘 이루어지지 않습니다.

⑨ 墓=이 運星은 執着心이 강하기 때문에 돈을 모으기 쉽다가 趣味的으로 蒐集하게 되므로 그저 덮어놓고 모으는 일에만 치중합니다. 이 時期는 方針 計劃이 서지않아서 혼미하는 일도 많고 失業 失職하는 일도 있게 됩니다. 恒常 근심과 걱정에 쌓여있어서 住所를 옮겨볼까 하는 生覺도 갖게 됩니다.

⑩ 絕=이 運星은 開放的이기 때문에 注意를 하지 않으면 남의 피임에 빠져서 失敗하기가 쉽습니다. 남의 달콤한 말에 끌려들어 事業을 하게되면 도리어 말려들어서 돈에 損害를 보게 됩니다.

⑪ 胎=이 運星은 퍽 好奇心이 강하게 됩니다. 그러기 때문에 이것 저것 새로운 일에 손을 대고 싶어서 도리어 엉뚱한 짓을 하게 됩니다. 또는 어떤 때는 冒險과 旅行하기 좋아하며 投機

旺衰補運一覽表

日主\補運	甲	乙	丙	丁	戊	己	庚	辛	壬	癸
長生	亥	午	寅	酉	寅	酉	巳	子	申	卯
沐浴	子	巳	卯	申	卯	申	午	亥	酉	寅
冠帶	丑	辰	辰	未	辰	未	未	戌	戌	丑
建祿	寅	卯	巳	午	巳	午	申	酉	亥	子
帝旺	卯	寅	午	巳	午	巳	酉	申	子	亥
衰	辰	丑	未	辰	未	辰	戌	未	丑	戌
病	巳	子	申	卯	申	卯	亥	午	寅	酉
死	午	亥	酉	寅	酉	寅	子	巳	卯	申
墓	未	戌	戌	丑	戌	丑	丑	辰	辰	未
絕	申	酉	亥	子	亥	子	寅	卯	巳	午
胎	酉	申	子	亥	子	亥	卯	寅	午	巳
養	戌	未	丑	戌	丑	戌	辰	丑	未	辰

⑫ 養=이 運星은 漸次的으로 흐르는 傾向이 있읍니다. 그것은 눈앞에 일이 아니라 썩 앞을 내다보고 즐기는 것이 있으며 이 時期에는 남의 일도 잘 봐주며 또한 개나 고양이를 기른다는가 꽃밭과 溫室등을 가꾸는 일도 잘 합니다. 그러나 好色만은 삼가할 必要가 있겠지요.

的인 일에 興味를 갖게 됩니다. 病者에 이 運星이 있게되면 母胎(大地)로 돌아가는 뜻에서 死亡하는 경우가 있게 됩니다.

干支 三合 六合 刑冲破害

甲과 己가 合하면 本來의 五行을 떠나서 다른 五行으로 變한다. 이 甲己의 合은 土로 變하여 中正之合이 된다.

① 甲己合=四柱中에 이 干合이 있으면 남과 타합을 잘하므로 世人의 尊敬을 받으며 따라서 自己의 職分을 잘 지키기 때문에 品格이 높다.

② 乙庚合=四柱中에 이 干合이 있으면 性格이 剛直하고 義理心이 많으나 萬一四柱에 偏官과 死絶등이 同住하게 되면 賤人이 될 것이다. 이 乙庚의 合은 金으로 變하여 仁義之合이 된다.

③ 丙辛合=이 丙辛의 合은 水로 變하여 威嚴之合이 된다. 威嚴은 있으나 性質은 冷情하고 殘忍하며 好色하다.

④ 丁壬合=四柱에 丁壬合이 있으면 性質이 예민하여 感情的으로 흐른다. 好色家로서 四柱에 偏官七殺이나 桃花殺이 있으면서 死絶이되면 淫亂으로 패가하는 數가 있다. 이 丁壬의 合은 木

으로 變하여 仁壽之合이 된다.

⑤ 戊癸合=이 干合이 있으면 男女間에 용모는 아름답다. 性質은 박정하여 無情하고 男子의 경우는 結婚運이 좋지않다. 이 戊癸의 合은 火로 變하여 無情之合이 된다.

地支에는 六合되는 것과 三合되는 것이 있어서 다른 五行으로 變하여 그 作用이 달라진다. 四柱는 干과干, 干과支, 支와 支間에 變化作用하는 것이 있어서 運命의 作用도 變해지는 것이다.

① 六合=子丑合(土)은 子日에 丑을 合하며 福重하고 亥日寅合은 福弱하다. 戌卯合、辰酉合、午未合 巳申合은 福弱하고 寅亥合(木)은 寅日亥合은 福重하고 亥日寅合은 福弱하다. 戌卯合、酉辰合、未午合、申巳合은 福重한 傾向이있다. 男子는 合이 많으면 外交家가되고, 女子는 淫蕩하게 된다.

② 三合=容貌가 깨끗하고 圓滿하고 聰明하다. 이 三合이 合하여 吉神이되면 吉하고 合中에 凶神이 合하면 凶重하고, 吉神이 合하면 吉重하다.

③ 冲=이冲은 여러 殺中에 禍厄이 극심하여 狂暴妄恩해 지며 그리고 孤獨과 家庭運이 無德해 진다. 冲字가 있으면 破局이 된다. 破局은 低俗하고 成功을 못한다.

刑冲破害가 비록 凶殺이 기는 하지만 四柱의 構造에 따라서 吉神이 되는 때도많다.

④ 破=이 破는 파산하는 살성이다. 年支를 破하면 兩親을 早別하고, 日支가 破하면 妻子의 연분이 희박하다. 또한 時支가 破하면 晩年에 不幸하게 된다. 破의 程度는 一定치않으므로 이點 留意해야 하겠다.

⑤ 害=이害는 弱한 性質의 運星을 가지고 있다. 日時가 害하면 老年에 疾病數가 있게 된다.

⑥ 刑＝이 刑殺은 冲殺 다음으로 甚한 凶殺이다.

○ 寅巳刑、巳申刑、申寅刑은 持勢之刑으로서 勢力만 依持하므로 禍를 입는 刑이다.

○ 未丑刑、丑戌刑、戌未刑은 無恩之刑으로서 性質이 冷情하여 恩惠를 怨讐로 갚는 刑이다.

○ 子卯刑、卯子刑은 無禮之刑으로서 性質이 橫暴하여 禮儀가 없는 刑이다.

○ 辰辰刑、午午刑、酉酉刑、亥亥刑은 自刑으로서 性質이 明朗치 못하고 獨立性이 없다.

諸星吉凶法

○ 孤神、寡宿＝年支를 中心한다. 이살이 四柱에 있으면 男女間에 空房살이 끼게 된다.

○ 十惡大敗日＝祿神은 얻었으나 六甲旬中에 空亡되었음을 말하고 있다. 十惡은 凶하다는 뜻이고 大敗는 敵을 겁낸다는 뜻이다.

○ 天德、月德＝月支를 中心한다. 四柱 또는 其他에 있게 되면 吉祥하다. 恒常 周圍環境에도 와주는 사람이 많으며 凶星을 멸해준다.

○ 將星、華蓋＝日支를 中心한다. 四柱에 將星이 있으면 官運에 吉하다. 이 運星에 偏官이 同住하면 武官 法官으로서 成功하며 財星과 같이 있으면 國家의 財政을 맡아본다. 그러나 女子는 孤寡運이 있다. 華蓋는 文章이나 藝術에 能하고 智慧가 많다. 이 運星이 있으면 出世率이 좋고 幸福하다.

○ 驛馬＝이 運星이 吉神이면 비약적으로 發展되고 凶神이면 平生에 분주 多事하여 곤고하여 日支와 年支를 中心한다.

○ 桃花煞＝이 運星이 있으면 好色家이다. 日支 또는 年支를 中心한다.

○ 隔角煞＝時支와 日支와 一字式 隔한 것이다. 歲運에 犯하면 刑厄을 받는다.

○ 魁罡＝四柱에 이살이 있으면 여러 사람을 제압하는 기백이 있으므로 大富, 大貴하거나 또는 荒暴, 殺傷, 災殃의 극단수로 흐른다. 괴강은 庚辰, 壬辰, 戊戌, 庚戌의 네개이다.

○ 羊刃, 飛刃＝四柱에 이살이 있으면 剛暴을 나타내므로 刑罰을 받을 살이다. 이살은 곤액과 平生에 장애가 많다.

간혹 怪傑, 烈士를 배출하기도 하지만 軍人으로서도 성공을 한다.

비인살은 일에 熱中하기 쉬우나 곧 권태증을 잘 내므로 파산하기 쉽다.

○ 暗祿, 金輿＝四柱에 暗祿이 있으면 숨은 福祿이 많다. 그리고 金輿가 있게되면 性質이 溫厚하고 유순하며 좋은 緣分과 幸福해진다.

○ 天乙, 貴人＝四柱에 이 星運이 있으면 財運과 貴人을 뜻하므로 吉祥이다. 그러므로 聰明하고 智慧가 많아서 凶이 吉로 變한다. 그러나 冲刑破害등이 同住하게되면 困苦하게 된다.

○ 正祿＝福祿을 말한다. 즉 正祿은 建祿이라고 하는데 官祿과 福祿이 있어 出世에 吉하다 特히 富가 있고 亨通한 吉神으로 干支에 旺生함을 말하고 있다.

○ 文昌星＝이 運星은 四柱속의 凶星을 吉한 것으로 變化하며 凶을 제거한다. 이 文昌星이 空亡冲合이 되지않으면 文章家로서 智慧가있고 聰明하다.

○ 三奇貴人＝日月星이 奇貴한 것이나. 三奇는 年月日이나 月日時의 順으로 봅니다.

374

第五部 其他

(마침내 쉬지 않으면 이루어 진다)

——釋迦牟尼——

漢字劃數 (姓名學標準)

一劃部

一(일) 乙(을)

二劃部

二(이) 人(인) 了(요) 乃(내) 入(입) 又(우) 丁(정) 力(력) 卜(복)

三劃部

三(삼) 丈(장) 上(상) 下(하) 丸(환) 久(구) 于(우) 兀(올) 凡(범) 勺(작) 千(천) 口(구) 士(사) 土(토) 夕(석) 大(대) 女(여) 子(자) 寸(촌) 小(소) 山(산) 川(천) 巳(사) 己(기)

弓(궁) 巾(건) 干(간) 工(공)

四劃部

四(사) 不(불) 丑(축) 中(중) 丹(단) 云(운) 瓦(와) 亢(항) 仕(습) 仃(정)
今(금) 介(개) 仍(내) 元(원) 內(내) 公(공) 分(분) 勻(윤) 勿(물) 尤(우) 化(화) 仁(인)
太(태) 午(오) 水(수) 牙(아) 牛(우) 毛(모) 日(일) 月(월) 木(목) 方(방) 文(문) 斗(두)
心(심) 升(승) 收(수) 壬(임) 天(천) 夫(부) 孔(공) 少(소) 尹(윤) 巴(파) 支(지) 友(우)
卜(변) 手(수)

五劃部

五(오) 只(지) 句(구) 半(반) 出(출) 仔(자) 丕(비) 史(사) 可(가) 北(북) 冬(동) 代(대)
以(이) 世(세) 司(사) 右(우) 包(포) 充(충) 他(타) 且(차) 丘(구) 主(주) 仙(선) 功(공)
卯(묘) 古(고) 占(점) 加(가) 令(령) 仕(사) 丙(병) 立(입) 禾(화) 示(시) 石(석) 白(백)
皮(피) 目(목) 申(신) 甲(갑) 由(유) 田(전) 用(용) 生(생) 甘(감) 玉(옥) 瓦(와) 玄(현)
永(영) 民(민) 母(모) 正(정) 本(본) 未(미) 末(말) 且(단) 戊(무) 必(필) 弘(홍) 幼(유)
平(평) 布(포) 左(좌) 巨(거) 尼(이) 外(외) 召(소) 丘(구) 台(태) 立(입)

六劃部

六(육) 地(지) 史(사) 向(향) 匠(장) 伏(복) 休(휴) 仰(이) 因(인) 印(인)
列(열) 全(전) 仰(앙) 价(개) 丞(승) 多(다) 兆(조) 仰(이) 因(인) 后(후)
同(동) 合(합) 劣(렬) 再(재) 光(광) 任(임) 回(회) 共(공) 伍(오) 圭(규)
匡(광) 冲(충) 先(선) 仲(중) 交(교) 亥(해) 西(서) 企(기) 亘(궁) 好(호)
自(자) 至(지) 臣(신) 老(노) 竹(죽) 灯(등) 衣(의) 如(여) 在(재) 名(명)
考(고) 米(미) 牝(빈) 旨(지) 年(년) 宅(택) 此(차) 有(유) 早(조) 吉(길)
旬(순) 庄(장) 寺(사) 存(존) 耳(이) 宇(우) 而(이) 舟(주) 帆(범) 色(색)
灰(회) 次(차) 曲(곡) 旭(욱) 羊(양) 百(백) 汀(정) 糸(사) 艮(간) 妃(비)
羽(우) 戌(술) 吏(리) 州(주) 禮(예) 牟(모) 求(구) 守(수)
　　　 曲(곡) 旭(욱) 戌(술) 吏(리) 收(수) 式(식) 朱(주)
　　　　　　　　　　　　　　　　　　　　　 安(안)

七劃部

七(칠) 杏(행) 攻(공) 戒(계) 忍(인) 弄(농) 希(희) 局(국) 妙(묘) 坊(방)
材(재) 成(성) 弟(제) 床(상) 尾(미) 孝(효) 坂(판) 杉(삼) 旱(한) 呂(여)
序(서) 岐(기) 宏(굉) 壯(장) 束(속) 更(경) 攸(유) 忙(망) 托(탁) 吾(오)
均(균) 呈(정) 村(촌) 坑(갱) 改(개) 我(아) 志(지) 延(연) 忘(망) 形(형)
君(군) 劫(겁) 杆(간) 兌(태) 佛(불) 住(주) 估(고) 亨(형) 宋(송) 役(역) 完(완) 吞(탄)
　　　 冷(냉)　　　　　　　　　　　吟(음) 利(리) 妓(기) 坐(좌) 克(극)
　　　　　　　　　　　　　　　　　　　　　　　　 冶(야)

八劃部

伴(반) 伸(신) 何(하) 些(사) 別(별) 兵(병) 伶(영) 伯(백) 伺(사) 佚(질) 努(노)
判(판) 免(면) 佃(전) 作(작) 佑(우) 助(조) 初(초) 串(관) 体(체) 佐(좌) 位(위)
妊(원) 妙(분) 秀(수) 玎(정) 甫(보) 良(량) 奴(문) 妧(원) 岉(오) 岇(영) 杓(표)
甲(남) 佖(필) 址(지) 杸(채) 求(구) 辛(신) 車(차) 里(리) 言(언) 谷(곡) 豆(두)
貝(패) 岡(경)

八(팔) 昂(앙) 放(방) 承(승) 或(혹) 往(왕) 庚(경) 居(거) 宗(종) 季(계) 昏(혼)
底(저) 岡(강) 宙(주) 昆(곤) 扶(부) 所(소) 征(정) 店(점) 岳(악) 定(정) 昌(창)
於(어) 房(방) 忠(충) 府(부) 易(역) 政(정) 念(념) 弦(현) 岩(암) 幸(행) 快(쾌)
尙(상) 官(관) 始(시) 坤(곤) 具(구) 例(례) 使(사) 姑(고) 坪(평) 固(고) 沙(사)
叔(숙) 制(제) 其(기) 來(래) 到(도) 和(화) 奉(봉) 受(수) 卒(졸) 供(공) 林(임)
姓(성) 奈(나) 味(미) 取(취) 協(협) 侍(시) 坡(파) 命(명) 兩(양) 劾(효) 依(의)
刷(쇄) 典(전) 侃(간) 享(향) 佼(교) 佶(길) 奇(기) 垂(수) 卷(권) 京(경) 沃(옥)
青(청) 兒(아) 侈(치) 佳(가) 事(사) 侑(유) 直(직) 沐(목) 決(결)
雨(우) 阜(부) 門(문) 長(장) 汪(왕) 服(복) 金(금)
欣(흔) 杷(파) 旺(왕) (牧)목 的(적) 版(판)
東(동) 枝(지) 虎(호) 采(채) 肌(기) 社(사) 旻(민)
果(과) 明(명) 糾(규) 玖(구) 祀(사) 舍(사) 知(지)
           汲(급) 板(판)

九劃部

沖(충) 武(무) 松(송) 朋(붕) 昔(석) 杳(묘) 杰(걸) 歧(기) 亞(아) 泫(현) 侊(광) 侖(윤)
侁(선) 岷(민) 姃(정) 妸(아) 旿(오) 昑(금) 旼(민) 昊(호) 昀(균) 沇(윤) 姝(주)
岠(거) 岾(고) 岭(령) 沁(심) 炅(경) 如(여) 伙(차) 佰(백) 汶(문)

九(구) 垠(은) 厚(후) 勅(칙) 侶(려) 俊(준) 係(계) 咲(소) 叙(서) 勉(면) 俤(제)
促(촉) 俠(협) 亭(정) 奎(규) 品(품) 勃(발) 前(전) 兪(유) 俗(속) 侯(후) 亮(량) 契(계)
咸(함) 勇(용) 則(칙) 保(보) 侵(침) 俋(읍) 奏(주) 坦(탄) 哄(홍) 南(남) 勁(경) 冠(관)
便(편) 信(신) 俄(아) 柯(구) 柚(유) 昶(창) 思(사) 後(후) 屋(옥) 姿(자) 威(위) 架(가)
春(춘) 施(시) 拜(배) 性(성) 待(대) 度(도) 峙(치) 姥(노) 姻(인) 査(사) 柯(가) 星(성)
映(영) 抱(포) 怜(령) 律(율) 廻(회) 峠(상) 客(객) 姬(희) 昭(소) 昨(작) 怕(파)
招(초) 怡(이) 建(건) 巷(항) 室(실) 姜(강) 岑(잠) 昧(매) 是(시) 拇(무) 拓(척) 彦(언)
帝(제) 宣(선) 姸(연) 柔(유) 癸(계) 玩(완) 冷(랭) 治(치) 況(황) 柴(사) 昭(소) 怕(파) 砂(사)
看(간) 皆(개) 甚(심) 矩(구) 波(파) 注(주) 油(유) 柱(주) 柘(자) 祈(기) 相(상) 皇(황)
姚(요) 炫(현) 泡(포) 沼(소) 泳(영) 柏(백) 炭(탄) 省(성) 界(계) 炳(병) 泉(천) 柄(병)
染(염) 科(과) 烟(연) 泊(박) 法(법) 泰(태) 河(하) 柳(유) 炭(탄) 泊(박) 香(향) 要(요)
秋(추) 重(중) 計(계) 美(미) 耐(내) 紅(홍) 飛(비) 面(면) 貞(정) 衍(연) 致(치) 突(돌)

革(혁) 軍(군) 表(표) 肝(간) 約(약) 徑(경) 俉(오) 俐(리) 俌(보) 晒(병)
垙(광) 烇(전) 姢(길) 姩(년) 晗(령) 泧(소) 衹(지) 記(기) 政(민) 昺(병) 依(의)
主(주) 昱(욱) 昡(현) 泌(필) 泓(홍) 炯(형) 玟(민) 禹(우) 貞(정) 晸(정)
史(유) 姤(후) 玧(윤) 垣(원)

十劃部

十(십) 巡(순) 宰(재) 圃(보) 原(원) 俱(구) 倖(행) 乘(승) 峻(준) 容(용) 城(성) 員(원)
俸(봉) 俳(배) 候(후) 師(사) 島(도) 宴(연) 哥(가) 倫(륜) 倍(배) 倓(담) 倥(공)
峯(봉) 展(전) 家(가) 夏(하) 唐(당) 剛(강) 倭(왜) 倣(방) 倉(창) 庫(고) 峰(봉) 峨(아)
宮(궁) 娥(아) 哲(철) 俯(부) 修(수) 栓(전) 根(근) 案(안) 時(시) 徒(도) 座(좌) 殊(수)
桃(도) 校(교) 晋(진) 旅(려) 扇(선) 恂(순) 恩(은) 庭(정) 殉(순) 株(주) 桑(상)
桓(환) 格(격) 書(서) 晏(안) 殷(은) 桐(동) 桎(질) 晃(황) 料(료) 恢(회)
徑(경) 氣(기) 栗(율) 恭(공) 效(효) 持(지) 恤(휼) 桓(항) 祚(조) 祠(사)
珍(진) 烈(열) 活(활) 栖(서) 朕(짐) 施(시) 恬(념) 玲(영) 洌(열) 洞(동) 洪(홍)
秩(질) 祝(축) 眞(진) 洗(세) 秘(비) 神(신) 指(지) 益(익) 恒(항) 祚(조) 祐(우)
芙(부) 航(항) 育(육) 秦(진) 畔(반) 紋(문) 珂(가) 烘(홍) 洋(양) 洲(주) 津(진) 洛(락) 肥(비)
耗(모) 翁(옹) 紐(유) 紗(사) 笑(소) 衷(충) 芝(지) 芽(아) 看(효) 耕(경) 紘(굉)
紡(방) 粉(분) 耘(운) 紋(문) 芝(지) 耿(경) 者(자) 紡(방)

十一劃部

芳(방) 靑(궁) 紛(분) 純(순) 紀(기) 訓(훈) 託(탁) 豹(표) 貢(공) 財(재) 起(기)
軒(헌) 配(배) 釘(정) 釜(부) 馬(마) 高(고) 娟(연) 根(근) 洙(수) 洵(순) 珉(민)
婠(오) 娘(낭) 城(성) 涎(연) 娉(빙) 娜(나) 埇(용) 烋(구) 辛(미) 逕(형) 浹(협) 忊(항)
倎(전)

乾(건) 偲(시) 參(삼) 昷(욱) 唯(유) 動(동) 剩(잉) 偉(위) 啓(계) 務(무) 副(부) 停(정)
商(상) 健(정) 健(건) 唱(창) 卿(경) 勖(욱) 偶(우) 彬(빈) 張(장) 崔(최) 尋(심) 寄(기)
啄(탁) 悌(제) 悠(유) 御(어) 彗(혜) 康(강) 崇(숭) 將(장) 宿(숙) 婚(혼) 執(집) 問(문)
戚(척) 悅(열) 從(종) 彩(채) 庶(서) 巢(소) 專(전) 寂(적) 婆(파) 堂(당) 振(진)
得(득) 彫(조) 庸(용) 常(상) 崎(기) 密(밀) 婦(부) 培(배) 基(기) 挺(정) 徘(배)
彪(표) 強(강) 帶(대) 尉(위) 堅(견) 浩(호) 欷(희) 梅(매) 梧(오) 悟(오) 晦(회)
旌(정) 淡(담) 欲(욕) 梶(미) 梓(자) 望(망) 晤(오) 敏(민) 曹(조) 浪(랑) 涉(섭)
毫(호) 梨(이) 朗(랑) 晨(신) 族(족) 斌(빈) 救(구) 旋(선) 烽(봉) 梁(양) 教(교) 旣(기)
敍(서) 爽(상) 欸(관) 條(조) 晩(만) 斜(사) 浮(부) 梯(제) 章(장)
祥(상) 率(율) 胎(태) 欸(익) 海(해) 珠(주) 紹(소) 胡(호) 翊(익) 絆(반) 皎(교) 班(반)
組(조) 硏(연) 盡(진) 習(습) 紬(주) 紫(자) 竟(경) 產(산) 責(책) 眸(모) 設(설) 茂(무) 苧(저)

383 第五部 其 他

十二劃部

苑(원) 胖(반) 訪(방) 茅(모) 舷(연) 頂(정) 蛉(령) 范(범) 若(약) 魚(어)
近(근) 貨(화) 規(규) 術(술) 鳥(조) 雀(작) 貫(관) 許(허) 裵(가) 英(영)
浩(호) 晤(오) 晙(준) 晥(환) 晟(성) 睍(경) 媚(인) 崎(기) 婉(완) 掏(주) 迎(영)
邦(방) 晢(절) 婧(정) 胤(윤) 崙(륜) 焄(훈) 焑(형)

十二劃部

傑(걸) 掛(괘) 弼(필) 巽(손) 喜(희) 惇(돈) 復(복) 報(보) 圍(위) 創(창) 備(비) 惟(유)
崛(우) 寓(우) 堡(보) 善(선) 勝(승) 傅(부) 惠(혜) 幾(기) 富(부) 凱(개) 掌(장) 惠(덕)
博(박) 授(수) 淸(청) 殖(식) 惋(완) 森(삼) 智(지) 斯(사) 淨(정) 朝(조) 普(보)
景(경) 游(유) 晶(정) 敦(돈) 淘(도) 淑(숙) 淵(연) 植(식) 曾(증) 稅(세)
現(현) 無(무) 添(첨) 筋(근) 程(정) 皓(호) 琇(수) 淀(정) 窖(군) 碩(연) 理(리)
絢(현) 粟(속) 稀(희) 策(책) 竣(준) 睎(희) 登(등) 盛(성) 淡(담) 評(평)
街(가) 苟(순) 舒(서) 翔(상) 象(상) 詞(사) 舜(순) 軫(진) 然(연) 硯(연) 貴(귀)
裁(재) 能(능) 統(통) 越(월) 註(주) 視(시) 衆(중) 茶(다) 賀(하) 證(증) 胴(동) 量(량)
開(개) 閏(윤) 閔(민) 雄(웅) 雅(아) 集(집) 雲(운) 項(항) 絡(락) 迫(박) 鈞(균)
喆(철) 堯(요) 媛(원) 庾(유) 淳(순) 晸(정) 傃(소) 侯(혜) 媄(미) 須(수) 順(순) 黃(황) 黍(서)

十三 劃部

園(원) 勢(세) 僅(근) 僊(선) 嫁(가) 傳(전) 傾(경) 傭(용) 幹(간) 塚(총) 勤(근) 圓(원)
楠(남) 業(업) 暄(훤) 新(신) 揮(휘) 想(상) 廉(염) 彙(휘) 湖(호) 楫(집)
暖(난) 掩(엄) 感(감) 微(미) 湯(탕) 渾(혼) 楊(양) 愉(유) 愚(우) 愛(애)
湘(상) 溫(온) 楡(유) 椿(춘) 暉(휘) 援(원) 意(의) 義(의) 敬(경) 渡(도)
羣(군) 稜(능) 煉(연) 群(군) 碇(정) 暗(암) 煥(환) 經(경) 睦(목) 熙(희)
絹(견) 筵(연) 稚(치) 盟(맹) 郊(교) 豊(풍) 農(농) 當(당) 照(조) 聖(성)
莫(막) 鉛(연) 退(퇴) 補(보) 莞(완) 肅(숙) 跳(조) 裕(유) 衙(아) 莊(장) 郁(욱)
裙(군) 脛(경) 頓(돈) 鈴(영) 鉉(현) 馴(순) 頒(반) 鉦(정) 雍(옹) 靖(정) 鐵(철)
鼎(정) 頌(송) 揆(규) 睜(정) 阿(아)

十四 劃部

兢(긍) 僖(희) 嫗(구) 嘉(가) 壽(수) 僑(교) 實(실) 團(단) 獎(장) 盡(진) 滋(자) 溢(일)
瞑(명) 愼(신) 僧(승) 廓(곽) 榮(영) 槇(전) 圖(도) 準(준) 碩(석) 瑞(서) 溶(용) 溪(계)
彰(창) 僮(동) 源(원) 僚(료) 置(치) 綜(종) 搬(반) 禎(정) 福(복) 端(단) 綺(기)
舞(무) 艇(정) 綠(록) 緊(긴) 粹(수) 算(산) 種(종) 菜(채) 菊(국) 腕(완) 聚(취) 綿(면)

精(정) 箕(기) 稱(칭) 蓋(개) 臺(대) 肇(조) 維(유) 綏(수) 綜(종) 銘(명) 經(경) 豪(호)
誠(성) 郞(랑) 通(통) 赫(혁) 認(인) 誦(송) 齊(제) 鳴(명) 鳳(봉) 華(화) 瑜(유) 佋(소)
逢(봉) 趙(조) 輔(보) 貌(모) 銀(은) 連(연) 造(조) 賑(진) 說(설) 領(영) 萊(내)
瑄(선) 瑛(영) 熏(훈) 暢(창) 琿(혼)

十五 劃部

儀(의) 億(억) 價(가) 儉(검) 德(덕) 幟(치) 寬(관) 嘯(소) 慰(위) 彈(탄) 幣(폐) 審(심)
增(증) 劍(검) 慷(강) 影(영) 廣(광) 寮(요) 墨(묵) 劈(벽) 慣(관) 徵(징) 嬉(희)
劉(유) 慧(혜) 徹(철) 履(이) 嬌(교) 嘻(희) 畿(기) 瑤(요) 漾(양) 漲(창) 演(연) 樣(양)
墫(장) 慨(개) 慶(경) 瑷(애) 瑳(차) 熟(숙) 標(표) 滯(체) 漢(한) 樓(누) 榴(류) 樂(락)
摹(모) 摺(납) 盤(반) 瑯(랑) 漆(칠) 歎(탄) 標(표) 槿(근) 滯(체) 暝(명) 瑠(유) 瑩(영)
敷(부) 慕(모) 瑶(랑) 數(수) 萬(만) 萱(훤) 舘(관) 摩(마) 樞(추)
滿(만) 漸(점) 毅(의) 模(모) 槽(조) 數(수) 萱(훤) 舘(관) 摩(마) 樞(추)
節(절) 確(확) 落(락) 萩(추) 葦(위) 罰(벌) 署(서) 線(선) 緯(위) 腦(뇌) 箭(전) 稽(계)
磁(자) 葺(즙) 葉(엽) 腹(복) 腸(장) 緻(치) 緣(연) 範(범) 穀(곡) 盤(반) 著(착) 窮(궁)
葛(갈) 興(흥) 養(회) 締(체) 篇(편) 稷(직) 董(동) 葵(규) 舖(포) 腰(요) 編(편) 練(연)
緩(완) 稻(도) 稼(가) 霆(정) 緘(감) 罷(벌)? 董(동) 進(진) 論(론) 諏(추) 複(복) 院(원)
醋(도) 郵(우) 賦(부) 賢(현) 諄(순) 衛(위) 陣(진) 銳(예) 郭(곽) 趣(취) 賜(사)
輪(륜)

十六 劃部

談(담) 誼(의) 衝(충) 震(진) 鋤(조) 部(부) 踐(천) 質(질) 調(조) 鋒(봉) 醇(순) 逸(일)
輝(휘) 賞(상) 諒(양) 諗(심) 養(양) 駐(주) 興(흥) 儆(경) 嬋(선) 嬅(화) 儇(현) 憓(혜)
慎(모) 積(진) 嘻(희) 贊(찬) 漌(근) 瑢(용) 瑱(진) 璁(은) 奭(석) 禛(진) 漁(어)
漠(막) 滿(만) 碾(전) 賑(진) 鋂(수) 皜(고)

十六 劃部

傳(주) 僑(제) 儒(유) 冀(기) 儘(진) 曇(담) 憬(경) 奮(분) 暾(돈) 撲(복) 撮(촬)
燾(헌) 學(학) 勳(훈) 撫(부) 撤(철) 憧(동) 道(도) 叡(예) 機(기) 整(정) 撰(찬)
憮(무) 嶮(험) 壇(단) 曉(효) 撞(당) 燐(연) 熹(희) 器(기) 築(축) 磧(적)
璃(리) 燉(연) 樺(엽) 澢(당) 潤(윤) 潑(발) 撤(철) 潣(민) 澔(호) 澄(징) 潭(담)
潔(결) 澯(축) 澂(산) 樫(견) 篤(독) 瓢(표) 燈(등) 燕(연) 歷(역) 橫(횡)
糖(당) 穎(영) 燉(돈) 熹(희) 橋(교) 龍(파) 瀉(고) 積(적) 盧(노) 澁(삽) 翰(한) 縣(현)
穆(목) 瞞(만) 潮(조) 樹(수) 錠(정) 都(도) 遇(우) 輯(집) 蓉(용) 陰(음) 醒(성) 磺(적)
諭(유) 親(친) 螢(형) 遊(유) 醍(제) 豫(예) 諫(간) 融(융) 陶(도) 錫(석) 錚(쟁) 醒(성)
道(도) 賴(뢰) 衛(위) 陳(진) 錦(금) 達(달) 遠(원) 陸(육) 鋼(강) 醒(성)
靜(정) 霖(임) 默(묵) 龍(용) 龜(구) 憓(혜) 澱(희) 疆(강) 整(정) 曔(경) 嫌(렴)
潽(보) 蒙(몽) 縝(진) 輯(집) 璉(련) 瞮(철)

十七劃部

優(우) 檢(검) 擇(택) 擎(경) 應(응) 償(상) 孺(수) 檀(단) 擔(담) 憶(억) 嶽(악)
斂(검) 檠(경) 懇(간) 嶼(서) 勵(려) 壕(호) 彌(미) 操(조) 鮮(선) 館(관) 鍵(건) 遜(손)
襄(양) 激(격) 蔭(음) 蔬(소) 燈(용) 總(총) 糟(조) 穗(수) 瞭(료) 瞳(동) 縮(축) 簇(족) 燦(찬) 磯(기)
聲(성) 縹(표) 嶺(령) 燭(촉) 澤(택) 蓬(봉) 艱(간) 聰(총) 繁(번) 瞳(동) 澱(전) 蓮(연)
瞬(순) 燧(수) 濃(농) 聯(연) 縫(봉) 縱(종) 篷(봉) 禧(희) 徽(휘) 澈(철) 點(점)
膝(슬) 績(적) 糠(강) 禪(선) 霞(하) 鍊(연) 鍾(종) 鍼(침) 遞(체)
餠(병) 霜(상) 隆(융) 鄕(향) 陽(양) 營(영) 駿(준) 鞠(국) 鴻(홍) 鍛(단) 遠(원)
謝(사) 邀(경) 嬉(희) 應(응) 爕(섭) 翼(익) 謙(겸) 遙(요) 隅(우)

十八劃部

戴(대) 擱(각) 翻(번) 糧(량) 簡(간) 濤(도) 豪(호) 曛(훈) 繡(수) 濯(탁) 濶(활) 曙(서)
覆(복) 織(직) 濘(영) 膳(선) 繕(선) 濱(빈) 濡(유) 謳(구) 謹(근) 濬(준) 鎬(호)
適(적) 鎭(진) 雜(잡) 鞭(편) 題(제) 馥(복) 燿(요) 濟(제) 燾(도) 轉(전) 遭(조)
禮(예) 嬋(연) 燻(훈) 璨(찬) 環(환) 璥(경) 璣(의) 鎔(용) 鎬(호) 蕙(혜) 謨(모)
騏(기) 翹(요) 嬽(연) 爀(혁) 謐(묘)

十九 劃部

勸(권) 瀅(형) 響(향) 曠(광) 擴(확) 關(관) 鄭(인) 辭(사) 識(식) 繪(회) 穫(확) 獸(수)
獸(수) 證(증) 薛(설) 鵬(붕) 韻(운) 鏡(경) 選(선) 譔(선) 簿(부) 願(원) 遼(요) 贊(찬)
薇(미) 簾(염) 禱(도) 麗(여) 鄭(정) 膾(증) 穩(은) 繹(역) 膽(역) 薄(박) 嬿(연) 璿(선)
鏞(용) 麒(기) 勸(권) 轍(철) 疇(주) 鍾(연) 龐(농)

二十 劃部

嚴(엄) 藉(자) 朦(몽) 羅(라) 繼(계) 犧(희) 懷(회) 譯(역) 羈(기) 篡(찬) 競(경) 懸(현)
壤(양) 議(의) 薰(훈) 耀(요) 繻(수) 瓊(경) 警(경) 襦(유) 臍(제) 辯(변) 籌(주) 濔(천)
寶(보) 覺(각) 邁(매) 還(환) 釋(석) 鐘(종) 鐙(등) 馨(형) 騰(등) 黨(당) 路(로) 聞(천)
瀚(한) 曦(희)

二十一 劃部

攘(양) 儷(여) 辯(변) 蠹(두) 蠟(랍) 隨(수) 護(호) 藝(예) 纖(섭) 欄(란) 續(속) 鐸(탁) 藤(등)
鐵(철) 躍(약) 藥(약) 櫻(앵) 藤(등) 飜(번) 饌(찬) 饒(요) 鶴(학) 驅(구) 瀾(란)

闥(달)

二十二劃部

邊(변) 籠(농) 權(권) 響(향) 鑑(감) 聽(청) 歡(환) 鑄(주) 讚(찬) 攝(섭) 襄(양) 蘇(소)
讀(독) 霽(제) 覽(람) 灃(풍) 鬚(수)

二十三劃部

顯(현) 麟(린) 蘭(란) 巖(암) 鑛(광) 驗(험) 戀(연) 瓘(관) 黴(미) 鷺(로) 孃(엄)

二十四劃部

罐(관) 臟(장) 艶(요) 蠶(잠) 讓(양) 釀(양) 鑪(로) 靈(영) 靂(역) 鷹(응) 囑(촉)

二十五劃部

觀(관) 廳(청) 籬(이) 簪(찬) 灡(란) 灝(호) 覽(람) 讌(권)

姓氏別 이름짓는 法

姓名吉劃數之配合

劃數 姓氏	二劃之姓 丁 卜 乃		三劃之姓 千 弓 于 大 凡		
	(1) 3 / 2 / 11 / [10] = 13	(1) 3 / 2 / 11 / 1 / [10] = 13 姓名吉劃數之配合	(1) 4 / 3 / 15 / 18 / [14] = 35	(1) 4 / 3 / 21 / 6 / 13 / [5] = 21	(1) 4 / 3 / 7 / 12 / 18 / [6] = 21
	(1) 3 / 2 / 5 / 9 / [4] = 15	(1) 3 / 2 / 11 / 13 / [10] = 13	15 / 18 / 32 / [14]	16 / 13 / [5]	15 / 18 / [6]
	(1) 3 / 2 / 5 / 19 / [4] = 25	(1) 3 / 2 / 21 / 11 / 23 / [10] = 23	(1) 4 / 3 / 15 / 18 / 32 / [14] = 35	(1) 4 / 3 / 23 / 10 / 32 / [22] = 35	(1) 4 / 3 / 13 / 3 / 15 / [12] = 18
	(1) 3 / 2 / 11 / 3 / [10] = 15	(1) 3 / 2 / 11 / 15 / 13 / [10] = 25	(1) 4 / 3 / 25 / 11 / 8 / [24] = 35	(1) 4 / 3 / 13 / 20 / 32 / [12] = 35	(1) 4 / 3 / 6 / 8 / [5] = 16

第五部 其他

劃數姓氏	四劃之姓			五劃之姓		
	尹文元方孔 卜王太天片 毛夫公化水 斤介			申白田玄石 玉史皮平甘 丘左氷永占 包		
姓名吉劃數之配合	(1)5 4 3　13 9 2 15	(1)5 4 13　13 21 12 25	(1)5 4 16　24 20 15 39	(1)6 5 5　17 12 4 21	(1)6 5 15　15 10 24 29	(1)6 5 5　25 20 4 29
	(1)5 4 5　13 9 4 17	(1)5 4 13　17 25 12 29	(1)5 4 5　17 13 4 21	(1)6 5 7　15 10 6 21	(1)6 5 15　23 18 14 37	(1)6 5 7　7 2 6 13
	(1)5 4 15　7 3 14 21	(1)5 4 13　23 19 12 35	(1)5 4 23　13 9 22 35	(1)6 5 7　17 12 18 23	(1)6 5 25　13 8 24 37	(1)6 5 6　13 8 5 18

劃數	六劃之姓			七劃之姓		
姓氏	朴安全朱任	吉印牟米西	曲伊后、	李宋吳車池	辛成呂延余	杜汝判君
姓名吉劃數之配合	(1) 7 6 15 15 9 6 21	(1) 7 6 15 15 9 14 29	(1) 7 6 15 17 11 14 31	(1) 8 7 11 15 8 10 25	(1) 8 7 17 16 9 16 33	(1) 8 7 7 17 10 6 23
	(1) 7 6 5 17 11 14 21	(1) 7 6 5 25 19 23 29	(1) 7 6 24 18 12 23 41	(1) 8 7 16 16 9 15 31	(1) 8 7 18 15 8 17 32	(1) 8 7 15 18 11 14 32
	(1) 7 6 8 16 10 7 23	(1) 7 6 17 15 9 16 31	(1) 7 6 17 25 19 35 41	(1) 8 7 17 15 8 16 31	(1) 8 7 11 29 22 10 39	(1) 8 7 16 37 30 45 15 52

劃數姓氏	姓名吉劃數之配合					
八劃之姓 金林沈具卓 周明奇孟奉 采房表承昔 尚昌昇宗夜 舍奈松	(1) 9 8 17]16 8]24 16 —— 32	(1) 9 8 8]17 9]16 7 —— 24	(1) 9 8 7]17 9]15 6 —— 23	(1) 9 8 13]21 13]25 12 —— 33	(1) 9 8 7]18 10]16 6 —— 24	(1) 9 8 13]11 3]15 12 —— 23
				(1) 9 8 17]15 7]23 16 —— 31	(1) 9 8 7]17 9]15 6 —— 23	
九劃之姓 姜柳南禹河 咸俞宣段韋 秋施柴星姚 俊扁肖	(1) 10 9 16]16 7]23 16 —— 32	(1) 10 9 15]11 2]14 —— 25	(1) 10 9 5]11 2]6 4 —— 15			
	(1) 10 9 21]21 12]32 20 —— 41	(1) 10 9 5]21 12]16 4 —— 25	(1) 10 9 7]18 9]15 8 —— 24			
	(1) 10 9 13]29 20]32 12 —— 41	(1) 10 9 18]15 6]23 17 —— 32	(1) 10 9 8]17 8]15 7 —— 24			

394

劃數	姓氏	姓名吉劃數之配合					
十劃之姓	徐洪高孫馬 桂秦芮殷員 洙晉唐夏袁 倉剛邕	(1) 11 10 21 11 13 2 23	(1) 11 10 3 11 11 2 23	(1) 11 10 21 11 31 10 31	(1) 11 10 11 14 17 41	(1) 11 10 24 14 17 41	(1) 11 10 18 14 17 41
		(1) 11 10 13 3 10 23	(1) 11 10 21 11 23 12 33	(1) 11 10 13 19 12 41	(1) 11 10 29 31 12 33	(1) 11 10 13 12 23	
		(1) 11 10 13 3 15 25	(1) 11 10 23 13 25 12 35	(1) 11 10 13 11 31 12 35	(1) 11 10 21 11 20 41		
十一劃之姓	崔張許康魚 偰梁曹胡范 邢章扈國浪 班彬邦 異海麻梅	(1) 12 11 13 2 6 4 17	(1) 12 11 15 2 24 4 17	(1) 12 11 21 10 30 20 41			
		(1) 12 11 25 14 18 4 29	(1) 12 11 23 12 24 12 35	(1) 12 11 24 14 37 23 48			
		(1) 12 11 21 10 24 14 35	(1) 12 11 31 20 24 4 35	(1) 12 11 21 21 41 20 52			

劃數姓氏	十二劃之姓	十三劃之姓
	黃閔彭庚程 景智邵堅強 荀馮雲敦弼 舜單邱森順 淳、東方。	廉楊睦琴賈 路楚雍雷阿 莊頓溫司空

姓名吉劃數之配合

十二劃之姓：

```
 (1)      (1)      (1)
  13       13       13
 12-      12-      12-
17  21  5   25  11   13
  9-      13-       1-
    25       17        11
-16-      -4-      -10-
  37       29        23
```

```
 (1)      (1)      (1)
  13       13       14
 12-      12-      12-
16  32  13  21  11   15
 20-       9-       3-
    35       21        13
-15-      -12-     -10-
  47       33        25
```

```
 (1)      (1)      (1)
  13       13       13
 12-      12-      12-
13  35  15  21  15   15
 23-       9-       3-
    35       23        17
-12-      -14-     -14-
  47       35        29
```

十三劃之姓：

```
 (1)      (1)      (1)
  14       14       14
 13-      13-      13-
15  31  17  21  5    25
 18-       8-      12-
    32       24        16
-14-      -16-      -4-
  45       37        29
```

```
 (1)      (1)      (1)
  14       14       14
 13-      13-      13-
24  25  13  25  16   16
 12-      12-       3-
    35       24        18
-23-      -12-     -15-
  48       37        31
```

```
 (1)      (1)      (1)
  14       14       14
 13-      13-      13-
18  31  7   31  7    25
 18-      18-      12-
    35       24        18
-17-       -6-      -6-
  48       37        31
```

劃數姓氏	十四劃之姓						十五劃之姓					
姓氏	趙 慎 裹 甄 連 菊 榮 箕 鳳 慈 端、西門						劉 魯 郭 董 慶 葛 萬 漢 喬 墨 彈 葉 影 樑 司馬					
姓名吉劃數之配合	(1)15 14-16 24 10-3 25-15 39	(1)15 14-16 17 3-25 15 32	(1)15 14-13 17 3-18 12-29				(1)15 15-24 9-23 47	(1)15 15-8 25 10-17 7 32	(1)17 15-8 24 9-16 7 31			
	(1)15 14-23 17 3-25 22 39	(1)15 14-13 23 9-21 12 35	(1)15 14-7 23 9-15 6 29				(1)16 15-16 37 22-37 15 52	(1)16 15-5 35 20-24 4 39	(1)16 15-15 17 2-16 14 31			
	(1)15 14-13 25 11-23 12 37	(1)15 14-8 25 11-18 7 32					(1)16 15-25 23 8-32 24 47	(1)16 15-15 18 3-17 14 32				

第五部 其他

劃數	十六劃之姓			十七劃之姓		
姓氏	盧潘陸諸錢 陳都陰陶道 龍賴燕疆、 皇甫			韓蔡蔣鞠 鄒謝襄		
姓名吉劃數之配合	(1) 17 16 ⌐18 7 ⌐35 19 ⌐ ⌊6 ⌋25 ── 41	(1) 17 16 ⌐18 8 ⌐25 9 ⌐ ⌊7 ⌋16 ── 32	(1) 17 16 ⌐18 5 ⌐25 9 ⌐ ⌊4 ⌋13 ── 29	(1) 17 17 ⌐18 16 ⌐37 20 ⌐ ⌊15⌋35 ── 52	(1) 17 17 ⌐18 17 ⌐25 8 ⌐ ⌊16⌋24 ── 41	(1) 17 17 ⌐18 8 ⌐25 8 ⌐ ⌊7 ⌋15 ── 32
	(1) 17 16 ⌐18 5 ⌐37 21 ⌐ ⌊4 ⌋25 ── 41	(1) 17 16 ⌐18 5 ⌐29 13 ⌐ ⌊4 ⌋17 ── 33	(1) 17 16 ⌐18 7 ⌐25 9 ⌐ ⌊6 ⌋15 ── 31	(1) 17 17 ⌐18 7 ⌐35 18 ⌐ ⌊6 ⌋24 ── 41	(1) 17 17 ⌐18 11 ⌐25 8 ⌐ ⌊10⌋18 ── 35	
	(1) 17 16 ⌐18 6 ⌐35 19 ⌐ ⌊5 ⌋24 ── 40	(1) 17 16 ⌐18 5 ⌐35 19 ⌐ ⌊4 ⌋23 ── 39	(1) 17 16 ⌐18 15 ⌐18 2 ⌐ ⌊14⌋16 ── 32	(1) 17 17 ⌐18 18 ⌐35 18 ⌐ ⌊17⌋35 ── 52	(1) 17 17 ⌐18 7 ⌐29 12 ⌐ ⌊6 ⌋18 ── 35	

劃數	十八劃之姓			十九劃之姓		
姓氏	魏簡			鄭薛寵南宮。		
姓名吉劃數之配合	┌(1)┐ │　　│19 │18─│ 7　│25 │7─　│ │　　│13 └6─┘ 　31	┌(1)┐ │　　│19 │18─│ 11　│25 │7─　│ │　　│17 └10┘ 　35	┌(1)┐ │　　│19 │18─│ 17　│25 │7─　│ │　　│23 └16┘ 　41	┌(1)┐ │　　│20 │19─│ 5　│21 │2─　│ │　　│6 └4─┘ 　25	┌(1)┐ │　　│20 │19─│ 5　│31 │12─│ │　　│16 └4─┘ 　35	┌(1)┐ │　　│20 │19─│ 21　│31 │12─│ │　　│32 └20┘ 　51
	┌(1)┐ │　　│19 │18─│ 13　│21 │3─　│ │　　│15 └12┘ 　33	┌(1)┐ │　　│19 │18─│ 11　│29 │11─│ │　　│21 └10┘ 　39	┌(1)┐ │　　│19 │18─│ 11　│37 │19─│ │　　│29 └10┘ 　47	┌(1)┐ │　　│20 │19─│ 8　│25 │6─　│ │　　│13 └7─┘ 　32	┌(1)┐ │　　│20 │19─│ 8　│30 │11─│ │　　│18 └7─┘ 　37	
	┌(1)┐ │　　│19 │18─│ 7　│29 │11─│ │　　│17 └6─┘ 　35	┌(1)┐ │　　│19 │18─│ 8　│32 │14─│ │　　│21 └7─┘ 　39	┌(1)┐ │　　│19 │18─│ 16　│32 │14─│ │　　│29 └15┘ 　47	┌(1)┐ │　　│20 │19─│ 15　│21 │2─　│ │　　│16 └14┘ 　35	┌(1)┐ │　　│20 │19─│ 18　│31 │12─│ │　　│29 └17┘ 　48	

劃數 姓氏	二十劃之姓		二十一劃之姓		二十二劃之姓		姓名吉劃數之配合
	羅嚴鐘、鮮于				權邊蘇		
	┌(1) │ 21 20┘ 13 ┐21 1┘ │ 25 └14┘ 33	┌(1) │ 21 20┘ 15 ┐31 11┘ │ 25 └14┘ 45	┌(1) │ 22 21┘ 6 ┐32 11┘ │ 16 └ 5┘ 37	┌(1) │ 22 21┘ 11 ┐29 8┘ │ 18 └10┘ 39	┌(1) │ 23 22┘ 6 ┐32 10┘ │ 15 └ 5┘ 37	┌(1) │ 23 22┘ 5 ┐35 13┘ │ 17 └ 4┘ 39	
	┌(1) │ 21 20┘ 13 ┐23 3┘ │ 15 └12┘ 35	┌(1) │ 21 20┘ 24 ┐29 9┘ │ 32 └23┘ 52	┌(1) │ 22 21┘ 7 ┐31 10┘ │ 16 └ 6┘ 37	┌(1) │ 22 21┘ 15 ┐31 10┘ │ 24 └14┘ 45	┌(1) │ 23 22┘ 7 ┐31 9┘ │ 15 └ 6┘ 37	┌(1) │ 23 22┘ 5 ┐41 19┘ │ 23 └ 4┘ 45	
	┌(1) │ 21 20┘ 5 ┐31 11┘ │ 15 └ 4┘ 35	┌(1) │ 21 20┘ 21 ┐32 12┘ │ 32 └20┘ 52	┌(1) │ 22 21┘ 15 ┐23 2┘ │ 16 └14┘ 37	┌(1) │ 22 21┘ 21 ┐32 11┘ │ 31 └20┘ 52	┌(1) │ 23 22┘ 15 ┐31 9┘ │ 23 └14┘ 45	┌(1) │ 23 22┘ 13 ┐35 13┘ │ 25 └12┘ 47	

世界의 未來像

二〇〇〇年代의 世界

주염계(周濂溪)(一〇一七─一〇七三年)의 태극도설(太極圖說)과 주자(朱子)(一一三〇─一二〇〇年)의 중용장구(中庸章句)의 학설을 인용하여 저술한 권양촌(權陽村)(一三五〇年)의 입학도설(入學圖說)에 의하면,

『天以 陰陽五行 化生萬物 氣以 成形而 理亦賦焉』

하늘이 음양오행(陰陽五行)의 調和로서 만물을 화생(化生)시키고 기(氣)로서 형체(形體)를 이루으니 또한 이(理)가 거기에 주어졌다고 주자(朱子)가 이르렀으나, 결국 사람이 태어 나는 것은 다같이 하늘로부터 기(氣)를 얻어 온갖 모양을 이루었고, 이(理)를 얻어 성(性)이 된다는 것입니다. 즉 사람이란 하늘로부터 이치(理致)를 부여(付與)받아 만사에 응하게 되므로 생성변화(生成變化)하는 것입니다. 또한 인(仁)이란 것은 원래 천지가 만물을 내는 원리(原理)인 때문에 사람이 이것을 타고나서 마음이 되었으므로 만물의 영장(靈長)이 되었다고 합니다.

그러므로 인(仁)은 선(善)의 으뜸이므로 이것을 도(道)라고도 합니다. 따라서 성인(聖人)이란 성(誠)이 지극(至極)하면 도가 하늘과 같고, 군자(君子)는 경(敬)으로서 능히 그 도(道)를 닦으며 중인(衆人)은 욕심(欲心)에 가려 오직 악(惡)만을 쫓음으로서 소인(小人)인 것입니다.

사람이란 그 원리(原理)는 하나이지만 타고나는 기질(氣質)과 행동에 따라서 이원론(二元論)

401　第五部　其他

의 선악(善惡)의 차이가 있다고 합니다. 공자(孔子)가 이르기를,

「사람이 태어 날때에는 본래(本來) 정직(正直)한 것인데, 정직하지 못한 사람도 살아가는 것은 다만 요행수로 화(禍)를 면(免)하였을 따름이라」고 말하였읍니다, 마음이란 하늘에서 타고난 것입니다.

인간으로서 심덕(心德)을 바르게 쌓고 그 원리(原理)를 잃지않도록 노력해 나가야 할 것인데 만일 그렇지 못할때에는 사람이라고 할 것이 못된다고 하였읍니다. 또한 「청빈(清貧)은 좋다. 청빈하면서도 자존심(自尊心)을 갖는 것은 종고, 부자(富者)로서 겸손(謙遜)하면 더욱 좋다」고 공자(孔子)는 거듭말하고 있읍니다.

동양(東洋)은 약 七○○여년전 「마르고·폴로」가 중국을 방문하여 중국에 관한 책(冊)을 쓴 이래 서양(西洋)의 관찰자(觀察者)들에게 많은 감명(感銘)을 주었던 것이라 합니다. 근대 서양 인들은 옛 중국조정(中國朝廷)의 모든 관리제도(管理制度)로부터 강한 인상을 받았고 19세기에 행해진 서양제국(西洋諸國)의 관리제도(管理制度)와 개혁(改革)은 부분적으로 이러한 중국의 본(本)을 뜬 것입니다.

그러나 특히 현대 서양인들의 마음을 사로 잡은 것은 옛날 중국의 제도(諸度)나 사상보다도 동양인(東洋人)의 인생(人生)에 대한 태도(態度)속에서 인도(印度)의 불교선종(佛教禪宗)에 지대(至大)한 관심(觀心)이 집중되어 있읍니다.

현데 인간과 자연과의 본래(本來)의 조화성(調和性)을 뜯어 본다면 인간은 자연의 구성부분(構成部分)중의 하나입니다. 그러므로 자연으로 부터 멀어져서 자연계(自然界)를 지배(支配)하

려고 하면서 인간은 재앙(災殃)을 당하게 됩니다. 그것은 현대 서양(西洋)의 인간들이 어느 정도 나 자연에서 소외(疎外)되어 있는가 하는 것은 현대의 과학기술(科學技術)의 힘을 보더라도 판단할 수가 있읍니다.

왜냐하면 기술은 자연을 지배하기 위한 도구(道具)이기 때문입니다. 그러니까 금세기(今世記)에 있어 선진국(先進國)들은 초기술(超技術)의 대가(代價)를 이미 지불하고 있읍니다. 이대가는 공해(公害)와 자원문제(資源問題)입니다. 이같은 현상(現象)은 벌써 二○○년전부터 서양(西洋)에서 발명한 강력한 현대기술(現代技術)로 말미암아, 이제는 전세계에서 모든 나라들이 난용되고 있기 때문입니다.

또한 자연의 비인간적 부분에는 생물(生物)의 서식처(棲息處)를 구성(構成)하는 요소(要素)인 대지(大地) 공기(空氣) 물 이외에도 인간의 동료(同僚)인 다른 생물들이 포함(包含)되어 있읍니다마는 이것도 역시 현대기술에 의하여 좋은 희생(犧牲)의 대상자(對象者)가 되고 있읍니다.

이와 같은 엄청난 폐단(弊端)을 피(避)하기 위하여 벌써 옛날의 중국의 도교(道敎)는 인간의 의사(意思)를 기술(技術)에 의해 자연에로 접근시키는데 반대하고 있었읍니다. 중국의 철학은 현재의 기준(基準)에서 말하자면 기술이 아직 발달하지 못했던 기원전(記元前) 六세기부터 시작된 것인데 그때에 이미 도교(道敎) 철학자(哲學者)들은 염려하는 바 있어, 그들은 보다 더 박한 생활양식으로 되돌아가기를 주장했었던 것입니다. 그들에게는 선견지명(先見之明)이 있었던 것이며 도교(道敎)의 가르침이야 말로 지금 세계가 필요로 하고 있는 것입니다. 그리고 서양(西洋)이 동양(東洋)에서 배울 수 있는 또 하나의 교훈은 악(惡)과 고뇌(苦惱)라는 냉엄(冷嚴)

한 현실을 솔직(率直)히 인정한다는데 그 중점(重點)이 있었읍니다. 「우주(宇宙)는 분명히 악(惡)과 선(善)이 혼합(混合)된 것입니다. 따라서 우주(宇宙)가 신(神)에 의해 지배(支配)되고 있다면!

더구나 신(神)이 우주(宇宙)를 창조(創造)했다면!

이 신(神)은 우주(宇宙)의 선(善)뿐만 아니라 악(惡)에 대하여도 책임을 져야 할 것입니다.

만일 신(神)이 전능(全能)하다면 악(惡)도 고뇌(苦惱)도 없는 세계를 창조(創造)할 수 있는 힘도 가지고 있을 것이다라고 영국(英國)의 사학자(史學者) 아놀드·조셉·토인비는 말하고 있읍니다.

그런데 석가(釋迦)는 인생의 대가인 고뇌(苦惱)를 자각(自覺)하고 있었던 것만은 아니라 고뇌(苦惱)를 면할 어떠한 방법을 일부터 시작하였으나 그 결과 고뇌(苦惱)의 원인은 집착(執着)과 탐욕(貪慾)임을 발견했다 합니다.

죽음, 고뇌 악……인간과 자연과의 조화가 이루어진 공존의 필요성이야 말로 모든 인간에게 최대의 관심사(觀心事)일 것입니다.

기독교의 구원(救援)이 신(神)과 인간과의 화해(和解)에서 출발한다면 불교(佛敎)의 구원은 인간 스스로가 자각(自覺)해서 출발한다고 봐야 하겠읍니다. 그래서 「서양(西洋)선 멸(滅)이 괴로와 부활(復活)에 집착(執着)하지만 동양(東洋)에선 윤회(輪廻)가 서글퍼 재생(再生)을 집 낸다고 하였읍니다.」

대성(大聖) 석가모니(釋迦牟尼)는, 二六○○년전, 중인도(中印度) 「가비라」 국(國)에서 정반

404

왕궁(淨飯王宮)의 태자(太子)의 몸으로 탄생(誕生)하였읍니다.

뜻한 바 있어 二十九세때 왕궁의 부영(富榮)과 황태자의 고귀한 자리를 버리고 왕궁을 빠져나와 설산(雪山)에 들어가 보리수 아래인 금강보좌(金剛寶座)에서 六년동안 수도정진(修道精進)한 결과 三十五세 되던해 동천(東天)에 떠오르는 샛별을 보고 우주(宇宙)의 진리(眞理)를 깨치었다고 합니다. 이것은

1, 영원(永遠)한 생명(生命)을 얻은 것이며,
2, 고통(苦痛)의 무상(無常)속에서 해탈(解脫)한 것이며,
3, 번뇌(煩惱)와 망념(妄念)이 완전히 없어진 열반(涅槃)의 경지(境地)에 들어간 것이며,
4, 범부(凡夫)의 껍질을 떠나 성불(成佛)했음을, 뜻한 것입니다.

이 경지(境地)를 가르켜 「부처」라고하며 요약해서 부처라는 말은 깨달았다는 뜻입니다. 그런데 이부처라는 것은 곧 우리의 마음이며, 마음하나를 바로 깨달으면 그자리가 바로 부처라는 것입니다.

불교(佛敎)의 실천철학(實踐哲學)을 보면 「현상계(現象界)는 모두가 괴로움 뿐이다. 이 괴로움의 근본은 욕망을 추구(追求)하는데 있다. 이 욕망의 추구를 근절하면 종교적(宗敎的)인 이상(理想)이 실현된다」고 하였읍니다.

그러나 세계적인 사학가(史學家)토인비 교수(敎授)는 자기의 주저(主著)「역사의 연구(硏究)」를 일부 개작(改作)했다고 하는데 그 원인은 과오가 심했던 곳이 중국을 위시한 극동(極東)이었는데 다음 세기에는 한국(韓國)을 중심(中心)으로한 극동이 세계의 중심지가 될 것 같다는 예언

을 했다 합니다.

그는 앞으로의 세계를 내다 보건데 구라파(歐羅巴)에서는 인간관계가 더욱 악화해 졌으며, 또한 미국은 「美國의 꿈」이 깨어져 가고 있음을 우울하게 지적했으며, 그래서 결혼이나 가족이라는 사회의 기본단위가 붕괴(崩壞)되어가고 있다고 합니다. 노동분쟁(勞動紛爭) 폭력(暴力) 각종법죄(各種犯罪)등 이혼(離婚)등 서구(西歐)의 질서(秩序)는 점점더 와해(瓦解)되가고 있다고 말한바 있읍니다.

그런데 애석하게도 20세기 최고의 사학자(史學者) 아놀드·조셉·토인비 교수(教授)는 일 九七五년 十월 二十二일 八十六세에 별세를 하였읍니다.

세계적인 고전(古典)이 된 전 12권의 「歷史의 硏究」의 저자이기도한 토인비 교수는 세계정부(世界政府)를 계속 주장해 왔으며, 제一 제二차 세계대전(世界大戰)을 예언(豫言)했던 것으로 유명합니다.

그러나 토인비 교수는 인류가 삼차대전(三次大戰)에 직면하면 후퇴 할것으로 믿는다 그는 八十회 생일을 앞두고 이렇게 말했읍니다.

『나는 인류가 자살을 하지는 않을 것이, 인류는 자살직전(自殺直前)에서 멈출것이다』라고 인간성 파멸을 끔임없이 경고(警告)한바 있읍니다.

세계의 식량회의(食糧會議)는 一九七四년 十一월에 식량과 기아(飢餓)문제의 해결을 위해서 세계적인 정치협력(政治協力)을 구하기 위한 모임이 였었는데 이로마 식량회의에서는 세계적인 구호양곡(救護糧穀)의 구체적인 방안도 합의 없이 끝나고 말았읍니다.

그 이유인 즉 아시아 및 아프리카의 곳곳에서 四억 六천만여명이나, 굶주리고 있으며 일주일(一週日)에 평균 一만명 정도가 아사(餓死) 상태에 빠지고 있었다고 합니다.

석학(碩學)토인비 교수는 세계식량문제(世界食糧問題)의 해결을 위해서 다음과 같은 논평(論評)한 바가 있었읍니다.

「기아(飢餓)는 인류(人類)의 가장 큰 죄악(罪惡)의 하나이다. 이것을 극복(克服)하기 위해선 인류의 커다란 결의가 필요하다. 앞으로의 과학발달(科學發達)은 식량의 공급을 더욱 확대할 수 있을 것이다. 그러나 지구의 면적과 자원(資源)은 유한(有限)하므로 언젠가는 한계(限界)에 부닥칠 것이다. 또한 과학은 증산된 식량을 필요한 사람의 손에 가도록 하는 분배의 기능을 갖지 않고 있다. 이것은 세계적 규모의 정치적(政治的) 협력 없이는 불가능하다.」라고 하였읍니다.

이에 대비해서 스위스같은 나라에서는 벌써부터 각 가정단위로 식량을 비축(備蓄)시키는 등 철저한 식량안보대책(食糧安保對策)을 강구(講究)하고 있으며 중공은 심지어 一년치의 식량을 비축 한것으로 전해지고 있읍니다.

따지고보면 오늘날의 세계적인 식량위기(食糧危機)는 주요 산지를 휩쓴 흉작(凶作)에서 온것이며 또한 폭발적인 인구팽창으로 인하여 세계의 비축량(備蓄量)이 갑자기 격감한데서 비롯된 것입니다.

이로 말미암아 세계는 바야흐로 원자력시대(原子力時代)와 핵무기(核武器)시대로부터 식량의 시대로 전환하고 미래는 에너지 문제로 세계적인 불황을 초래할 것입니다.

이러한 심각한 현실을 보건데 우리는 우리의 살길을 찾기 위해서라도 농정(農政)의 일대혁신과 식량문제에 대하여 국민적인 각성(覺醒)을 가져야 할 때라고 보겠읍니다.

그리고 「우탄트」 전 유엔 사무총장(事務總長)이 지적한 군비확장(軍備擴張) 및 경쟁, 환경악화(環境惡化)、 인구폭발(人口爆發) 경제적침체(經濟的沈滯)등 여러문제에 대하여 다음과 같이 말하고 있읍니다.

「나는 과장된 말이라고 남들이 여기게 하고 싶지는 않지만, 나는 사무총장으로서 알고 있는 정보(情報)에 의하여 다음과 같은 결론을 내릴수 있을 뿐이다. 그것은 곧 유엔、 가맹(加盟)제국(諸國)이 전날의 싸움을 삼가하고, 군비확장(軍備擴張)의 억제(抑制)、 인간 환경(環境)의 개선(改善) 인구폭발(人口爆發)의 회피(回避) 및 개발에 필요한 힘의 공급(供給)을 향해서 세계적인 협력을 개시하기 위해 남은 시간이라곤 아마도 앞으로 10년밖에 남지 않았다. 만약에 이러한 세계적인 협력이 앞으로 10년 동안에 벌어지지 않는다면, 내가 지적한 바와 같은 문제는 놀라울 만큼 심각해지고 우리의 제어(制御) 능력을 벗어나게 될 것이다.」는(一九六九年)라고 호소(呼訴) 한바 있었읍니다.

또한 「로마 · 클럽」 보고서(報告書)에 의하면 앞으로 인류가 쓰고 있는 자본(資源)은 四○년 내지 一○○년안에 매장량(埋藏量)이 다한다고 하였읍니다.

우리 국내에서도 자원문제(資源問題)는 상식화(常識化) 되고있으나、 앞으로 닥칠 갖가지 「에너지」 부족과 식량위기등(食糧危機等)이 가장 어려운 문제입니다 우리는 이것을 어떻게 대처할 것인가 하는데는, 무엇보다 우선 손쉽게 생각되는 것은 모든 국민이 새로운 정신운동에 의해서 만 극복 될 수 있는 자원(資源) 절약문제뿐이라고 생각케 됩니다.

불란서(佛蘭西)의 「앙드레·말로」도 말하기를 『유럽도 공동의 적(敵)이 있다면 이길 가능성도 있다. 공동의 적은 앞으로 五十년내에 존재할지도 모른다. 그것은 아마 인류 그 자신이 될지도 모른다. 현재 우리들의 문명은 더이상 오를수없는 정상(頂上)에 달해있고 그힘은 지구 덩어리도 파괴(破壞)할 수 있다. 그것은 바로 공해가 그 한 예가 될 것이다. 앞으로 五十년내에 가장 결정적인 것이 될 것은 실존주의(實存主義)와 같은 철학적(哲學的)인 사상이 아니라 거대(巨大)한 발견속에서 인간(人間)이 갖게 될 신념(信念)이다. 그리고 종말에 이르고 있는 것은 서구문명(西歐文明)이 아니라 기계문명(機械文明)이다. 기계(機械)가 이 세상의 주인이 되고있다. 나폴레옹 시대로 부터 시작된 오늘의 이 기계문명(機械文明)은 확실히 위기에 처해있다.』고 말하고 있습니다.

특히 사학가(史學家) 토인비 교수(敎授)는 예언하기를 「인간들이 자연을 약탈(掠奪)한 결과 인간은 이제 공해(公害)와 물질(物質) 고갈(枯渴)에 직면하게 되어 서구(西歐) 미국(美國) 소련(蘇聯) 일본등(日本等) 선진국(先進國)들은 더 이상 경제성장(經濟成長)은 할 수 없게 될 것이며 이들은 영원(永遠)한 비상사태(非常事態)에 빠져 생활의 물질적(物質的) 조건들이 전시(戰時)와 같이 핍박(逼迫)하게 될 것이다.

그러나 온 세계가 대공황기(大恐況期)를 맞아 어두운 그림자가 감돌고 있기는 하나, 이 불황(不況)을 타개하기 위하여 IMF(國際通貨基金), EEC(歐州共同市場), UN(國際聯合會)등의 기구들이 이를 타파할 조치(措置)를 마련 할 것인지 이것은 두고 봐야할 큰 숙제(宿題)꺼리입니다.

그리고 미국(美國)의 저명한 세계적인 철학자(哲學者)「월터·카우프만」도「당신은 선택(選擇)없는 삶을 원(願)하는가?」라는 저서(著書)에서 현대인을 분석 하였는데「마음이 자유(自由)롭지 못한 사람」들에게는 전쟁도 혁명(革命)도 급진적(急進的)인 사회운동(社會運動)도 자유를 가져다 주지않으며, 도리어 하나의 노예상태(奴隷狀態)에서 다른 하나의 노예로 이행(移行)할 뿐이라고 말했읍니다. 따라서 이들은 아직도 정의(正義)와 평등(平等)같은 낡은 생각에 매달리고 있으며 부모들이 그랬던 것처럼 죄(罪)와 공포(恐怖)같은 생각에 의존(依存)하고 있다고 지적하고 있으나 그래도 우리에게 필요한 것은 새로운 자율적(自律的)인 도덕(道德)이다 라고 했읍니다.

신(神)의 죽음은, 우리를 죄(罪)와 공포(恐怖)로부터 자유롭게 하리라고 기대했던 것이 잘못이며 이 자율적 인간은 눈을 똑바로 뜨고 결정한 것을 유지(維持)하고 그 결정이 틀렸을지도 모른다는 것을 받아들일 용기(勇氣)가 있어야 한다. 이 자율적(自律的)인 삶을 산사람으로서는「소크라테스」「니체」「괴테」「에리노어·루스벨트」女史「솔제니친」등이 라고 하였읍니다.

그리고 세계적(世界的)인 대예언가(大豫言家)인 불란서(佛蘭西)의 의사(醫師)「노스·트라·다무스」(一五○四년)는 제세기(諸世記)(一五五六年出版)의 백시편(百詩篇)에서 십六세기에, 이미 二十세기 까지의 제세기(諸世記)를 놀라운 초능력(超能力)을 구사(驅使)하여 전세계(全世界)의 미래를 예언(豫言)했었읍니다.

「노스트라·다무스」는 一五五一년에 四八세때 불란서(佛蘭西)의 왕(王) 앙리二세와 대화에서 예언을 하였으며 또한 二十세기가 끝날 무렵인『一九九九년 七월쯤에는 어떤 무서운 원인으로 인류가 갑자기 멸망(滅亡)하고 말므로 이 세상은 생지옥(生地獄)과 같은 참화(慘禍)가 밀어 닥칠 것이라고 예언을 했읍니다. 그는 四백여년전에 오늘을 완전히 예언했으며 또한 세계사(世界史)는 그의 예언대로 전개해 나가고 있다고 합니다. 이에 대하여, 프랑스의 레빙이라는 최근의 연구자는 一九九九년 七월에는 인류는 전멸 하다싶이 되지만, 지역에 따라서는 어느정도 파멸을 면하여서 인간이 어느만큼은 살아남지 않겠는가 하는 가정(假定)을 하고 있읍니다.

그러나 설마 세상이 그렇게야 될랴마는 그래도 그원인은 인간들이 대자연을 정복하므로 고도화(高度化)된 기계문명(機械文明)으로 인하여 선진국(先進國)들은 파괴(破壞)를 당할 것이며 저개발(低開發)국가들은 이 화(禍)를 다소간이나마 면(免)하지만, 오염과 방사능에 침해되어 언젠가는 죽든가 아니면 뇌를 파괴 당하여 바보가 되고 말것이므로 「영혼이 없는 육체」만이 있게 될 것이라고 해석하고 있읍니다.

근세 독일(獨逸)이 낳은 최대의 문호이자 정치가인 「괴테」(一七四九―一八三二년)의 명작, 「파우스트의 제一권 제一막제一장에 「괴테는 쓰기를, 「어서 벗어나라, 넓게 열려있는 세계로 여기에 신비(神秘)에 가득한 책(册)이 있다. 「노스트라・다므스」가 기록한 저 위대한 책이다. 하나의 영혼(靈魂)이 다른 영혼에게 부르짖는 책(册)이다. 너의 이제부터의 안내역(案內役)으로 서는 이 책(册) 한 권(卷)만으로도 충분하지 않겠는가, 이것은 「괴테가 「노스트라・다므스」의 실존(實存)과 제세기(諸世記)의 예언의 진실성(眞實性)을 완전히 믿고 있었다는 산 증명이며, 그리고 괴테가 이토록 노이 평가(評價)한 것은, 전염병(傳染病) 예방(豫防)의 권위자(權威者)인 「파스튜르」의 이름을 완벽(完璧)하게 발표했다는 점 입니다.

파스튜르는 광견병(狂犬病), 페스트, 이질, 콜레라 티프스 등 무서운 질병(疾病)을 차례로 정복(征服)하여 전(全) 유럽으로부터 신(神)과 같이 존경을 받았던 것이라 합니다.

오늘날 우리는 모두가 공동 운명체라는 것을 절감(切感)하지 않을 수 없게 되었읍니다. 그것은 「세계(世界)는 오직 하나」인 지구에서 인간으로부터 우리의 자연환경(自然環境)을 구(求)해 내지 못한다면 인간은 멀지않아 스스로 멸망(滅亡)할 것이라고 내다보고 있으며 결국 지구를 기한부로 밖에 존속(存續)시키지 못한다는 것입니다.

그리고 인구의 증가(增加)가 이대로 간다면 인류는 곧 기아(飢餓) 질병(疾病) 오염(汚染) 등에 의해 떼죽음을 당하게 될지 모를 것이라고 현세의 이러한 현상을 이미 四백여 년 전에 예언을 했다는 것은 「노스트라·다므스」의 이 초능력(超能力) 앞에 그저 소름이 끼칠 뿐입니다.

그리고 그는 「諸世記」에서 「모든 제네바」에서 달아나라고 세번이나 거듭해서 경고(警告)를 했읍니다마는, 이것은 밀집된 도시에서 피신하라는 뜻이라 보겠읍니다.

성경(聖經)의 「요한 啓示錄」도 중대한 위기에 처하는 것은 우주전쟁(宇宙戰爭)이나 제삼차 대전(第三次大戰)보다도 문명의 진보로 이루어지는 대기(大氣)도 대지(大地) 냉각(冷却)해 간다는 세기의 종말(終末)을 예언했읍니다마는 「노스트라·다므스」는 一九九九년 七月에 인류는 초오염(超汚染)과 핵전쟁(核戰爭)으로 인류멸망(人類滅亡)을 초래하는 것은 세계의 핵(核) 비축량은 인류를 일시에 20번이나 죽일 수 있는 가공할 양(量)을 보유하고 있으므, 우리는 오직 하나 뿐인 지구(地球)를 구하기 위해 범세계적(汎世界的)으로 최선의 방법을 하루속히 마련해 내는 길이 이 지구(地球)를 비극에서 구해낼 수 있는 오직 하나의 길인 것일 것입니다. 이와 같이

412

반면에 1975년도 노벨 평화상(平和賞)을 수상한 소련 핵 물리학자이자, 반체제(反體制) 인권운동가(人權運動家)인 「안드레이·사하로프」 박사(博士)(1921年生)는 자신에게 주어진 노벨평화상은 인권(人權)을 위해 자유를 희생(犧牲)한 사람들을 인정해준」 것이라고 수상소감을 밝혔읍니다.

소련의 수소폭탄(水素爆彈)의 아버지라고 흔히 불리는 그는 그의 위대한 지성력(知性力)을 수소폭탄의 비밀에서부터 소련내 인권투쟁(人權鬪爭)에 전입몰두(沒頭)시키고 있는 고독한 세계인 도주의(世界人道主義)의 상징(象徵)이라고 합니다. 그는 이상(理想)을 성취할 수 있는 길을 찾을 수없을 때일지라도 이상(理想)을 창조(創造)할 필요가 있는 것이다. 왜냐하면 이상이 없다면 희망도 없고 우리는 완전한 암흑(暗黑)과 희망없는 막힌 미로(迷路)속에 있게 될 것이기 때문이다.」고 말했읍니다. 그는 또한 1957년 「나 자신이 핵폭발(核爆發)로 인한 방사능(放射能) 오염문제(汚染問題)의 책임이 있다고 느낀다」고 말한 그는 58년 60년 61년 62년에 걸쳐 핵실험중지(核實驗中止)를 위한 시도(試圖)를 계속 벌였으나, 번번이 실패하고 말았다고 합니다.

사하로프 박사는 일련의 저서 문서(文書) 서한(書翰) 성명(聲明)을 통해 사상의 자유, 검열의 금지, 사형(死刑)의 폐지등 소련사회의 근본적 개혁을 촉구(促求)했고 정치범 종교신봉자들을 포함한 소련내의 모든 박해(迫害)받는 이단자(異端者)들의 옹호자가 되었다고 합니다.

그의 저서(著書)「進步, 共存, 知性의 自由」는 미소(美蘇) 긴장완화(緊張緩和) 및 협력을 촉구(促求)했었으며 「50년후의 世界」(2025년)를 다음과 같이 전망(展望)하고 있읍니다.

413　第五部　其他

핵전쟁(核戰爭)으로 인한 문명과 인류의 전멸과 개인 및 정부의 도의(道義)의 저하(低下) 등을 경고하고 있읍니다.

그러나 한편 과학(科學)-기술면(技術面)이 전개할 미래의 생활에 대한 몇가지 가설(假說)에서는 퍽 희망적인 앞날을 그려보이고 있읍니다.

그것은 인구밀도(人口密度)가 과밀(過密)해지면 인간의 생활로 보나 또는 자연으로 보나 공업사회(工業社會)는 이윽고 두개의 형(型)을 빚어내게 될 것이라고 나는 생각한다 그것은 아마도 2025년보다 훨씬 후의 일일른지도 모를 것이다.

그 두개의 영역(領域)은 우선 작업영역(作業領域) (WT)과 보호영역(保護領域) (PT)이라고 말하고 있읍니다.

그리고 특히 통신수단(通信手段)으로는 만국정보망(萬國情報網) (VIS)이 완성되고, 사람들은 자동차 대신 전지(電池)로 달리는 자가용을 타게 된다. 풀밭에 상처(傷處)를 내지도 않고 아스팔트의 도로도 필요 없는 특수한 「기계적 발」이 달린 교통수단이다. 대량교통(大量交通)=(貨物 또는 人間)으로는 원자력(原子力)엔진의 헬륨 비행선(飛行船)이 등장하며 전차 지하철은 고속원자력(高速原子力)엔진화 하고 시내대중 교통수단(交通手段)으로는 「움직이는 보도(步道)」가 생긴다.

자연 과학 분야에서는 이론연구(理論研究)가 발전해 「우주(宇宙)나 시간의 구조(構造)」에 대해 아주 새로운 인식이 생길는지도 모른다.

하지만 나는 기술적(技術的) 물질적(物質的)인 면에서의 진보 만을 주장하려는 것은 아니다.

414

인류의 대목표는 태어나는 자가 고생하지 않고 일찍 죽지 않는다는 것만이 아니고, 인류를 위해 참으로 인간적인 모든 것을 보존하는데 있다 가령 두뇌(頭腦)나 수족(手足)을 생생하게 사용해 자발적인 일을 하는 기쁨, 타인이나 자연과 좋은 관계를 유지하며, 서로 돕는 기쁨, 배운 다는 기쁨 예술(藝術)의 기쁨등이다.

어떻든지 사람들은 기아(飢餓)나 질병(疾病)에서 구하는 진보발전이라는 것은 가장 인간적인 것, 다시 말해서 적극적인 선(善)의 근원을 보지(保持)해 가는 일과 모순(矛盾)되지는 않는 것 이다.

나는 믿는다. 필요 불가결(不可缺)한 커다란 진보를 수행하는 일과 인간(人間)의 인간다운, 자연(自然)의 자연스러움을 상실(喪失)하지않고, 지속시키는 일을 양립(兩立)시킨다는 것은 복잡한 과제(課題)지만 인류는 반드시 합리적(合理的)인 해결책을 발견할 것이다.

그리고 중국(中國)의 세계적인 석학(碩學) 임어당(林語堂) 박사(博士)는 한국민에게 주는 메시지에서,

「빈곤한 나라에 사는 우리들은 그 자신이 스스로 창조(創造)하는 기회를 찾을 수 있는 다행한 환경에 처해있고, 새로운 흥분(興奮)과 자극(刺戟)에 가득찬 시대에사는 보람과 포부(抱負)를 지닐 자격이 있다고 강조하고나서,

「그 큰, 포부와 보람을 안고 직면할 일에 전진(前進) 전진(前進) 전진(前進)해야 한다」라고 말했읍니다.

「그리스도」의 중심사상은 박애주의(博愛主義)이지만 동양(東洋)의 사상의 핵심(核心)은 인

(ㄴ) 이 근본사상 입니다.

그러므로 동양의 문화는 정신적(精神的)인 것이며 서양(西洋)의 문화는 물질적(物質的)인 것이라고 일컬었으나, 현실에서 이것을 냉정히 비판(批判)해 볼때 이것은 잘 못된 견해라고 임박사는 말하고 있읍니다.

불교(佛敎)의 발상지(發祥地)인 인도(印度)의 「켈커타」를 가보면 놀랄만한 빈곤상태(貧困狀態)에 처해 있는 것을 보게되는데, 도대체 인도의 그 찬란(燦爛)한 역사적(歷史的) 문화의 가치가 무엇일까, 하고 자문(自問)하게 될 것입니다.

아세아(亞細亞)의 문화(文化)와 아시아의 유산(遺産)에는 자랑스러운 것과 수치 스러운 것이 엇갈려 있다는 점입니다.

오늘날 시점(時點)에서 볼때 빈곤이란 것은 절대로 용인(容認)할 수 없다고 잘라 말하고 있읍니다. 그러나 이러한 가운데에도 지금 비약적(飛躍的)으로 발전하고 있는 한국은 장래를 가질수 있고 부유(富裕)해 질수있는 시점에 와 있다고 보겠읍니다.

우리의 세계는 좋은 것과 나쁜 것이 공존(共存)하는 세계에서 살고 있으나, 첫째 나쁜 것은 전쟁(戰爭)과 적대감(敵對感)이라고 봅니다. 그러나 오늘날 가장 나쁜 것은, 에이디이즘(無神論) 비틀즈(自由放縱) 코뮤니즘(共産主義)의 이니셜 입니다.

물론 서양문화(西洋文化)의 장점도 솔직히 인정해 주어야 합니다. 민주주의(民主主義)、평등주의(平等主義)、자유의 기조(基調)가 개인의 자각(自覺)에서 우러나 왔고, 하나의 인간 즉 개인을 위해 이러한 제도(制度)를 키워온 서양문화(西洋文化)를 높이 평가(評價)해야 할 줄로 압

오늘날 우리는 참으로 우리를 흥분시키며 자극(刺戟)을 주고 있는 현대에 살고 있음을 절감(切感)하지 않을 수 없읍니다.

우리가 우리의 새로운 나라를 근대화(近代化)하는 일은 우리들이 가진 열정으로 그 꿈을 실현해야 할 아름답고 흥분된 창조과정(創造過程)입니다. 나라가 작다고 우리들의 꿈을 감퇴(減退)시키는 요인은 되지 못하며, 가난속에서도 스스로 창조(創造)하는 기회를 찾아서 노력하면 미개발(未開發)은 부유의 전제(前提)가 될 수 있다고 하였으며, 이상 국가로 생각하는 영국(英國)이나 스위스, 화란, 덴마크, 등도 다 작은 나라 입니다.

지금 우리는 과학(科學)과 기술(技術)의 세계에서 살고 있다. 하더라도 인간으로서의 주체성(主體性)을 부정(否定)하는 사회는 되지않도록 모두 노력해야 하겠읍니다.

이런면에서 볼때 여러분은 삶의 보람을 깊이 느낄 수 있는 흥분(興奮)된 시대에 살고 있읍니다. 그리고 낡고 그릇된 것을 변형(變形) 개조(改造)할 수 있는 능력과 기회가 여러분에게 주어진 것입니다. 특히 용기(勇氣)야 말로 모든 근대 철학자(哲學者)들의 미덕중(美德中)에서도 가장 구하기 힘든것이 아닐까요?

그래서 요는 방탕(放蕩)한 생활을 할 시간적 여유가 없다는 것입니다. 정열을 다하여 큰 포부(抱負)로 직면해 나가야 할일이 산적해 있음을 잊지말아야 하며, 그러기 위해서는 오직 전진(前進)해야 한다는 것입니다.

임어당(林語堂) 박사(博士)의 주저(主著)인 「생활(生活)의 발견(發見)」은 중국민족(中國民

族)이 四천년 동안 살아온 정신을 파고들어 이적질(異質的)인 서구정신(西歐精神)에 도전(挑戰)한 내용입니다.

「인생은 한편의 시(詩)다. 생물학적(生物學的) 입장에서 볼때 유년시대(幼年時代) 성년시대(成年時代) 노년시대(老年時代)의 이 삼시기(三時期)를 갖추고 있는 이 인생(人生)이 아름다운 배치(配置)가 아니라고 그누가 단언(斷言)할 수 있단말인가! 하루에도 아침 낮 저녁이 있고, 일년에도 四계절이 있는 그머리의 모습이야 말로 얼마나 좋은 것인가라고 하였읍니다. 그리고 「인생은 가장 즐길수 있는 이상적(理想的)인 성격은 마음에 온정(溫情)이 있고, 근심이 없으며 게다가 용기(勇氣)가 있는 성격이다.」 또한 「인간의 행복은 그 어느 것을 막론(莫論)하고 극(極)히 과학적(科學的)이며 모두가 다 관능적(官能的)인 행복이라는 것이다.」라고 하였읍니다. 그리고 나의 조국(祖國)과 나의 민족(民族)의 서문(序文)에서는 「진리(眞理)란 결코 증명될 수 있는 것이 아니라, 다만 시사(示唆)될 수 있는 것이기 때문이다. 나는 중국의 위대한 애국자들과 훌륭한 인간의 생각이라도 진리는 따를 수 없다. 왜냐하면 진리(眞理)는 진리다. 아무리 훌륭한 인간의 생각이라도 진리는 따를 수 없다. 그리고 나의 조국(祖國)을 부끄럽게 생각하지 않는다고 고백 할 수 있다. 그래서 나의 조국의 약점이나 고통을 감추지 않는다. 왜냐하면 나는 희망을 갖고 있기 때문이다. 그리고 중국은 그 애국자 보다는 훨씬 크다. 중국은 그 애국자들이 하는 것처럼 흰빛갈의 회칠을 요구도 하지않는다. 중국은 과거처럼 그대로 해나갈 것이다. 그리하여 또한번 바로 설 것이다」라고 했으며, 『인간은 누구나 늙어가는 것을 막을 수는 없다. 억지로 자연(自然)에 대하여 반항(反抗)을 할 필요는 없는 것이니까, 다만 우아(優雅)하게 늙어 가는것이 좋다. 인생은 오직 평화 정밀(靜

418

諡) 안락으로서 정신적 만족의 위대한 피날레를 가지고 끝나야 할 것이지, 깨진 북과 찌그러진 심벌 소리로 끝나서는 않된다.」고 지적하고 있읍니다.

그리고 한국에서 二十년 동안 성직생활(聖職生活)을 한 영국(英國)의 「리처드·러트」주교(主敎)는 한국(韓國)의 자랑」이란 연제(演題)에서 나는 이땅에 살면서 자랑스럽게 느껴왔던 새로운 한국의 모습을 전세계에 바르게 소개하기 위해 전력을 다하겠다」고 다짐 하였읍니다.

「내가 이땅에 살았던 지난 二十년은 한국의 역사상(歷史上) 매우 중요한 시기였으며, 또 이 기간에 한국인들은 눈부실만한 경제성장(經濟成長)과 새마을 운동에 의한 농촌의 생활개선(生活改善)으로 안전된 사회를 이룩했다. 이제 한국은 「작은나라」가 아니라 세계를 향(向)하여 뻗어가는 「중간(中間)의 나라」가 되었다. 이것은 한국인들의 크나큰 자랑이자 보람이다.

나는 또한 한국의 빛나는 문화유산(文化遺産)을 자랑하고 싶다. 그 중에서도 수천년 동안을 이어 내려온 이민족의 충절(忠節)과 효도(孝道)를 지킨 대표적인 사람은 충무공(忠武公) 이순신(李舜臣) 장군(將軍)이다. 그는 인내(忍耐)와 겸손(謙遜)을 통해, 나라 사랑하는 참된 모습을 보여 주었으며, 효도(孝道)가 어떤 것인가를 실천(實踐)했다. 요즈음 젊은 이들은 이같은 것은 필요없다고 생각할지 모르지만 그것은 큰 잘못이다.

충절(忠節)과 효도(孝道)는 시대와는 관계없이 영원히 이 민족의 정신문화를 이끌어가는 지주가 되어야 할 것입니다. 그리고 특히 한국 사람은 근면(勤勉)하고 「유머」가 있지만 너무 조급(操急)하게 서두르는 경향이 있다고 지적하면서,

「무슨 일이든 합리적(合理的)으로, 또 차근 차근 일해 나가야 한다」고 충고 했읍니다.

그리고 불란서(佛蘭西)의 25時의 작가(作家)「콘스탄틴·비르길·게오르규」(루마니아人)는 방한중(訪韓中) 문학강연회(文學講演會)에서 말하기를,

「동양(東洋)에의 첫 여행지(旅行地)인 「조용한 아침의 나라」에서 퍽 많은 것을 보았다고 말하는 그는 한국의 가족관계(家族關係)를 비롯하여 조상(祖上)에 대한 존경과 전통(傳統)에의 애정관계 그리고 공자(孔子) 노자(老子) 석가(釋迦)의 정신이 아직도 살아있는 그 훌륭한 가르침을 나는 보았읍니다.

그리고 전쟁에 시달렸던 이 민족이 그 많은 수난(受難)속에서 끈기와 인내(忍耐)로 버티어 나가는 그 위대한 힘이 란든지, 인간에의 존엄성(尊嚴性)등 서양(西洋)에서는 이미 잃고 있는 인간의 미덕(美德)을 나는 똑똑히 보았읍니다. 그리고 한국의 산(山)의 선형(線形)과 능(陵)에서 고적(古蹟)이 담긴 불국사(佛國寺)와 다보탑(多寶塔)의 조형(造形)에서 보았고 한국 고유의 소박(素朴)한 농부상(農夫相)과 재건(再建)을 다짐하는 총명한 이 국민의 눈빛을 보았다.」고 말했으며 또한 그는 진실(眞實)과 자유(自由)를 위해 인간의 존엄성(尊嚴性)을 더욱 강조했읍니다. 공산주의자(共產主義者)들은 인간을 생산도구(生產道具)로 만들고 비 도구(消費道具)로 취급되는 서방측(西方側)도 옳지 못합니다. 나는 「25時」의 작품(作品)속에서 「빛은 동방(東方)에서……」라고 했읍니다마는 중국은 현재 암흑세계(暗黑世界)인만큼, 그 빛은 바로 이 한국(韓國) 땅에서……」라고 말할 수 있읍니다.

「베들레헴」의 좁은 땅에서 「그리스도」가 탄생했을 때 그 큰 빛은 누가 처음엔 믿었겠는가! 한국(韓國)은 바로 지금 괴로와 하고있는 나라이기 때문에 그 빛은 더욱 가능(可能)하다. 지금

「파리」에는 벌써 불교탑(佛敎塔)이 서있어 「빛은 동방(東方)에서……」가 실현(實現)되고 있다」라고 거듭 말하고 있읍니다.

헨리키신저 전미국 국무장관은 「세계에서 가장극적인 성장을 이룩한 경제(經濟)를 예를들자면, 그것은 아시아의 경제가 될 것이다.

20년이나 10년전에 사람들은 일본(日本)의 기적(奇蹟)을 이야기했다. 그러나 지금은 한국(韓國)이 있고, 대만, 싱가포르가 있으며 앞으로 언젠가는 중공이 이속에 포함될 가능성이 크다. 동남아국가연합(東南亞國家聯合), 각국도 상당한 발전상을 보이고있다. 세계의 중심은 태평양지역(太平洋地域)으로 옮겨지고 있는 것이다. 이가운데서도 동북아시아(東北亞細亞)는 모든 강대국의 세력이 교차(交叉)하는 지역이다.

미국은 물론, 소련, 중공, 일본이 있으며 유럽각국도 이지역에 무관심 할 수 없다. 그것은 인적자원(人的資源)이 집중돼있고, 경제가 가장 급속히 발전하고 있으며 전략적(戰略的)인 계산이 가장 민감하게 엇갈리는 곳이 이지역이다. 따라서 이지역은 미국에게 있어 최대의 잠재적 위험과 창조적정책을 이끌어낼, 최대의 가능성을 함께 갖게하는 곳이다.」라고 말했읍니다.

그리고 대만대(台灣大) 심리철학자(心理哲學者) 양궈슈(楊國樞)는 말하기를 얼마전까지만 하더라도 서양(西洋)하면 영국과 미국을 의미했고 동양(東洋)하면 곧 일본을 의미했는데 최근에는 달라졌읍니다. 동양이란 개념에는, 중국 한국 일본으로 묶어지는 동북아권(東北亞圈)의 이미지가 강하게 비쳐지게 된 것입니다.

각기 전통문화(傳統文化)와 민족적저력(民族的底力)을 가진 공통된 의식구조 사회지역 이라는 의미를 지녔읍니다.

문화(文化)는 일정기간을 두고 복진운동에 의해 반복 발전되는 법입니다. 요즘의 심한 정신성상실(精神性喪失)은 얼마 후에는 반드시 옛날과 같은, 정신성우위(精神性優位)상황으로 되돌아갈 것입니다. 그시기를 나는 80년대로 봅니다.

그리고 경제성장을 하다보면 물질만능(物質萬能)의 사고랄까, 배금주의(拜金主義)가 사회에 팽배하기 쉬운것인데 인간이란 「붙박이」의 고체가아니라 변하는 존재입니다. 돈에 만족하고나면 언제고 반드시 정신(精神)을 찾게마련 입니다. 80년도에는 자유세계와 공산세계가 다같이 시험(試驗)받는 시기라고 봅니다. 이시험경쟁의 무대는 아시아(亞細亞)인데, 80년도의 아시아는 세계의 뉴스의 촛점(焦點)인 동시에 이데올로기 대결의 결전장이 될 소지가 많습니다.

공산국가는 그 막강한 군사력으로써 자유국가를 압박하게 될 것이고 자유국가는 그강력한 생산력과 높은 생활수준으로 공산국가를 누르게 됩니다.

그결과 자유세계와 공산세계는 현재보다는 훨씬 그 체제나 내용적인 면에서 상접(相接)하게 되지나 않을까 추측도 됩니다. 그러나 그시기는 20년 후로 보아야 겠지요. 그리고 80년대는 동양의 고유문화(固有文化)를 현대사회에 적응시켜 재정립(再定立)하게 되는때로 보아집니다.

그리고 일본(日本) 국제정치학자 에도신기찌(衛藤瀋吉)는 80년대에 중공은 「중공업에 치중하던 경제성장 정책을 경공업과 농산업 위주로 일대전환을 했고 현재 수출산업 진흥에도 힘쓰기 시작했읍니다.

이 전환정책은 계속 논쟁의 대상으로 삼아지고 있어요. 그러나 국가 지도자가 누가되건 종

422

전까지의 편향적인 경제정책을 지양하고 균형있는 경제정책을 실시하려는 의욕은 변하지 않을 것입니다. 그리고 80년대에 가면, 중소간(中蘇間)에 화해가 성립될 공산이 큽니다. 그것은 상호간의 평화를 전제로 하지 않고는 경제발전도 있을 수 없기 때문입니다. 그리고 중소는 다같이 남북한에서의 분쟁을 원치 않은 것입니다. 북한은 장차 한국과 대화하지 않으면 안될 입장에 서게 되리라 보아 집니다. 지금까지의 그 폐쇄적인 태도를 고쳐잡지 않으면 경제성장을 할 수 없을 것이고 현재에도 고난을 겪고 있다지만 앞으로 더욱더 곤궁을 모면치 못하게 되는 5년후 쯤 되면, 어쩔 수 없이 대화의 문을 열게되지 않을까, 내다 보아 집니다.

그리고 한국의 경제성장은 크게 성공을 거두었다고 봅니다. 고도성장으로 인한 공해 물가 앙등 등 마이너스적인 면도 없지는 않지만 그로 인하여 북쪽에 대한 강력한 전쟁 억지력을 갖추었다는 점 국민이 자신을 갖게 되었다는 점 국제사회에서 인정받게 되었다는 점 등등 풀러스면이 당연 크다고 생각합니다.

공해나 고물가 하는 것은 국내정책으로 얼마든지 처리할 수 있는 문제들 입니다. 그리고 한국을 포함한 동북아권(東北亞圈)의 장래도 마찬가지 입니다. 한국 자유중국 싱가포르, 홍콩은 이미 「아시아 4人組」라 해서 유럽공동시장의 두려움을 섞은 주목을 받고 있읍니다.

여기에 말레이지아 필리핀이 꾸준히 성장을 유지하고 있어서, 중공의 자세가 문제되기는 하지만, 80년대는 그야말로 동북아권이 선도하는 아시아시대가 될 지도 모릅니다. 교육수준이 높고 활력도 지닌 우수한 노동인구를 대량보유하고 있는 지역이라는 점에서 장차 뉴질랜드나, 오스트레일리아 같은 자원국과 잘 유대를 맺으면 눈부신 발전을 이룩하리라 보는 것입니다. 이미 서구(西歐)는 활력을 잃고 있으니 더욱 아시아의 진출력이 두드러지는 셈입니다.

그리고 일본의 미래학자(未來學者) 사가모도지로(坂本二郎)도 21세기의 국제정세, 에너지 위기문제, 문명의 성쇠와 의식문제, 등에 관해 그 방향을 제시했습니다. 그는 「1980년——90년대 그리고 2,000년대로 나눠 고찰해 보았읍니다. 「80년——90년대는 정치적 불안정의 시대를 계속맞아 불명확한 혼돈(混沌)의 국제정치가 전개될 것이다. 그 이유는 네가지를 들수 있다.

첫째는, 미소에 의한 패권적(覇權的)지배가 점차약화돼 다극화시대(多極化時代)가 도래할 것이고,

둘째는, 기술혁명의 둔화에 의한 문제해결 능력이 부진한 것이며,

세째는, 석유부족에 의한 자원전쟁(資源戰爭)의 유발이다.

네째는, 선진국과 개발도상국간의 남북문제의 첨예화(尖銳化)를 들수 있을 것이다.」

이와 같은 국제정치의 불안요인에도 불구하고 일본을 비롯한 한국、대만、홍콩、싱가포르등 극동경제권의 경제활동은 활발할 것으로 보인다.

그리고 중공의 근대화가 미、일、구라파등 자유세계의 도움을얻어 진척된다. 하더라도 중소가 쉽사리 화해되지 않을 것이다. 21세기를 전후해서 이렇듯 불안전한 국제정치 속에서 소규모의 국지전이나 대리전쟁은、발발할 가능성이 많다하겠다. 그 지역은 한반도、중근동、월남、칼보디아、등이다.

그리고 핵전술무기(核戰術武器)내지 전략무기(戰略武器)의 발달에 따라 소규모의 전쟁은 인

류를 파멸로 몰아넣기 때문에 세계대전을 일으킬 「방아쇠」를 그 누구도 당기지 못 할 것이다.

에너지문제에 있어서는 인류공영을 위해 대체에너지 개발에 세계가 협력해야 할 것이다. 나는 이 문제에 관해 그렇게 비관하지 않는다. 발명은 필요의 어머니이며, 적당한 도전(挑戰)은 진보를 가져오는 자극제이기 때문이다. 그것은 무진장한 태양에너지와, 조력(潮力)과 풍력(風力)과 원자력(原子力) 및 수소(水素)가 있으니까 인류가 연원한 것처럼 에너지의 원천(源泉)도 영원불멸 할 것이다. 과학기술의 발달은 필연적으로 대체식량(代替食糧)의 개발을 가져온다.

역사학자 토인비도 21세기에서부터 28세기까지 새로운 아시아문명(亞細亞文明)의 시대가 올것이라고 예언을 했었지만 슈펭슬러가 지적한 대로 서구문명(西歐文明)은 지금 한계에 와 있다고 본다.

현재 세계에서 경제활동을 활발히 추진하고 있는 일본, 한국, 대만, 싱가포르등 모두 동양문화권(東洋文化圈)의 국가이다. 더 나아가서 동양문화의 개발기를 맞이할 가능성도 있다고 본다.

특히 한국의 자조(自助) 자립(自立) 협동(協同)의 새마을 운동과 「새마음」 운동은 근대화(近代化)와 산업(産業)에 따른 인간상실(人間喪失) 문제를, 다함께 달성할 수 있는 길이다. 농업혁명(農業革命)을 일으킨 「새마을운동」과 전통사상(傳統思想)을 오늘에 되살린 「새마음 운동」은 한국사회를 발전시킬 양대지주(兩大支柱)가 될 것이다.

한국의 경제는 21세기에 가면 10대강국의 선진국대열에 들어설것으로 본다. 도약단계(跳躍段

階)에서 있으므로 10년 동안 경제적 안정을 유지하는 것이 무엇보다 중요하다.

그반면에 해가 갈수록 남북한의 격차는 심화돼 갈 것이지만 그대신 긴장은 더욱더 고조될 것이다. 경제적으로 열세(劣勢)로 전락한 북한이 초조한 나머지 국지전쟁(局地戰爭)을 일으킬 공산(公算)도 없지않다. 이시기만 전쟁없이 극복(克服)하면 한반도는 영원히 전쟁을 피할 수 있을 것이다.

결론으로 나는 21세기의 세계를 비관하지 않는다. 인류는 영원하며 역사는 후퇴없이 자유와 평화쪽으로 전진하기 때문이다 문제는 언제나 뒤따른다、그러나 이문제를 해결해 나가는데 발전을 가져오는 것이다. 인류는 자유와 평화를 누릴 지혜(智慧)가 있다.

그리고 일본의 전수상、후꾸다 다께오(福田赳夫)는 한국의 방문소감을 다음과 같이 기자회견에서 말하고 있다.

「한국이 대단히 발전한 것을 보고、감명을 받았다. 산을봐도 헐벗은 산이없고 도처에 녹색혁명(綠色革命)이 이루어진데 감명을 받았고 농촌의 경지정리(耕地整理)와 주택개량(住宅改良)은 너무나 잘 돼있어 부러울 정도였다. 판문점(板門店)가는 길이 별장지대(別莊地帶)를 드라이브하는 기분이어서 발전을 피부로 느낄 수 있었다.

한국은 현재 연간 450만톤의 조강생산(粗鋼生産)능력을 갖추고 있는데、일본이 50년걸려 이룩한 것을 한국이 불과 10년만에 이룩한 위대한 성과에 대해 놀라움을 금할 수 없다 한국의 발전을 주목하고 있는만큼 한국민은 자신감을 갖고 전진해 주길바란다.」

그리고 미국을 비롯한 서방(西方) 선진국들은 산유국(産油國)들의 대폭적인 원유가(原油價)

426

인상으로 오는 80년부터 서기 2,000년대에 이르기까지 저성장(低成長)、물가고(物價高) 실업율(失業率) 증가로 인한 심각한 경제불황(經濟不況)에 직면하게 될 것이나, 산유국과 일본(日本)을 포함한 신생개발 도상국들은 이와 반대로 성장을 계속해서 아시아근동이 세계 경제중심 지역이 될 것이라고 경제협력개발기구(經濟協力開發機構)(OECD) 연구보고서가 밝혔습니다.

이기구는 서방(西方)선진 24개국 경제자문기구(經濟諮問機構)인 OECD의 10개국 15명의 경제전문가가 작성한 4백 25페이지의 방대한 이 연구보고서는 금세기말에 이르면 미국、유럽공동체(EC)국가등 OECD회원국과 제三세계 사이에는 현격한 경제적 비중(比重)의 변화가 있게 될 것이라고 지적하고 서방선진국들은 이에따른 소득의 재분배때문에 국제사회에서의 역할이 감소될 것이라고 분석했읍니다.

이보고서는, 서방선진국들의 경제성장은 감소될 것이고 점차 산유국들의 구매력이 감소됨으로써 판매감소에 이어 소비재부문에 있어서 실업율 증가가 불가피하게 닥쳐오며, 인플레와 실업, 두가지 과제가 경기후퇴의 최대요인으로 직면하게 될 것이라고 합니다.

이와 같이 세계적(世界的)으로 저명(著名)한 선지자(先知者)들의 예언(豫言)과 주장한 것과 같이 이미 현실앞에 부닥치고 있는 모든 악조건을 직시할때 우리는 다같이 바른 정신관념(精神觀念)에서 냉철하고 예민하게 이 세대(世代)를 내다봐야 하겠읍니다.

인간은 무엇보다도 의지가 더 강하기 때문에 인간에게 그렇게 할만한 지혜(智慧)와 도량(度量)이 갖추어져 있는 것을 먼저 자각해야 합니다.

특히 우리는 어느 때보다도 가장 험한 시련기(試鍊期)에 도달한 세대에 살고 있읍니다. 그러므로,

「진실한 인간의 가치(價値)란 무엇인가」를 자문할때 그것은 절망속에서 자기를 포기(抛棄)하지 않고 진정소생의 길을 걷는 것이 이세상의 재해와 멸망을 최대한으로 줄이는 것입니다. 우리는 좀더 나아가 조국의 통일과 세계의 자유와 평화를 위해서 무엇인가 하고자 하는 사고(思考)와 의지(意志)를 더욱더 키워 나아가야 하겠읍니다.

後記

이 우주(宇宙)가 언제 창조 되었고 어떻게 물과 불이 생겨났으며, 또한 모든 생명체(生命體)가 언제부터 이어왔는지에 대해서는 아마 누구도 모를 것입니다.

그러나 인간의 지능(知能)이 점점 발달됨에 따라 천문(天文)과 지리(地理)를 터득하는 한편 자연계(自然界)의 유동성과 변화(變化)의 원칙을 오행(五行)으로 연구한 나머지 음양(陰陽)과 상생상극(相生相剋)에 의하여 모든 물체(物體)가 생기고 이루어진 변화의 이치(理致)를 비로소 깨달았으므로, 천지의 이치(理致)와 인간의 운명(運命)을 다루고 있는 것입니다.

그리하여 인류는 생멸(生滅)하고 흥망성쇠(興亡盛衰)의 역사는 오랜 세월을 지내는 동안 여러 세기(世紀)를 이루었으며, 과학과 문명은 고도(高度)의 진화를 가져왔건만, 영겁(永劫)의 태양과 달은 오늘도 쉴새없이 떠오르고 있는 것은 끊임없이 변화하는 천지자연의 법칙(法則)을 입증하고 있으므로 역사는 계속 흐르고 있는가 봅니다.

따라서 인간의 육체와 영혼(靈魂)도 이와 같이 순시(瞬時)로 변화하므로 인간은 부단(不斷)이 죽고 또한 끊임없이 태어나고 있는 것입니다.

그래서 인간이 다른 생물과 같이 역시 만유(萬有)의 일정한 법칙에 따라서 이 세상에 존재해 있으므로 우리는 어쩔 수 없이 주어진 운명을 개척(開拓)해야 합니다.

오늘날 인류사회가 비록 고달프고, 괴롭다 하더라도 우리에게는 무엇보다도 귀중한 생명이 붙어 있는한 모든 인간은 자기에게 주어진 인생을 살지않으면 않되는 삶을 우리 인생은 살고

429 第五部 其 他

있는 것 뿐입니다. 그것은 모두가 주어진 생명체(生命體)이고, 주어진 인생의 운명인 것입니다

그러므로 오직 자기의 생활을 일으키기 위해 무엇보다도 삶의 보람을 느낄수 있도록 서로가

힘써 나아가야 하겠읍니다.

그러기 위해서는 오직 이 혁신적인 감정법을 더욱 분석하고 연구 하는데만이 그 의의(意義)

가 자못 큰 것이라고 보겠읍니다.

원래 성명에는 신비적(神秘的)인 의미가 내포(內包)되고 있읍니다. 그것은 성명을 형성하는

문자(文字)에는 한획(一劃), 한획마다 이상하게도 신령(神靈)이 스며들고있어 그것이 인생을

지배하고 있답니다. 이 문자의 신령(神靈)은 많은 기적(奇蹟)을 나타내고 있으므로 이것을 해

독(解讀)하고 연구한 것이 바로 이 성명판단 입니다. 이것은 벌써 삼천여년전 부터 중국에서

행한 학문이며 현대에 이르기까지 계속 연구해 내려오고 있으므로 성명학(姓名學)과 명리학(命

理學)은 밀접한 관계로 결부하고 있다고 봐야 하겠읍니다.

한편 명리학은 중국에서는 생물기구학(生物機構學)이라고 하며 일명 사주추명학(四柱推命學)

이라고 부르기도 합니다마는 모든 술학은 이 명리학이 연원(淵源)이므로 「유럽」의 점성술(占星

術)도 대개 여기에 근원을 둔것이라고 합니다.

그러므로 역리학(易理學)은 인생운로의 지침(指針)이요、만물의 원리(原理)이지만, 성명학은

운로(運路)를 선도(先導)한는 과학적인 수리의 유용성(有用性)인가 봅니다.

이 성명판단은 오직 유묘(幽妙)한 영수(靈數)의 복수격(複數格)인 내운법(內運法)의 상대성

원리(相對性原理)를 그 입체적(立體的)으로 입증 할 수 있겠금 그 원리 체계(體係)를 발견한

것입니다.

　그것은 오행(五行)의 상생, 상극으로 인하여 유묘하게 연관된 천지재변(天地災變)의 영수(靈數)를 말한 것인데 이 감정법(鑑定法)은 성명의 내운법(內運法)까지 파고들어가 그 사람의 속에 스며들고있는 비결(秘訣)을 투시(透示)할 정도로, 그 사람의 능력 성격 감정에 이르기까지 모든 명을 구체적으로 치밀(緻密)하게 감별(鑑別)할수 있게끔 파헤쳐 놓았으므로 성명학에 일대 혁신(革新)을 일으켜 놓은 것입니다.

　그 실례를 第三部 實踐編에 옮겨 놓았읍니다마는, 저의 占星研究所에서 뽑아본 三○名과 특히 一九七四년도 一년간을 통해 신문지상(新聞紙上)에 연재된 중대사건(重大事件) 十一건에 연인원 三○名에 대하여 예리하게 분석해본 것입니다.

　이불상사의 결과(結果)에는 그 어떤 원인(原因)이 반드시 있으리라고 믿겠읍니다마는 결국에 있어 성명(姓名)에는 신비적(神秘的)인 것이 내포되고 있으며 성명학상의 수리(數理)에는 이상하게도 신령(神靈)이 스며들고있어 그것이 인생을 지배(支配)하고 있다는 것을 이 사건들이 입증(立證)하고 있는 것입니다.

　독자 여러분께서도 자기의 성격과 자기의 운명을 통찰(洞察)하시고 난뒤 그에 대한 대비책(對備策)을 강구해 나가야 합니다.

　특히 운이 좋을 때는 적극적으로 노력해서 큰 성과를 올리는데 이 책자를 지침(指針)으로 해주었으면하는 생각에서 말입니다. 여기에 나의 비술(秘術)을 공개 하므로서 한국의 성명판단술이 조금이라도 나아져서 많은 사람들에게 불안과 고뇌(苦惱)를 덜어주는데 그 무엇인가에 힘이 될 수 있다면 이 이상의 기쁨은 없을 줄로 아옵니다.

그리고 이번에 다행히 나의 연구작품을 다년간 자료수집과 원고(原稿)정리에 심혈을 기울이신 金泳岐氏의 노고에 대하여 충심(衷心)으로 감사의 말을 드리는 동시에 출판(出版)의 빛을 보겠금 나를 陰으로 陽으로 도와주고 激勵해주신、李鍾兌、尹聖雨、李炳會 金仁淑 金亨郁諸氏를 비롯하여 많은 先輩와 벗들에게 뜨거운 感謝를 드립니다.

一九八○年 一月

著 者

姓名學精說

重版 印刷●1999年　4月 25日
重版 發行●1999年　4月 30日

著　者●黃　國　書
發行者●金　東　求
發行處●明　文　堂
　　　서울특별시 종로구 안국동 17~8
　　　대체　010041-31-0516013
　　　전화　(영) 733-3039, 734-4798
　　　　　　(편) 733-4748
　　　FAX 734-9209
　　　등록　1977. 11. 19. 제1~148호

●낙장 및 파본은 교환해 드립니다.
●불허복제・판권 본사 소유.

값 15,000원
ISBN 89-7270-594-2 13140

明文堂의 易書는 傳統을 자랑합니다.

書名	著編者	版型	面數
命理運道歌	曺誠佐著	菊版	二○○面
命理正宗精解	沈載烈講解	菊版	五三○面
窮通寶鑑精解	崔鳳秀·權伯哲講述	菊版	五二二面
增補淵海子平精解	沈載烈講述	菊版	五八六面
滴天髓精解	金于齋譯編	菊版	二四六面
四柱詳解紫微斗數	韓重洙著	菊版	二八四面
四柱秘傳紫微斗數精解	金于齋著	菊版	三三三面
六壬精義	張泰相編著	菊版	四六二面
命理叢書三命通會	朴一宇編	菊版	六八六面
增補天機大要	金赫濟校註	菊版	一八○面
四十五句松亭土亭秘訣	金赫濟編著	菊版	一五○面
現代人의 土亭解論	韓永信編著	菊版	二二○面
春岡身數秘訣	裵相哲著	菊版	二○四面
一年身數秘訣	金赫濟編著	四·六倍版	一四六面
鄭鑑錄	金水山·李東民編著	四·六版	二三○面
無師自解奇門遁甲藏身法	李載規著	菊版	一三八面
增補洪煙眞訣	李章薰編纂	菊版	二○八面
新稿洪煙眞訣精解	金于齋編著	菊版	三一○面
奇門遁甲	申秉三著	菊版	二四二面
奇學精說	李奇穆著	菊版	一七六面
秘傳四柱大典	金于齋·柳在鶴編譯	菊版	二九六面
正統秘傳四柱寶鑑	金栢滿著	菊版	三二八面